Bibliografische Information der Deutschen Nationalbibliothek: Die Deutsche Nationalbibliothek verzeichnet diese Publikation in der Deutschen Nationalbibliografie; detaillierte bibliografische Daten sind im Internet über dnb.dnb.de abrufbar.

© 2024 Bruder Andreas

Verlag: BoD · Books on Demand GmbH, In de Tarpen 42, 22848 Norderstedt
Druck: Libri Plureos GmbH, Friedensallee 273, 22763 Hamburg

ISBN: 978-3-7693-1040-5

Mein innerer Ruf nach Afrika!

Leben mit einfachen, fröhlichen und zufriedenen Menschen trotz Armut

Bruder Andreas

Einleitung

In diesem Buch möchte ich Ihnen liebe Leserinnen und Leser meine Eindrücke und Erfahrungen mitteilen, die ich seit 30 Jahren, von 1993 bis 2023, in Ostafrika erleben durfte. Im Jahr 1972 trat ich in das Benediktinerkloster in Uznach (Kanton St. Gallen in der Schweiz) ein. Zwei Monate vor der ewigen Profess im Jahr 1977 verliess ich das Kloster wieder und arbeitete in Zürich auf meinem erlernten Beruf als Bäcker, Konditor und Confiseur. Nach reiflicher Überlegung kehrte ich im Jahr 1982 wieder in das Kloster zurück. Damals war ich 31 Jahre alt und konnte in der Zwischenzeit unterscheiden, was mich bei dem zweiten Eintritt in die Benediktinergemeinschaft von Uznach erwartete. Damals mit 21 Jahren war ich definitiv zu naiv und glaubte in einer religiösen Gemeinschaft in Zuversicht, Frieden und Freude miteinander zu leben. Das heisst, dass in einem Kloster, sei es ein Männer- oder Frauenkloster, auch nur Menschen zusammenleben, die nicht besser sind als andere Menschen, welche sich in der Aussenwelt durchkämpfen müssen. Auch in Klöstern und Gemeinschaften gibt es Meinungsverschiedenheiten, Empathie und Ekpathie (Abneigung). Empathie ist sicher den meisten von uns ein Begriff. Wer empathisch ist kann sich in andere Menschen hineinversetzen und deren Gefühle nachvollziehen - ohne Zweifel eine vorteilhafte Eigenschaft. Doch das Wort Ekpathie kennen vermutlich nur wenige. Es bezeichnet das Gegenteil von Empathie und wird daher oft nur negativ verstanden. Doch Ekpathie hat auch Vorteile. Wer sich von Emotionen nicht so leicht ablenken lässt, trifft mitunter bessere und rationalere Entscheidungen. Bei meinem zweiten Klostereintritt war mir klar, dass das auch so sein darf. Allerdings ist die Frage: Wie geht man damit um und man muss bereit sein, bis ins hohe Alter, stets an sich zu arbeiten, um ein Herzensmensch zu werden. Leicht ist es nicht, weil viele verschiedene Charaktere in einer Gemeinschaft zusammenkommen. Dazu kommt noch, dass bei der Geburt Erbanteile mitgegeben werden. Jeder Mensch erbt Gene von seiner Familie, das steht ausser Zweifel. Zum Beispiel: Krankheiten, Charaktereigenschaften und vieles mehr.

Mit 42 Jahren im Jahr 1993 durfte ich das erste Mal am 18. Oktober mit dem Flugzeug nach Tansania fliegen und einen einjährigen Einsatz antreten. Inzwischen bin ich 30 Jahre in Ostafrika als Buchbinder und Bäcker tätig und möchte mit diesem Buch meine Erfahrungen und Eindrücke weitergeben und niederschreiben. Die afrikanischen Menschen akzeptiere ich wie sie sind und die Leute sollen sich so entwickeln wie es für sie stimmt. Mir würde es nie in den Sinn kommen, den Einheimischen die europäische Mentalität und Struktur aufzuzwingen. Andere Welten andere Kulturen-Sitten. Übertriebene Perfektion und kleinkariertes Denken gibt es in Tansania nicht. Es bringt nur Stress und Unruhe im Menschen, was auf die Dauer schadet. Jedesmal, wenn ich mit dem Flugzeug nach Afrika fliege, lasse ich den Gott in Europa zurück und nehme den Gott der Afrikaner an. Eigentlich sind wir in Europa die Armen, arm an Mitgefühl und reich an Egoismus. Da könnten wir von Afrikanern noch viel lernen. Sicher gibt es nur den einen Gott, aber hier in Afrika wird Gott viel lebendiger, freudiger und barmherziger zu Ausdruck gebracht, anders interpretiert. Die Gottesdienste werden mit Gesang, Jubel, Musik und Tanz begleitet. In dieser Weise zeigt sich, dass wir als Weltkirche eine Lerngemeinschaft sind. Auch wir Menschen in der Schweiz können viel von der Lebendigkeit, und Glaubensfreude der Menschen in Tansania lernen, die unter einfachsten Bedingungen leben und für die ihr Glaube wirklich eine Lebenshilfe darstellt. Mission ist keine Einbahnstrasse, wo eine Seite gibt und die andere empfängt, sondern wir sind miteinander Christinnen und Christen und bereichern uns auch mit anderen Religionen gegenseitig. Interessant ist, dass das Glaubensleben nicht so sehr vom Klerus und den Priestern getragen wird, sondern durch die Menschen in den Familien, die ihren Kindern den Glauben vorleben. Die Katecheten und Laien, die den Leuten die Frohe Botschaft nahebringen, sind sehr geschätzt. So einen gegenseitigen Austausch der Gaben in den verschiedenen Teilen der Weltkirche macht eine echte Synodalität aus, die auch vor Anfragen und Kritik nicht Halt macht, aber dabei nicht den anderen verurteilt, sondern ihm zuhört und zu verstehen sucht. Es ist gut zu wissen, dass die Einheimischen durchaus selbstbewusst auftreten und sich ihres Beitrags zu einer lebendigen Kirche bewusst sind. Die katholischen Kirchengesetze, werden in Tansania viel offener gehandhabt und auch anders ausgelegt und gelebt. Selbst wenn einige Klerikale Kinder haben, ist das für die Leute in Tansania kein Problem. Geschiedene, oder solche die im Konkubinat leben sind in der afrikanischen Kirche nicht ausgeschlossen, sondern empfangen auch Jesus bei der heiligen Eucharistie. Das wird hier als Barmherzigkeit Gottes bezeichnet „Mungu ni mwema, kila wakati" - Gott ist Barmherzig zu jeder Zeit -. Es gibt natürlich auch solche, die dann einfach nicht mehr in die Kirche gehen. Wir sind alle fehlerhafte Menschen aber zugleich auch Ebenbilder Gottes. Man spricht öffentlich nicht darüber und in den Medien wird auch nichts publiziert. Die Leute finden es menschlich und die Klerikalen arbeiten weiter im kirchlichen Dienst. Wenn beim Gottesdienst falsche Töne beim Singen vom Volk hörbar sind, der Kirchengesang der Sänger mit der Orgel nicht übereinstimmt oder der Orgelspieler falsche Tasten erwischt, nimmt man es sehr gelassen und niemand stört sich daran. In Europa richten sich die Köpfe sofort nach dem Schuldigen oder man kann beobachten, dass Köpfe geschüttelt werden, um die allgemeine Störung in der Kirche sichtbar zu zeigen. Für mich ist dann immer die Frage, auf welcher Seite steht Gott? Ich denke halt schon, dass Gott auf das Herz des Menschen schaut und nicht auf die Struktur oder Tradition, die von der Kirche oder Klöstern nicht geändert werden will. Es gibt aus kirchlicher Sicht, sicher fundamentale Gegebenheiten die nicht zu ändern sind. Aber der Mensch im 23. Jahrhundert tut sich schwer den alten Traditionen der Kirchen zu folgen. Wir müssen mit der Zeit gehen und versuchen den Gott von „Heute" den Menschen nahe zu bringen. Also offener werden und wieder das Vertrauen der Menschen zurück gewinnen. Mir selber geht es nicht darum den Menschen konkret eine Religion zu verkünden. Das Wort missionieren hat für mich immer einen fahlen Geschmack. Missionieren bedeutet nämlich: Eine Glaubenslehre, besonders das Christentum, unter Anders- beziehungsweise Nichtgläubigen verbreiten. Oder jemandem eine Glaubenslehre, besonders das Christentum, verkünden und sie beziehungsweise ihn bekehren. Mein Ziel ist es, den Menschen in Ostafrika „Hilfe zur Selbsthilfe" zu vermitteln und da lege ich grossen Wert darauf. Sie sollen auch das Recht haben selbständig zu werden, um ihre Familien ernähren zu können und nicht auf Hilfe anderer Staaten angewiesen sind. Manchmal habe ich schon den Eindruck, dass man arme Länder absichtlich abhängig haben will. Sie sollen arm bleiben und wir helfen ihnen mit Transportgütern, im Hinterkopf aber die Ausbeutung im Vordergrund steht. Letztlich ist Arbeit auch Gebet, wenn sie im Namen Gottes verrichtet wird, oder andersrum, für seinen Nächsten da ist (Lk 10.27). In jedem Menschen begegnen wir Gott und nur mit beten kann der Mensch nicht leben. Wenn wir in der Bibel lesen: Bittet und ihr werden empfangen (Mt 7,7-12) geht es um ein geistiges Gut. Diesen Vers darf man nicht wortwörtlich nehmen. Der Mensch muss arbeiten, um zu überleben, da gibt es kein entkommen.

Mein erster Aufenthalt in Tansania

Mit einer MD 11 der Swissair und in Begleitung eines Mitbruders (Br. Viktor Kalberer, der bereits 29 Jahre Missionserfahrung hinter sich hatte) bin ich am 19. Oktober 1993 in der Landeshauptstadt Daressalam gelandet. Der Flug dauerte etwa zehn Stunden mit einer Zwischenlandung in Nairobi. Das Flugzeug ist in einer Höhe von neun bis zehntausend Meter über Meer geflogen und hinterliess immer ein leicht hörbares Sausen in den Ohren. Die Höchstgeschwindigkeit betrug 1100 Kilometer pro Stunde, was etwa 300 Meter pro Sekunde ausmacht. Trotz dieser grossen Geschwindigkeit und Dank dem Sonnenaufgang sahen wir den

schönsten Berg von Afrika, den Kilimandscharo. Wir konnten den verschneiten Kraterrand vom Flugzeug, aus nächster Nähe, wunderbar sehen. Der Pilot entschied sich drei Runden über dem Kilimandscharo zu kreisen, weil er mit der Zeit gut dran war. Er hatte angeblich guten Rückenwind was zur Beschleunigung des Flugzeugs mithalf. Dieser erloschene Vulkan gilt als die Perle Tansanias. Er wird gerne von Touristen aus aller Welt bestiegen. Ich selber hätte auch die Gelegenheit gehabt diesen Berg zu besteigen. Die damals 700 Franken, die ich dafür erhalten habe, verwendete ich lieber für das arme Volk in Tansania. Der

Berg Kilimandscharo (die Afrikaner nennen ihn (Kili) ist wie viele ostafrikanische Berge vulkanischen Ursprungs. Sein höchster Gipfel ist 5895 Meter hoch und stellt den höchsten Punkt Afrikas dar. Nach der Corona-Pandemie fliegt jetzt die Fluggesellschaft Swiss-Edelweiss regelmässig den internationalen Flughafen Kilimandscharo an. Der Flughafen ist das wichtigste Tor zum Tourismus in Tansania und verbindet den Tourismuskreis Nordtansania mit der Welt. Der Flughafen gehört der Regierung von Tansania und wird von der Kilimandscharo Airports Development Companie (KADCO) betrieben. Es ist ein Unternehmen, das mit der Verwaltung und den Betrieb des Kilimandscharo beauftragt ist, mit der Aufgabe, moderne Infrastruktur und Einrichtungen zu entwickeln und der Luftfahrt-Arbeitsgruppe bessere Flughafendienste anzubieten. Im Süden dieses Berges kann man die Massai-Steppe sehen. Die Massai sind ein afrikanisches Hirtenvolk (sehr gross und schlank gewachsene Afrikaner), die hauptsächlich vom Fleisch Blut und Milch ihrer Rinder leben. Sie trinken das Blut, das sie den Tieren alle zehn bis zwanzig Tage bei einer Schlagader entnehmen. Milch geben diese Rinder nur sehr wenig. Es sind keine Milchkühe wie in Europa und mager sind sie auch. Wenn man auf den Globus schaut, sehen wir die Länder die wir überflogen haben. Wir starteten in östlicher Richtung, flogen über Österreich, Jugoslawien, Griechenland, Kreta, Ägypten (Abu Simbel), Sudan, dem längsten Fluss der Welt dem Nil entlang, bis zu den Quellen des Viktoriasees. In Nairobi landeten wir, wo viele Touristen das Flugzeug verliessen, die auf Safari in die Wildparks gehen. Der Flugplatz von Nairobi liegt 1605 Meter über Meer, also auf einer Hochebene Ostafrikas. Zwei Stunden später, um 06.15 Uhr europäischer Zeit, erreichen wir wohlbehalten den Flughafen in Daressalam. Die Zeitverschiebung beträgt zwei Stunden, sodass das Flugzeug um 08.15 Uhr Ortszeit in Daressalam landete. Deshalb mussten wir die Zeiger der Uhren um zwei Stunden vorwärts drehen. Ende März wird es nur noch eine Stunde sein, weil in Europa die Sommerzeit eingestellt wird. Der Fahrer von Peramiho holte uns am Flughafen ab, der bereits einen Tag zuvor in Daressalam eintraf. In Kurasini etwa 15 Kilometer vom Flughafen entfernt, konnte ich meinen so ersehnten Schlaf nachholen. Dort gibt es ein Gästehaus unserer Kongregation, das von zwei Mitbrüdern aus dem Kloster in Ndanda geleitet wird. Es ist eine willkommene Absteige, die von Missionarinnen und Missionaren aus verschiedenen Ländern unserer Kongregation benutzt wird, die dann ins Landesinnere weiterreisen. Selbstverständlich werden auch Gäste in dieser Niederlassung aufgenommen. Diese Missionsstation wurde im Jahr 1888 von den deutschen Missionaren (Benediktinerkloster St. Ottilien) gegründet. Damals war das Land Tansania eine Deutsche-Kolonie. Nach dem 1. Weltkrieg vom 28. Juli 1914 bis 11. November 1918 mussten sie das Land an die Engländer abgeben und so wurde die englische Sprache zur Verwaltungssprache. Als Auslöser des 1. Weltkrieges gilt das Attentat von Sarajevo auf den österreichisch-ungarischen Thronfolger Franz Ferdinand und seiner Frau durch einen nationalistischen Serben. In Wien drängte das Militär auf einen schnellen Vergeltungsschlag gegen Serbien. Seit dem Jahr 1961 ist das Land Tansania eine unabhängige Republik und Julius Kambalage Nyerere war der erste Ministerpräsident des zunächst mit einem Autonomiestatus versehenen Landes. Er wurde nach Erlangung der vollständigen Unabhängigkeit im Jahr 1962 zum Staatspräsidenten und Regierungschef der als Präsidialdemokratie verfassten „Republik Tanganjika" gewählt. Nach dem Zusammenschluss mit der damaligen Volksrepublik Sansibar und Pemba im Jahr 1964 blieb er bis zu seinem Rücktritt im Jahr 1985 der nun mehr Vereinigten Republik Tansania. Auf internationaler Ebene war Nyerere in seinem letzten Regierungsjahr 1984/85 Vorsitzender der Organisation für Afrikanische-Einheit, der Vorgängerorganisation der heutigen Afrikanischen-Union. Tansania schloss sich unter seiner Präsidentschaft der

Bewegung der Blockfreien Staaten an. Bis zu seinem Tod war der praktizierende Katholik Nyerere als friedensvermittelnder Diplomat auf dem afrikanischen Kontinent anerkannt und wurde mit entsprechenden übernational verliehenen Auszeichnungen gewürdigt. Bis heute wird dieser Präsident Nyerere, als bester und einfühlsamster Mensch, für sein Volk, verehrt. Samia Suluhu Hassan, die nach dem plötzlichen Tod des Präsidenten John-Josef Magufuli im Jahr 2021, nachrückte, ist am 27. Januar 1960 geboren und seit dem 19. März 2021 die erste weibliche Präsidentin von Tansania. Das Land ist 23 Mal so gross wie die Schweiz, allerdings viel weniger dicht besiedelt. Die Bevölkerung besteht zum grossen Teil aus Bantus und zählt heute 65 Millionen Einwohner. Bantus sind dunkelhäutige Menschen, die Ackerbau betreiben. In den Grossstädten leben viele Inder und Araber, die Handel betreiben.

Reise nach Peramiho und die Sprache Kiswahili lernen
Andern tags um 06.00 Uhr morgens brachen wir auf und erreichten nach neun Stunden unsere Missionsstation in Uwemba. Während der Fahrt durchquerten wir den 50 Kilometer langen Mikumi-Park (Naturschutzgebiet). Ich hatte das Glück frei lebende Wildtiere, zum ersten Mal aus nächster Nähe, bewundern und beobachten zu können. Wirklich eine Augenweide in diesem grossen Nationalpark, durch die eine Teerstrasse führt. Wir begegneten Herden von Giraffen, die sich majestätisch präsentierten, Elefanten mit ihren Jungen, Gazellen, Gnus, Büffel, Antilopen, Warzenschweine, die ab und zu die Teerstrasse überquerten und nicht zuletzt die Affen, mit ihren Jungen, die sich am Bauch der Mutter festklammerten und die Strasse besetzten. Ein riesen grosser Affenmann spazierte um unseren Landrover herum und kontrollierte uns Eindringlinge ganz genau. Allzugerne hätte ich ihm meine Hand gereicht mit dem Grusswort „Jambo". Dazu kam es aber nicht, denn diese Hundsaffen können heftig zubeissen. Am späten Nachmittag erreichen wir die Missionsstation Uwemba. Es ist enorm was in Uwemba geleistet wurde und geleistet wird. Br. Wendelin Bochsler, ein Mitbruder vom Kloster in Uznach, zeigte mir seine riesige Farm, den Kuhstall

mit 36 Kühen, Rinder und Kälber. Er besitzt eine Pferdezucht mit 10 Pferden und einige Jungen, sowie einen Hengst, dem er den Namen Simba (Löwe) gab. Den Nachwuchs und auch Pferde verkauft er nach Daressalam,

Mbeya und in den Norden von Tansania. Urwald musste gerodet werden um landwirtschaftliche Felder bestellen zu können. Die vielen Bäume wurden wieder an gezielten und geeigneten Plätzen aufgeforstet. Das Klima in Uwemba ist mehr oder weniger wie in der Schweiz, es kann auch sehr kalt werden. Einen eigentlichen Winter mit Schnee und Eis gibt es nicht, ausser ab und zu, in der Regenzeit, Hagelkörner die kurz einen weissen Teppich am Boden aufweisen. Diese Gegend liegt 2200 Meter über Meer und ist nicht weit vom Äquator entfernt. Am anderen Morgen nach vierstündiger Fahrt durch öde und dürre Gegenden erreichen wir unseren Zielort Peramiho. Während der Fahrt begegnen wir Einheimischen, die ihre Hütten, meist mit dürrem Gras bedeckt, neben der Teerstrasse mit vielen Schlaglöchern ansiedelten. So haben sie die Möglichkeit, ihre selbstgemachten Sachen wie zum Beispiel geflochtene Körbe, Stühle, Schnitzarbeiten aus Ebenholz, und verschiedene Früchte an der Strasse zu verkaufen. 25 Kilometer vor Peramiho erreichten wie die Grossstadt Songea. Wir machten einen kurzen Halt im Bischofshaus und wurden vom Bischof Norbert Mtega zum Mittagessen eingeladen. Er hiess mich in Tansania herzlich willkommen und freute sich sehr auf meinen einjährigen Einsatz in seiner Diözese. Nach dem leiblichen Wohl und die Führung durch das Bischofshaus mit der grossen Kathedrale nebenan, ging es weiter nach Peramiho zu der Benediktinerabtei und der Klosterkirche in diesem Ort. Von allen wurde ich herzlich eingeladen.

Der Vorsteher dieser Abtei war Abt Lambert Dörr, dem der Zellerar (Finanzmann) Br. Engelberg Huth zur Seite stand. Br. Dietmar Dietrich bekleidete das Amt als Prokurator und nahm die Container aus Europa entgegen, die in Peramiho eintrafen. Er war für den Verteilungsprozess verantwortlich, dass die bestellten Waren an die jeweiligen Missionare ausgehändigt wurden. In der Regel kamen die Mönche von den Aussenposten in die Abtei und holten ihre Waren ab. Peramiho liegt 1050 Meter über Meer und wies zu der Zeit eine Temperatur von 30 Grad auf. Es war sehr warm und ich hielt es in der mittäglichen Hitze an der Sonne kaum aus. Habe mich aber an die Hitze gewöhnen müssen. Im November und Dezember ist es sehr heiss. Damals hielt die Regenzeit vom Oktober bis April an. Das hat sich inzwischen durch den Klimawandel auch verändert. Seit einigen Jahren beginnt der Regen erst Ende Dezember und endet Ende April. Das Jahr 1993 war ein Regenarmes Jahr. Während dieser Regenzeit wurden nur 760 Milliliter gemessen. Normalerweise gibt es während der Regenzeit 1100 bis 1300 Milliliter Regenmenge. Hier musste ich lernen mit Wasser sparsam umzugehen. Nur wenige Stunden am Tag war Wasser vorhanden (zwei Stunden am Morgen und eine Stunde am Abend). Ich selber habe mich gut eingelebt und mein Zimmer wohnlich eingerichtet. Gut, dass ich im ersten Stockwerk untergebracht war. So wurde ich von den Termiten (eine Art Ameisen, die alles verfressen) nicht belästigt.

Seit ich in Peramiho angekommen bin, nahm ich mir knapp zwei Monate Zeit, privat Kiswahili zu lernen. Bis Weihnachten durfte ich ein Selbststudium in Kiswahili in meiner Klosterzelle vollziehen. Pater Edwin von der Abtei gab mir in der Woche drei Stunden Sprachunterricht. Während dieser Zeit schrieb ich über 150 Seiten Wörter und Sätze in Kiswahili auf und lernte sie auswendig. Ein kleines Kiswahili-Buch aus der Klosterbibliothek stand mir zur Verfügung. Es dauerte drei Monate, bis ich diese afrikanische Sprache einigermassen beherrschte und ich mich mit Menschen unterhalten konnte. Kurz vor Weihnachten ging ich mit diesen Blättern in die Buchdruckerei und band sie mit einfachen Mitteln zu einem Buch. Das Buch zeigte ich dem damaligen Abt Lambert Dörr und wollte damit andeuten, dass ich nicht wie ein fauler Hund im Zimmer lag, sondern während dieser Zeit fleissig die Sprache Kiswahili lernte. Ihn Interessierte der Inhalt diese Buches nicht gross, vielmehr fragte er mich: Wo ich dieses Buch her habe. Ich entgegnete ihm: Dass ich es in der Buchdruckerei zu einem Buch geleimt habe. Es waren meine Arbeitsblättern, die ich während diesen zwei Monaten in meinem Zimmer niederschrieb und auswendig lernte. Der Abt führte mich sogleich in die Abteibibliothek. Er selbst war (zusätzlich nebst seiner Arbeit) der Bibliothekar dieses Klosters und hat die Bibliothek neu aufgebaut und eingerichtet. Viel Zeit verbrachte er in diesem Raum mit seiner Pfeife, die er stets im Mund hielt. Wenn man ihn suchte, musste man nur in die Bibliothek gehen, oder sich nach dem Tabakgeruch orientieren. Jetzt nahm er einige Bücher aus dem Regal, die sehr schlecht gebunden waren. Viele Bücher sind am Buchrücken gelocht und mit Schnüren zusammengebunden. Wenn man das Buch öffnete, schloss es sich von selbst wieder. Auf einem Tisch ein solches Buch offen zu halten, war schlicht nicht möglich. Von denen gab es viele, die früher so zusammengebunden wurden. Er fragte mich: Ob es möglich wäre, hier in der Abtei Peramiho eine Hausbuchbinderei einzurichten. Ich entgegnete ihm: Alles ist möglich. Das Problem sei, dass ich nur ein Jahr in Peramiho bleiben darf und dann wieder in die Schweiz in das Kloster zurückkehren muss. Trotzdem bestand er darauf, dass ich einen Kostenvoranschlag aufstelle, damit er eine Übersicht hat. Der Abt Lambert wollte unbedingt eine Hausbuchbinderei in der Abtei Peramiho einrichten. Allerdings musste er es mit dem Seniorat zuerst besprechen und natürlich die Kosten der Buchbindereimaschinen und die dazugehörenden Utensilien im Seniorat vorlegen, bevor es genehmigt

werden kann. Ich machte ein paar Telefonate mit einer Buchbindereifabrik in Deutschland und kam auf eine Zusammenfassung von etwa 25.000 Deutsche Mark für eine komplette Hausbuchbinderei-Einrichtung. Um Bücher zu binden braucht es eine grosse Pappschere (Schnittfläche einen Meter lang), um die Buchdeckel zu schneiden, eine Stockpresse, um geleimte und gebundene Bücher zu pressen, ein Lumbeck-Gerät, um lose Blätter zusammenzuleimen, ein Heftladengerät, um die gefalzten Papierbögen zu binden und eine Schneidmaschine, um die gebundenen und geleimten Buchblöcke vorne, oben und unten einen sauberen Schnitt zu geben. Es sind alles handbetriebene Geräte. Hinzu kommt noch Kleinmaterial wie Falzbein, Lochstecher, Stoffbänder 15 Millimeter breit und so weiter. Verschiedene Farben (Kaliko in Rollen 25 Zentimeter breit und 1,20 Meter lang) für die Buchumschläge, könnte ich aus der Schweiz von einer Fabrik in Eschenbach, die Fotoalbum herstellt, bekommen. Das Design dieser farbigen Albumumschläge wird immer wieder erneuert und die Restbestände erhielt ich immer sehr günstig für die Buchbinderei im Kloster Uznach. In dieser Fabrik lernte ich den Chef Urs Arnet kennen, von dem ich immer wieder einige dieser Kalikorollen erhielt. Diese Buchbindereigeräte würden mindestens ein halbes Jahr brauchen, bis sie mit dem Container aus Deutschland in der Abtei Peramiho eintreffen. Mein Missionseinsatz für ein Jahr wäre bis dann beinahe abgeschlossen, wie ich den Abt Lambert nochmals daran erinnerte. Er entgegnete mir: Lass dies nur meine Sorge sein, er werde sich mit meinem Abt Ivo auf der Maur im Kloster Uznach in der Schweiz, in Verbindung setzen. Das heisst, dass mir nochmals ein Jahr verlängert würde. Nach drei Tagen rief er das Seniorat zusammen, um von ihnen die Erlaubnis zu erhalten, eine Hausbuchbinderei in Peramiho einzurichten. Nach dem Klostergesetz muss das Seniorat die, 25.000 Deutsche Mark genehmigen oder absegnen. Ich hatte damals noch keine Wohltäter zur Unterstützung von Projekten. Später konnte ich alle Buchbinderei- und Bäckereiprojekte einzig durch Wohltäter finanzieren. Dafür allen meinen Missionsfreunden und jenen Menschen, die mich mit Waren und Transportkosten unterstützen, einen herzlichen Dank. Ohne diese finanzielle Unterstützung hätte ich elf Bäckereien, acht Buchbindereien und eine Klosterküche bis anhin, nicht verwirklichen können. Nach der Seniorat-Sitzung kam der Abt mit grossen Schritten mir entgegen und sagte, ich soll die Geräte für die Hausbuchbinderei für Peramiho in Deutschland bestellen. Weil ich alles neue Arbeitsgeräte über Br. Burkard (Buchbinder der Erzabtei St. Ottilien) bestellte, brauchte ich sie nicht vor Ort zu besichtigen, sondern konnte die Lieferzeit mit dem Container von St. Ottilien bis nach Tansania der Abtei Peramiho abwarten. Heute wäre ich vermutlich nicht mehr in Afrika tätig. Dem Abt Lambert Dörr von Peramiho habe ich es zu verdanken, dass ich meine Tätigkeit in Tansania fortsetzen konnte. Dafür war ich ihm sehr dankbar. Er ist im Jahr 2017 in seinem Heimatkloster in Münsterschwarzach (Deutschland) gestorben. In der Zwischenzeit befand ich mich bei den Schwestern in Chipole und führte dort einige Schwestern in das Handwerk des Buchbindens ein. Geräte zum Buchbinden sind dort einige vorhanden, aber richtig Buchbinden konnten die Schwestern nicht. Später habe ich ihnen die fehlenden Buchbindereigeräte aus der Schweiz mitgebracht.

Das Leben in Peramiho
In der Abtei Peramiho zählt die Benediktinergemeinschaft etwa 79 Missionare (66 europäische- und 13 afrikanische Mönche). Einige Mönche leben auf Aussenstationen und kreuzen ab und zu in der Abtei auf, um ihre Besorgungen zu erledigen.

Damals waren vier einheimische Kandidaten, drei Postulanten (Einführung in das Klosterleben), drei Novizen, die in das Geheimnis der monastischen Spiritualität eingeführt wurden, 11 zeitliche Professen (auf sechs Jahre) und zwei mit ewigen Gelübden, die nun ganz der Abtei Peramiho angehören. Hoffen und beten wir, dass der gute Nachwuchs nicht ausbleibt und die afrikanischen Mönche, früher oder später, die Abtei Peramiho selbständig führen können. Dieses Ziel muss angestrebt werden, weil der Nachwuchs aus Europa sehr rar geworden ist. Die Kräfte unserer alten Mitbrüder (Mönche), die Jahrzehnte zur Entwicklung in Tansania beigetragen und sich aufgeopfert haben schwinden. Am 5. Januar 1994 ist nun der so ersehnte Regen eingetroffen. Die ganze Natur hat sich in ein kräftiges Grün verwandelt und sieht bezaubernd aus. Die Blumen blühen, die tropischen Früchte wachsen und die Felder gedeihen. Aus der verdorrten Landschaft sind jetzt grüne Gräser am spriessen und werden wohl in ein paar Tagen zu einem grünen Landschaftsteppich. Hier erkennt man sofort, wie stark die Natur ist. Der Mensch kann die Natur beeinflussen aber nicht zerstören. Sie rächt sich selber durch Erdbeben, Hochwasser, Tsunami-Flutwellen, Lawinenabgänge, Erdrutsche, Waldbrände, Wirbelstürme, Schneestürme, Vulkanausbrüche, Dürren und Epidemien. Verunreinigungen von Luft und Wasser,

Abschlachtung von Bäumen in Urwaldgebieten und Ausbeutung der Natur, wie auch immer, werden von Menschenhand geschaffen. Es bleibt immer zu hoffen, dass die Regenzeit auch wirklich dem Wort entspricht. In Tansania haben wir das ganze Jahr 12 Stunden Tageslicht. Das heisst der Sonnenaufgang ist immer zwischen 6.00 und 6.30 Uhr morgens und endet zwischen 18.00 und 19.00 Uhr abends. Um 05.30 Uhr rief mich die Hausglocke aus dem Bett. Eine halbe Stunde später beginnt der Gottesdienst in der Abteikirche, dem das Volk beiwohnt. Um 07.00 Uhr ist das Frühstück und eine Stunde später treffen die Mönche an ihrem Arbeitsplatz ein. In verschiedenen Werkstätten wie Schreinerei, Schlosserei, Goldschmiede Druckerei, Schneiderei, Schuhmacherei, Ziegelei, Maurerei, Spenglerei Autowerkstatt und Landwirtschaft werden viele Lehrlinge ausgebildet, die nach einer drei- oder vierjährigen Lehre ihrem Handwerk nachgehen oder eine eigene kleine Werkstatt in einer Grossstadt betreiben. Nicht selten werden Arbeiter bevorzugt, die in den Missionswerkstätten ausgebildet wurden. Sie finden sehr schnell eine Arbeit. Um 13.00 Uhr wird für das leibliche Wohl gesorgt. Das Essen ist gut. Nebst dem Gemüse aus dem Klostergarten gibt es oft Kartoffeln, die von den Feldern des Klosters in Uwemba kommen und Fleisch, das in der eigenen Klostermetzgerei in Peramiho verarbeitet wird. Man gewöhnt sich schnell an die einfachen Speisen und ich blieb von einem Durchfall bis anhin verschont. Allerdings verursachte die lange Trockenheit eine Shigellen - Epidemie mit Fieber, Übelkeit, Erbrechen, blutigen Durchfällen und starken Bauchschmerzen und einige Mitbrüder mussten sich deshalb in die Krankenstation begeben und wurden sofort behandelt. Um 14.00 Uhr beginnt die Arbeit wieder. Von der Arbeit blieb ich bis 3. Januar 1994 verschont, weil ich vom Morgen bis abends, ausser den Gebets- und Esszeiten, intensiv die afrikanische Sprache Kiswahili lernte. Um 19.00 Uhr nehmen wir das Abend-

essen ein, dem ein halbstündiger Gottesdienst (Vesper) vorausgeht. Als Abschluss des Tages kommen die Mönche nochmals zum Nachtgebet um 20.15 Uhr in der Kirche zusammen. Die Abtei Peramiho besitzt ein grosses Hospital, das damals zu meiner Zeit von Br. Ansgar Stüfe als Chefarzt geleitet wurde. Er war immer bestrebt, dass dieses Krankenhaus den neuesten Stand aufwies und liess aus Europa moderne Spitalgeräte nach Tansania einführen, um den Patienten die bestmögliche Versorgung zu gewährleisten. Im ganzen Land Tansania war das Spital Peramiho bekannt und viele Menschen aus nah und fern liessen sich dort behandeln. Es galt damals auch eines der besten Spitäler im Land. Inzwischen gibt es in Daressalam und anderen Grossstädten, viele Spitäler, die auch gute Behandlungsmöglichkeiten bieten.

Ausflug nach Imiliwaha und dem Malawisee
Mitte November im Jahr 1993 hatte ich die Gelegenheit, als Begleiter eines Mitbruders Pater Bosco Brunner mitzufahren, der zum 25jährigen Bestehen des Schwesternkonventes in Imiliwaha eingeladen war. Die Feier der heiligen Eucharistie dauerte volle drei Stunden. Weil viel Volk erwartet wurde, fand der Gottesdienst im Freien statt. Der Erzbischof Norbert Mtega von Songea stand der heiligen Feier vor. Zwei weitere Bischöfe Emmanuel Mapunda von Mbinga und Raymond Mwanyka von Njombe, sowie 40 Priestern konzelebrierten mit. Etwa 300 afrikanische Schwestern, einige einheimische Benediktiner von dem Kloster Hanga, Schwestern vom Kloster in Chipole und Mitbrüder von Peramiho waren anwesend, abgesehen von dem vielen Volk aus nah und fern. Es war sehr eindrucksvoll, wie intensiv alle mitfeierten. Sehr schöne einheimische Gesänge wurden dargebracht. Wirklich Lieder die zu Herzen gingen und mich emotional auch berührten. Für mich war alles so neu und unbekannt, wie man Gottesdienste so offen, strahlend, freudig, fröhlich und mit rhythmischen Bewegungen zum Ausdruck bringen kann. In der Schweiz wären solche Gottesdienste unvorstellbar. Eine Struktur, die wie vorgegeben scheint und die Öffnung der Herzen nicht sichtbar macht. Ein Gottesdienst der genau nach Regeln abläuft ohne sich selber einzubringen. Anscheinend war die Predigt vom Erzbischof Norbert Mtega den Schwestern sehr angetan, denn öfters wurde die Predigt durch Händeklatschen und afrikanischen „Jodelrufe" unterbrochen. Leider konnte ich damals von dem Vortrag nur wenige Wörter verstehen. Umso mehr richteten sich meine Augen oft auf die Menschenmenge, die mit Freude und herzlicher Ausstrahlung beseelt war. Neun Schwestern feierten zugleich ihr 25 jähriges Profess-Jubiläum und legten schriftlich ihre Profess-Erneuerung auf den Altar. Auf den Schleiern trugen sie ein gewundenes Blumenkränzchen und schritten, beziehungsweise tanzten dem Altar entgegen. Die Sonne schien unbarmherzig auf uns hernieder und meinte es wohl gut. Bei mir hat sie es übertrieben. Anderntags sah mein Gesicht aus, wie eine rote Tomate oder ein gegrilltes Hühnchen. Nach der Feier der heiligen Eucharistie wurden wir zum Essen eingeladen. Während der Mahlzeit brachten Kinder mit einheimischen Instrumenten verschiedene Darbietungen wie Singen, Musizieren, Gedichte und Spiele dar. Schon zweijährige Kinder sassen an der Trommel und bewiesen ihr Können damit umzugehen. Sie konnten ihre kleinen Finger geschickt anbringen und etwas ältere tanzten im Takt herum. Unglaublich welche Bewegungen diese kleinen Geschöpfe präsentierten. Ich liess mir sagen, dass Kleinkinder bereits am Rücken der Mutter den Rhythmus mitbekommen, die oft mit ihren Kindern am Rücken ihre Tän-

ze im Busch ausführen. Zwei Tage später mit einer Übernachtung in Uwemba, trafen wir nach vierstündiger Fahrt wieder in Peramiho ein. Für mich war dieser Ausflug in das Benediktinerinnenkloster in Imiliwaha eine grosse Bereicherung. Zwei Wochen später durfte ich mit einer Schweizerfamilie, die einige Tage in Peramiho verbrachten, an den Nyassasee fahren. Der Hinweg dauerte wiederum gut vier Stunden Richtung Mbinga, Nangombo bis Mbambabay zum See. Dieser sehr schön gelegene Malawisee ist 500 Kilometer lang und weist eine Breite von 80 Kilometer auf. Drei Stunden verbrachte ich im Wasser und genoss das kühle Nass, das ich mit einem Sonnenbrand an meinem Hals und meinen Schultern bezahlen musste. Die Gäste sassen lieber im Schatten und wagten nur ab und zu in den See zum Schwimmen zu gehen. Die Sonnenstrahlen am Nyassasee (auch genannt Malawisee) sind sehr intensiv. An einigen Stellen ist es gefährlich zu baden. Nicht selten tauchen Krokodile auf, die ihren Hunger stillen möchten. Jedes Jahr werden Tote beklagt meist badende Kleinkinder, die von den Krokodilen geschnappt, in den Seegrund gezogen und verspeist werden. Im Jahr 1991 verlor ein junger deutscher Tourist auf diese Weise sein Leben, obschon er von Kindern gewarnt wurde. Jedenfalls kamen wir beim Sonnenuntergang wieder glücklich, (die holprige vierstündige Autofahrt war zwar kein Vergnügen) zuhause in Peramiho an.

Führerausweis, Monatslöhne und die Geburt im Auto
Weil ich keinen internationalen Führerschein besass, erhielt ich für drei Monate im Jahr 1994 einen Lehrfahrausweis. Mein Schweizerführerschein wurde nicht akzeptiert. Innert dieser Frist wurde ich zur Fahrprüfung in Songea aufgeboten. Der ganze Prozess kostete 7000 tansanische Schillinge, was etwa 3.50 Franken ausmacht. Vor der Fahrprüfung in Songea erklärte mir der Fahrlehrer, dass ich während der ganzen Prüfung nur den ersten und zweiten Gang benutzen soll. Die Fahrexperten legen grossen Wert darauf, weil es in der Stadt Songea keine Zebrastreifen gibt und viele Menschen überall die Strassen überschreiten, wo sie sich gerade befinden. Bei der Fahrprüfung teilte mir der Fahrexperte mit, dass er nur mit Handbewegungen die Richtung angibt, die ich zu fahren habe und gesprochen wird nichts. Macht er eine Handbewegung nach rechts, geht es Richtung rechts und das gleiche gilt für links. Andernfalls geht es immer gerade aus der Strasse entlang. So fuhr ich mit dem Fahrexperten etwa 30 Minuten in der Stadt Songea herum. Nach einer Linksbewegung mit der Hand des Experten fuhr ich gerade aus. Er fragte mich: Warum ich nicht nach links abbog? Ich gab ihm zur Antwort: Weil es eine Einbahnstrasse ist. Ich durfte an die Motorfahrzeugstelle zurückfahren und habe die Autoprüfung bestanden. Mit Pater Gerold Rupper machte ich als Fahrer die ersten Ausflüge zu seinen ehemaligen Pfarreien, die er ab und zu aufsuchte, aufgebaut hat und finan-

ziell unterstützte. Er selber lenkte kein Auto mehr, weil sein Sehvermögen nachgelassen hatte. Im Jahr 2000 im Monat Juni nach einem erfüllten und erfolgreichen Leben in Tansania, wurde Pater Gerold auf dem Friedhof in Peramiho beigesetzt. Eine grosse Volksmenge von nah und fern nahmen an seiner Beerdigung teil und erwiesen ihm, für seine aufopfernde Tätigkeit in Tansania, die letzte Ehre.

Ein Durchschnittsarbeiter verdiente im Jahr 1994 pro Monat 6000 bis 7000 Schilling, umgerechnet etwa 3,50 Franken. An einem Tag erhielt er also 200 bis 300 Schilinge, was sage und schreibe 70 Rappen ausmacht. Wollte er einen Brief ins Ausland senden, musste er 170 Schilinge ausgeben, fast ein Tageseinkommen. Die Familie ist damit noch nicht unterhalten. Von Bekleidung, Schulgelder und Material ganz zu schweigen. Es ist tatsächlich ein Rätsel, wie sich eine Familie mit mehreren Kindern durchbringt? Deshalb nahm wohl damals die Dieberei untereinander stets zu und mit dem kleinsten Gegenstand, der irgendwo ergattert werden konnte, wurde gehandelt oder verkauft. Schon junge Leute sind in dieser Hinsicht „Spezialisten" und die Gefängnisse sind überfüllt. Nicht selten kommen eigene Handwerker ans Licht, die Arbeitsgeräte aus den Werkstätten entwenden. Dabei hätten sie es gar nicht nötig, denn sie haben in unseren Missionsstationen ein sicheres Einkommen. Man darf nicht alle in den einen Topf werfen. Es gibt viele junge Menschen, die Kriminalität ablehnen, sehr vertrauenswürdig sind und auch dementsprechend leben. So bleibt den Afrikanern, wenigstens in Tansania, das damals als eines unter den sieben ärmsten Ländern der Welt galt, nichts anderes übrig, als sehr bescheiden zu leben und selbständig Ackerbau zu betreiben. Allerdings hängt das ganze Gelingen der Landwirtschaft vom Wetter ab. Heute nach fast 30 Jahren ist der Monatslohn um das fünfzehnte bis zwanzigfache gestiegen.

Ich mag mich noch gut erinnern, wie anfangs Jahr 1995 eine junge Frau aus dem Busch in ein Spital gebracht werden sollte, weil für die Geburt ihres Kindes nur ein Kaiserschnitt in Frage kam. Die Zeit drängte und ein weiter Weg stand bevor. Der Wagenlenker fuhr ziemlich schnell, um rechtzeitig das Spital in Peramiho zu erreichen. An einen möglichen Unfall hatte er wohl nicht gedacht. Er kam nämlich bei einer scharfen Kurve von der schlechten Strasse ab und brachte es fertig, dass der Land Rover auf der Seite zum Liegen kam. Glück im Unglück hatte die schwangere Frau, ihre zwei Begleiterinnen und der Fahrer. Alle kamen mit leichten Prellungen und Schürfungen davon. Vierfaches Glück jedoch hatte die schwangere Frau. Sie wurde nicht gross verletzt, das Kind hatte keinen Schaden erlitten, sie konnte sich dem Kaiserschnitt entziehen, weil sie vor lauter Schreck am Unfallort, ohne jegliche Hilfe, einen gesunden Jungen gebar und als letztes das Mutterglück. Später wurde dem Jungen, bei der Taufe, den Namen „Baraka-Segen" gegeben. Ein anderer Fall ereignete sich als eine Frau vor unserer Prokura ein Kind zur Welt brachte, die nicht mehr das Spital in Peramiho (etwa 80 Meter entfernt) erreichen konnte. Zwei Krankenschwestern, die gerade vorbeispazierten konnten der Frau

Hilfe leisten. Eine lief schnell in die Prokura und kam mit einer Schere zurück, um die Nabelschnur durchzuschneiden. Anscheinend sind solche Gegebenheiten keine Seltenheit in unserem Land.

Aufenthalt im Schwesternkloster Chipole und der Abtei in Hanga

Ab dem 3. Januar 1994 begab ich mich in das Frauenkloster Chipole und lebte, arbeitete und betete mit ihnen. Bei dieser Gelegenheit konnte ich erwirken, dass Schwester Imani von Mbinga und Schwester Amelia von Morogoro drei Monate in Chipole aufgenommen wurden, damit ich sie auch in der Buchbinderei ausbilden konnte. Chipole ist 37 Kilometer von der Abtei Peramiho entfernt. Es ist ein Benediktinerinnenkloster das zu dieser Zeit 280 einheimische Schwestern zählte. Inzwischen sind es über 380 Schwestern. Das war auch ein Grund, weshalb sie im Norden Tansania vor ein paar Jahren eine Neugründung in Same starteten. Nebst den 17 Postulantinnen und 12 Novizinnen leben etwa 80 Schwestern im Kloster. Die übrigen Schwestern sind in verschiedenen Aussenposten in ganz Tansania verteilt. Hier in Chipole führte ich einige Schwestern, in der gut eingerichteten Hausbuchbinderei, in das Handwerk des Buchbindens ein. Sie sind sehr dankbar dafür und wir hatten es immer lustig, wenn wir uns wieder in der Buchbinderei begegneten. Die Schwestern führen ein Mädcheninstitut mit 150 Mädchen, eine Metzgerei, seit dem Jahr 2008 eine Bäckerei, die ich damals gebaut und einige Schwestern ein Jahr in die Backkunst einführte, eine kleine Krankenstation, eine riesengrosse Landwirtschaft, die von den Schwestern selbst bewirtschaftet wird und ein Waisenhaus mit etwa 30 Kleinkinder, die von ihren Eltern verstossen wurden, aus immer welchen Gründen, oder deren Eltern an Aids gestorben sind. In den neunziger Jahren starben viele Menschen an diesem tödlichen Virus und diese Krankheit ist für alle Menschen greifbar geworden. Seit einigen Jahren dürfen Aidskranke jeden Monat, mit einem Ausweis, in der Drogerie gratis Tabletten abholen, die von der Regie-

rung bezahlt werden. Mit diesen Tabletten wird der Aidsvirus in Schach gehalten und Menschen können Jahrzehnte lang damit leben, wenn sie nicht von anderen schweren Krankheiten betroffen sind. Sehr schöne Handarbeiten wie Kirchengewänder, geflochtene Körbe, Rosenkränze, Tongegenstände und Kerzen, die von den Schwestern hergestellt werden sind im Klosterladen, für unsere Begriffe, sehr billig erhältlich. Im Gegensatz zu Peramiho gibt es hier genug Wasser. Allerdings kann nur abgekochtes Wasser getrunken werden, das mir jeder Zeit zur Verfügung stand. Das Kloster besitzt einen kleinen Generator der Strom erzeugt. Weil das Öl zu teuer war, wurde der Generator nur zu den Gebetszeiten eingeschaltet. Ab und zu streikte dieser Stromspender, wenn heftige Gewitter tobten. So blieb den Schwestern nichts anderes übrig, gleichzeitig mit den Hühnern ins Bett zu gehen oder Kerzen, Taschenlampen und Öllampen zu benutzen. Das Abend- und Nachtgebet fiel dann aus. Das Abendessen konnte ich einige Male im romantischen Kerzenlicht oder einer Öllampe auf dem Tisch einnehmen, weil ein Gewitter herrschte und der Generator abgeschaltet wurde. Mein Zimmer erhielt ich im Gästehaus, das mit Solar eingerichtet ist. Auch der afrikanische Spiritual der Schwestern, Pfarrer Hugo ist dort untergebracht. Am Morgen beginnen die Vigil- und die Laudespsalmen um 05.00 Uhr. Hernach eine halbstündige Meditation und anschliessend die heilige Eucharistiefeier. Das Frühstück ist um 07.30 Uhr und danach gehen die Schwestern an ihre Arbeitsplätze. Um 12.30 Uhr ruft die Glocke zum Mittagsgebet und anschliessend wird das Mittagessen eingenommen. Nachmittags ist wieder Arbeitszeit bis um 18.00 Uhr und eine halbe Stunde später wird die Vesper gesungen. Nach dem Abendessen kommen die Schwestern nochmals zum Nachtgebet (Komplett) um 20.15 Uhr in der Klosterkirche zusammen. Stillschweigend begeben sich die Schwestern hernach in ihre Gemächer zurück. Ein Wochenende wollte ich in Peramiho verbringen und entschied mich mit zwei Arbeitern diese 37 Kilometer zu Fuss zu gehen. Erstens ging es mir darum wieder einmal mit meinen Mitbrüdern zusammen zu sein und zweitens konnte ich mein erlerntes Kiswahili auf dem Weg, mit Gesprächen, noch verbessern. Wir bevorzugten einen Tageslauf. Eine Nachtwanderung wäre zu gefährlich gewesen, denn vor vier Wochen um 21.00 Uhr konnten einige Schwestern und ich vom Land Rover aus (drei Kilometer von Chipole entfernt) eine Leopardenweibchen mit

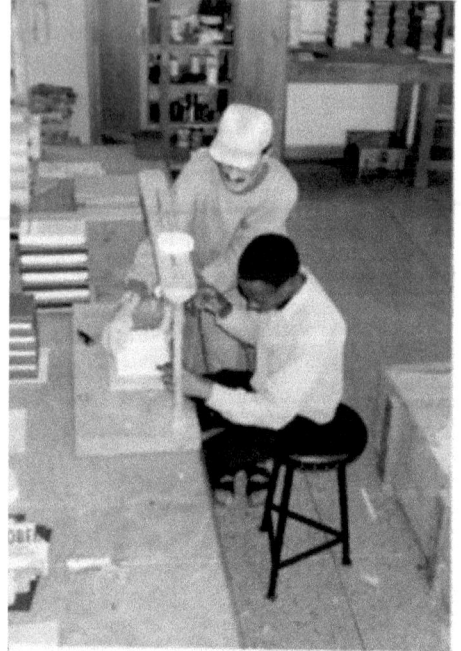

ihren zwei Jungen beobachten. Wirklich eine Augenweide solchen Tieren in der Freiheit zu begegnen. Bei dieser Tageswanderung unterhielten wir uns auf dem ganzen Weg und viele Menschen, die uns begegneten, konnte ich in ein Gespräch verwickeln. Am Abend zuvor wollte ich mich bei einigen Schwestern verabschieden mit den Worten: „Tutaoana kesho ni Chipole". Wie sehen uns morgen in Chipole. Allerdings verwechselte ich das Wort tutaonana mit „tutaoana", was bedeutet: Wir heiraten morgen in Chipole. Unglaublich, welch ein Gelächter bei den Schwestern ausbrach. Die Schwestern sind sehr happy, weil ich ihnen Sakramentsbohnen aus der Schweiz mitbrachte, die auf ihren Feldern einen besonderen Platz einnahmen. Sie glauben fest, dass sie deshalb eine gute Ernte erhalten. Lassen wir ihnen den Glauben. In der Bibel steht geschrieben „Im Glauben kann man Berge versetzen" (Mk 11,23). Ich mag mich noch gut erinnern, dass eine Frau in der Umgebung von Chipole Vierlinge auf die Welt brachte. Es ist eigentlich eine Seltenheit in Tansania. Die Frau hatte keine Chance, ihre vier Säuglinge allein aufzuziehen. Die Schwestern waren sofort bereit, sie mit ihren vier Neugeborenen aufzunehmen und stellten ihr einen Raum in der Krankenabteilung zur Verfügung. Von einer Krankenschwester wurde sie betreut so gut es ging. Später hörte ich, dass ein Kind von diesen Vierlingen nach drei Wochen an Malaria starb.

In der Karwoche kehrte ich nach Peramiho zurück und verbrachte dort die Osterntage. Nach Ostern am 5. April 1994 traf ich in Hanga ein, etwa 65 Kilometer von der Abtei Peramiho entfernt, wo ich auch afrikanische Mönche in das Handwerk des Buchbindens einführte. Dort befindet sich ein afrikanisches Benediktinerkloster das nebst den 120 Mönchen, 30 Kandidaten, sieben Postulanten, 16 Novizen und 26 Mönche mit zeitlicher Profess zählt. Sieben Mönche davon legten am 11. Juli, das Fest des heiligen Benedikt, ihre ewigen Gelübde ab. Die Gründung dieses Klosters wurde im Jahr 1957 in Liganga durch den Bischof Eberhard Spiess erschlossen, der Wert darauf legte ein Kloster mit nur Einheimischen ins Leben zu rufen. Bereits vier Jahre später mussten sie wegen Platzmangel und ungünstigen Bedingungen das Kloster verlegen. In Hanga, 25 Kilometer von Songea entfernt, Richtung Mtyangimbole, konnte ein zweckmässiges Kloster mit Werkstätten und einer sehr schönen Kirche, die wirklich zum Beten einlädt, erstellt werden. Das Kloster besitzt ein Seminar mit 150 Schülern und eine Sekundarschule mit 200 Schülern, die nur von einheimischen Lehrkräften geführt wird. Ausserdem verschiedene Werkstätten wie Schreinerei, Schuhmacherei, Maurerei, Schlosserei, Tischlerei, Spenglerei, Metzgerei, Mechaniker-Auto-Werkstatt, Elektrowerkstatt, eine kleine Buchdruckerei, Hausbuchbinderei, ein kleines Spital für ambulante Behandlungen (Operationen im Hospital Peramiho) und natürlich für ihren Lebensunterhalt eine grosse Landwirtschaft mit Mais-, Reis-, Hirse-, Erdnüsse (Karanga) und Gemüsefeldern, die von den Mönchen und Hilfsarbeitern bewirtschaftet wird. Sehr viele Fruchtbäume mit Orangen, Mandarinen, Zitronen, Papayen, Avocados, und Bananen sind für den Eigenbedarf und zum Verkauf vorhanden. Gerne liess ich mich von diesen feinen Früchten verwöhnen, die jeden Tag auf dem Speisetisch greifbar waren. In all diesen Bereichen werden 60 Lehrlinge, mit staatlichem Prüfungsabschluss, ausgebildet. Die Mönche verstehen ihr Handwerk ausgezeichnet. Sie wurden in den Werkstäten der Abtei Peramiho und Ndanda ausgebildet. Da kann man nur staunen, welche Pionierarbeiten unserer Missionare in all diesen Jahren geleistet haben und auch weiterhin leisten. Es liegt doch allen Missionaren am Herzen, dass das afrikanische Volk selbständig wird. Das Kloster Hanga ist ein guter Beweis dafür. Die Materialien und Werkzeuge konnte man in dieser Zeit in Tansania oft gar nicht bekommen, was auch der Grund war, dass unsere Missionsstationen noch von Übersee abhängig waren. Mit Containern wurden die bestellten Sachen der Missionare und den Missionsschwestern in das Land gebracht. Heute ist es anders. Viele Gegenstände sind in Tansania erhältlich. Hauptsächlich billige Waren aus China, die nach kurzer Zeit nicht mehr brauchbar sind, weil es an der Qualität mangelt. Einmal habe ich eine normale Bratpfanne gekauft, bei der sich der Boden von der Pfanne auf der heissen Herdplatte wölbte. Auch ein Gerät mit vier Steckdosen ist sehr gefährlich. Das Kabel wird so heiss, dass man es gar nicht mehr berühren kann. Ich schraubte dieses Gerät auf und musste feststellen, dass die verschiedenen Steckdosen nur mit ganz dünnen Kabeln (nicht in Plastik gekleidet) miteinander verbunden waren. Scheinbar kann es sich die Regierung nicht leisten, für 65 Millionen Einwohnern, Qualitätssachen einzuführen. Die Leute sind zu arm, um es kaufen zu können. Auch las ich vor einigen Jahren in der Zeitung, dass ein Container mit Plüschtieren aus China am Zoll in der Schweiz abgewiesen wurde. Anscheinend wurden diese Plüschtiere mit krebserregenden Materialien hergestellt. Was mich dann schockierte, dass dieser Container den Hafen von Daressalam anpeilte und diese Plüschtiere in das Land Tansania gelangten. War es Unwissenheit oder Korruption kann ich nicht beurteilen. Jedenfalls müssen immer arme Länder hinhalten, wenn es um dubiose Geschäfte geht. So läuft es leider auf der Welt. Sicher könnte die Regierung von Tansania davon absehen, aber wenn dann solche Dreckswaren extrem billig angeboten werden, ist die Versuchung gross es anzunehmen. Hoffen wir, dass sich das Land Tansania eines Tages selbständig unterhalten kann und nicht mehr auf die Hilfe vom Ausland angewiesen ist.

Am 15. Dezember 1993 wurde das Kloster Hanga zur Abtei erhoben und einen Monat später empfing der zum 1. Abt von Hanga gewählte Pater Aicuin Nyirenda (42 Jahre jung) die Abtsweihe. Br. Bernadin (von Beruf Schreiner) stand ihm als Prior zur Seite. Zu diesem Anlass trafen die Bischöfe Norbert Mtega von Songea, Emmanuel Mapunda von Mbinga und Alfred Maluma von Njombe ein. Nebst dem Altbischof Gervas Nkalanga, der in Hanga eingetreten ist und bereits zu der Mönchsgemeinschaft zählte, waren fünf Äbte und 75 Priestern anwesend. Viele Schwestern von Chipole und ich trafen gerade noch rechtzeitig ein. Wiederum war viel Volk anwesend, wie üblich während solchen bedeutenden Anlässen. Dieser Tag dürfte wohl in die Geschichte eingehen, weil er der 1. einheimische Abt von

Tansania und zudem noch Benediktiner war. Der dreistündige Gottesdienst wurde mit einheimischen Instrumenten, Liedern, Gebeten und Vorträgen eindrucksvoll gestaltet. Ich lebte drei Monate in Hanga und brachte einigen Mönchen in der bereits vorhandenen Hausbuchbinderei das exakte und saubere Herstellen von Büchern, Schulheften und so weiter bei. Einmal hatte ich die Möglichkeit mit einigen Mitbrüdern die Missionsstation Msalaba Mkuu (grosse Kreuz) zu besichtigen. Dort ist ein Mitbruder von ihnen als Pfarrer tätig, wo wir das Wochenende verbrachten. Die Station liegt an einem Berg und erinnert ein wenig an die Heimat in der Schweiz. Die Kirche, die weit und breit eine der schönsten ist, und auf der halben Höhe des Berges, im Jahr 1967 erbaut wurde, bietet einen prachtvollen Anblick. Später wurde auf dem Berg ein grosses Kreuz errichtet, weshalb die Station den Namen Msalaba Mkuu erhielt. Diese Gegend ist eine Perle in der Schöpfung mit einer prächtigen Landschaft und einen traumhaften Sternenhimmel. Bei Vollmond fast taghell, eine Sternenpracht von der man in der Schweiz nur träumen kann. Der Sonnenaufgang und der Sonnenuntergang sind zauberhaft und bewundernswert. Die Hälfte des Himmelgewölbes erscheint, mit durchziehenden Wolkenfeldern, wie eine Feuerbrunst, die sich allmählich auflöst und der Finsternis den Platz frei gibt. Unglaublich, einem solchen Naturereignis begegnen zu dürfen. In der Schweiz habe ich es so intensiv noch nie erlebt, da lassen sich eher die hohen Berge bewundern. Der neue Abt von Hanga hatte sein Amt etwa zehn Jahre inne, bevor er nach Rom in das Haus St. Anselmo übersiedelte und dort viele Jahre die Gäste betreute. Er starb im Jahr 2019 im Spital in Peramiho und wurde in seinem Kloster in Hanga beigesetzt.

Start der Hausbuchbinderei in Peramiho. Professfeier in Chipole
Einen Tag vor Pfingsten kehrte ich endgültig nach Peramiho zurück, wo viel Arbeit auf mich wartete. Die Buchbindereimaschinen trafen Mitte Mai, von Deutschland, für die neu eingerichtete Hausbuchbinderei im Peramiho ein. So konnte ich endlich nach Pfingsten mit der Arbeit beginnen. In dieser Buchbinderei führte ich ein Kandidat aus Hanga, ein Kandidat und zwei Mönche der Abtei Peramiho (Br. Ambros und Br. Bendedikt) in das Handwerk des Buchbindens ein. Später kamen noch Schwester Imani von Mbinga und Schwester Amelia von Morogoro hinzu. Mit viel Freude und Interesse arbeiteten sie. Der Abt Lambert brachte immer wieder Bücher aus der Klosterbibliothek, die überholt werden mussten. Auch die Zeitschriften werden zu Büchern gebunden. Mein Ziel ist es, meine Buchbinderlehrlinge soweit zu bringen, dass sie bis zu meiner Rückkehr in die Schweiz selbständig arbeiten

können. In vier Monaten wäre es nicht möglich gewesen ihnen das nötige Wissen in der Hausbuchbinderei zu vermitteln.

Die Freude meinerseits war gross, dass mir ein Jahr (bis Ende 1995) verlängert wurde und ich noch einmal das Weihnachtsfest in Peramiho mit afrikanischen, einfachen und schlichten Menschen erleben durfte. Mir scheint, dass die Afrikaner es verstehen den kirchlichen Festen Glanz und Pracht zu verleihen. Sie machen mit begeistertem Herzen mit, auch wenn der Festtagsgottesdienst drei bis vier Stunden dauert. Es gibt so viele Zeichen tiefen Glaubens, frommer Hoffnung und echter Liebe bei den Menschen in Tansania. Am sechsten, siebten und achten September 1994 weilte ich in Chipole. Es waren besondere Tage der Freude. Neun Postulantinnen wurden in das Noviziat aufgenommen. Zehn Novizen legten die zeitliche Profess ab, und acht Schwestern mit zeitlicher Profess durften sich durch die Ablegung der ewigen Gelübde für ihr ganzes Leben an die Klostergemeinschaft binden. Die Noviziats-Aufnahme fand im Kapitelsaal statt. Schwester Oberin, Mama Mkubwa Shukrani, die im Juni dieses Jahres nochmals für eine Amtsperiode, (drei Jahre) gewählt wurde, sprach eindrückliche Worte über die Notwendigkeit, dem Ideal des heiligen Benedikt nachzueifern. Sie betonte sehr den Prolog der Benediktus-Regel: „Höre meine Tochter, und lausche den Worten des Meisters". Sie legte den angehenden Novizinnen in mütterlicher Liebe nahe, dass der Weg den sie gewählt haben und jetzt einschlagen werden, steinig, uneben und beschwerlich sein kann. Allerdings verstand sie es, mit aufmunterten Worten ihnen Mut zu machen, auch in Stunden der Einsamkeit, Bedrängnis und Enttäuschung der Berufung treu zu bleiben und sich an Christus festzuklammern, der fortan ihr Weg sei und mit der Hilfe der Benediktus-Regel ihm nachzufolgen. Anschliessend erhielten alle Postulantinnen das weisse Noviziatskleid, den weissen kleinen Schleier auf den Kopf und die Regel des heiligen Benedikt in die Hand. Die ganze Noviziatsaufnahme, die eine Stunde dauerte, wurde mit Liedern umrahmt, die diesem Ereignis eine feierliche Note gaben. Am folgenden Tag legten die Novizinnen, die bereits zwei Jahre Noviziat hinter sich hatten, im Rahmen der heiligen Eucharistiefeier, die zeitliche Profess ab. Der Gottesdienst, dem der Erzbischof Norbert Mtega vorstand, dauerte knapp vier Stunden. Wiederum wurde die Feier sehr eindrücklich und lebendig gestaltet. Die Novizinnen wurden von ihren Eltern an den Altar begleitet. Jedes Ehepaar bestätigte persönlich die Freigabe ihrer Tochter, die sich mit einem Hochzeitskleid, Ring, Halskette, Ohrenring und so weiter präsentierte. Sehr eindrucksvoll war die Szene, als die Novizinnen all ihren Schmuck auf den Altar niederlegten und sich bereit erklärten, auf diese weltlichen Güter zu verzichten und den Weg der Vollkommenheit anzustreben. Jede Novizin erhielt vom Bischof das neue weisse Ordensgewand, den grossen Schleier und das Brustkreuz, das er zuvor gesegnet hatte. Die Urkunde mit dem Versprechen, sich Gott ganz zu weihen (Jungfräulichkeit), nach der Regel des heiligen Benedikt zu leben (Gehorsam) und sich der Klostergemeinschaft von Chipole anzuschliessen (klösterlichen Lebenswandel), legten sie unterschrieben auf den Altar. Vorher wurde von jeder Novizin persönlich die Urkunde vor allen Kirchenbesuchern, als Beweis vorgetragen und mit hoch gehaltenen Händen gezeigt. Nach der eindrücklichen Eucharistiefeier begleiteten zwölf tanzende Mädchen in Einheitstracht die „frisch gebackenen" Schwestern aus dem Gotteshaus, wo sie von den Angehörigen und Gottesdienstbesuchern mit Freude, Jubel, Musik, Tanz und Händeklatschen empfangen wurden. Der 8. September war der eigentliche Höhepunkt. Die Schwestern, die sechs Jahre ihrer zeitlichen Profess treu blieben, legten die ewigen Gelübde ab. Zu dieser Feier kamen die Generaloberin (Mama Mkuu) Glothilde Sanyika aus Songea und Abtprimas Theissen aus Rom, der sich zu dieser Zeit in Tansania aufhielt. Der Ablauf dieser Feier gestaltete sich in etwa gleich wie der Tag zuvor. Zusätzlich erhielt jede Schwester, vom Bischof Norbert einen Ring an ihren Finger, als Zeichen der endgültigen Vermählung mit Christus und einen Blumenkranz auf den Schleier, damit man die Neuprofessen, wenigstens an diesem Tag, von den übrigen Schwestern unterscheiden konnte. Nach dem Festgottesdienst, wurden alle Angehörigen, Priester und Ordensleute zu einem feinen Mittagessen und gemütlichen Beisammensein eingeladen. Nach den Feierlichkeiten machte ich mich mit dem Motorfahrrad (37 Kilometer), wieder auf den Heimweg nach Peramiho.

Begegnung mit einer Schlange, kranke Menschen im Aussatzdorf
Im Oktober hatte ich zum ersten Mal eine Begegnung mit einer Schlange, die sich abends in Richtung Buchbinderei bewegte. Die Puffotter war etwa 1,00 Meter lang und präsentierte sich mit einem Umfang, der meinem Arm entsprach. Ich hatte nicht lange Zeit, das sehr schön gezeichnete Tier zu bewundern. Bereits kamen Afrikaner aufgeregt mit einer drei Meter langen Stange herbei und erledigten sie mit einem gezielten Schlag auf den Kopf. Eigentlich tat mir die Schlange leid, sie hat niemanden angegriffen und war im Begriff zu fliehen. Die Afrikaner haben grosse Angst und Respekt vor diesen Reptilien. Es sterben immer wieder Menschen, besonders im Busch draussen, weil sie von Schlangen gebissen werden. Bis die Betroffenen das Spital erreichen, ist es meist zu spät. Deshalb wird jede Schlange, ob sie giftig ist oder nicht, ins Jenseits befördert. Allerdings ist mit einer Puffotter nicht zu spassen. Sie ist sehr giftig und kann unheimlich schnell zupacken. Eine ausgewachsene Puffotter hat einen Giftvorrat, der ausreichend ist, um vier bis fünf Menschen zu töten. Sie ist nicht angriffslustig, beisst aber wenn man ihr zu nahe kommt oder auf sie tritt. Sie ist aus der Familie der Vipern, welche mit Ausnahmen des Nordens Afrikas, der inneren Sahara und der Regenwaldgebiete in ganz Afrika und Teilen

der südwestlichen arabischen Halbinsel vorkommt. Sie ernähren sich von kleinen Säugetieren, vor allem von Mäusen und Ratten, sowie Echsen, Vögeln, Schlangen und Amphibien. Auch Fische, Heuschrecken und Grillen werden gefressen.

Ab und zu besuchte ich mit dem Fahrrad das Aussatzdorf in Morogoro. Es liegt etwa fünf Kilometer von der Abtei Peramiho entfernt und beherbergt die vom Aussatz befallenen Menschen. Gott sei Dank, tritt diese Krankheit nur noch selten auf. Wird sie früh erkannt, ist es möglich, mit Medikamenten den Ausbruch zu verhindern. Bei einem sechsjährigen Mädchen war es der letzte Fall eines Aussatzes im Jahr 1992 in Morogoro. Schwester Frohmunda, die seit über 40 Jahren die Leprakranken betreute und ausserdem ein Waisenhaus mit etwa 100 Waisenkinder unterhielt, die von den Eltern verstossen wurden, oder deren Eltern an Aids gestorben sind, unternahm mit mir einen Rundgang. Mit Freude zeigte sie mir eines von neun gebauten Häusern für ihre fünfzehn Lepraschützlinge. Die alten Behausungen waren von den Termiten so zerfressen, dass diese einzustürzen drohten. Bauarbeiter aus der Gegend bauten diese einfachen Häuser, nach der Vorstellung der Schwester Frohmunda so wie sie es wünschte. Es stimmte mich sehr traurig, als ich diese Menschen vom Aussatz gekennzeichneten Geschöpfen zum ersten Mal begegnete. Ich fühlte mich so ohnmächtig und wusste nicht, wie ich reagieren sollte. In einer solchen Situation wird einem erst recht bewusst, was Gesundheit bedeutet. Es ist sicher nicht selbstverständlich, jeden Morgen gesund aufzustehen, für sich selber zu sorgen und in dieser Hinsicht nicht auf andere Menschen angewiesen zu sein. Solche Gedanken gingen mir durch den Kopf beim Anblick dieser, erstaunlicherweise zufriedenen und mit Frohsinn ihr Schicksal tragenden Geschöpfe. Wie würden wir uns in einer solchen Situation verhalten? Diese Frage ist sicher nicht leicht zu beantworten und es beschäftigte mich noch lange nach dieser Begegnung. Jedem Aussätzigen reichte ich meine Hand und sie freuten sich sehr über meinen Besuch. Niemand beklagte sich über seinen Zustand, obschon die meisten ihre Hände und Füsse nicht mehr gebrauchen können, weil diese vom Aussatz in grosse Mitleidenschaft gezogen wurden, zum Teil mit offenen Wunden, die Fliegen und anderes Ungeziefer anziehen. Einige verloren an ihren Händen alle Finger, andere die Zehen an ihren Füssen, die nur noch als Stummel erkennbar waren. Selbst die Blinden und jene, die sich auf allen Vieren oder mit Stöcken fortbewegen, weil das aufrechte Gehen einfach nicht mehr möglich war, nahmen ihr Schicksal mit grosser Geduld an. Sie haben liebevolle Helfer und Helferinnen, die sich um die aussätzigen Menschen kümmern, ihnen die Speisen reichen und beim gehen behilflich sind. Die Begegnung mit diesen Menschen hat mich tief beeindruckt und auch nachdenklich gestimmt. Sie dürften inzwischen alle erlöst sein und ihren Frieden gefunden haben. Die Waisenkinder erhielten bei der Schwester Frohmunda eine fürsorgliche, aufopfernde und liebevolle Mutter, die viele Kinder aufnimmt, als wären es ihre eigenen Schützlinge und betreut sie bis zur Schulentlassung. Nicht selten holen Mütter ihren Rat bei ihr, was die Ernährung ihrer

 Kinder anbelangt. Hunger im eigentlichen Sinn gibt es in Tansania nicht, jedoch schlimme Mangelzustände, durch die völlig einseitige Ernährung mit Mais und Maniok. Der gemahlene Mais und Maniok wird mit Wasser zu einem festen Brei gekocht (genannt Ugali) der meist mit Bohnen oder einer anderen Gemüseart jeden Tag als Hauptnahrung der Afrikaner dient. Oft denken die Mütter, die aufgetriebenen Bäuche ihrer Kinder seien ein Zeichen von Unterernährung, was zu schlimmen Folgen führen könnte. Inzwischen ist auch Sr. Frohmunda mit über 90 Jahren in Peramiho gestorben und ihre Waisenkinder wurden in das Waisenhaus Mji-Mwema nach Songea gebracht. Dieses neue Waisenhaus wird von den Vinzentiner-Schwestern geleitet, die ein Mutterhaus in der Stadt Mbinga mit 280 Schwestern besitzen. Einmal bei einem Spaziergang mit Einheimischen, etwas entfernt von der Abtei Peramiho begegneten wir auf dem Weg einem Schuppentier (Kakakuona). Die Afrikaner wichen zurück und glaubten, das Tier sei gefährlich-giftig und wollten es mit einem Stab erschlagen. Als ich es anfassen wollte, rollte es sich wie eine Kugel zusammen. Trotzdem nahm ich es auf und trug es in meinen Händen bis zu der Abtei. Mit dem Auto brachte ich dieses sehr schön gezeichnete Tier nach Morogoro und liess es im Busch frei. Ich hatte Angst es könnte anderen Einheimischen zum Opfer fallen, falls sie sich wieder begegnen würden. Inzwischen sind diese Schuppentiere in Tansania geschützt und dürfen nicht mehr umgebracht werden.

Das Schwesternkloster Imiliwaha und Uwemba
Diesmal weilte ich vom 26. November bis zum 22. Dezember 1995 im Schwesternkloster in Imiliwaha. Dieses Benediktinerinnenkloster wurde vor 55 Jahren (1968), als Neugründung von Chipole, ins Leben gerufen. Heute zählt diese Gemeinschaft mehr als 400 Schwestern. Dieses Kloster liegt im Njombegebiet etwa 300 Kilometer vom Schwesternkloster Chipole entfernt. Es liegt 2200 Meter über Meer, also in einer Gegend, in der es recht kalt werden kann. Im Gegensatz zu Peramiho musste ich dort warme Kleider tragen, um mich vor einer Erkältung zu schützen. Während meinem Aufenthalt in Imiliwaha führte ich einige Schwestern, davon zwei Vinzentinerinnen aus Mbinga in die Kunst des Buchbindens ein. Br. Ambros ein Mönch von Peramiho mit zeitlicher Profess und ein Verwandter von Erzbischof Norbert Mtega, der nach meiner Rückkehr in die Schweiz die Buchbinderei und Kaffeerösterei übernahm, half mir bei der Ausbildung der Schwestern. Der Tagesablauf ist der gleiche wie im Kloster Chipole. Darauf brauche ich nicht näher einzugehen, weil ich bereits schon ausführlich über diese Klostergemeinschaft berichtet habe. Nennenswert ist, dass die Gemeinschaft von Imiliwaha auch ein kleines Wasserkraftwerk besitzt und mit genügend Elektrizität, besonders während der Regenzeit,

versorgt wird. Zweimal verbrachte ich mit Br. Ambros das Wochenende in Uwemba, 35 Kilometer von Imiliwaha entfernt. In dieser Gegend gibt es reichlich Mais und Kartoffeln, Apfel-, Birnen-, Pfirsich- und Pflaumenbäume. Allerdings erwartete man in diesem Jahr keine grosse Obsternte, weil anfangs Oktober ein heftiges Gewitter mit Hagelkörnern (so gross wie Kirschen) diese Gegend heimsuchte und zum grossen Teil die Blüten zerstörte. Das ganze Gebiet wurde mit einem weissen Hagelteppich überdeckt.

Zum ersten Mal nach gut einem Jahr konnte ich in Uwemba in einen frischen saftigen Apfel beissen, der wirklich ausgezeichnet schmeckte. Allerdings war die Freude nur von kurzer Dauer, als ich bemerkte, dass sich eine Plombe von einem Zahn entfernte, der mir deshalb Zahnschmerzen verursachte. Die deutsche Zahnärztin Schwester Goretti in Peramiho, reparierte meinen Zahn ausgezeichnet, der nun, so hoffte ich einige Jahre seinen Dienst leisten wird. Seit vielen Jahren ist nun Dr. Muschi, er war damals ein junger Zahnarzt, in der Zahnartpraxis tätig. Schwester Goretti, die inzwischen zu den älteren Schwestern zählt stand ihm ab und zu zur Seite. Sie ist im Jahr 2021 unerwartet im Spital Peramiho gestorben und liegt nun dort auf dem Klosterfriedhof in Frieden begraben.

Die ersten Mönche und Schwestern von St. Ottilien. Reise nach Tansania
Die Abtei Peramiho feierte im Jahr 1998 ihr 100jähriges Jubiläum. Die älteren Mönche und Nonnen leben bereits 50 bis 60 Jahre hier und kamen damals mit der Absicht, nie wieder in ihre Heimat zurückzukehren. Also ein Abschied für immer, bis der Kongregationsrat festlegte, dass die Missionare das Recht haben, alle drei Jahre einen dreimonatigen Heimaturlaub anzutreten. Von einigen Missionaren habe ich damals erfahren, dass sie über 30 Jahren nicht mehr in Europa waren. Damals gab es noch keine Passagierflugzeuge oder sie waren schlicht und einfach zu teuer. Die Missionare und Missionsschwestern gingen mit der Bahn, mit dem Schiff und auf Fusswegen zu der Station nach Peramiho in Tansania. Für diese Reise brauchten sie etwa drei Monate bis sie den Hafen in Dar-es-Salam erreichten. Von dort gab es einen Fussweg, 1000 Kilometer durch den Busch bis nach Peramiho, wo sie sich niederliessen und die Missionsstation gründeten. Ein Unterfangen das gefährlich war, weil sich wilde Tiere wie Löwen, Hyänen, Elefanten Warzenschweine und viele tropische Tiere in den Gegenden herumtrieben. Allerdings waren die Missionare mit Einheimischen unterwegs, die mit Pfeil und Bogen und Gewehren ausgerüstet waren und sich bei den Buschwegen gut auskannten. Damals gab es noch keine Nationalparks, wie es heute der Fall ist. Für die Missionare und die Missionsschwestern war die Lockerung, einen

Aufenthalt in der Heimat, willkommen. Viele Verwandte, Bekannte, Freunde und Wohltäter zu besuchen ist ihr Tagesprogramm, nebst den vielen Geschäften die sie zu erledigen haben. Geprägt wird Peramiho von den Mönchsbrüdern der Abtei, die riesige Werkstätten jeder Art betreiben. (Der Computer hat auch Einzug gehalten und erleichtert die Administrationsarbeiten). Das scheint mir die eigentliche Entwicklungsarbeit zu sein „Hilfe zur Selbsthilfe", abgesehen davon, dass Betriebe wie Buchdruckerei und Elektrowerkstatt bereits ohne Europäer funktionieren. Das soll ja auch die geplante Zukunft sein. Wie ich vom Kloster Hanga und Kloster Chipole beurteilen kann, sind Afrikaner/innen durchaus dazu fähig und nicht wie man oft hört, unfähige und arbeitsscheue (faule) Menschen. Diese gibt es überall. Als Weisser wird man hier manchmal fast zu hoch geachtet. Oft ist aber auch das Schauen auf das Materielle der Hintergrund, weil sich die Missionare alles leisten können, was für die meisten Menschen hier ein unvorstellbarer Reichtum darstellt. Sie sind scharfe Beobachter und talentierte Nachahmer. Welch Eigenschaften sie wohl an mir beobachten? Jedenfalls habe ich von einigen Afrikanern den Spitznamen „Upepo" (Wind) erhalten, weil ich ein sehr lebendiges Temperament habe und eine schnelle Gangart besitze.

Arme Menschen in Tansania
Einmal als ich ein Spaziergang machte, fiel mir auf, dass ein etwa 10 jähriger Knabe nur mit zerrissenen und abgetragenen Hosen herumlief. Anscheinend war diese Hose sein einziger Reichtum. Ich gab dem Jungen ein Leibchen, eine Turnhose, Halbschuhe und eine Dächlikappe (Baseballkappe) auf seinen Kopf. Noch am selben Tag suchte mich seine Mutter auf und wälzte sich vor mir im roten Sand – Ausdruck höchster Dankbarkeit. Ihre Augen glänzten vor Freude und in ihren abgearbeiteten Händen hielt sie ein Huhn, das sie mir als Geschenk überreichen wollte. Doch für mich war es sehr beschämend. Mir drückte es fast das Herz ab und ich wusste gar nicht recht, wie ich mich jetzt verhalten soll. Ich nahm ihre Hand und half ihr beim Aufstehen. Eine solche Demutshaltung nur wegen ein paar Sachen, die zudem noch aus zweiter Hand waren. Ich gab ihr zu verstehen, dass wir die gleichen Menschen sind und ich nicht besser sei als sie. Der einzige Unterschied ist die Hautfarbe und dass ich in Europa geboren und aufgewachsen bin. Vor Gott sind alle Menschen gleich. Ausserdem sei das Herz massgebend und nicht das Ansehen und die Güter die wir besitzen. Nur mit grosser Mühe konnte ich sie überzeugen, dass ich hier genug zum Essen habe und sie das Huhn für ihre Familie zubereiten soll. Der Junge hatte durch mich zum ersten Mal in seinen Leben Schuhe getragen. Es ist manchmal schon herzzerreissend miterleben zu müssen, wie die armen Leute oft noch das Letzte hergeben. Ich erinnerte mich an den Bibeltext: „Sie gab alles, was sie besass" (Mk 12,43-44). Die Haltung dieser Frau berührte mich sehr und zeigte mir deutlich, dass man auch von einfachen, schlichten und armen Menschen lernen kann. Zufriedenheit, Freude und Dankbarkeit waren in dieser Demutshaltung zweifellos sichtbar. Der Knabe besuchte nun mit zehn Jahren zum ersten Mal die

Schule. Ein grösseres Geschenk hätte ich dieser Frau nicht anbieten können. Der Junge wird inzwischen bestimmt um die 35 Jahre alt sein. Damals gab es keine Mobiltelefone, wo man die Telefonnummer hätte austauschen können. Von dem Jungen und seiner Familie habe ich nichts mehr gehört. Ich war ja auch immer wieder an anderen Orten beschäftigt.

Schockierend war, wie wir über die Medien so schreckliche Dinge aus Ruanda und Burundi - beide Nachbarstaaten Tansanias - erfuhren. Es ist für mich unvorstellbar, dass Menschen mit unglaublicher Brutalität, scheinbar hemmungslos, ohne Rücksicht und Respekt vor dem Leben anderer Menschen, aufeinander losgehen. Infolge des schrecklichen Bürgerkrieges in Ruanda im Jahr 1994 (über 500,000 Tote) sind tausende Ruander in das Land Tansania geflüchtet und haben Aufnahme gefunden. Nicht nur in Afrika, auch in Europa auf dem Balkan dauert die Tragödie schon so lange und ein Ende war nicht in Sichtweite. Die Leute verschwenden ihre Zeit im gegenseitigen Hass, statt die wirklichen Probleme anzugehen.

Das bescheidene Leben der Afrikaner

Mit Br. Ambros (Buchbinderlehrling) Sr. Imani von Mbinga und Sr. Amelia von Morogoro verbrachten wir im Jahr 1995 ein Wochenende in Uwemba. Wir besuchten in Mlangali, die Eltern von Br. Ambros, mit einem Abstecher im Hospital Lugarawa. Dort befand sich sein jüngerer leiblicher Bruder, der an einer schweren Malaria erkrankt war. Seine Frau stand ihm zur Seite. Er ist Vater von einer zweijährigen Tochter und freute sich sehr über unseren Besuch an seinem Krankenbett. Er war sehr schwach und konnte kaum reden. Seine Augen jedoch glänzten vor Freude und er wollte meine Hand nicht mehr los lassen als ich ihn grüsste. Wir blieben nur kurz und machten uns mit dem Land Rover auf den Weg nach Mlangali. Dieses grosse Upangwa-Gebiet, wie es genannt wird, ist die schönste und fruchtbarste Gegend, die ich bis anhin in Tansania erlebt und gesehen habe. Die vielen abgerundeten Bergketten liessen sich majestätisch bewundern und die Täler hatten ein kräftiges Grün angelegt, weil der Regen bereits Mitte November einsetzte. Die Sonne zeigte sich von der besten Seite und präsentierte ein faszinierend unübersehbares Schattenspiel zwischen Bergen und Tälern. Der Anblick war wirklich super. In Mlangali angekommen begaben wir uns vorerst zum Pfarrhaus, in dem seit vielen Jahren Pater Volkert Bodenmüller, von St. Ottilien, als Pfarrer tätig war. Heute betreut ein einheimischer Priester diese Pfarrei, weil Pater Volkert in sein Heimatkloster zurückgekehrt ist. Er brachte damals Br. Ambros nach Peramiho, weil er sich entschied in ein Kloster einzutreten. Wir wurden herzlich zu einem Tee eingeladen, bevor wir uns bei ihm verabschiedeten. Br. Ambros zeigte uns mit grosser Freude und Begeisterung sein Elternhaus, das er seit drei Jahren nicht mehr gesehen hat. Diese afrikanische Hütte zeugt noch von seinem ursprünglichen Zustand. Sie ist mit Lehm und Backsteinen gebaut, der einfache Dachstuhl mit Bambusstangen aufgerichtet und das Dach mit dürrem Elefantengras bedeckt, das immer nach zwei Jahren ausgewechselt werden muss. Diese Strohdächer ziehen viele Insekten an und bieten ihnen Unterschlupf oder eine günstige Nistgelegenheit, besonders in der Regenzeit, wenn das Stroh feucht und nass wird und zu faulen beginnt. Wir

wurden von einigen gackernden Hühnern, die emsig nach Nahrung suchten, begrüsst. Die Mutter von Br. Ambros kam gerade mit der Feldhacke und einen Bündelholz auf dem Rücken nach Hause, wo sie einige Stunden auf ihrem Acker mit Arbeiten beschäftigt war. Anfangs Dezember beginnen die Leute mit der Feldarbeit, die hart und mühsam ist, weil die Erde seit dem Monat Mai keinen Regen mehr erhalten hat. Sobald der erste Regen eintrifft, werden Maniok, Mais- und Bohnensamen auf den grossen zubereiteten Feldern von Hand in die Erde gesteckt. Die wirklich von Arbeit gezeichnete Frau begrüsste uns herzlich und bat uns, in ihre Hütte einzutreten.

Der Raum war dunkel, fast etwas unheimlich. Nur durch die offene Bambustür konnte das Tageslicht eindringen. Schnell bereitete sie ein Holzfeuer, das den Raum erhellte und diesem eine warme Atmosphäre verlieh. Erst jetzt konnte ich ihr ganzes „Stubenmobiliar" erkennen. Drei einfache Hocker (Stühle), einige Bilder an den Wänden und Kochutensilien präsentierte dieser Raum. Der Rauch, der dem Feuer entwich zwängte sich durch das Strohdach ins Freie. In diesem Raum fühlte ich mich im Moment ohnmächtig und etwas beschämend und viele Gedanken kreisten sich in meinem Kopf, mit der Frage: Wieso müssen Menschen so arm bescheiden und selbstlos leben und wir in Europa haben alles was uns begehrt. Inzwischen ist auch sein Vater eingetroffen, der dem Kirchenrat angehört und an einer Besprechung teilnahm. Die Begrüssung nahm fast kein Ende, so hat er sich über unseren Besuch gefreut. Eine Mahlzeit für uns, die sie zubereiten wollten, lehnten wir dankend ab, weil wir uns bereits vorher verpflegt hatten und gesättigt waren. So blieb uns mehr Zeit zum Erzählen übrig. Am späten Nachmittag wollten wir uns wieder auf den Weg nach Uwemba begeben. Als wir in den Land Rover einstiegen, kam die Frau schnell mit einem grossen Hahn, in ihren Händen tragend, zu mir und wollte ihn mir als Geschenk übergeben. Ich lehnte den Gockel zunächst dankend ab, weil ich mich schämte von armen Menschen noch das letzte zu nehmen was sie besitzen. Plötzlich sah ich bei der Frau feuchte Augen und ein Tränentropfen rollte über ihr Gesicht. Da stiess mich Br. Ambros an meine Hüfte und sagte leise, nimm den Hahn. Sofort streckte ich ihr meine Hände entgegen und nahm ihn in Empfang. Ich musste noch lernen, dass man hier in Tansania Geschenke nicht abweisen darf, auch wenn sie noch so arm leben. Der Abschied war so herzlich wie die Ankunft. Wir verabschiedeten uns mit Umarmungen und machten uns auf den Weg zurück nach Uwemba. Nach etwa 35 Kilometer hielt ich das Auto an, nahm den Hahn und löste die Schnur an seinen Füssen. Ich übergab ihn wieder der Freiheit mit der Hoffnung, dass er eine „Dame" findet. In Uwemba wäre er im Kochtopf gelandet. Die Eltern von Br. Ambros freuten sich sehr, dass zwei von acht Kindern den Weg in das Kloster fanden. Neben Br. Ambros ist es die jüngste Tochter, die im Jahr 1994 in Chipole eingetreten ist und ich sie in Kiyogowale als Postulantin kennen lernte. Dort leben die Kandidatinnen und Postulantinnen vier Jahre in einer Gemeinschaft zusammen und werden auf das Klosterleben vorbereitet, bevor sie das Noviziat in Chipole beginnen. Die anderen Söhne und Töchter sind verheiratet und haben selber wieder Familien mit Nachwuchs gegründet. Ich konnte nur staunen, welche Ruhe, Zufriedenheit und tiefen Glauben diese zwei Menschen ausstrahlten. Wenn man es nicht selbst erlebt hat, ist es schwer, sich so etwas vorzustellen. Solche Begegnungen gehören zu meinen wertvollsten Lebenserfahrungen. Ein paar Tage später erhielt Br. Ambros die Nachricht, dass sein Bruder im Hospital in Lugarawa an Malaria gestorben ist. Vermutlich begab er sich zu spät in das Hospital, so dass der Arzt ihm nicht mehr helfen konnte.

Ausbildung in der Abtei-Hausbuchbinderei und Aberglaube
Im Monat Oktober im Jahr 1995 übernahmen wir, nebst der Buchbinderei, auch die Kaffeerösterei, die sich neben der Hausbuchbinderei befindet. Bis zu diesem Zeitpunkt wurde sie von einem afrikanischen Angestellten bedient, der in den Ruhestand getreten ist und wieder zu seiner Familie zurückkehrte. Neben der Buchbinderei habe ich eine Wand durchgebrochen, so dass wir ohne Umwegen zur der Rösterei gelangen können. Dieser Raum haben wir zu einem „Kaffeestübli" (Kaffeestube) hergerichtet, alles frisch gestrichen und in eine heimelige Atmosphäre verwandelt. Die europäischen Gäste genossen von da an das „Znüni und Zieri" (Brotzeit) in diesem Raum. In der Abtei Peramiho wurde beschlossen, dass Zivilisten nicht mehr in das Refektorium (Klosterspeisesaal) zugelassen werden. Nur noch solche, aus dem geistlichen Stand. Die Kaffeebohnen beziehen wir aus Litembo und rösten sie zweimal im Monat (auch für Auswärtige). Oh, dieser frischer feiner Kaffeeduft! Beim Rösten wird er in der ganzen Gegend wahrgenommen. Die Buchbinderei in Peramiho ist jetzt gut eingerichtet und läuft auf Hochtouren. Die grossen Arbeitstische mit den Schiebetüren, drei Stühle, einen Schrank und einem Holzregal an der Wand, um die Kaliko-Rollen darauf zu legen, liess ich im Busch anfertigen. Er war damals ein Schreinerlehrling, der in der Abtei Peramiho die Schreinerlehre abgeschlossen hat und eine kleine Schreinerei bei sich zuhause betreibt. Er war sehr dankbar, dass ich bei ihm diese Holzarbeiten bestellt habe, obschon er mit seinem jüngeren Bruder viel Handarbeit anlegen musste. Viel Freude durfte ich mit meinen afrikanischen Lehrlingen in der Buchbinderei erleben. Sie haben in letzter Zeit grosse Fortschritte gemacht und arbeiteten ganz zu meiner Zufriedenheit. Nebst Büchern aus der Klosterbibliothek binden und reparieren die Mönche auch Bücher für auswärts und rahmen Bilder ein. Solche Aufträge bringen Einnahmen in die Buchbindereikasse und meine Lehrlinge lernen auch noch eine kleine Buchabrechnung zu führen. Beim Verkaufsfenster können die Leute ihre gebrachten Schulhefte und so weiter gebunden wieder abholen. Von seinem dreimonatigen Heimaturlaub kam Br. Ignaz wieder zurück und erfüllte meinen Wunsch, das Dachgeschoss der Hausbuchbinderei in einen Lagerraum umzugestalten. Die Buchbindereidecke wurde durch eine Holzdecke ersetzt, weil die dünnen Spanplatten sich vom Kot der Fledermäuse wölbten, stark verfärbten und einen unangenehmen Duft verbreiteten. Eine Treppe im Korridor, zwischen der Buchbinderei und der Kaffeerösterei führt zu diesem Lagerraum hinauf. In zwei Monaten waren die Bauarbeiten abgeschlossen. Br. Ambros und ich haben bereits alle Buchbindereimaterialen, die im Korridor einen provisorischen Platz fanden, sehr ordentlich und überschaubar auf den

dafür speziell hergestellten Regalen platziert. Leider wurde damit ein Lebensraum von den kleinen Fledermäusen zerstört, die in dieser Dachdiele hausten. Allerdings gibt es viele dieser Nachtschwärmer in Peramiho und sie haben bestimmt ein anderes Zuhause gefunden. Nicht selten begegnen wir Fledermäuse in die Kirche. Während dem Nachtgebet schwirren sie über unseren Köpfen und präsentieren ihre hervorragenden Flugkünste. Auch kommt es mal vor, dass sich Schleiereulen verirren, auf hohen Gegenständen wie Kreuz, Statuen und anderen Gegenständen sich niedersetzen und der gesungenen Vesper der Mönche lauschen. Ab und zu drehen sie Runden, so leise und schwebend, ohne dass man sie hören kann. Übrigens gelten die Eulen und Uhus bei den Afrikanern als ein schlechtes Omen. Sie glauben, dass diese Nachtvögel mit den „Wachawi" (Zauberern) zusammenarbeiten und sind deshalb bei den Einheimischen nicht beliebt, sogar gefürchtet. Es war früher auch bei uns in Europa so und dieser Vogel wurde nie gern gesehen. Wegen seiner nächtlichen Lebensweise galt der Uhu als Vogel der Unterwelt, als Trauer und Totenvogel. Sein erscheinen bedeutete Krieg, Hungersnot und Tod. Die Eulen, die in der Nacht eigenartige, heulende Laute von sich geben, fürchten die Afrikaner besonders. Sie glauben diese Eulen werden von den Zauberern geschickt um Menschen umzubringen. Ein Afrikaner erzählte mir, dass bei einer Beerdigung solche schrille Schreie einer Eule zu hören war und ist der Überzeugung, dass dieser Vogel mit dem Tod dieses Menschen in Verbindung stand. Die Eule hat ihn umgebracht auf die Anweisung des Zauberers. Die Friedhöfe der Einheimischen sind in der Regel in Wäldern angelegt. Das konnte ich schon einige Male feststellen. Dass die Eulen während dem Tag in Wäldern, auf schattigen Baumkronen, in Baumhöhlen, Friedhöfen und Scheunen ihre Ruhepausen bevorzugen, dort schlafen und Kräfte sammeln für die Nacht, wusste er nicht. Ich erklärte ihm: Die schrillen Schreie der Eulen dient vor allem dazu, ihr Revier zu verteidigen oder einen Partner, beziehungsweise Partnerin anzulocken. Ausserdem sind sie friedlich und vor allem Menschenscheu. Es sind nachtaktive Vögel und fliegen erst zur Jagd aus, wenn es dämmert oder bereits schon dunkel ist. Mitte September konnte Br. Ambros die Gesellenprüfung in der Buchbinderei ablegen. Zwei Experten aus Daressalam trafen in Peramiho ein. Ich fand es lustig, denn ein Experte war Schreinermeister und der andere Buchbindermeister, die die Buchbindereiprüfung von Br. Ambros abnahmen. Br. Ambros musste ein geleimtes und ein gebundenes Buch mit leeren Blättern herstellen. Die Experten waren fast überfordert, als sie diese zwei fertigen exakten Bücher in den Händen hielten und die Bücher bewunderten. Die Gesellenprüfung in der Hausbuchbinderei in Peramiho hat Br. Ambros bestanden. Bevor die Experten sich verabschiedeten erhielt jeder Experte eins von diesen zwei Prüfungsbüchern geschenkt, die Br. Ambros an diesem Tag herstellte.

Klosternachwuchs und die Reise zum Kloster in Ndanda

Es standen nur noch wenige Wochen bevor, bis zu meiner Rückreise in die Schweiz, Ende Oktober 1995. Mir kommt es vor als hätte ich erst gestern den Titanvogel nach Süden bestiegen und doch liegt eine lange Zeitspanne von zwei Jahren dazwischen. Während diesen zwei Jahren durfte ich viele Erfahrungen und Eindrücke sammeln, die mein ganzes Denken erweitert haben. Ganz besonders spürte ich, wie ich während meines Aufenthaltes in der Abtei Peramiho von der ganzen Klostergemeinschaft mit all meinen menschlichen Schwächen und meinem fröhlichen und lebendigem Wesen angenommen und getragen wurde. Auch durfte ich erfahren, wie bei Mitbrüdern Fähigkeit, Fröhlichkeit und gelungene Arbeit positiv und mit Freude zur Kenntnis genommen wird. Freud und Leid, wird hier wirklich geteilt und man versucht menschliche Konflikte, die es überall gibt, anzusprechen, zu lösen und wohlwollend aufeinander zu zugehen. Auf diese Weise werden der Aufbau und das Zusammenleben in einer Gemeinschaft wirklich möglich und gibt dem jungen Nachwuchs Ansporn zum Durchhalten. Angst und Druck in einer Gemeinschaft wird eher das Gegenteil bewirken. Mein Aufenthalt in diesem Kontinent ermöglichte mir auch meinen Horizont zu erweitern, Armut gegenüber zu stehen und zu erfahren, was eigentlich konkret Entwicklungshilfe bedeutet. In unseren Missionsgebieten legt man grossen Wert darauf, dass das Land -auch im technischen Bereich- seine eigene Kultur behalten kann. Es wird den Menschen „Hilfe zur Selbsthilfe" geboten. Das Missionieren in diesem Sinne wie es heutzutage vermehrt gemacht wird, kann ich nur unterstützen. Es ist wohl eine ganz andere Welt in der ich lebe. Sicher ist es beglückend den Menschen zu helfen und mit ihnen zusammen zu arbeiten, die trotz oder sicher wegen der Armut ihre Natürlichkeit bewahrt haben. Wir im reichen Westen könnten in dieser Hinsicht viel lernen. Besonders freut es mich, dass es der Klostergemeinschaft in Peramiho gelungen ist, Einheimische, die bereit sind ihren Lebensweg in Armut, Gehorsam und Jungfräulichkeit einzuschlagen, in die Mönchsgemeinschaft mit Europäern zu integrieren. Es ist wahrhaftig nicht leicht, mit einer ganz anderen Mentalität in einer Kommunität zusammenzuleben. Dies erfordert viel Geduld, Nachsicht, Einfühlungsvermögen und Offenheit, um den afrikanischen Nachwuchs mit seinem Fühlen und Denken in die europäisch geprägte Gemeinschaft einzugliedern. Ich bedaure es sehr, dass der Nachschub junger Brüder aus Europa ausbleibt. Diese könnten zwischen den Missionaren, die bereits viele Jahre in Tansania tätig sind, und den afrikanischen Mitbrüder, eine Brücke sein. Es wäre für die jungen afrikanischen Mitbrüder sehr wichtig auch mit mehreren jungen Mönchen aus Europa zusammenzuleben, weil sie praktisch nur Missionare der älteren Generation kennen. Dazu gehört auch der Wille zum gemeinsamen Gebet und der Liturgie, die Bereitschaft zum gemeinschaftlichen Leben oder die Wertschätzung von Schweigen und Meditieren der Hl. Schrift. Unter Gehorsam ist das Hören auf Gottes Willen zu verstehen, der sich in den Oberen, den Mitbrüdern und den „Zeichen der Zeit" äussert. In der heutigen Zeit sollten die Mönche bemüht sein, auf dem Boden der Tradition und entspre-

chend der Herausforderung der Gegenwart, der Frage nach Gott und dem menschlichen Dasein eine konkrete Antwort zu geben. Das klösterliche Leben sollte eine echte Alternative zu den heute üblichen Lebensweisen anbieten. Man kann in den Klöstern nicht mehr so leben wie noch vor 50 Jahren gelebt wurde. Die Zeit steht nicht still und man sollte sich bemühen, sich der heutigen Zeit anzupassen, wenn man darauf bedacht ist, das Kloster aufrecht zu erhalten und der klösterlichen Gemeinschaft eine Zukunft zu geben. Der Mönch sollte auch genügend Freizeit erhalten. Nur eine Stunde Mittagszeit pro Tag finde ich knapp bemessen. Erst nach der Komplett am Abend muss er seine privaten Sachen erledigen und dann morgens wieder früh aus dem Bett. Es gibt auch Klöster, wo dem Mönch mehr Freizeit eingeräumt werden. Seit Abt Anastasius Reiser von Münsterschwarzach (Deutschland) nach gut zehn Jahren 1917 das Amt als Abt niederlegte, ging es in afrikanische Hände über. Er war der letzte, Weisse (Mzungu) Vorsteher dieses Klosters. So wurde der Pater Sylvanus Kessy (Mitglied der Benediktiner - Gemeinschaft in Ndanda) für die nächsten drei Jahre zum Administrator in Peramiho gewählt. Seit einigen Jahren ist Abt Pambo Mkorwe vom Kloster Mvimwa auch für die Abtei Peramiho zuständig und besucht sie regelmässig. Pater Melchior Kayombo, ein Mitglied von Mvimwa führt inzwischen das Kloster als Prior in Peramiho.

Nun zurück in das Jahr 1995. Erfreulich ist, dass vermehrt Afrikaner Interesse zeigen, in die Abtei Peramiho (unter dem Abt Lambert Dörr) einzutreten und mit weissen Mönchen ihr Leben zu teilen. Das der Nachwuchs langsam Früchte trägt, kam dieses Jahr ganz besonders zu Ausdruck. So durften am 25. Januar vier Kandidaten das Postulat beginnen und tags darauf wurden drei Postulanten in das Noviziat aufgenommen. Zwei Novizen legten am Ostermontag im Rahmen der heiligen Eucharistiefeier die zeitlichen Gelübde für drei Jahre ab. Der Gottesdienst, dem Abt Lambert vorstand, wurde sehr feierlich und eindrucksvoll gestaltet. Nun haben die zwei Neu-Professen die Gelegenheit, sich drei Jahre zu bewähren, das Ideal des heiligen Benedikt anzustreben und herauszufinden, ob der eingeschlagene Mönchsweg ihr Lebensziel sein wird, bevor sie sich durch die Ablegung der ewigen Gelübde für immer an die Gemeinschaft von Peramiho binden. Br. Kizito und Br. Vianney waren die ersten zwei Tansanier, die am 13. Mai zur feierlichen Profess zugelassen wurden und gehören jetzt mit allen Rechten und Pflichten der Klostergemeinschaft von Peramiho an. Somit hat sich die Zahl der Einheimischen auf fünf erhöht. Br. Stanislaus, Br. Atanasius und Br. Edmund haben ihre Stabilität von ihrem Professkloster in Hanga, auf die Abtei Peramiho übertragen. Der 19. Juli gab nochmals Anlass zur Freude. Vier Postulanten, wurden in das Noviziat aufgenommen und durften sich den anderen drei Novizen anschliessen. Nochmals konnten vier Kandidaten einen Tag zuvor das Postulat beginnen und eine Woche später vier Neulinge die Kandidatur. Der Bestand junger afrikanischer Mitbrüder zählt zu der Zeit vier Kandidaten, vier Postulanten, sieben Novizen, 13 zeitliche Professen und fünf mit ewigen Gelübden. Hoffen wir, dass der Anfangseifer anhält und sie ein gutes Fundament für die Zukunft der Abtei Peramiho werden. Gerade habe ich erfahren, dass Br. Vianney am 12. September 2023 unerwartet gestorben ist und auf dem Friedhof in Peramiho zu Grabe getragen wurde.

Mitte Mai im Jahr 1995 bot sich für mich die Gelegenheit, vier Tage die Abtei Ndanda zu besuchen. Zwei afrikanische Mönche von Peramiho traten dort eine dreimonatige Weiterbildung in ihrem Fach an. Der eine ist Spengler und der andere Elektriker, die deshalb dorthin gefahren werden mussten. Ich wurde als Fahrer eingesetzt, ob schon ich diese Strecke noch nie gefahren bin. Die Benediktinerabtei in Ndanda ist etwa in der Grössenordnung wie die Abtei Peramiho. Sie befindet sich ganz im Süden Tansanias, liegt 400 Meter über dem Meeresspiegel und ist etwa 550 Kilometer von Peramiho entfernt. Es ist kaum zu glauben in welchem Zustand sich die Strasse während und unmittelbar nach der Regenzeit befand. Die Regenzeit beginnt in der Regel Ende Oktober und dauert bis Ende April. Wir benötigten 15 Stunden bis wir Ndanda erreichten. Am frühen Morgen um 04.00 Uhr machten wir uns auf den Weg. Zwischen Tunduru und Masasi fuhren wir nur noch auf Lehm und Sand und riesige Strassenlöcher verhinderten ein zügiges Vorwärtskommen. Ich war gezwungen mehrmals einige Kilometer im Schritttempo zu fahren, um den Zielort wohlbehalten zu erreichen. Jetzt fing es noch zu regnen an, was mich sehr anspannte und ich auch Angst hatte wir könnten Schwierigkeiten bekommen, denn es lagen noch über 200 Kilometer vor uns bis zu der Abtei in Ndanda. Einige Autos und ein Lastwagen, der einen Container mitführte, blieben auf der Strasse stecken und wir hatten jedes Mal Glück sie noch knapp zu umfahren. Allerdings dauerte die Freude nicht lange, denn auf einmal steckten die Vorderräder des Land Rovers tief im Schlamm und ein weiter kommen war nicht mehr möglich. Mein Pulsschlag konnte ich extrem spüren und ich fühlte mich so ohnmächtig und verloren wie eine Stecknadel im Heuhaufen. Unglaublich, wie die anderen zwei jungen Mitbrüder es ganz gelassen nahmen, als wäre überhaupt nichts geschehen. Es half mir, mich zu beruhigen und weiterzuschauen, wie wir das Auto aus dem Schlamm befreien. Plötzlich standen viele Männer, die aus dem Busch kamen, rund um unseren Land Rover herum und boten uns ihre Hilfe an. Mein Puls ging inzwischen wieder runter

und normalisierte sich. Die Männer hauten mit ihren Buschmessern (Machete) einige kleine Bäume um, oder schlugen dicke Äste von Bäumen ab, die sie an die Vorderräder beim Land Rover legten. Viele Versuche misslangen, selbst mit dem Vierradantrieb, weil die Räder zu tief im Schlamm lagen und die Baumstämme in den Schlamm drückten. Da sah ich herumliegende grosse Steinbrocken die womöglich hilfreich sein könnten. Wir holten sie und legten sie unter die Räder. Ich musste meine Hose ausziehen, denn bis zu den Knien stand ich im Schlamm, während ich diese Steinbrocken am richtigen Ort platzierte. Einige Männer brachten noch mehr Baumstämme, um alles noch stabiler werden zu lassen. Wie war ich erleichtert, als wir den Land Rover tatsächlich aus dem Schlamm brachten und die Reise, nach dreistündiger Hartarbeit, fortsetzen konnten. Das Klima in dieser Gegend ist spürbar heisser und die Luftfeuchtigkeit hoch, weil der indische Ozean nicht weit entfernt liegt. Das Kloster Ndanda wurde im Jahr 1906 ins Leben gerufen und im Jahr 1931 zur Abtei erhoben. Wie in Peramiho sind dort alle Werkstätten vorhanden. Die Buchdruckerei mit Buchversand war zu jener Zeit sehr fortschrittlich eingerichtet und erhält viele Aufträge von der Regierung und den Diözesen. Für die ganze Buchdruckerei der Abtei Ndanda ist Br. Markus zuständig und bildet nebst den vielen Arbeitern, junge Einheimische in diesem Fach aus. Auch dort ist kein Nachschub junger Missionare aus Europa zu erwarten. Allerdings gibt es noch viele europäische Mönche im mittleren Alter, die dort leben. Einen Tag verbrachte ich in der Hafenstadt in Mtwara am indischen Ozean, wo die Container aus Übersee für den südlichen Teil Tansanias entladen werden. In dieser Gegend gibt es viele Kokospalmen, die zusammen mit dem Meeresstrand und den einfachen Behausungen der Einheimischen ein idyllisches Bild bieten. Einfach traumhaft wirklich super. Vor einigen Jahren wurde die neue Teerstrasse von Songea bis nach Tunduru-Masasi eröffnet, die von den Chinesen, während der Amtszeit vom Präsident John Magufuli, gebaut wurde. Schon vor seiner Wahl zum Präsident, war er als Minister des Strassenbaus zuständig. Von der Stadt Masasi bis nach Ndanda und weiter nach Mtwara ist die alte Teerstrasse noch in Gebrauch, wobei diverse Streckenteile neu repariert wurden. Die Infrastruktur im ganzen Land was die Strassen anbelangt, ist nun gewährleistet. Vom Süden bis Norden und vom Osten bis Westen stehen jetzt Teerstrassen zur Verfügung.

Rückkehr in die Schweiz

Inzwischen ist es Oktober geworden und der Fahrer brachte mich mit dem Auto von Peramiho nach Uwemba, wo wir einmal übernachteten. Anderntags ging es 700 Kilometer nach Daressalam. Als erstes erreichten wir nach einer guten Stunde die Stadt Makombako. Die nächsten grossen Städte waren Mafinga, Iringa, Mikumi, Morogoro, Chalinze und schlussendlich die Hauptstadt Daressalam. In Iringa auf der Passhöhe mussten wir drei Stunden warten, weil ein Lastwagen, der unzählige Plastikkisten mit leeren Koka-Kola Flaschen mit sich führte, in Flammen aufging und nach Daressalam unterwegs war. Der Fahrer und ich konnten das ganze Dilemma, etwa 50 Meter hinter dem brennenden Lastwagen mitverfolgen. Zuerst hörten wir einen riesigen Knall ohne zu wissen woher er kam. Erst als der Lastwagen zu brennen begann, setzte mein Fahrer den Rückwärtsgang ein und vergrösserte den Abstand zwischen dem brennenden Lastwagen. Es gab dann noch zwei kleine Explosionen. Vermutlich wurde der Benzintank zu heiss. Wir mussten warten bis alle Lastwagenpneus verbrannt waren, die einen riesigen schwarzen Rauch verursachten. Weit und breit konnte man den verbrannten Gummi der Pneus wahrnehmen. Zum Glück konnten die Personenautos, bei diesem engen Pass, das stehende Eisenskelett des verbrannten Lastwagens knapp überholen. Grössere Fahrzeuge wie Busse, Sattelschlepper, Lastwagen und so weiter hatten keine Chance weiter zu fahren. Ich dachte, wir würden den Flughafen in Daressalam nicht mehr erreichen. Ich wollte mich in Kurasini noch frisch machen, was leider nicht mehr möglich war. Wir fuhren direkt zum Flughafen. Die Kleider, die ich für den Flug mitnahm, musste ich dann in der Flughafentoilette wechseln. So habe ich mir geschworen, dass ich immer einen Tag vor dem Abflug in Daressalam Kurasini-Gästehaus eintreffen werde.

Sieben Wochen sind verstrichen, seit ich im Oktober im Jahr 1995 aus dem warmen Kontinent in die Schweiz zurückkehrte. Ich habe mich inzwischen wieder gut in den Tagesablauf der Mönchgemeinschaft in Uznach eingelebt. Damals war Abt Ivo Auf der Maur der Vorsteher des Klosters. Es brauchte Zeit, bis ich mich wieder ganz zuhause fühlte. Die letzten zwei Jahre, die ich in Tansania mit der einheimischen Bevölkerung teilen durfte, werden mir in Erinnerung bleiben. Um die vielen Erfahrungen und Eindrücke zu verarbeiten nahm ich mir Zeit. Oft dachte ich an Peramiho zurück, an die einfachen, armen und schlichten Mitmenschen, die mir sehr ans Herz gewachsen sind. Es war für mich nicht leicht, wieder hinter den Kulissen zu arbeiten, besonders wenn ich zurück blicke, wie ich ganz konkret mit Einheimischen zusammenleben, arbeiten, beten und mich entfalten durfte. Für mich war es ein grosses Stück Erfahrung und zugleich eine Herausforderung, Menschen anderer Mentalität zu respektieren und ihre Lebenseinstellungen wahr zu nehmen. Gerne wäre ich in Tansania geblieben und hätte dort meine Kräfte zur Verfügung gestellt.

Einen Monat durfte ich Urlaub beziehen, bevor ich in der Klosterbuchbinderei wieder zu arbeiten begann. Viele verschiedene Zeitschriften, die während meiner Abwesenheit in der Bibliothek im Regal geduldig warteten, band ich zu Büchern. Jede Zeitschrift gibt ein Jahresbuch. So gehen einzelne Zeitschriftenblätter, die in einem Jahr veröffentlicht werden, nicht verloren und sind zu einem Buch zusammengebunden oder geleimt. Br. Fidelis Eisenring half mir dabei und stellte viele Taschen her, in denen die unvollständigen Zeitschriften aufbewahrt werden. Er ist erstaunlich mit welcher Energie und Zuverlässigkeit er die Arbeiten für die Gemeinschaft verrichtete. Im November 1996 konnte er auf 89 Jahre zurückblicken. Mit 92 Jahren reinigte er alle grossen Fenster in den Gängen im Klosterbereich. Abt Ivo war damals nebst seinem Amt auch der Bibliothekar. Im Januar 2016 kam er in die Buchbinderei und teilte mir mit, dass von Kenia Pater Prior Magnus Rau vom Kloster Tigoni anfragte, ob ich dort für ein Jahr zwei Mitbrüder in das Buchbinden einführen könnte. Er hätte es bereits im Seniorat besprochen und Pater Adalrich Staub würde es sehr befürworten. Er selber war ein Gründungsmitglied bei der Eröffnung des Klosters St Benedikt im Pfarreizentrum Ruaraka in Nairobi und arbeitet einige Jahre als Prior in diesem Kloster, bevor er zum Prior nach Uznach zurückgerufen wurde. Vierzig Jahre hatte er dieses verantwortungsvolle Amt inne. Er war ein sehr weiser, bescheidener, verständnisvoller und zuhörender Mitbruder, nicht forsch oder gar laut, nein, ein einfühlsamer Mensch mit Herz, vor dem man keine Angst zu haben brauchte. Er setzte seinen Willen nie durch, ohne es mit der Gemeinschaft besprochen zu haben. Leider ist er viel zu früh im Jahre 2022 von uns gegangen und ist im Klosterfriedhof in Uznach beerdigt.

Einsatz in Kenia Kloster Tigoni, Ausbildung in der Buchbinderei

Eine Freude flammte in mir auf und ich war sofort bereit, wieder einen Einsatz, diesmal in Kenia machen zu dürfen. Mein Herz schlug schneller als Abt Ivo mir mitteilte, dass ich schon nächsten Monat im Februar nach Kenia aufbrechen darf. Pater Prior Adalrich Staub sprach auch noch mit mir und bat mich, Utensilien für die Hausbuchbinderei mitzunehmen. Der Mitbruder, der in der Buchbinderei arbeitete und später aus dem Kloster trat, liess einige Buchbindereiutensilien aus der Buchbinderei mitlaufen. Die Arbeitsmaschinen waren zu schwer um sie auch noch zu entwenden. So werde ich voraussichtlich bis Ende Februar 1997 im Kloster Tigoni (Kenia) mit den Mitbrüdern zusammenleben. Bis zu diesem Zeitpunkt sollten meine Buchbinderlehrlinge in der Lage sein, die Hausbuchbinderei selbständig zu führen. Für mich ist es ein Dienst an den afrikanischen Mitmenschen, die der Ausbildung wirklich bedürfen, dass sie später selbständig arbeiten können und auch finanziell unabhängig werden.

Am Samstag den 24. Februar im Jahr 1996 genau um 20.40 Uhr nach Flugplan, verliess die Swissair den Flughafen von Kloten und hob wenige Minuten später mit 300 Stundenkilometer von der Landebahn ab. Dieser Flug startete in südlicher Richtung über den Kanton Tessin, Genua -Ligurisches Meer- der Westküste entlang, Richtung Rom, Neapel, Messina und nach bereits zweieihalb Stunden befanden wir uns über dem Tyrrhenischen Meer. Das Tyrrhenische Meer ist ein Teil des Mittelmeeres. Es liegt westlich der Apennin-Halbinsel zwischen den Inseln Sardinien, Korsika und Sizilien. Nördlich schliesst sich das Ligurische-Meer, südlich das offene Mittel Meer und im Osten über die Strasse von Messina das Ionische-Meer an. Über dem Mittelmeer flogen wir Richtung Alexandrien, Ägypten, Sudan und erreichten schliesslich nach siebeneinhalb Flugstunden den Flughafen in Kenia, die Hauptstadt von Nairobi. Eine halbe Stunde früher als geplant, landete der „eiserne Vogel" um 05.45 Uhr kenianische Zeit auf dem Flughafen in Nairobi. Kein Wunder, denn über dem Mittelmeer mussten wir bei den Sitzen zwei Stunden angeschnallt bleiben, weil sehr heftige Seiten- und Rückenwinde das Flugzeug vorantrieb und den Vogel enorm zum Vibrieren brachte. Ich hatte einen Fensterplatz und konnte miterleben, wie der Seitenflügel in unruhiger Lage den Windböen standhielt. Alle Trink- und Kaffeebecher wurden vom Flugpersonal schnell weggeräumt um Unannehmlichkeiten zu vermeiden. Mir selber wurde es sehr „mulmig"- unwohl, Angst und Ohnmacht überfielen mich und viele ungewohnte Gedanken gingen mir durch den Kopf. Nicht zuletzt auch ein Stossgebet. Ich war überzeugt, dass es den anderen Fluggästen nicht anders ging, denn ausser dem Fluggeräusch war es im Innern des Flugkörpers mäuschenstill und man konnte der Situation entsprechend erahnen, wie es auch ihnen zumute war. Selbst die Flugbegleiterinnen und ein Flugbegleiter setzten sich nieder und schnallten ihren Gurt an. Nur die Stimme vom Flugpilot war zu hören, der immer wieder Informationen über die momentane Wetterlage durchgab. Wie war ich erleichtert, als das Flugzeug auf der Landebahn des Flughafens absetzte, der Piste entlang dem Flughafengebäude rollte und wir wohlbehalten das Ziel erreichten. Wenig später konnte ich mein Gepäck mit 27 Kilogramm Übergewicht in Empfang nehmen und den Zoll ohne Probleme passieren. Gut, dass in Kloten bei der Gepäckaufnahme die freundliche Dame ein Auge zudrückte und lächelnd meinte: „Sie haben 27 Kilogramm Übergewicht aber sie fliegen ja mit Gott und deshalb darf ich auch einmal eine Ausnahme machen". Ich entgegnete ihr: „Bestimmt wird Gott auch einmal ein Auge zudrücken, wenn sie vor der Himmelstür stehen". Wir mussten Beide herzlich lachen. Selbstverständlich erklärte ich ihr, am Schalter vor der Gebäckaufgabe, den Grund meines 27 Kilogramm Übergewichts. Wir wären auch bereit gewesen das Übergewicht zu zahlen, denn es hätte einige hundert Franken gekostet, die Pater Adalrich, der mich an den Flughafen nach Kloten brachte, bei sich hatte. Beim Gespräch konnte ich feststellen, dass die freundliche Dame einen Onkel hat, der als Benediktinermönch in Einsiedeln lebt. Manchmal ist es schon eigenartig, dass ich gerade zu dieser Dame kam um mein Gepäck aufzugeben, obschon mindestens vier Schalter in Betrieb waren.

Die Hauptstadt Nairobi liegt 1700 Meter über Meer und weist eine Temperatur von 20 Grad auf. Pater Prior Magnus holte mich am Flughafen ab. Um 08.00 Uhr morgens erreichten wir das Kloster Tigoni, das 40 Kilometer nördlich von Nairobi entfernt liegt. Wir benötigten 45 Minuten zum Kloster Tigoni, dass 2200 Meter über Meer liegt. Ich wurde von der Klostergemeinschaft herzlich empfangen und seit dem Monat März führte ich zwei Lehrlinge von auswärts und einen Mönch Br. Augustin vom Kloster Tigoni in die Kunst des Buchbindens ein. Patrik hat eine Familie mit zwei Kindern und Peter ist ein Verwandter vom Koch des Klosters. Als erstes richtete ich den Buchbindereiraum zweckmässig ein, denn die Buchbindereimaschinen waren noch vorhanden. Die Maschinen waren so platziert, als ob es ein Abstellraum war. Zwei Jahre sind verstrichen, seit der Mitbruder von Tigoni mit den Buchbindereiutensilien verschwand. Er wird sie wohl verkauft haben, denn ohne Maschinen konnte er eh nichts anfangen. Wir banden oder restaurierten viele Bücher aus der eigenen Klosterbibliothek, der Br. Angelo Semugoma vorstand. Als dann die Buchbinderei nicht mehr in Betrieb war, entschied er sich Priester zu werden, studierte Theologie und wurde zum Priester geweiht. Es sprach sich herum, dass die Buchbinderei wieder in Betrieb ist. Kunden von nah und fern brachten

Bücher zur Reparatur, besonders Priester deren Gebetsbuch beinahe auseinander fielen. Eine Schwester vom Kloster Karen brachte regelmässig Zeitschriften in unsere Buchbinderei, die wir zu Jahresbüchern banden und leimten. Sie haben eine kleine Klosterbibliothek und die zuständige Schwester fand immer wieder Bücher, die gerichtet werden mussten. Inzwischen habe ich mich hier in Tigoni gut eingelebt und die Buchbinderei läuft auf Hochtouren. Hinzu kam noch ein Novize, der jede Woche zweimal an einem Nachmittag einen Arbeitseinsatz leistete. Die Nachfrage war gross, besonders von verschiedenen Gemeinschaften die eine Bibliothek besitzen und uns die Bücher zu Binden brachten. So kann sich später die Buchbinderei selber tragen.

Klostergründung in Nairobi und Tigoni (Kenia)

Das sehr schön gelegene Benediktinerkloster wurde zwischen den Jahren 1987 bis 1993 gebaut, hatte seinen Ursprung in Nairobi am Rande der Stadt, wo das Kloster St. Benedikt im Jahr 1979 durch den Abt Lambert von der Abtei Peramiho in Tansania, erschlossen wurde. Wegen Platzmangel und anderen diversen Gründen musste das Kloster (Priorat) verlegt werden. In Limuru, der zukünftige Besitz des Klosters Tigoni schien dafür geeignet zu sein. Die Umgebung ist wirklich eine Oase der Ruhe, weit und breit vom Lärm der Grossstadt entfernt und bietet bei schönem Wetter einen herrlichen Anblick auf die Stadt Nairobi. Ausserdem ist das Grundstück, das 58 Hektaren gross ist, eine Schenkung vom damaligen Kardinal und Erzbischof Maurice M. Otunga der Erzdiözese Nairobi. Er ist uns Benediktinern, (Erzabtei St. Ottilien in Oberbayern Deutschland), sehr wohl gewogen. Es war damals auch sein innigster Wunsch, dass in Nairobi ein benediktinisches und geistliches Zentrum durch die Benediktinerabtei Peramiho errichtet werde. Seit die Mönchsgemeinschaft nach Tigoni übersiedelte, wird das Kloster St. Benedikt in Nairobi als Aussenposten betrachtet. Es trägt den Namen Amani-Center (Friedens-Zentrum), Ausbildungs- und Pfarreizentrum von Ruaraka. Die Aufgabe dieses Pfarreizentrums besteht hauptsächlich darin, sich ganz konkret für die Slums und Elendsviertel einzusetzen, mitzuhelfen die Not und das Elend vieler Strassenkinder zu lindern und ihnen eine Schulbildung zu ermöglichen. Nicht selten ernähren sich diese verwahrlosten Kinder von den Speiseabfällen der Reichen, die sie aus den Abfallsäcken herausholen um überleben zu können. Es liegt auf der Hand, dass auf diese Weise Krankheiten aufgefangen und verbreitet werden. In den verschiedenen Werkstätten wie Schreinerei, Spenglerei Schlosserei, Schreinerei, Maurerei Metzgerei und Automechaniker-Werkstatt, werden 98 Lehrlinge ausgebildet, die später nach abgeschlossener Lehre ihrem Handwerk nachgehen oder eine kleine Werkstatt in Nairobi betreiben. Zudem werden Seminare Tagungen und so weiter angeboten, die oft und gerne besucht werden. Exerzitien-Kurse hingegen bietet das Kloster Tigoni an. Ein Gästehaus mit vielen Zimmern steht zur Verfügung. Für das Leibliche Wohl sorgt die Klosterküche, die von zwei einheimischen Angestellten geführt wird. Die kleine Kloster-Bioanlage wird zum Kochen in der Klosterküche verwendet. Die Landwirtschafts- und Küchenabfälle des Klosters werden zu Biogas verarbeitet. Später werden eigene Klosterleute den Küchendienst übernehmen. Das Brot wird in der einfachen Klosterbackstube, mit Holz hergestellt. Leider gibt es noch keinen ausgebildeten Fachmann, der es versteht, die Rohmaterialen richtig zusammenzustellen und den Brotteig so zu bearbeiten, um ein gutes Brot zu erzielen. Ab und zu half ich Br. Anselm und seinem Mitarbeiter David, der für die Bäckerei zuständig war. Ein sehr tüchtiger und fleissiger afrikanischer Angestellter (Allrounder) repariert und erneuert anfallende Arbeiten in allen Betriebsbereichen. Er war der Bauleiter des Klosters Tigoni und deshalb für die Klostergemeinschaft eine wertvolle Hilfe. Aus St. Ottilien durfte Br. Daniel Felber auch auf Zeit in der Landwirtschaft in Tigoni mitwirken und einheimische junge Mitbrüder in der Landwirtschaft ausbilden. Die Landwirtschaft zählte damals insgesamt 86 Tiere: 24 Kühe, 15 Mutterschweine mit Ferkeln, Schafe, Ziegen und Kaninchen. Auch meine Katze „Schnurrli" gehörte zum Inventar des Klosters. Die Milch wird für die Gemeinschaft, für das Gästehaus und für das Pfarreizentrum in Nairobi verwendet und was übrig bleibt in den umliegenden Dörfern den Leuten verkauft. Dieses afrikanische Touristenland kann mit Tansania kaum verglichen werden, obschon es das Nachbarland ist und die gleiche Sprache (Kiswahili) gesprochen wird. Allerdings beherrscht die englische Sprache das Zentrum Nairobi. In den Kaufläden, Büros und offiziellen Gebäuden sprechen die Einheimischen, nur ungern Kiswahili. Wohl wegen der Touristen, die hier ihren Urlaub geniessen, sowie die vielen Inder und die Weissen-Geschäftsleute aus allen Kontinenten, die hauptsächlich das Wirtschaftswachstum fördern. Sie beherrschen die Wirtschaft und sprechen die einheimische Sprache nur dürftig. Es wäre schade, wenn in einigen Jahrzehnten die sehr klangvolle Sprache in den Grossstädten verschwinden würde und somit ein Teil der afrikanischen Kultur verloren ginge.

Das Land Kenia ist im Verhältnis zu Tansania ein wohlhabendes Land. Man muss natürlich unterscheiden, denn es gibt viele reiche Leute, die sich alles leisten können und sehr arme Mitmenschen, die noch immer in grosser Armut leben hauptsächlich in den Elendsvierteln und Slums. In vielen sogenannten Entwicklungsländern wie Afrika, Südamerika, Südindonesien und so weiter herrschen bittere Armut, Not, Hunger und Krankheit. Ihre Lage ist aussichtslos und kann sich nur verbessern, wenn die Wohlhabenden bereit sind zu helfen. Andersrum gesagt, wenn die reichen Länder die Ausbeutung armen Länder einschränken und bereit sind ihren Wohlstand zu reduzieren. Es ist bemerkenswert, dass es auch Menschen gibt, die in einem Armenviertel ihre Kräfte zur Verfügung stellen und bereit sind, den Ärmsten zu helfen und in selbstlosen Einsatz zu dienen. Hinzu kommt noch die hohe Arbeitslosigkeit von 40 Prozent. Inoffiziell dürften es aber 50 bis 60 Prozent sein. Offene Arbeitsstellen gibt es nur wenig oder überhaupt keine. Da darf man sich nicht wundern, wenn selbst rechtschaffende Menschen in ihrer aussichtslosen Lage in die Kriminalität verfallen, Diebstähle und Raubüberfälle begehen, um sich über Wasser zu halten. Das war auch ein Grund, weshalb damals die Touristenzahl um die Hälfte zurückgegangen ist. Es gibt kaum ein Geschäft, in dem nicht ein Wächter in Uniform und mit einem Gewehr oder Holzknüppel angestellt ist. Zum Schutz der Kundschaft und zur Verhinderung von Diebstahl. Viele Einheimische bepflanzen ihr Ackerfeld mit Mais, Bohnen, Maniok, Kohl und anderen Gemüsearten, um den eigenen Bedarf an Nahrungsmitteln zu decken. Den Lebensunterhalt verdienen sich die Menschen aber vor allem auf dem Strassenmarkt mit dem Verkauf von allerlei Waren für den täglichen Gebrauch. Damals im Jahr 1996 zählte Kenia 28 Millionen Einwohnern und ist 15 Mal grösser als die Schweiz. Heute im Jahr 2023 sind es über 53 Millionen Einheimische.

Am 1. April 1996 traf der erste Regen in Begleitung eines heftigen Gewitters ein. Blitz und Donner beherrschten eine Zeit lang das Firmament und tobten sich gewaltig aus, nachdem ein vorausgehender Sturm die schweren und dunklen Wolken herbeiführte. Gefährlich ist es, wenn Blitz und Donner vor dem Regen eintreffen. Ich mag mich noch gut an zwei Fälle erinnern. Ein junger Mann war gerade im Begriff, seine Füsse in einer Wasserpfütze zu waschen, als ihn ein Blitzschlag tödlich traf. Eine Mutter von sechs Kindern, die an ihrer Kochstelle das Ugali (Maisbrei) für ihre Familie zubereitete, wurde vom Blitz erschlagen. Solche tragische Unfälle sind keine Seltenheit. Der Blitz schlägt sogar durch die Strohdächer der Hütten, besonders wenn die Strohmatten durchnässt sind. Die Hütten haben keinen Blitzableiter und sind deshalb den Himmelsgewalten ausgeliefert. Acht Tag später verwandelte sich die ganze Gegend in ein saftiges Grün, das mich an den Frühling in der Heimat erinnerte. Übrigens gibt es in Kenia zwei Regenperioden. Die erste grosse Regenzeit beginnt Ende März und dauert bis Ende Mai. Danach bleibt es trocken bis im Oktober. Im Dezember geht die zweite kleine Regenperiode zu Ende. Im mittleren- und südlichen Teil in Tansania hingegen gibt es nur eine Regenzeit von fünf Monaten. Der Sonnenaufgang und Sonnenniedergang ist von der Natur so angelegt, dass das ganze Jahr nur zwölf Stunden tageslicht herrscht. Die Sonne erhebt sich morgens zwischen 06.00 und

07.00 Uhr und verabschiedet sich abends um die gleiche Zeit. Mein Tagesablauf gestaltete sich in etwa gleich wie in der Abtei Peramiho in Tansania. Morgens um 05,30 Uhr rief mich die Glocke im Innenhof (Handbetrieb) aus dem Bett. Eine halbe Stunde später beginnt der Gottesdienst -Laudes und anschliessend die heilige Eucharistiefeier- in der wirklich harmonischen und heimeligen Klosterkirche. Dienstag und Donnertag ist die heilige Messe am Abend, in der die Vesper integriert ist. An Sonn- und Feiertagen beginnt der Gottesdienst erst um 07.00 Uhr und ermöglicht uns, eine Stunde länger zu schlafen. Während der Woche nehmen wir das Frühstück um 07.00 Uhr ein und eine Stunde später begann meine Arbeit in der Hausbuchbinderei. Ein Grossteil der afrikanischen Mitbrüder, die an verschiedenen Fakultäten und Instituten in Nairobi Philosophie und Theologie studierten, oder in einer andern Berufsausbildung standen, fuhren jeden Morgen in die Stadt und trafen abends zur Vesper wieder im Kloster ein. Das Essen ist gut. Kartoffeln und verschiedene Gemüsearten kommen aus dem Klostergarten und aus der eigenen Metzgerei das Fleisch, wo es verarbeitet wird. Um 14.00 Uhr beginnt die Arbeit wieder. Die Vesper wird um 18.15 gesungen und anschliessend das Abendessen eingenommen. Zum Abschluss des Tages kommen alle Mönche nochmals um 20.30 Uhr, für das Nachtgebet in der Kirche zusammen.

Tödlicher Autounfall eines Mitbruders
Am 9. November im Jahr 1996 durfte Br. Angelo Ochieng durch Bischof Alfred Kiprotich, Stellvertreter vom Kardinal Maurice M. Otunga, der sich zu dieser Zeit in Spitalpflege befand, die Priesterweihe empfangen. Viele Leute aus nah und fern nahmen an den Feierlichkeiten teil, die eindrucksvoll und lebendig gestaltet wurde. Im Jahr 1997 am 21. April legten Br. Augustin Simuiyu (einer meinen Buchbinderlehrling) und Br. John Kato Kaye Andrews in der Klosterkirche die ewige Profess ab. Genau zwei Monate später wurde diese Freude getrübt. Br. John Kato Kaye der die Buchhaltung im Kloster Tigoni führte, verlor durch einen tragischen schweren Verkehrsumfall, zusammen mit drei führenden Angestellten aus den Werkstätten in Nairobi ihr Leben. Fünf weitere Arbeiter mussten mit Knochenbrüchen, Wunden und Prellungen in das Hospital eingeliefert werden. Zwei Mitfahrer wurden ambulant behandelt und nahmen wenige Tage später die Arbeit wieder auf. Alle waren auf der Fahrt zu einem Picknick nach Mombasa unterwegs und Br. John Kato Kaye steuerte den Kloster-Autobus. Plötzlich geriet der Bus auf die Gegenfahrbahn und im selben Augenblick kam ein Lastwagen daher der in Richtung Nairobi fuhr, sodass eine Frontalkollision unausweichlich blieb. Anscheinend ist bei hoher Geschwindigkeit der vordere rechte Reifen geplatzt, der den Unfall herbeiführte. Vor einigen Jahren starb auch der Br. Augustin unerwartet an einem Herzversagen. Er war mein Buchbinderlehrling in dem Kloster Tigoni und ich erlebte ihn als fleissigen und zielstrebigen Mönch. Diese Nachricht stimmte mich damals sehr traurig, denn er war ein sehr aufgeschlossener und fröhlicher Mensch. Ja, so ist es, „man wird geboren um zu sterben". Die einen früher und die anderen später und keiner geht

daran vorbei. Eigentlich die einzige Gerechtigkeit auf Erden. Beide Mitbrüder fanden im Klosterfriedhof in Tigoni ihre ewige Ruhe. Br. Benedikt (Schreiner) und Br. John Mary (Theologiestudent) wurden am 11. Januar im Jahr 1998 zu den ewigen Gelübden zugelassen und gehören nun ganz der Klostergemeinschaft an. Wenige Jahre später nach seiner Priesterweihe starb Father John Mary, in jungen Jahren, nach längerer Krankheit und wurde im Kloster Tigoni auf dem Friedhof beigesetzt.

In Karen etwa 30 Kilometer von Tigoni entfernt liegt ein sehr schön und zweckmässig gebautes Benediktinerinnenkloster. Die Gründung dieses Klosters wurde im Jahr 1978 durch das Generalat in Rom ins Leben gerufen. In diesem Priorat führen Schwestern aus Tutzing (Deutschland Ursprung St. Ottilien 1887) ein Leben nach der Regel des heiligen Benedikt. Seit dem Jahr 1983 werden dort afrikanische Frauen aufgenommen die bereit sind ihren Lebensweg in Armut, Gehorsam und Jungfräulichkeit zu gehen und das Ideal des heiligen Benedikt anzustreben, um Gott und den Mitmenschen in selbstloser Hingabe zu dienen. Die Klostergemeinschaft zählte damals 24 Schwestern mit ewiger Profess, 5 Kandidatinnen, 18 Postulantinnen, 20 Novizinnen und 15 Schwester mit zeitlichen Gelübden. Als Priorin stand Schwester Chantal aus Deutschland dieser Kommunität vor. Es ist zugleich das Mutterhaus, in dem alle angehenden Schwestern dieser Kongregation angehören. Der 19. März (Josefstag) gab besonders Anlass zur Freude. Von den 20 Novizinnen wurden sieben zur zeitlichen Profess zugelassen. Drei vom Kloster St. Scholastika in Peramiho, zwei aus dem Schwesternkloster in Ndanda, und zwei einheimische Novizen von der Gemeinschaft in Karen. Die anderen 13 Novizinnen werden ein Jahr später die zeitliche Profess ablegen dürfen, falls sie durchhalten. Mit einigen Mitbrüdern von Tigoni hatte ich die Gelegenheit an dieser Feier teilzunehmen. Der Gottesdienst, dem Pater Prior Magnus und die Priorin Schwester Chantal vorstanden, wurde sehr eindrücklich und lebendig gestaltet. Die Novizinnen erklärten sich bereit, auf alle weltlichen Güter zu verzichten und den Weg der Vollkommenheit anzustreben. Jede Novizin erhielt das neue Ordensgewand, den schwarzen Schleier (den kleinen weissen Novizenschleier durften sie ablegen) und sie unterschrieben die Urkunde mit dem Versprechen, sich ganz Gott zu weihen in einem Leben nach der Regel des heiligen Benedikt und sich ihrer zugehörigen Klostergemeinschaft anzuschliessen. Hernach legte jede Neuprofessin ihre Urkunde auf den Altar. Nach dem Gottesdienst wurden sie von den Angehörigen auf dem Kirchplatz mit Jubel und Freude empfangen. Eine Woche später kehrten die zwei frisch vermählten Schwestern in ihr Heimatkloster nach Ndanda (Tansania) zurück.

Reise mit einem Mitbruder ins Keriotal (Kenia)
Mitte April im Jahr 1996 hatte ich die Gelegenheit, fünf Tage als Begleiter eines Mitbrudes, Pater Anselm Zeller vom Kloster Tigoni, und eine Verwandte vom ihm, in das Keriotal mitzufahren. Wie mir Pater Anselm sagte, macht es keinen guten Eindruck, wenn er einige Tage mit einer Frau allein unterwegs ist. Bei gewissen

Mitbrüdern und beim Volk kommen dann schnell Gerüchte auf. Den Äquator überqerten wir bereits nach zwei Autofahrtstunden. Meine bisherige Vorstellung von dieser bedeutsamen Landschaft sah aus wie im Herbst und das Wetter war kühl, strömender Regen und abwechslungsweise dichter Nebel. Als die Sonne durchbrach, konnten wir einen dreifachen Regenbogen mit ausdrucksvollen Farben bewundern, eine Seltenheit, einem solchen Schauspiel in dieser kurzen Wetterzusammensetzung begegnen zu dürfen. Die dunklen, gemischt mit gelbrötlichen vorbeiziehenden Wolken von der Sonne bestrahlt mit dem dreifachen Regenbogen, erweckten eine Stimmung des Weltuntergangs. Unser Ziel war zunächst die Stadt Eldoret. Vorher aber ging es vom Hochland in das Tal hinunter, genannt Rift Valley. Dort gibt es viele Seen, zum Teil solche mit Soda. Als erstes erreichten wir Nakuru mit dem Nakurusee. Am Strassenrand begegneten wir oft Menschen, die Früchte, Kartoffeln und andere Esswaren feilboten, die sie auf ihren Feldern erarbeitet haben. Unübersehbar sind die modernen Hotelanlagen und daneben die vielen verwahrlosten Bretterhütten der armen Leute. Die Gegensätze sind krass. Tankstellen sind umgeben von Lehmhütten und Strohdächern. Auf diese Weise erhoffen sich die einfachen Afrikaner, ihre Ware an Touristen zu verkaufen, die gerade bei den Tankstellen einen Zwischenhalt machen, um Benzin zu tanken. Weiter geht es in den Nationalpark, in dem wir grosse Büffelherden, zwei sehr seltene Rothirschgiraffen, Antilopen, Wildschweinen, Gazellen, Zebras und auch einem Gepard begegneten. Dieses elegante Tier wurde durch uns gestört, das gerade ein Warzenschwein auf einem Baum zwischen eine Astgabel legte, um es zu verzehren. Schnell machte es sich aus dem Staub, wird aber wohl später zurückkehren. Kurz vor dem Verlassen dieses Parks, landeten wir in einer Affensippe. Im Nu sass der ganze Clan um uns herum. Eine Affendame setzte sich auf den Kühler und versuchte hin- und her hüpfend an eine Banane zukommen, die im Innern unseres Autos lag. Sogar an den Aussenspiegeln links und rechts turnte sie herum. Sie liess sich durch nichts einschüchtern und fuhr noch ein ganzes Stück mit, bevor sie sich zähneknirschend von uns verabschiedete und vom Kühler sprang. Bei der Ankunft in Eldoret, der Prokura der Benedikiner-Missionare vom Keriotal erhielt Pater Anselm abends um 21.00 Uhr aus St. Ottilien (Deutschland) die Nachricht, dass er heute zum Abt der Gemeinschaft Fiecht in Österreich gewählt worden sei. Ohne zu zögern, nahm er die Wahl an und kehrte 10 Tage später nach viereinhalb Jahren erfolgreicher Missionstätigkeit in Tigoni nach Europa zurück. Dieser Abend wurde mit Pater Paul Dürr (Missionsprokurator in Eldoret), Pater Paul Steinmann, Pater Benedikt Rüegg und Pater Hildebrand Meienberg, die sich zu dieser Zeit auch dort befanden, gebührend gefeiert. Am 13. Juli nach gut drei Monaten erhielt er die Abtsweihe in Fiecht (Österreich).

In Richtung Chesoi konnten wir noch ein unberührtes Naturland geniessen. Wir befanden uns im tiefen Urwald. Keine Menschenseele war anzutreffen ausser den sehr scheuen Mönchsaffen, von denen wir umgeben waren und die mit ihrem lauten Geschrei die Stille, Ruhe und Harmonie des Waldes unterbrachen. Die langen, weissen Haare um ihren Kopf und die schwarzen am übrigen Körper erinnern an die weissen Schleier von Novizinnen. Nicht umsonst werden sie Mönchsaffen genannt. Diese Tiere springen gekonnt von einem Baum auf den andern und lassen sich von den hohen Ästen herunterfallen, um sich zu verstecken. Viele Vogelarten boten mit ihrem Gesang und Pfeifen eine bezaubernde Atmosphäre. Noch nie konnte ich so eine intensive Stimmung eines Waldes wahrnehmen wie hier im Dschungel. Als wir in Chesoi ankamen hatten wir einen herrlichen Blick auf den Arrorfluss, der in das Keriotal fliesst. Die Leute bearbeiteten an Steilhängen den Boden (Maisanbau), oft einige Parzellen nebeneinander, die viel Müh, Schweiss und harte Gemeinschaftsarbeit erfordert und letztlich zu Erfolg führt. Am folgenden Tag ging es weiter nach Embobut (Embo = Fluss und but = Fall), einer Missionsstation, die 2600 Meter über Meer liegt. Diese Niederlassung ist am Rande des Rift Valley mit einem traumhaften Blick hinunter in das eindrucksvolle Tal. Für die 100 Kilometer Autofahrt benötigten wir ganze fünf Stunden, da die Strasse sehr schlecht ist und wir nur befahren konnten, weil die Regenzeit erst langsam begann. Nirgends ist ein Geländewagen besser eingesetzt als hier. Die Kurven sind sehr eng, gehen hoch und runter und zum Hang bricht die „Strasse" oft unvermittelt ab. Wackelige Brücken, tiefe Gräben und Erde wie Schmierseife muss man in Kauf nehmen. Der Land Rover kam mir wie ein Schüttelbecher vor. Am Abend habe ich als erstes alle meine Knochen gezählt und wieder richtig geordnet. Bis Eldoret ist die Strasse geteert. Sobald die Teerstrasse aufhört, versinkt man im Staub, der sich auf Hände, Haare, Augen, und allen Winkeln des Autos und auch in den Taschen verteilt. Wir erreichten das Gebiet White Highland. Dieser Name entstand, weil früher die Weissen hier Weizen anbauten. Die Gegend ist sehr fruchtbar, überall wird angepflanzt, und die Bauern arbeiten mit Ochsen vor einem Holzpflug. Von der Strasse aus sehen wir einen grossen Wasserfall, der etwa 100 Meter über Felsen herunterstürzt. In Chebiemit gibt es sogar ein Postoffice. Wenn man Glück hat, kommt die Post an, kann aber auch ein halbes Jahr dauern, bis der Brief seinen

Bestimmungsort erreicht. In Embobut auf der Missionsstation St. Michael wurden wir vom Mitbruder Reinald Bottner herzlich empfangen. Der Anblick auf die umliegenden Berge und hinunter ins Tal ist einmalig. Man kann sich kaum satt sehen, so eindrucksvoll ist die Gegend. Nach dem Abendessen unterhielten wir uns über die Tätigkeit der Missionare im Keriotal. Der Missionar erzählt ruhig und gelassen, dass man schon fast Fantasie braucht, um zu wissen, wie hart die Arbeit wirklich ist. Mit Afrikanern baute er eine Strasse über 30 Kilometer (sechs Kilometer in drei Monaten), damit er seine Missionsarbeit ausweiten kann. Während seinen vielen Missionsjahren im Keriotal musste er auch Rückschläge verbuchen, wie er sagte. Besonders entmutigend ist es, wenn selbst eigene Mitarbeiter in Diebstähle verwickelt sind, die schon einige Jahre in den Missionsstationen mitwirken und als zuverlässig gelten. Misserfolge dürfen trotz allem nicht in Resignation enden. Im Gegenteil, Glaube, Hoffnung und Liebe sind die Schlüssel der Zukunft für das Leben. Dass wir nicht immer diesen drei göttlichen Tugenden entsprechen, beweisen unsere menschlichen Schwächen und Unzulänglichkeiten, die wir auch haben dürfen. Jedoch mit Gottes Hilfe darf jeden Tag immer wieder ein neuer Anfang sein.

Die Kirche liegt frei auf einem Berg und ist von allen Seiten sichtbar. Durch den stets offenen Haupteingang scheint die Sonne unmittelbar auf den Altar und das dahinterliegende bunte Fenster mit christlichen Motiven auf afrikanische Art. Über zwei Berge sind wir nach dem Frühstück zum Ort Wiwi gefahren, wo eine weitere Kirche in gleicher traumhafter Lage, mit Blick auf Endo und Keriotal gebaut wird. Ich denke an den Zustand der Strasse, über die das Baumaterial hierhergebracht wurde. Lange Eisenstangen für das Kirchendach, welche die vielen engen Kurven passieren mussten. Die Baustelle würde in der Schweiz auf der Stelle geschlossen; allein schon das „Baugerüst" aus dünnen Latten und Baumstämmen, die mit Seilen zusammengebunden sind, über welches sämtliche Material von Hand hochgezogen wird, ist unvergesslich. Auch die Maismühle funktioniert, zu der die Leute von weit herkommen um für ein paar Schillinge ihren Mais mahlen zu lassen. Allerdings muss der Mais vorher gründlich von Steinen gereinigt werden. Die afrikanische Küche besteht im Wesentlichen aus Ugali, einem festen Maisbrei, der nach nichts schmeckt, und verschiedene Gemüsearten. Fleisch gibt es nur an grossen Festtagen, Ostern, Weihnachten und Hochzeiten. Am frühen Morgen verliessen wir schweren Herzens die faszinierende Bergwelt und fuhren hinunter in das Keriotal nach Chesongoch, einen Teil des grossen Rift Valley.

Höhendifferenz 1600 Meter. Vom satten Grün, Urwald und Maisanbau verabschieden wir uns und gehen der Steppe entgegen, wo es nur noch Baumhohe Kakteen, viele Schirmakazien und riesige Termitenhügel gibt. Es wird spürbar wärmer bis zu 30 Grad. Unterwegs nahmen wir ab und zu einen Einheimischen mit bis zum nächsten Dorf. Das war für unsere Nasen jedes Mal eine Herausforderung. Der Keriofluss ist für die Pokot und Marakwet Wasserspender und Grenze zugleich aber auch Malariagebiet. Es gibt ab und zu richtige Epidemien, bei denen viele Menschen sterben. Auf der linken Seite des Flusses liegt die Missionsstation Chesongoch, in der ein Mitbruder (Pater Benedikt Rüegg) als Pfarrer tätig ist. Hier leben die Marakwet sesshaft und betreiben Ackerbau und Viehzucht. Sie gehören zur Gruppe der Kalenjin sprechenden Stämme, ein Sammelbegriff für verschiedene Völker. Trotz der grossen Trockenheit, die zurzeit herrschte, gibt es in bewohnten Gegenden, wo bewässert wird, Zitronen-, Papayen- und Orangenbäume, sowie Bananenstauden in jeder Menge. In der Krankenstation, die von einer koreanischen Schwester betreut und geleitet wird, werden kranke Leute stationär behandelt. Die häufigsten Krankheiten sind Tuberkulose, Malaria, Mangel- oder einseitige Ernährung der Kinder, Meningitis, Durchfall, Lungenentzündungen, tropische Geschwüre, Geschlechtskrankheiten und Knochenbrüche. Hinzu kommen noch viele Geburten. Patienten, die Medizin einnehmen müssen, kommen jeden Tag vorbei, weil sie sonst alle Tabletten auf einmal einnehmen. Die Nahrung für die Patienten wird von den Familienangehörigen, die täglich kommen, in den eigens dafür eingerichteten Kochstellen zubereitet. Der ganze Stolz der Schwester ist ein einfacher Röntgenapparat, der durch einen Generator gespeist wird, mit dem sie Knochenbrüche feststellen kann. Solche Unfälle passieren häufig, weil in den Akazienbäumen ausgehölte Baumstämme aufgehängt werden, zu denen die wilden Bienen ihren Nektar tragen. Um die gefüllten Honigwaben aus dem Stamm zu holen, klettern die Männer und Kinder auf den Baum hinauf. Allerdings schmieren sie sich vorher dick mit Lehm ein, um nicht gestochen zu werden. Zugleich ist es auch ein Schutz für die Bienen, die dadurch ihren Stachel nicht verlieren und weiterhin emsig auf Nahrungssuche fliegen können. Ein Ausrutscher in diesem lehmigen Anzug kann schnell passieren und das Herabsteigen erübrigt sich, auf Kosten von Knochenbrüchen.

Auf der rechten Seite des Flusses leben die mit den Marakwet verfeindeten Pokot, die gelegentlich Raubüberfälle verüben. Sie sind Halbnomaden, züchten Vieh und wohnen im Tal, aber auf der unwirtschaftlichen Seite. Das Vieh hat nur wenig Nahrung und ist mager. Die Kinder werden bereits von klein auf zum Viehhüten angestellt und legen mit ihren Herden jeden Tag etliche Kilometer zurück, um geeignete Weideplätze zu finden. Der Pokot ernährt sich hauptsächlich von Milch, Blut und Fleisch und wenn es nicht reicht, stehlen sie einfach das Vieh der Marakwet jenseits vom Keriofluss. Unterstützt werden sie von der Regierung, die ihnen Waffen und Munition liefert – ohne „Beteiligung" natürlich. Die Benediktinermönche (Pater Benedikt Rüegg und Pater Paul Steinmann) die beide Stämme betreuen und bestrebt sind, sie miteinander zu versöhnen, werden deshalb nicht überfallen. Erst vor drei Tagen haben die Pokot wieder Ziegen gestohlen, ein Kind und eine alte Frau erschossen. Deshalb laufen viele Marakwet-Männer (zum Teil auch Kinder) ständig mit Pfeil und Bogen herum. Die vergifteten Pfeilspitzen, die innert 10 Minuten zu Tod führen, erwerben sie erstaunlicherweise bei den Pokot-Frauen durch Tauschhandel, der an der Flussgrenze stattfindet. Das tödliche Gift wird von einem bestimmten Strauch gewonnen. Ausserdem gibt es beim Pokotstamm (übrigens auch bei den Massai) keine Friedhöfe. Die verstorbenen werden in die Steppe hinausgetragen und einfach auf den Boden gelegt, die dann von wilden Tieren verspeist werden. Auch der Stamm der Marakwet kennt keine Beziehung zu den Toten. Sie werden irgendwo beerdigt, das Grab wird aber nie wieder aufgesucht.

Auf dem Weg Richtung Arror steht am Hang eine Kirche und oberhalb dieser Gedenkstätte ganz steil am Berg liegt das Marakwetdorf. Diese Menschen haben ihre Hütten in der Ebene verlassen, weil sie von den Pokot vertrieben wurden und sie nun Angst haben, dass sie wieder überfallen werden. Deshalb bleibt vorerst eine Rückkehr ausgeschlossen. Tagsüber steigen sie ins Tal hinunter und bestellen ihre Felder, und nachts bringen sie sich in den Bergen wieder in Sicherheit. Eine Marakwet-Frau ist am Tag drei Stunden beschäftigt, um Holz zu suchen, drei bis vier Stunden arbeitet sie auf dem Feld und etwa zwei Stunden benötigt sie, um Wasser zu besorgen. Alles Frauenarbeit und die Männer? Nun ja, sie müssen Pfeil und Bogen tragen. Als wir das Dorf erreichten (von der Kirche ging es eine Stunde bergaufwärts) fühlte ich mich wie in einer anderen Welt. Die Marakwet leben hier so, wie sie schon immer gelebt haben. Ich durfte eine der Rundhütten von innen besichtigen. Sie bestehen aus Lehm und Stroh. Ein Seil ist festgespannt, und darüber hängen irgendwelche Tücher. Auf der Feuerstelle wird gerade Wasser gekocht und daneben stehen ein paar Töpfe und Schalen aus Ton. Die Frauen haben bis zu 16 Kinder, die alle ernährt werden müssen. Im Grunde genommen haben diese Menschen ein hartes Leben. Wirft man einen Blick ins Tal, sieht man an der Vegetation, wo der Keriofluss verläuft. Auf der anderen Seite teils Savanne, teils Steppe, wo eben die Pokot leben. Ganz hinten sieht man die Berge, die andere

Seite des Rift Valley. Ich versuchte mir alle Eindrücke ins Gedächtnis aufzunehmen. Es sind viele auf einmal, aber ich nahm mir Zeit sie zu verarbeiten. Als wir in Arror eintrafen, konnten wir wieder einen Mitbruder (Pater Florian von Bayern) begrüssen. Er lebt sehr einfach und bescheiden mit den Afrikanern zusammen und vertritt die Meinung, dass man den Einheimischen nicht den Fortschritt bringen darf, sondern Hilfe zur Selbsthilfe. Dieser Mönch ist mehr Handwerker als Seelsorger und erzieht die Einheimischen dazu, sich selbst zu helfen und finanziell unabhängig zu werden.

Bevor wir uns auf den Rückweg machten, besuchten wir zwei weitere Stationen, die von einheimischen Priestern betreut werden, um deren Kirchen zu bewundern. Sie haben keine Glasfenster. Die Backsteine sind so aufeinandergesetzt, dass durch die entstandenen Lücken Licht und Luft eindringen kann. Die Kirche Sankt Abraham in Endo ist rund und mit einer Holzkonstruktion versehen, die dem Innenraum eine heimelige Atmosphäre verleiht. Der Tabernakel stellt eine Nachbildung einer runden Vorratskammer der Marakwet dar, gedeckt mit dürrem Gras. Das Altargemälde zeigt Szenen aus dem Leben Abrahams im Alten-Testament. Die Leute wählten diesen Patron, weil er wie sie ein Viehzüchter und Hirt war und nach Weideplätzen für seine Herde suchte. In der kleinen Krankenstation ist eine Krankenschwester aus Deutschland tätig und kennt die Not der Leute in diesem Gebiet. Sie weiss vieles von den Gebräuchen der Marakwet, vom Opferberg, wo bei besonderen Anlässen Opfer dargebracht werden und vom Felsen, über den die schweren Verbrecher hinuntergestürzt werden. Bei der schmerzhaften Beschneidung dürfen die Mädchen und Knaben ihren Schmerz nicht zeigen. Das gleiche gilt bei der kunstvollen Tätowierung am ganzen Körper. Erst die Selbstbeherrschung macht sie zur Frau beziehungsweise zum Mann, wonach man berechtigt ist eine Ehe einzugehen. Die Kirche der 22 ungarischen Märtyrer in Tot wurde auch ganz dem Klima entsprechend angepasst. Das Altarbild weist auf das tapfere Sterben dieser früheren Christen hin und ist in kräftigen, ausdrucksvollen Bildern dargestellt.

Wir wollten uns die Ansicht der Krokodile nicht entgehen lassen und begaben uns deshalb zum Keriofluss, der sich teilweise ein eindrucksvolles Tal gegraben hat. Leider sahen wir von den angeblich vielen Krokodilen keines, dafür aber kunstvoll geflochtene Nester von Webervögeln, die massenweise an den Bäumen hängen. Das zwitschern dieser goldgelben Gefieder war nicht zu überhören. Während der Paarungszeit ist das Männchen bemüht, bis zu fünf hängende Nester an Baumästen herzustellen, um dem Weibchen eine Anzahl anzubieten, von denen sie sich eines aussucht, um die Jungen aufzuziehen. Das Weibchen legt zwei bis vier Eier in das ausgewählte Nest. Die Brutdauer beträgt vierzehn Tage und wird alleine vom Weibchen ausgebrütet. Die lauten und geselligen Webervögel fressen Insekten, Früchte, Körner und Samen und leben in grossen Gruppen zusammen. Sie können auch enorme Schäden in den Getreidefeldern anrichten. Sehr interessant sind die Schlingpflanzen, deren giftige Früchte wie Christbaumkugeln in Akazienbäumen hängen. Danach kehrten wir wieder nach Cheongoch zurück, wo wir nochmals beim Pater Benedikt Rüegg übernachteten.

Wir fuhren weiter Richtung Keriofluss, überquerten ihn und befanden uns bereits im Pokotgebiet. Hier tragen alle noch traditionelle Kleidungen. Die Männer nur einen Lendenschurz und die Frauen lange Röcke, sowie Perlenschmuck um den Hals. Bevor wir den Kitopass unter die Räder nahmen, fuhren wir durch ebenes Schwemmland, etliche Kilometer breit. Hier sah man kaum einen Menschen, ausser zwei Kamelen (vierbeinige), die ganz gemächlich die Strasse überquerten und uns zum Anhalten zwangen. Dann geht es hoch zum Kitopass ein felsiger Weg, jedoch mit einem herrlichen Blick hinunter ins Keriotal, in dem wir uns noch vor kurzem befanden. Unterwegs nahmen wir einen Pokot mit, der Bienenhonig in Holzgefässen mit sich schleppte, dazu eine etwa 15 Zentimeter hohe hölzerne Kopfstütze zum Schlafen, ein Ledersäckchen mit Schnupftabak (die Mischung besteht aus getrocknetem Kuhmist, verschiedenen Kräutern und vielen anderen möglichen Sachen), eine Kalebasse mit Trinkwasser (Flaschenkürbis) und den Wanderstab zum Schutz vor Schlangen. Gekleidet war er nur mit einem Lendenschurz aus Geissleder. Er ist unsere Absicherung durch dieses nicht ungefährliche Gebiet. Etliche Kilometer weiter wissen wir warum. Auf der anderen Seite des Flussbettes standen fünf bewaffnete Pokot-Krieger, die uns zunächst nicht durchlassen wollten. Als sie jedoch ihren Kollegen im Auto sahen, winken sie uns durch und ihre finsteren Mienen verwandelten sich in ein deutliches Lächeln. Jetzt unterhielt ich mich mit dem Pokot und wollte alle seine Sachen kaufen, die er mit sich trug. Er war einverstanden und wir handelten einen Preis aus. Die tausend Keniaschillinge, die ich ihm anbot gab er sich nicht zufrieden und erhöhte den Preis um das Doppelte. Natürlich war ich sofort einverstanden und gab ihm zweitausend kenianische Schillinge in seine Hand, was damals umgerechnet etwa 20 Franken ausmachten. Bevor er ausstieg, liess er, zu meiner Überraschung, auch seinen Lendenschurz neben mir im Auto liegen und verschwand im „Adamskostüm" zwischen den vielen Akazienbäumen. Weil Pater Anselm Zeller sich mit der Frau unterhielt, bekam er den ganzen Tauschhandel zwischen dem Pokot und mir nicht mit. Erst als der Pokot ausstieg, sah er, dass der Pokot nichts mehr mit sich trug. Diese originalen Souvenirs hängen schon viele Jahre an der Wand in meinem Klosterzimmer in Uznach. (Schweiz). Als wir schliesslich den Lake Baringo erreichten, sahen wir einige grosse Vögel (Storchen ähnlich), die gelassen und majestätisch auf einem Baumstamm im flachen Gewässer standen. Das nennt man „meditatives Stelzen". Dieser Lake Baringo ist bekannt, wegen den vielen tropischen Vogelarten. Ein paar Kilometer weiter, und wieder bringt uns die Natur ins Staunen. Hunderttausende Flamingos, die wie rosarote Teppiche den See bedecken. Sie sind sehr scheu, und kommt man ihnen zu nahe, weichen sie ein wenig vom Ufer zurück. Einige fliegen weg, während sich der Rest fast gleichmässig erhebt und als Rosawolke über dem Wasser schwebt. Sie leben gerne hier, weil der See salzhaltig ist und von kochend heissen Quellen gespeist wird, die wie Springbrunnen aus dem Boden sprudeln. Dieser Ort gilt als Vulkangebiet. Auf etwa hundert Quadratmeter ist der Boden ganz heiss und darunter hört man vulkanische Geräusche. Schade, dass wir keine Hühnereier im Auto hatten. Es hätte wunderbare naturbezogene Spiegeleier gegeben. Dreissig Kilometer vor Tigoni werfen wir von einem Aussichtspunkt aus, einen letzten Blick auf das Rift Valley. Das Leben der Marakwet und der Pokot im Keriotal das wirklich mit der Natur noch in Einklang steht, weit entfernt von der Zivilisation, gab mir einen tiefen Einblick in die unberührte Schöpfungswelt, die mich sehr beeindruckte und nachdenklich stimmte. Nach all den Erfahrungen und Eindrücken, die ich bei dieser Reise erleben durfte, bin ich überzeugt, dass diese Urvölker mit ihren Habseligkeiten zufriedener und glücklicher sind als unsereins, die alles in Hülle und Fülle erhalten und geniessen können.

Der Bestand afrikanischer Mönche in Tigoni zählte im Jahr 1996 vier Postulanten, die eine sechsmonatige Kandidatur in Nanyuki verbrachten und nach sechs Monaten am 20. Juli in das einjährige Postulat aufgenommen wurden, fünfzehn zeitliche Professen, von denen sieben Novizen am 7. Februar 1997 die zeitliche Profess ablegten und 13 Mönche mit ewigen Gelübden, davon acht Priestermönche. Nanyuki ist eine Niederlassung (Missionsstation) von Tigoni und ein Mitbruder leitet dort die Pfarrei. Nanyuki liegt ganz in der Nähe vom Berg Mount Kenia. Diese Bergspitze wird in der Sprache der Massai „schwarz-weisser Berg genannt". Der Berg ist mit 5199 Meter das zweithöchste Bergmassiv in Afrika und ein erloschenen Vulkan. Er befindet sich rund 15 Kilometer südlich des Äquators in Kenia. Im Jahr 1949 wurde der Mount-Kenia Nationalpark gegründet und im Jahr 1983 mit dem 65.000 Hektar grossen Schutzgebiet erweitert. Vierzehn Jahre später im Jahr 1997 wurde der Mount-Kenia Nationalpark von der Unesco zum Weltnaturerbe erklärt. Zweck des Nationalparks ist es, das Landschaftsbild, die Flora und Fauna zu schützen und für die Zukunft zu bewahren.

Verkehrschaos und Trockenheit
Ich mag mich noch gut an den grossen Wassermangel im Norden Kenias (Oktober bis Dezember 1996) erinnern, wobei auch unsere Gegend betroffen war. Der Regen, der eigentlich im Oktober bis Dezember hätte eintreffen sollen, blieb buchstäblich aus. Den Umständen entsprechend beschloss die Regierung in Nairobi, dass nach Weihnachten, vorerst bis April (April bis Juni ist die kleine Regenzeit) nur noch Regionen abwechslungsweise mit Elektrizität versorgt werden. Die Umgebung bei der Stadt Limuru, der auch das Kloster Tigoni angehört, wurde der Strom vom Mittag ab 14.00 Uhr bis abends um 19.00 Uhr abgestellt. Weil die Küche vom Kloster mit Biogas betrieben wird, konnte die Abendmahlzeit zur üblichen Zeit abgehalten werden. Es kam auch vor, dass wir das Essen ab und zu, im Kerzenlicht einnahmen, weil das Biogas streikte. In der Handbuchbinderei lief die Arbeit wie gewohnt, weil wir ohne Strom arbeiten, den wir nur brauchten, um alte noch guterhaltene Buchbändel zu bügeln. Das Ausbleiben des so ersehnten Regens verursachte verheerenden Schaden. Alles Saatgut, die Weiden und Sträucher sind vertrocknet und im Norden Kenias mussten die meisten Tiere notgeschlachtet werden. Selbst Menschen, vor allem ältere Leute und Kinder waren Todesopfer dieser Trockenheit. Im Kloster Tigoni wurden innert 14 Tagen zehn Rinder und zwölf Schweine geschlachtet, weil der Einkauf von Futterwaren nicht mehr gewährleistet war. Wie man in den Zeitungen lesen konnte, ist rückblickend auf 100 Jahre nie eine solche Dürre eingetreten.

Im Monat Juni 1997 nach einem Einkauf im Supermarkt, ich war etwas spät dran, setzte der Abendverkehr auf den Strassen bereits ein. Es war recht schwierig Material zum Buchbinden zu bekommen. Man muss einfach Geduld haben und verschiedene Läden aufsuchen bis man Erfolg hat. Unglaublich wie damals rücksichtslos gefahren wurde. Die Überholmanöver der Autofahrer waren kriminell. Ich wusste oft nicht wie ich mich eingliedern soll, denn jeder fuhr wie es ihm passte, um möglichst schnell aus dem Verkehr zu kommen. Auf einmal hatte ich wieder ein Auto vor meinem Kühler das sich durch die verstopften Strassen zwängte. In einer engen Kurve rasierte ein Wagen beinahe eine Menschengruppe weg, weil er einem entgegenkommenden Bus, nicht mehr ausweichen konnte. Es war eines dieser Matatus (kleiner Bus), die bunte Aufschriften „Strassenkrieger" „Ewigkeit" und ähnliches anzeigen. Sind die Sitzplätze alle belegt, drängen sich die Leute, wie Kaninchen stehend, in den Bus. Nicht selten halten sich einige Menschen am Steigbügel beim Eingang, links und rechts fest und stehen auf dem Trittbrett des fahrenden Kleinbusses. Man nennt sie rasende Särge. Die Strassenverkehrspolizisten sind überfordert und können nichts tun, weil es keine Verkehrsschilder gibt. Den Führerschein kann man zu hohen Preisen auf dem Schwarzmarkt erhalten. Im Jahr 1996 starben auf den Strassen in Kenia 2400 Menschen. Das ist, gemessen an Verkehrsdichte und gefahrenen Kilometern, die höchste Todesrate auf afrikanischen Strassen. Da gab es kaum eine Regel, oder sie wurde nicht beachtet und jeder fuhr wie es ihm passte. Sehr oft funktionierten die Bremsen schlecht, gar nicht zu sprechen von den Blinklichtern zum Abbiegen nach links und rechts, die nicht funktionierten oder nicht betätigt wurden. Fahrzeuge sahen zum Teil wie Schrotthaufen aus und alles wird transportiert was möglich ist. Das Motorengeräusch hörte sich an wie Schrauben in einer Waschtrommel und das Licht funktionierte meistens nur teilweise oder gar nicht. Das hinderte die Fahrer nicht daran, auch nachts ohne Licht zu fahren. Zum Teil sind die Strassen waschbrettförmig und weisen grosse Schlaglöcher auf, über die mit rasender Geschwindigkeit gedonnert wurde. Autos blieben in der Mitte der Strasse stehen, wo die Pannen behoben wurden. Mit Baumästen und Zweigen, etwa 30 Zentimeter, vor- und hinter dem Auto, wurde der Unfall markiert, weil das Dreieckbanner im Auto fehlte. Man musste sich nicht wundern, dass die meisten Autos Beulen aufwiesen oder gar einen Anblick boten, in jedem Moment auseinanderzubrechen. Bei einer Kontrolle ist die Polizei nur interessiert, ob man einen Führerschein besitzt und die Versicherung des Autos abgeschlossen oder noch gültig ist. Jedenfalls brauchte ich fast drei Stunden für die 40 Kilometer nach Tigoni zurück. Damals kann man mit heute nicht mehr vergleichen. Heute sieht es ganz anders aus. Jede Fahrspur auf der Strasse ist gekennzeichnet. Die Strassen wurden verbreitet und mit Verkehrsampeln und Richtungstafeln in den Grossstädten ver-

sehen. Auch Signale und Markierungen zum Abbiegen am Boden sind vorhanden. Die Eigentümer pflegen jetzt ihre Autos und man sieht kaum mehr verbeulte Fahrzeuge.

Das Elendsviertel in Mathare Valley (Nairobi)
Pater Hildebrand Meienberg holte mich im Monat Oktober in Tigoni ab. Er wollte mir das Elendsviertel Mathare zeigen, das nicht weit von Kloster in Nairobi entfernt liegt, bevor ich wieder in die Schweiz zurückkehre. Als Mathare wird eine Reihe von Slums in Nairobi (Kenia) bezeichnet, in denen schätzungsweise eine halbe Million Menschen leben. Der Kern-Slums befindet sich im Mathare Valley, einem Tal von etwa 300 Metern Breite und zwei Kilometer Länge. Das Gebiet liegt fünf Kilometer nordöstlich vom Stadtzentrum. Da leben etwa 80.000 Bewohner unter ärmsten Bedingungen. Keine befestigten Strassen, keine Infrastruktur, keine Wasser- oder Stromleitungen und nur jeweils eine Toilette für 300 Leute. Keine Verwaltung, keine Polizei und keine feste Arbeit. Während der Regenzeit versinken die Behausungen in Dreck und Schlamm. Von den Fluten werden oftmals nicht nur die Bretterhütten weggerissen, sondern auch Bewohner und vor allem Kinder. Die Gefahr des Ausbruchs von Seuchen ist während dieser Zeit hoch. Der Gestank von Fäkalien und Fäulnis steigt in die Luft und lässt einen beissenden Geruch in der Nase zurück. Zwischen Blechhütten und Holzverschlägen laufen die Prozesse des Stoffwechsels pur ab. Ich unterhielt mich mit einer Frau mittleren Alters. Auch sie hat vom kleinen Glück geträumt, wie viele andere Landflüchtlinge. Ihre Suche nach einem besseren Leben trieb sie in die Metropole Nairobi. Sie zog aus der muffigen Hütte, die irgendwo in der Massai-Steppe verrottet, in einen Bretterverschlag. Vom Kuhmist in den Slum und von der Not ins Elend. Sie verkauft Trinkwasser in Kanistern und glaubt, dass sie irgendwann aus dem Elendsviertel herauskommt. Andere verkaufen geflochtene Körbe und Besen, sowie Zigaretten, stückweise. Auch Heiligenbildchen werden den Leuten angeboten. Jeder versucht aus irgendwas ein paar Schillinge zu machen. Junge Menschen geben sich der Prostitution hin, um das nackte Überleben zu sichern, ein Teufelskreis ohne Ende. Ich verbrachte die Nacht im Gästezimmer von Pater Hildebrand. Beim Abendessen unterhielten wir uns über das Elendsviertel im Mathare Valley, das mich sehr traurig stimmte. Wie können Menschen, mit Kleinkindern, in einer solchen schmutzigen, verelendenden und verwahrlosten Gegend leben und andere wiederum leben in Wohlstand und Vergnügen. Heute leben über 180.000 arme Menschen in diesem Elendsviertel. Irgendwie ist die Welt ungerecht und mir kommen Emotionen hoch und ich fühle mich so ohnmächtig.

Nach etwa neun Monaten lag ein Brief in meinem Postfach in Tigoni. Dieser Brief kam vom Abt Lambert aus der Abtei Peramiho in Tansania. Er bat mich nochmals in die Abtei zurückzukehren und Br. Ambros, den ich zum Buchbinder ausbildete, zur Meisterprüfung zu begleiten. Es wäre wichtig, wenn er die Meisterprüfung hätte, um andere Mitbrüder das Buchbinden beizubringen, die dann auch die Gesellenprüfung abschliessen könnten. Ausserdem wurde für die Hausbuchbinderei eine kleine Handmaschine angeschafft, um Buchtitel zu prägen, die auch einer Einführung bedarf. Er habe bereits einen Brief nach Uznach geschrieben, in dem er nochmals um eine Verlängerung von zwei Jahren, bis Ende 1998, für mich bat. Es wäre zum Vorteil, wenn ich auch ein Gesuch an meine Klostergemeinschaft in Uznach stellen würde. Diese Nachricht kam für mich wie aus dem heiterem Himmel und ich freute mich sehr ob dieser Botschaft. Schnell setzte ich mich an den Tisch und schrieb dem Abt Ivo auf der Maur ein Gesuch mit der Bitte, dass mir nochmals zwei Jahre, für den Aufenthalt in der Abtei Peramiho, verlängert wird. Er musste es vorher mit dem Seniorat und der Klostergemeinschaft besprechen und nach einigen Wochen erhielt ich aus dem Kloster Uznach die Zusage, dass ich nach Peramiho und nicht in die Schweiz zurückkehren soll. Ich kannte mich ja in Peramiho bereits gut aus und Br. Ambros arbeitete inzwischen fleissig in der Buchbinderei der Abtei Peramiho, hauptsächlich für die Klosterbibliothek. Ich wusste also was auf mich zukam. Zudem hatte ich Glück, dass damals die Regierung nie nach meinem Ausweis (Meisterprüfung als Buchbinder) nachfragte. Heute wäre es nicht mehr möglich. Alle Vorsteher einer Werkstatt, die Lehrlinge ausbilden, müssen eine Meisterprüfung vorweisen. Inzwischen ist das Jahr 1996 verstrichen und nur noch drei Monate, standen bevor, bis ich nach Peramiho zurückkehrte. Am 17. März 1997 wurde der Termin gesetzt, dass mich der Fahrer Cross der Abtei Peramiho mit dem Auto in Tigoni (Kenia) abholt. Meine drei Lehrlinge sind jetzt in der Lage, selbständig die Hausbuchbinderei zu führen. Sie arbeiteten fleissig, mit Eifer und Interesse. Ich verabschiedete mich bei ihnen und der ganzen Klostergemeinschaft und dankte ihnen, dass ich ein Jahr im Kloster Tigoni beten, arbeiten und mit den Mitbrüdern leben durfte. Pater Prior Magnus organisierte meinen letzten Abend in Tigoni mit Tanz und Musik, Bier und Süssgetränken und allerlei Snacks. Eigentlich wäre ich noch länger in Tigoni geblieben, aber letztlich kam ich für die Ausbildung meiner Lehrlinge im Fach der Buchbinderei, damit sie selbständig weiter arbeiten können.

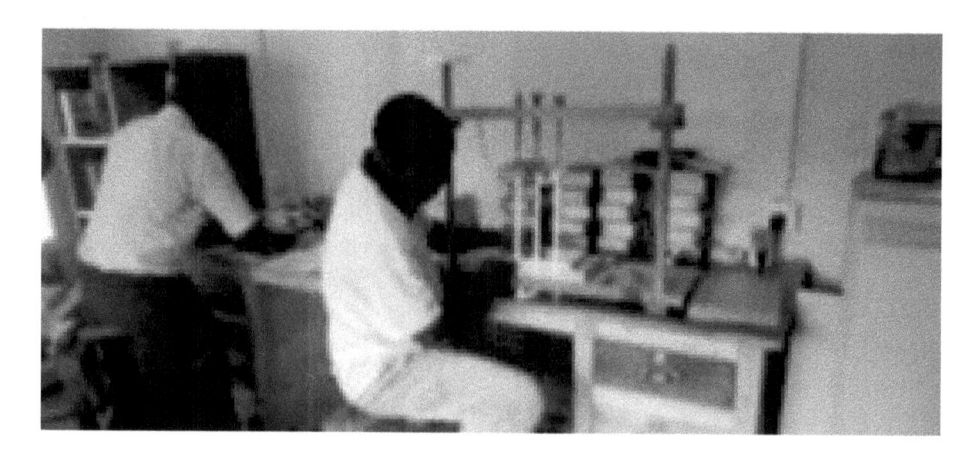

Die Reise, Rückkehr nach Tansania Peramiho mit zwei Autopannen
Am 17. März nach etwas mehr als einem Jahr brach, ich meine Zelte in Tigoni ab. Mit dem Fahrer Murtaza Cross, der zwei Tage vorher (2200 Kilometer von Peramiho), im Kloster Tigoni eintraf, verliessen wir morgens in der Früh um 05.30 Uhr, nach dem für uns zubereiteten Frühstück, die Gemeinschaft von Tigoni. Alle waren vor dem Morgengebet an der Pforte anwesend und nach vielen Verabschiedungen mit Umarmungen machten wir uns auf den Weg in das Nachbarland Tansania. Nach 35 Minuten erreichten wir die Hauptstadt Nairobi, die wir noch rechtzeitig Richtung Grenze verlassen konnten, bevor der Morgenverkehr auf den Strassen begann. Um 08.15 Uhr erreichten wir die Landesgrenze Namanga zwischen Kenia und Tansania. Die Zollformalitäten konnten wir in kurzer Zeit erledigen. Mag sein, dass die Anschrift an unseren Land Rover (Benedictine Fathers Peramiho) auch dazu beigetragen hat. Ich hatte den ganzen Laderaum mit Gepäck belegt, ohne dass eine Kontrolle stattfand. Nach dreistündiger Fahrt entlang einer unendlichen Steppe, in der sich Menschen aus dem Stamm der Massai ansiedelten, erreichten wir die Stadt Arusha im Norden Tansania. Die Regierung kam zur Überzeugung, dass die Massai mit ihren Rinderherden zu viel Land verbrauchen. Folglich wurden zahlreiche Familien sesshaft gemacht. Ein Kulturschock, den die Massai bis heute nicht überwunden haben. Sie trinken weiterhin Rinderblut und beschneiden ihre Söhne und Töchter. Früher oder später werden ihre Bräuche und Sitten aussterben. Wasser wird jetzt in einem Plastikkanister getragen und nicht mehr in der Kalabasse, die sie selbst herstellten, Der Rat der Ältesten wurde zur Wahlurne und die schützende Gemeinschaft zur offenen Gesellschaft. Die stolzen Krieger der Massai stehen verloren am Wegrand der Zivilisation, herausgerissen aus ihrer Kultur. Mit Armbanduhren an ihren Armen irren sie ziellos umher. Viele Massai-Männer werden in den Diözesen, in Geschäften oder bei reichen Familien als Wächter eingestellt. Die Massai sind sehr gute Wächter. Diebe werden angeschossen und zusammengeschlagen, dass sie nicht mehr aufstehen können und zum Teil auch umgebracht. Gauner überlegen es sich zweimal, ob sie bei jemandem einbrechen wollen, wo ein Massai als Aufseher angestellt ist. Leider werden die Massai wohl bald der Vergangenheit angehören. Am Strassenmarkt in Arusha geht es emsig zu, und anscheinend florieren die Geschäfte. Die Händler haben alle Hände voll zu tun. Tropische Früchte aller Art, Gemüse, Zuckerrohrstängel, an solchen sich zwei Junge genüsslich laben, Süsskartoffeln, Fische aus dem Viktoriasee, geflochtene Gegenstände in vielen Variationen und Hühner, deren Füsse

zusammengebunden sind, damit sie nicht davon gackern, werden feilgeboten. Etwas weiter spielen junge Burschen Fussball mit Knäueln aus Stoffresten, und zwei kleine Kinder traktieren ihren vollbeladenen Esel, die sie an Hanfschnüren durch die Gegend zerren. Aber was sollen sie auch tun? Keine Arbeit und kein Geld. Ein zerrissenes Hemd am Körper, einen hungrigen Magen und ein paar Quadratmeter nackten Boden zum Schlafen. Nach einem Imbiss in einen Restaurant, wo wir unseren Hunger gestillt und den Durst gelöscht haben, ging die Fahrt nach Sakarani Richtung Daressalam weiter. Kurz vor Same fangen wir ein Platten ein, der nach 20 Minuten behoben war. Den Autoreifen, der wegen der Hitze auf der heissen Teerstrasse den Geist aufgab, konnten wir in einer Garage (zugleich auch Tankstelle) wieder als Reserverad richten lassen. Unglaublich, nach 130 Kilometer platzte wiederum ein anderer Reifen. Gott sei Dank hatte der Fahrer das Auto jedesmal im Griff. Gegenverkehr gab es nur wenig. Allerdings scherte das Auto bei der ersten Panne nach links und bei der zweiten Panne nach rechts aus. Ich hatte Herzklopfen und sehnte mich, als wären wir schon im Gästehaus in Kurasini. Es sind immer noch zwei Räder am Wagen, die es bis anhin aushielten und noch einige hundert Kilometer, bis nach Daressalam, lagen vor uns. In dem kleinen Dorf Mombo vor der Steigung nach Sakarani konnten wir den Reifen selber wechseln und in Sakarani das Rad mit dem Platten wieder herrichten. Der Fahrer Murtaza Cross (ein Muslim) ist ein guter Autolenker, verheiratet, hat fünf Töchter und wohnt in Daressalam. Er besorgte viele Sachen für die Abtei in Peramiho in der Stadt Daressalam. Schon zweimal war ich bei ihm zuhause zum Mittagessen eingeladen. Die fünf Säulen des Islam sind: Das Glaubensbekenntnis, das Gebet, das Fasten, die Armensteuer und die grosse Wallfahrt nach Mekka. Er fuhr vermutlich etwas zu schnell, wie mir in Peramiho der Automechaniker Br. Odo Harrer erklärte. Schnelles Fahren auf heissen Teerstrassen kann zu Pannen führen, besonders in heissen Gegenden. Der Innenschlauch des Rades fängt bei grosser Hitze und schnellem Fahren sich zu dehnen an und kann dann zu einer kleinen Explosion führen. Beim Radwechsel fiel mir auf, dass der Schlauch jedesmal einen Riss aufwies. Also kein Loch, das von einem Nagel oder spitzen Gegenstand hätte ausgelöst werden können.

Sakarani ist eine Missionsstation, die vom Kloster Ndanda abhängig ist, liegt hoch auf einem Berg 1700 Meter über Meer und bekannt wegen des guten Weines. Br. Zölestin Rapp vom Kloster Ndanda, mit dem ich damals im Jahr 1980 das einjährige Noviziat in St. Ottilien absolvierte, stellt diesen tansanischen Wein mit seinen Arbeitern her. Um 17.00 Uhr erreichten wir das Kloster in Sakarani und wurden herzlich aufgenommen. Der schön gepflegte Weinberg, die vielen Macadamia-Nussbäume um die Missionsstation umgeben von den Usambarabergen bieten einen herrlichen Anblick und erinnern an die Berglandschaft in der Schweiz. Gerne legte ich mich abends nach achtsündiger Fahrt ins Bett und schlief sofort ein. Am nächsten Morgen nach einem ausgiebigen Frühstück war unser Ziel das Dorf Handeni, um bei Pater Odilo Hüppi und Sr. Karin einen Besuch zu machen mit

einem Zwischenhalt in Korokwe bei den Kwamdolwa-Schwestern. Mit jeder Stunde weiter dem Ziel entgegen, wird es spürbar wärmer. Die Strasse scheint unendlich lang. Hie und da begegnet man, ausser ein paar Autos die entgegenkommen, einem Eselsgespann, das willig seinem Herrn gehorcht, um den Peitschenschlägen zu entgehen, viele Händler, die einen langen Fussweg zurücklegen in der Hoffnung, ihre Ware beim nächsten Markt zu verkaufen und Kindern mit schmutzigen und zerrissenen Kleidern, zum Teil nur noch Fetzen. Prächtig sind die Usambara-Berge zu bewundern. Wir erreichen Kwamdolwa, eine sehr schöne Gegend etwa 25 Kilometer Naturstrasse von der Hauptteerstrasse entfernt. Dort leben 280 afrikanische Schwestern in Gebet und Arbeit, wovon auch einige in verschiedenen Missionstationen verteilt sind. Drei Schwestern dieser Klostergemeinschaft arbeiten in der Küche im Gästehaus Kurasini. Die Klostergemeinschaft nennt sich „Schwesterngemeinschaft der lieben Frau von Usambara". Der Mutter Oberin war es ein Anliegen, dass auch einige Schwestern ihres Konventes in das Handwerk des Buchbindens eingeführt werden und ich bei Ihnen eine Buchbinderei einrichte. Der Grund meines Eintreffens in diesem Kloster, war eine erste persönliche Kontaktaufnahme aufgrund eines Briefes der mich in Tigoni, von der Oberin der Kwamdolwa Schwestern erreichte. Leider war die Zeit zu kurz, um alle Gebäulichkeiten zu besichtigen. Jedoch, die Klosterkirche lädt wirklich zum Beten und Meditieren ein. Nach der Mittagsmahlzeit, das liebevoll für uns zubereitet wurde, verabschiedeten wir uns bei den Schwestern. Wir fuhren wieder den Berg hinunter zu der Hauptstrasse. Auf dem ganzen Weg liessen wir eine riesige Staubwolke hinter unserem Auto zurück, weil die Strasse so trocken war. In der Pfarrei Sony, die nicht weit von der Schwesterngemeinschaft in Kwamdolwa entfernt liegt, besuchte ich Pater Athanas Meixner. Neben der Pfarrei Sony betreut er auch den Schwesternkonvent in Kwamdolwa. Ich sprach mit ihm über das Anliegen der Oberin, was die Einrichtung der Buchbinderei in ihrem Kloster anbelangt. Den Vorschlag, dass wir die Anschaffung der Buchbindereimaschinen für die Schwesterngemeinschaft in Kwamdolwa finanziell aufteilen könnten war er nicht direkt abgeneigt. Eine sofortige Zusage erhielt ich nicht, wohl aber versicherte er mir, sich bei mir zu melden und wir werden versuchen einen Weg zu finden, um dieses Projekt zu realisieren. Damals Im Jahr 1997 kannte ich wenige Leute in der Schweiz, die meine Projekte unterstützten, anders ausgedrückt: Zu dieser Zeit hatte ich noch keine konkrete Projekte und wurde immer an verschiedenen Orten eingesetzt. Ich hörte dann nichts mehr von ihm und das ganze verlief im Sand. Ich denke, dass er es vergessen hat. Pater Athanas kehrte später nach Ndanda zurück. Aus gesundheitlichen Gründen wurde er zwei Jahre später in sein Heimatkloster nach Deutschland zurück gebracht. Inzwischen ist er gestorben und im Klosterfriedhof beigesetzt. Seine Pfarrei übernahmen nach seinem Weggang von Sony zwei einheimische Priester. Zudem hatte ich ein volles Programm, mit der Ausbildung von afrikanischen Mönchen und Schwestern in anderen Buchbindereien. Die Schwester Oberin in Kwamdolwa hat sich dann auch nicht mehr gemeldet.

Das Leben der Massai in Ostafrika

Nach eineinhalb Stunden trafen wir in Handeni ein. In dieser Gegend leben die Massai bereits Jahrzehnte wo sie mit ihren Viehherden herumziehen, um grüne Weidenflächen zu finden. Die Massai sind eine ostafrikanische Volksgruppe, die in den weiten Ebenen im Süden Kenias und im Norden Tansania beheimatet sind. Trotz ihres vergleichsweise kleinen Bevölkerungsanteils sind die Massai wegen ihrer beibehaltenen halbnomadischen Lebensweise, ihrer auffallenden Kleidung und ihres Wohngebietes nahe den Nationalparks die vermutlich bekannteste Völkergruppe Ostafrikas. Im 15. Jahrhundert wanderten die Massai Richtung Süden und besiedelten zwischen dem 17. und 18. Jahrhundert den Landstrich zwischen Zentraltansania und Zentralkenia. Im 19. Jahrhundert erreichte das von den Massai dominierte Territorium seine grösste Ausdehnung. Es reichte vom Rift Valley in Kenia bis zu der Region um die heutige Stadt Dodoma in Tansania. Engai, der Schöpfergott der Massai, ist mit dem Himmel und mit dem Regen verbunden. Was das Ausbleiben des Regens in Handeni angerichtet hat, ist unvorstellbar. Orangen-, Mandarinen- und Zitronenbäume mussten entfernt werden, weil nicht nur die Früchte, sondern die ganzen Baumstämme vertrocknet waren. Sogar die Kokospalmen, die sonst ohne viel Wasser auskommen, konnten die Durststrecke nicht überbrücken. Die Massai tauschten zwei magere Kühe gegen einen Sack Mais ein, um wenigstens überleben zu können. Wohl ein harter Verlust, wo sie sonst von Milch, Blut und Fleisch ihrer Rinder leben. Wir machten ein Picknick nicht weit von einer Massai-Hütte entfernt, bevor wir in der Missionsstation in Handeni eintrafen. Ein stattlicher Massai-Mann kommt zu unserem Land Rover und grüsste uns herzlich und wir unterhielten uns ein wenig mit ihm. Er lädt uns in seine Wohnhütte ein, zwei fensterlose Hütten mit Kuhmist verputzt. Die rechte Hütte teilt er mit seiner ersten Frau und die linke mit der anderen Frau. Hinzu kommen 17 Söhne und Töchter, wovon einige bereits Familien gegründet haben und selbst einen Haushalt führen. Seine zwei Frauen tragen bunte Perlenstickbänder an Armen und Beinen. Kupferringe zieren ihren Hals. Fünf Zebukälber musste er notschlachten, weil die Weiden vertrocknet sind und er nicht mehr in der Lage war, Futter zu kaufen. Jetzt bangt er um seine zwei Ziegen. Später habe ich gehört, dass es in der Karwoche viel geregnet hat. Seine zwei Ziegen werden wohl überlebt haben. Ein anderer grosser hagerer Mann sucht sich den Schatten unter einer Bananenstaude. Er formt Knödel aus festem Maisbrei, dazu Bohnen und schiebt sie bedächtig in seinen Mund. Bekleidet ist er mit zwei roten Tüchern, eines um seine Lenden und das andere über seiner Schulter. Er trägt Sandalen aus alten Lastwagenreifen, die er selbst herstellte. Vom Staub scheinen die Umhänge rotbraun gefärbt. Das Wasser ist jetzt viel zu kostbar, um auch noch auf Körperpflege und aussehen zu achten und die Tücher zu waschen. Auf seinem schmalen Kopf sitzt eine Ziegenfellmütze. Sein Kinn ist mit weissen Haarstoppeln bedeckt, die Haut straff und wettergegerbt und zwei hirschhorngelbe Zahnstumpen besitzt er auch noch. Es erstaunt mich immer wieder, gerade bei der Begegnung mit seinen zwei Frauen, wie gelassen und freundlich sie sind und selbst in grosser Armut Zufriedenheit und Glück ausstrahlen. Für das Saatgut ist es allerdings zu spät, denn Ende April hört die Regenzeit auf und beginnt erst wieder im November. Eigentlich wollten wir in Handeni übernachten. Diese Missionsstation wurde von Pater Odilo Hüppi und Schwester Karin aus Deutschland gegründet. Sie versuchen die Massai-Kultur mit der christlichen Religion zu verbinden und leben mit dem Massai-Volk zusammen, die dort heimisch sind. Sie freuten sich sehr auf unseren Besuch. Weil das Wasser regelmässig von einem Tankwagen hergebracht werden muss, schien es mir angebracht, die 400 Kilometer bis nach Daressalam fortzusetzten. Es wäre mir nicht recht gewesen, dieses kostbare Nass für unsere Körperpflege in Anspruch zu nehmen, wo das Wasser in Daressalam zur Genüge vorhanden ist. Nach einem Kaffee und Apfelkuchen verabschiedeten wir uns und dankten für die Gastfreundschaft.

Die Naturstrasse war extrem trocken, sodass der Land Rover auch bei dieser Strecke eine dicke rotbraune Staubwolke, die 15 Kilometer bis zur Hauptstrasse, hinter sich führte. Ich war froh, als wir wieder die Teerstrasse erreichten. Einerseits erlaubte es wieder zügig zu fahren und anderseits wollten wir nicht all zu spät in der Nacht in Kurasini-Daressalam eintreffen. Die Teerstrasse schien wieder unendlich lang. Über weite Strecken sieht man Sisalfelder bis zum Horizont, die nach der Ernte zu Tauseilen für Schiffe, Schnüren und Teppiche verarbeitet werden. Dazwischen brachliegende Nutzflächen und grasbewachsene Unfallautos-Skelette, die an Ort und Stelle liegen bleiben. Für Buschmänner eine willkommene Gelegenheit, die brauchbaren Sachen wegzutragen. Die abgetrennten Bleche verwenden sie für die Dächer ihrer Lehmhütten, damit der Regen nicht eindringt, oder zum Auffangen vom Regenwasser. Aus den abgelaufenen Radreifen, was vermutlich zum Unfall führte, werden Sandalen hergestellt und andere Autoteile verkauft. Zurück bleiben nur noch die Wagen und Containerskelette. In einer gefährlichen Doppelkurve muss vor kurzem ein Unfall passiert sein. Ein grosser Autobus und ein leerer Tankwagen mit Anhänger liegen seitlich in einer Böschung, deren Anblick auf einen Frontalzusammenstoss schliessen lässt. Die Führerkabine des Tankwagens ist sehr stark beschädigt, und die des Busses überhaupt nicht mehr erkennbar. Auf der

Teerstrasse zeugen schwarze Bremsspuren, was bedeutet, dass sie zu schnell gefahren sind. Der Fahrer Cross war sich sicher, dass bei der Hinfahrt nach Kenia, die Unfallfahrzeuge noch nicht da waren. Obschon dieser Strassenabschnitt mit einer Geschwindigkeitsbeschränkung von 50 Kilometer signalisiert ist, und auf die Gefahr von 10 Prozent Gefälle hinweist, ergeben sich an dieser Stelle immer wieder schwere Unfälle. Es fiel mir auf, dass im Jahr 1996 neue Verkehrstafeln mit Geschwindigkeitsbegrenzungen angebracht wurden und sogar teilweise Radarkontrollen durchgeführt werden. Jede Missachtung im Strassenverkehr wurde damals mit 10.000 tansanische Schillinge (etwa sechs Franken) gebüsst. Später wurden die Bussen auf 30.000 tansanische Schillinge erhöht, die bis anhin entrichtet werden müssen.

Es sind noch etwa 200 Kilometer bis nach Daressalam. Sie Sonne brennt unbarmherzig auf uns herab, keine Wolke ist am Himmel zu sehen und der Wind schien eine Pause eingelegt zu haben. In unserem Auto waren Temperaturen eines türkischen Dampfbades, weil die Kühlanlage nicht richtig funktionierte. Selbst das offene Fenster brachte keine Kühlung wie wir es erhofften. Der Schweiss machte sich am ganzen Körper bemerkbar und unsere Leibchen waren voll durchnässt. „Wenn beide stinken, riecht man es auch nicht mehr". Inzwischen erreichten wir die grosse Kreuzung der Stadt Chalinze. Links führt die Strasse nach Morogoro - Iringa Richtung Njombe, Songea bis nach Peramiho und rechts Richtung Hauptstadt Daressalam, die am indischen Ozean liegt. Vor uns fuhr ein Pick-up mit offener Ladefläche, die allerdings nicht mehr sichtbar war. Wie ein Kaninchenhaufen dicht aneinander gepfercht standen Männer und Frauen nebeneinander. Um das Gleichgewicht nicht zu verlieren, hielt jeder den andern. Was bei einer Vollbremsung passieren könnte, kann sich jeder vorstellen. Vermutlich kamen sie von einem Arbeitsfeld und wurden nach Hause gefahren. Bei kleinen Dörfern sprangen regelmässig einige Leute von der Ladefläche ab. Am Himmelsgewölbe zogen dunkle Wolken auf und in kurzer Zeit fing es heftig zu regnen an und wir konnten kaum aus der Windschutzscheibe des Land Rovers sehen. Der Platzregen war in zehn Minuten vorbei und hinterliess einen riesigen Regenbogen mit ausdrucksvollen Farben. Die Sonne, die sich langsam dem Horizont näherte, saugte noch die letzten Wassertropfen von der Strasse weg, und bot einen bezaubernden Untergang, die wie eine rote Kugel allmählich verschwand. Wir trafen gerade kurz vor dem Abendessen 18.30 Uhr im Gästehaus in Kurasini ein, das Pater

Beda Pavel und Br. Thomas Eberl viele Jahre leitet. Von Tigoni (Kenia) legten wir 1200 Kilometer zurück und es stehen uns noch 1000 Kilometer bevor, bis wir die Missionsstation in Peramiho erreichen. Eine Nacht verbrachten wir im Gästehaus Kurasini und machten uns, um 04.00 Uhr in der Früh, auf den Weg nach Uwemba. Die Hauptstadt Daressalam konnten wir zügig verlassen, bevor der grosse Stadtverkehr begann. Es ging Richtung Chalinze, Morogoro, Mikumi, Iringa, Mafinga, Makombako, Njombe und nach 25 Kilometer erreichten wir Uwemba. Dort trafen wir allerdings erst abends um 21.00 Uhr ein. Zweimal machten wir ein Picknick mit Eiern, Brot und Limonade, das uns vom Kloster Tigoni mitgegeben wurde. Die Teerstrasse von Daressalam bis Njombe liess viel zu wünschen übrig. Schlaglöcher zwangen den Fahrer immer wieder zu bremsen und bei guten Abschnitten über 100 Stundenkilometern zu fahren, gab es nur selten. Am andern Morgen nach dem Frühstück verliessen wir das Kloster in Uwemba und trafen nach viereinhalb Stunden in der Abtei Peramiho ein.

Meine Missionsarbeit bis Ende Jahr 2000 wurde verlängert
Es war der 21. März in der Karwoche als wir in der Abtei Peramiho eintrafen und ich von den Mitbrüdern herzlich empfangen wurde. Ich erhielt wieder mein altes Zimmer im ersten Stockwerk. Ich war sehr überrascht, als ich von einigen Mitbrüdern erfuhr, dass die Gemeinschaft gedenkt eine Klosterbäckerei einzurichten und ich Mitbrüder in die Backkunst einführen soll. Schliesslich bin ich ja wegen der Buchbinderei in die Abtei Peramiho zurückgekommen. Am anderen Tag suchte mich Abt Lambert in der Buchbinderei auf und fragte mich: Ob ich bereit wäre nochmals zwei Jahre in der Abtei zu verbringen, um einigen jungen Mönchen das Backen beizubringen. Ich hatte keine Einwände und war sofort einverstanden, zumal ich den Beruf als Bäcker-Konditor erlernt habe und die Klostergemeinschaft in Uznach mir wiederum eine Verlängerung zugesteht. Aber ich bin doch wegen der Buchbinderei von Kenia direkt nach Peramiho angereist, um den Br. Ambros auf die Meisterprüfung des Buchbindens vorzubereiten? Der Abt entgegnete mir: So wird es auch bleiben. Was die Verlängerung meines Aufenthaltes in Peramiho für das Jahr 1998 bis 2000 anbelangt, soll ich ihm überlassen. Eine Bäckerei zum 100jährigen Jubiläum im Jahr 1998 der Abtei Peramiho käme ihm gerade recht. So könnten die vielen Gäste und das Volk mit eigenem Klosterbrot und Süssgebäck versorgt werden, wie er meinte. Er werde demnächst eine Sitzung mit dem Seniorat einberufen und später die ganze Gemeinschaft einbeziehen, um über die finanziellen Anschaffungen von Bäckereimaschinen und Bäckereiutensilien zu beraten. Der Abt eines Klosters kann nicht alleine bestimmen, wenn es um grössere Geldbeträge handelt. Bäckereimaschinen sind sehr teuer und müssen von der Gemeinschaft abgesegnet sein. Der Grund dieses schnellen Vorgehens liegt darin, dass es weit über ein halbes Jahr braucht, bis der Container mit den Bäckereimaschinen und Bäckereiutensilien in Peramiho eintreffen. Eine Woche später gab die Gemeinschaft grünes Licht, eine eigene Klosterbäckerei zu bauen. Mit der Empfehlung vom Abt Ivo auf der Maur

wurde im Seniorat beschlossen, meinen Missionseinsatz bis Ende 2000 zu gewähren. Der Abt Lambert hatte meinen Abt selber darum gebeten. Abt Ivo hat sich immer für mich eingesetzt, dass ich in Afrika tätig sein kann. Bis jetzt wurde das Brot nebst den Mahlzeiten in der Klosterküche der Tutzing-Schwestern gebacken, beziehungsweise zubereitet und von zwei einheimischen Hausdienern des Klosters, in den Speisesaal der Mönche hinübergetragen. Selbstverständlich kamen nur gute überholte Occasionsmaschinen in Frage. Deshalb wurde beschlossen, dass ich für drei Monate in die Schweiz fliege und nach geeigneten Maschinen Ausschau halte. Damals bei den Buchbindereimaschinen brauchte ich nicht nach Europa zu fliegen, weil diese neu waren. Hätte man die Bäckerei-Occasionsmaschinen auch zuhause bestellt, wäre es möglich gewesen, dass sie nur kurze Zeit brauchbar gewesen wären. Früher war noch die Meinung, für die Afrikaner tut es schon. So wären Bäckereimaschinen unter Umständen in Peramiho angekommen, die man in der Schweiz nicht mehr gebrauchen konnte. Allerdings sind auch alte Maschinen in der Schweiz gut, wenn sie gepflegt und revidiert werden.

Rückkehr in die Schweiz um Bäckereimaschinen zu besorgen
Ende April im Jahr 1997 also gut einen Monat, als ich von Kenia nach Peramiho zurückkehrte, traf ich in der Schweiz ein und konnte die gewünschten Occasionsmaschinen, den grossen Backofen und die Bäckereimaschinen sowie die Bäckereiutensilien besorgen. Ein Kollege von Br. Wendelin in Stansstad im Kanton Nidwalden in der Schweiz, stellte mir ein Auto, während meinem Aufenthalt in Europa, gratis zur Verfügung. In der Bäckerzeitung habe ich Inserate gelesen, wo Occasionsmaschinen und Öfen verkauft werden. Sofort nahm ich den Telefonhörer in die Hand und wählte einige Nummern. Allerdings waren es nur Inserate, wo die Bäckereimaschinen nicht revidiert, sondern für den Verkauf nach Osten wie Polen, Ukraine, Albanien und so weiter direkt aus Bäckereien abgeholt werden. Es sind Bäckereien, die Konkurs gegangen sind oder der Besitzer pensioniert wurde. Ich fragte: Ob es Privatleute gibt, die Bäckereimaschinen revidieren und man auch Ersatzteile haben kann. So kam ich an die Adresse von Peter Nietlisbach in Cham und setzte mich mit ihm in Verbindung. Damals war es der Vater vom Peter Nietlisbach mit dem ich in Verbindung kam. Später übernahm sein Sohn Peter sein Unternehmen. Er hatte bereits einige revidierte Bäckereimaschinen im Lager und drei Tage später stand ich in seiner Werkstatt um die Bäckereimaschinen zu besichtigen. Bei ihm in Cham (Kanton Zug) hatte ich Glück und erhielt die Bäckereimaschinen, die ich brauchte. Da wurde mir bewusst, dass revidierte Maschinen nicht billig sind. Er versicherte mir, jede revidierte Maschine läuft genau so gut wie wenn sie neu wäre. So blieb mir nichts anderes übrig, diese Bäckereimaschinen zu nehmen, weil mein Aufenthalt in der Schweiz beschränkt war. Zudem musste er noch zwei Maschinen überholen, die ich auch brauchte. Er werde sich mit mir in Verbindung setzen, wenn alle Maschinen bereit sind, damit wir sie bei ihm abholen können. Für den grossen Backofen musste ich mich bei einigen Firmen umsehen, die Occa-

sionsöfen verkaufen. Auch da wurde ich fündig und erhielt einen grossen viertürigen Etagenbäckerofen bei der Pitec AG in Oberriet. Auf einmal kam ich auf die Idee, wie ich der Abtei von Peramiho finanziell unter die Armen greifen könnte. Die waren bestimmt nicht so gut gebettet, wie die anderen Klöster unserer Kongregation in Europa. Also beschloss ich, einige Klöster unserer Kongregation zu besuchen, denn in Peramiho lebten zu dieser Zeit 62 europäische Missionare, die von verschiedenen Klöstern aus Europa in dieser Abtei wirkten. (Im Jahr 2023 also nach 30 Jahren sind nur noch drei Mönche Br. Kunibert mit 95 Jahren, Br. Bonifatius mit 92 Jahren in der Abtei Peramiho anwesend und Pater Andreas Hug lebt mit 93 Jahren in Uwemba). Der Prokurator Br. Pius Müller von Uznach sicherte mir sofort 15.000 Franken zu, was mich animierte die Klöster in Deutschland und Österreich zu besuchen. Mit dem Auto machte ich mich auf den Weg nach St. Ottilien (Deutschland in Oberbayern) 40 Kilometer vor München. Hier traf ich den Prokurator Pater Aurelian Feser und erklärte ihm, dass in der Abtei Peramiho der Wunsch besteht, eine Bäckerei zu erstellen und mit Bäckereimaschinen einzurichten. Auch er war bereit dieses Projekt mit 10.000 Deutsche Mark zu unterstützen. Drei Tage hielt ich mich in der Erzabtei auf, um alle Mönche, die mich von früher her kannten (ein Jahr Buchbindereilehre beim Br. Burkard Bäuml und eineinhalb Jahre Postulat und Noviziat) zu begrüssen. Weiter ging es zu dem Benediktinerkloster in Fiecht (Österreich) Dort traf ich Abt Anselm Zeller, mit dem ich im Kloster Tigoni (Kenia) vier Monate zusammenlebte, bevor er zum Abt in Fiecht gewählt wurde. Auch er war bereit 3000 österreichische Schilling für die Bäckerei in Peramiho freizugeben. Am andern Tag ging es Richtung Würzburg (Deutschland) in die Abtei Münsterschwarzach. Dieses Kloster liegt etwa 15 Kilometer von Würzburg entfernt. Erst bei der Abenddämmerung erreichte ich die Abtei. Am andern Tag suchte ich Br. Joachim Witt auf, der Prokurator dieses Klosters. In seinem Arbeitsraum unterhielten wir uns über meine Tätigkeit in der Abtei Peramiho. Er kannte mich nur aus den Jahresberichten und den Missionsblättern von Uznach, in denen ich Artikel über meine Missionsarbeit schrieb, die vom Abt Ivo auf der Maur redigiert wurden. Plötzlich nahm er den Telefonhörer in die Hand, wählte eine Nummer und erreichte die Niederlassung in Damme, die zu dem Kloster Münsterschwarzach gehört. Am anderen Ende des Telefons war Br. Alban Schneider, Finanzmann dieser Kloster-Niederlassung. Br. Joachim unterhielt sich kurz mit ihm und teile mir dann mit, dass Br. Alban für das Bäckereiprojekt 5000 Deutsche Mark zugesichert hat. Vom Prokurator Br. Joachim wurden noch 10.000 Deutsche Mark dazugegeben. In mir entfachte eine unsagbare Freude auf, besonders deshalb, weil das Bäckereiprojekt in den Klöstern noch nicht offiziell bekannt war und die Prokuratoren sofort bereit waren, dieses Projekt zu unterstützen. Vor meiner Abfahrt in Uznach hatte ich noch etwas bedenken, weil ich aus eigener Initiative handelte. Schliesslich wollte ich ja die Abtei Peramiho in Tansania finanziell entlasten und auch überraschen. Auf diese Weise brachte ich umgerechnet 43.000 Franken zusammen von den Prokuratoren unserer Kongregation von St. Ottilien. Während meinem Aufenthalt in der Schweiz besuchte ich Freunde, Verwandte und Wohltäter und brachte für das Bäckereiprojekt nochmals 31.000 Franken zusammen. Also einen stolzen Betrag von ungefähr 74. 000 Franken. Mit diesem Betrag waren alle Bäckereimaschinen, der Ofen und die Bäckereiutensilien mit dem Transport nach Tansania gedeckt. Ein Besuch in Tann Rüti bleibt mir besonders in Erinnerung. Ohne Voranmeldung wollte ich abends gegen 20.00 Uhr eine Wohltäterin besuchen, die ich nur über Briefverkehr kannte. Da gab es noch keine Mobiltelefone (Handy). Die kamen erst im März 1983 in den Handel. Ich klingelte an der Haustüre, weil die Balkontür weit offen stand und die ganze Situation einladend schien. Aber es meldete sich niemand. Kurzerhand entschied ich mich einige Häuser weiter entfernt, bei einer Familie, die ich gut kannte, einen Besuch zu machen. Da hatte ich mehr Glück und es kam zu einer interessanten Unterhaltung über meine neue zukünftige Missionstätigkeit als Bäcker-Konditor in Peramiho, die mir bevorsteht. Um 21.30 Uhr verabschiedete ich mich und machte mich auf dem Heimweg. Das Haus, indem ich zuerst einen Besuch machen wollte, schien jetzt bewohnt zu sein. Durch die geschlossenen Holzjalousien am Fenster konnte ich Licht erkennen. Ich wagte es auch wenn es spät war, doch noch schnell vorbei zu schauen. Wiederum machte ich mich an der Haustür bemerkbar. Es dauerte eine Zeit, bis sich eine dunkle Gestalt durch den Türspalt zeigte. „Wer sind Sie? Was wollen Sie?" tönte eine unsichere Stimme. „Ich bin Br. Andreas von Tansania". „Aha sie sind der, der uns immer wieder Briefe mit Eindrücken und Erfahrungen aus Afrika sendet? Mittlerweile ging die Tür ganz auf, der Hauseingang wurde beleuchtet und ich durfte eintreten. Inzwischen kam die Oma mit einer Kerze samt den Ständer die Treppe hinunter. Auf dem Zwischenboden hatte sie eilig diese Gegenstände als Waffe in die Hände genommen, um im Notfall sich damit zu verteidigen. Ihre Tochter klärte sie dann auf, wer der Eindringling war. Sie freuten sich sehr über meinen Besuch, besonders weil wir uns zum ersten Mal gegenüberstanden. Obschon es spät war, wurde Kaffee und Kuchen aufgetischt, erzählt und gelacht. Plötzlich schlug die Oma ihre Hände an ihr Gesicht und meinte: „Mein Gott, was wäre passiert, wenn ich die Kerze und den Ständer an ihren Kopf geworfen hätte"? Ich entgegnete ihr: Dann wäre tags darauf in der Zeitung zu lesen gewesen „Br. Andreas ist von einer Oma mit einer Kerze samt dem Ständer erschlagen worden". Ich versicherte ihr, dass die Gegenstände den Treffpunkt wohl verfehlt hätten, weil ich flink und beweglich bin. Schlagartig gab mir die Oma zurück: „Jo si händ no e ahnig, die Chärzä isch de gweiht" (Ja sie haben keine Ahnung, die Kerze ist geweiht). Zudem stellte sich heraus, dass die Oma und ihre Tochter bei meiner ersten Ankunft zuhause waren, jedoch nicht wagten die Tür zu öffnen. Allerdings schauten sie durch das Fenster und notierten schnell die Nidwalden-Nummer meines Autos, das ich beim ersten Mal neben ihrem Haus parkiert hatte. Sie schauten sogar zu wie ich wegfuhr und meinten: „Isch das e komischä Kärl de kännet mer doch gar nöd" (Ist das ein komischer Mann, den kennen wir doch gar nicht). Da musste ich ihnen Recht geben, denn wir haben uns zuvor noch nie persönlich kennengelernt. Als ich mich auf den Heimweg machte, war es bereits 01.30 Uhr in der Nacht. In Montlingen (Kanton St. Gallen) beim Geschäftsinhaber Guido Wüest, der nur Bäckereiprodukte in einer grossen Halle anpreist, besorgte ich viele diverse Bäckereiutensilien. Alle diese Waren verpackte ich in der Prokura, im Kloster Uznach, in Schachteln ein. In Peramiho wusste ich bereits wo die Bäckerei gebaut werden soll. Es ist ein Lager, das bis anhin für Mais und Kaffeebohnen diente. Diesen grossen Raum mass ich aus, bevor ich in die Schweiz zurück kehrte und konnte im Kloster Uznach infolge dieser Masse einen Bauplan erstellen. In der Werkstatt vom Peter Nietlisbach in Cham, durfte ich alle Bäckereimaschinen ausmessen. Die Steckdosen der Maschinen müssen in der Backstube in Peramiho richtig platziert sein und die Betonsockeln an den richtigen Plätzen stehen, um später darauf die jeweiligen Maschinen zu stellen. Inzwischen war auch der Container im Kloster Uznach eingetroffen und wir konnten Mitte Juli 1997 alles in den Container verfrachten. Durch Edi Marty, Abteilungschef des Transportunternehmens Wespe in Schmerikon, wurden die revidierten Bäckereimaschinen in Cham gratis abgeholt. Auch der grosse Ofen, das Herz einer Backstube, wurde über ihn bei der Pitec AG in Oberriet ins Kloster nach Uznach gebracht. Alle Zollabfertigungen erledigte Br. Pius Müller, mit der Liste die ich ihm übergab. Alles was in den Container kam musste deklariert werden. Zum Beispiel: Eine Kartonschachtel 35 Kilogramm mit diversen Schuhen. Seit einigen Jahren sind die Vorschriften extrem schärfer geworden. Jedes Details wird verlangt. Zum Beispiel: Die Kartonschachtel mit Aussenmassen, das Gewicht, wie viele Damen-, Herren- und Kinderschuhe sich in dieser Schachtel befinden und für alle elektrischen Geräte werden Zertifikate oder Dokumente verlangt. Am Tag zuvor, bevor ich wieder nach Tansania zurückkehrte, brachte ich das Auto, mit 17.000 Kilometer mehr auf dem Kilometerzähler, dankend nach Stansstad zurück. Noch am selben Tag machte sich der Containerfahrer auf den Weg nach Basel wo der Container verschifft wurde und die Reise nach Tansania anstrebte.

Rückkehr nach Peramiho und der Bäckereibau
Ende Juli im Jahr 1997 kehrte ich nach Peramiho zurück, mit der Annahme, dass Br. Kunibert Karg (Baumeister) mit seinen Arbeitern den Bäckereibau nach meinen Plänen in Angriff nimmt. Es wäre gerade günstig, den Bau zu beenden, bevor der Container mit den Bäckereimaschinen und Bäckereiutensilien in Peramiho eintrifft. Sofort ging ich zu dem Baumeister Br. Kunibert und zeigte ihm meine Baupläne für die Backstube. Er war aber bereits im Begriff in zwei Tagen seinen dreimonatigen Heimaturlaub in Deutschland anzutreten. Ich entgegnete ihm: Wer baut jetzt die Bäckerei? Ich erhielt zur Antwort: Warte bis ich vom Urlaub zurück bin. Der Finanz-

mann Br. Engelbert der Abtei Peramiho sagte zu mir: Dass ich die zwei Tage abwarten soll, bis Br. Kunibert auf den Weg nach Daressalam ist. Ich erhalte fünf seiner Arbeiter und wir können mit dem Bau beginnen. Zudem hätte ich ja die Baupläne bereits erstellt, da sollte es keine Probleme geben, versicherte mir Br. Engelbert. Ab und zu soll ich in der Buchbinderei nachschauen. Ende September sei Br. Ambros bereits für die Meisterprüfung als Buchbinder in Daressalam angemeldet. Pläne für die Schreinerei hatte ich mitgebracht. Zwei grosse Tische 2,50 Meter lang, 90 Zentimeter tief und 85 Zentimeter hoch, mit Schubladen angebracht, um Bäckereiutensilien zu versorgen, einen Wandkasten, drei keine Wandregale und einen Tisch mit drei Stühlen. Diese Pläne brachte ich in die Klosterschreinerei, der Br. Augustin vorsteht und diese Holzarbeiten während dem Bau herstellte. Als Br. Kunibert weg war, erhielt ich einige seiner Handwerker und wir starteten den Bau der Hausbäckerei. Im grossen Lager, das für den Umbau der Backstube bestimmt war, mussten wir einige Mauern entfernen und andere Mauern neu hinzufügen. Die Bauarbeiten gingen zügig voran und ich beteiligte mich daran, den Arbeitern Hand zu bieten. Alle elektrischen Leitungen installierte Br. Pius Adami, ein anderer Mitbruder von der Spenglerei legte zugleich die Rohre für das Abwasser und die Frischwasserzufuhr und die Schreiner setzten die Türen- und Fensterrahmen ein, wie es meinen Plänen entsprach. Für jede Bäckereimaschine wurde ein Betonsockel aus Zement am Boden errichtet, damit kein Wasser unter die Maschinen fliesst, wenn der Boden gereinigt wird. Die Wände in der Backstube wurden mit Zementverputz verfeinert. Wir legten weisse Fliesen 1,60 Meter vom Boden, die Wände der ganzen Bäckerei hoch. Mit weisser Dispersionsfarbe wurde der obere Rest der Mauer rings um die Backstube gestrichen, die Türen und Fenster eingesetzt und zuletzt den Boden mit (Terrazzo) hergestellt. Der Terrazzoboden ist ein fugenloser, örtlich produzierter und zementgebundener Fussboden, dessen Oberfläche bearbeitet wird. Dieser Boden setzt sich aus zwei Schichten zusammen. Die untere Schicht besteht aus Unterbeton und die obere Schicht aus sogenanntem Terrazzovorsatz. Der flüssigen Zementmasse wird Ziegelsplitt oder eine andere Art von Gestein zugesetzt und gleichmässig auf den Boden gegossen. Am andern Tag wird der Boden geschliffen. Erst das Abschleifen der Oberfläche macht die bunten Körner deutlich und gibt dem Boden sein typisches Erscheinungsbild. Ich freute mich sehr, dass wir innert drei Monaten diese Backstube erstellen konnten. Man darf wirklich zufrieden sein und den Umbau als gelungenes Werk bezeichnen, auch wenn nicht alles nach europäischer Perfektion zustande kam. Hie und da musste man halt ein Auge zudrücken. Zudem fehlte mir die Erfahrung als Bauherr. Hier sieht man konkret, dass man von fleissigen afrikanischen Maurerarbeitern auch was lernen kann. Seither baute ich alle 11 Bäckereien selber, weil mich Einheimische in dieses Bauhandwerk einführten. Eine Woche später Ende Oktober kam Br. Kunibert von seinem Heimaturlaub in die Abtei Peramiho zurück und war sehr überrascht, dass wir die Bäckerei ohne seine Anwesenheit fertig erstellt hatten. Er freute sich sehr an dem gelungenen Werk und klopfte mir sogar auf die Schulter mit den Worten: „Hongera sana" ich gratuliere dir. Allerdings gab ich ihm zur Antwort: Dass es der Verdienst seiner Mitarbeiter sei. Ich hätte während dieser Bauzeit von seinen Arbeitern viel gelernt. Ende September legte Br. Ambros die Meisterprüfung als Buchbinder in Daressalam ab. Erst nach drei Monaten erhielt er die Nachricht, dass er die Prüfung bestanden hat und musste nochmals drei Wochen warten, bis er das Diplom in seinen Händen hatte. Der Erfolg von Br. Ambros und seinen Lehrlingen zeigt, dass die Afrikaner konstruktiv, fleissig und selbständig arbeiten können. Inzwischen musste er auch schon in der Stadt Morogoro, 700 Kilometer von Peramiho entfernt (Richtung Daressalam), als Experte im Buchbinderfach bei Buchbinderlehrlingen die Prüfungen abnehmen. Es freut mich sehr, dass die Arbeit in der Hausbuchbinderei ohne mich weitergeht und ich mich dem neuen Projekt als Bäcker-Konditor in der Abtei Peramiho widmen kann.

Ende November 1997 traf der Container mit den Bäckereimaschinen in Peramiho ein. Die Kombinationsmaschine mit einem Mahl- und zwei Rührwerken brachte Br. Meinrad Heinrich und zwei Angestellten in aufwendiger Arbeit mit Schmirgeln, Ausgipsen und Anstrich auf Hochglanz. Es hat sich gelohnt, dass ich diese Occasionsmaschinen an Ort und Stelle in der Schweiz besichtigen und aussuchen konnte. Andernfalls hätte ich nur ausrangierte Bäckereimaschinen erhalten. Ich mag mich noch gut erinnern, als bei der Auswahlmaschine, nach einem heftigen Gewitter, der Motor zerstört wurde. Eine Schwester aus Chipole, die in Peramiho Mechanikerin lernte, konnte diesen Motor mit Kupfertrat neu wickeln und die Maschine funktionierte wieder. Damals gab es keine Motoren, die man im Land hätte kaufen können. Zudem wusste ich nicht, dass bei jeder Maschine ein Sicherheitsschalter angebracht werden kann. Erst als die Schwester bei dieser Maschine einen solchen Schalter anbrachte, schwor ich mir, bei den nächsten Bäckereimaschinen aus Europa darauf zu achten, dass Sicherheitsschaltern angebracht werden bei denen keine vorhanden sind. Damals bei alten Maschinen waren in der Regel solche nicht vorhanden. Heute ist es von der Regierung Vorschrift, dass neue grosse Maschinen mit 380 Volt einen Sicherheitsschalter aufweisen müssen. Mit dem Stapler brachten wir die Maschinen von der Prokura, wo der Container abgeladen wurde, zu der neuen Klosterbäckerei und platzierten die Maschinen und den Ofen auf die vorbereiteten Sockel in der Backstube. Auch die Schreiner führten mit dem Lastwagen, die inzwischen angefertigten Tische, Regale, den Schrank und die Stühle für das Office herbei, die ihren Platz in der Bäckerei fanden. Ich selber brauchte 14 Tagen, bis ich alle Bäckereiutensilien ausgepackt hatte und in den Schubladen und Regalen am richtigen Ort platzierte. Es sollte ein optimales und rationelles Arbeiten ermöglichen. Zudem war es mein Anliegen, dass meine Lehrlinge auch möglichst vieles von Hand erstellen.

Start der ersten Bäckerei in der Abtei Peramiho
Drei Wochen brauchte ich um ein geeignetes Rezept herauszufinden, das ein bekömmliches und luftiges Brot gewährleistet. Die hohe Luftfeuchtigkeit gerade in der Regenzeit und die warme Temperatur zeigen Auswirkungen beim Verarbeiten der Backwaren. Im Busch pflanzen viele Leute Sojabohnen an und deshalb entschied ich mich, auch Brot mit zehn Prozent Sojamehl herzustellen. Auch der Weizen wird im Land angebaut, besitzt aber nicht die gute Beschaffenheit des Klebers wie der in Europa. Das Weissmehl erhalte ich aus Songea, 25 Kilometer von Peramiho entfernt, und das Halbweissmehl bezog ich aus der eigenen Klostermühle (Bührer), die seit dem Jahr 1929 in Betrieb ist. Für ein Antiksammler wohl ein begehrtes Museumsobjekt. Allerdings wurde diese Mühle inzwischen dreimal überholt und mit neueren Arbeitsgeräten erweitert. Mit Brot beliefern wir hauptsächlich die Abtei, den Schwesternkonvent St. Scholastika, das Gästehaus, die Krankenabteilung und die Landwirtschaft, die drei Kilometer von der Abtei entfernt liegt. Ein Verkaufsfenster ist an der Hinterwand der Backstube, neben dem Office, angebracht und ermöglicht den Einheimischen, Backwaren zu kaufen. Leider musste Mitte Februar der Verkauf zeitweise reduziert werden, weil die Nachfrage nach Brot und anderen Backwaren zu gross war und am Verkaufsfenster ein riesiger Andrang herrschte. Ich war einfach überfordert, nur mit zwei Lehrlingen den Betrieb aufrecht zu erhalten. Zudem beschloss die Gesundheitsbehörde, dass ab Februar auf dem Markt und öffentlichen Plätzen keine Backwaren (im Fett gebacken) mehr hergestellt und verkauft werden dürfen. Es wurde unsauber gearbeitet und einige Cholerafälle traten auf. Inzwischen konnten meine Lehrlinge auch schon einige Backwaren herstellen. Der Zeitpunkt, eine Backstube zu einzurichten schien gerade richtig zu sein. Die einseitige Ernährung der Einheimischen von Ugali (fester Maisbrei) und Bohnen werden mit Backwaren ergänzt. Viele Verwandte holen das Brot für ihre Patienten in der Bäckerei, die im Hospital untergebracht sind. Es ist üblich, dass im Spital keine Speisen zubereitet werden, sondern die Familienangehörigen das Essgericht in die eigens dafür erstellten Kochnischen für ihre Kranken selber zubereiten. Noch vor vier Jahren 1994 betrug der Monatslohn 6000 tansanische

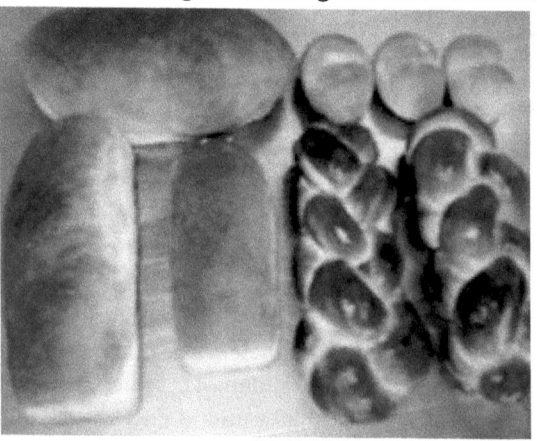

Schillinge und zwei Jahre später als der neue Präsident Mkapa gewählt wurde, stieg der Monatsgehalt sprunghaft auf 30.000 Schilling. Also eine Steigerung von 400 Prozent. Deshalb können sich die Einheimischen mehr leisten als noch Jahre zuvor und freuen sich an der neuen Bäckerei. Nachtarbeit kommt nicht in Frage, ausser bei einem speziellen Anlass. Die Arbeitszeit beginnt morgens um acht Uhr und zwei Stunden später kommt das erste Brot aus dem Ofen. So war es mir möglich am gemeinsamen Chorgebet und dem Gottesdienst teilzunehmen. Inzwischen habe ich noch einige Lehrlinge von auswärts erhalten. John aus dem Dorf Mkako, das in der Nähe von dem Gymnasium in Likonde liegt, Protas, der in Songea beim Prokurator Kevin arbeitet und für ein Jahr in der Bäckerei angelernt werden soll. Schwester Notgera von Mbinga und Fadhili ein Schreinerarbeiter von Tunduru der Missionsstation Mbeza. Er lebt in einer freikirchlichen Gemeinschaft „Kanisa la Biblia" (Bibel der Kirche) und wird dort nach seiner Ausbildung als Bäcker eingesetzt. Diese Gemeinschaft strebt das gleiche Ziel an, wie die Mönche der Abtei Peramiho, „Hilfe zur Selbsthilfe". Es ist selbstverständlich, dass man auch einer anderen Religionsgemeinschaft entgegenkommt, selbst wenn sie einer anderen Konfession angehört. Schliesslich ist das Herz des Menschen wichtig und nicht die Religion. Wir sind alle Ebenbilder Gottes und beggnen in jedem Menschen Christus. Ab und zu kam vom Kloster Peramiho der Novize Br. Emmanuel, der später Philosophie und Theologie studierte und zum Priester geweiht wurde sowie ein Postulant, die mitwirkten. Wir waren ein Team, mit lustigen Lehrlingen, die ich ein Jahr, Godfrey zwei Jahre, in die Kunst des Backens einführte. In dieser Backstube stellten wir für den Verkauf verschiedene Backwaren wie Körnerbrot mit Soja, Weizenkörner, Sonnenblumenkernen, Sesam und Kümmel, Weissbrot, Dunkelbrot, Mailänderbrot, Tessinerbrot, Ulezibrot, Birnenbrot, Zopf, Semmel, Gipfel, Bretzel und Sandwiche her. Beim Birnenbrot nahmen wir einheimische Nüsse (Karanga) fein gemahlen und ganze Nüsse, Macadamianüsse, aus Sakarani, grobgehackt, Zitronat und Orangeat, getrocknete Weinbeeren von Peramiho und Feigen in Stücke geschnitten. Natürlich durfte das Gewürz nicht fehlen. Alle diese Zutaten sind in der Stadt Songea erhältlich. Die Wasserbirnen erhielten wir von Uwemba und trockneten sie an der Sonne. Verschiedene Süssigkeiten wie Gugelhupf, Schmelzbrötchen, Nussgipfel, Schnecken, Russen- und Vanillestollen und Schokoladenkekse durften nicht fehlen. Trocken- und Haltbargebäcke wie Lebkuchenherze, Christstollen, Linzertörtchen, Weihnachtskekse wie Mailänderli, Brunsli, Schwabenbrötli, Zimtsterne, Totenbeinchen, und Äniskräbeli in Säckchen abgefüllt, die wir das ganze Jahr hindurch verkaufen, gehören auch zum Sortiment. Für die Weihnachtsstage stellten wir 150 Kilogramm Weihnachtskonfekt her. An Weihnachten erhielt jeder Mitbruder einen Sack Weihnachtskonfekt an seinem Speiseplatz. Nebenbei stellen wir Ice-Cream mit verschiedenen Fruchtaromen und Joghurt her. Diese Produkte finden besonders in der heissen Zeit einen reissenden Absatz. An den Fastnachtstagen gab es reichlich Fastnachtsküchlein, Schlüfferli, Schenkeli und Zigerkrapfen, die im Fettbackgerät goldgelb gebacken wurden. Torten für Hochzeiten, Jubiläen,

Geburtstage und Schulabschlüsse werden nur auf Bestellung hergestellt. Ich war gerade dabei, draussen vor der Bäckerei eine Tafel aufzustellen, dass Geburtstags-, Jubiläums- und Hochzeitstorten nur auf Bestellung angenommen werden. Im selben Moment kamen drei Frauen daher spaziert, lasen die Aufschrift und meinten etwas traurig: „Wir sind bereits verheiratet". Ich gab ihnen zur Antwort, dass das kein Problem sei: „Wir stellen auch Scheidungstorten her". Sie konnten kaum stehen vor Lachen und von weitem konnte ich das Gelächter noch vernehmen. Wir stellten damals für 100 Schilling (zehn Rappen) Kekse her, damit auch Kinder die Möglichkeit haben Süssigkeiten zu kaufen.

Regenzeit vom Monat Dezember bis April
Im Dezember 1997 gab es viel Regen wie schon lange nicht mehr. In Peramiho regnete es diesen Monat 387 Millimeter Wasser pro Quadratmeter und der Januar brachte sogar 398 Millimeter Niederschlag. In anderen Teilen Tansanias gab es riesige Überschwemmungen, besonders im Norden standen praktisch alle Felder und Äcker unter Wasser. Drei Brücken, die zur Verbindung der Hauptstrasse zwischen Daressalam und Peramiho dienten, wurden wie Zündholzschachteln weggeschwemmt. Es dauerte einige Zeit, bis die Brücken wieder erstellt waren. Schliesslich haben die Afrikaner „die Zeit" und die Europäer „die Uhren". Auch die Monate Februar und März brachten mehr Niederschläge als üblich und im April beruhigte sich das Wetter. In diesem Monat gibt es normalerweise nicht viel Regen, weil es dem Ende der Regenzeit zugeht. Die Einheimischen haben es im Griff, mit der Natur zu leben. Ein Jahr zuvor brachte die ganze Regenzeit nur 748 Millimeter Niederschläge. Wegen dieser Trockenheit war das Wasserkraftwerk nicht mehr in der Lage, genügend Strom zu liefern und der Generator musste bereits im Monat Juli eingeschaltet werden. Einerseits freut und sehnt man sich auf den ersten Regen, der sich über Monate hinweg nicht mehr blicken liess und anderseits kann er viel Unheil anrichten. Das Saatgut, das im November angepflanzt wurde, spross nach dem Regen kräftig aus dem Boden hervor. Durch die ungewöhnlich vielen Niederschläge im Dezember konnten die Felder das Wasser kaum noch aufnehmen und die Wurzeln des Saatguts fingen an zu

Faulen. Hinzu kommt noch das hohe Risiko, an Malaria zu erkranken. Stehendes Wasser bietet eine vorzügliche Brutstätte für die Moskitos. In Peramiho gibt es immer wieder Mitbrüder, die in der Regenzeit wegen Malariaerkrankung die Krankenabteilung aufsuchen müssen. Es ist wirklich tragisch, dass die Menschen in den tropischen Ländern auf die Launen des Wetters angewiesen sind. Ob nun das Saatgut bis Ende Juli die erhoffte Ernte bringt, war sehr fraglich. Als ich Ende Juli von der Schweiz zurückkam, erzählten mir die Leute, dass die Ernte nur knapp die Hälfte betrug. In Tansania muss niemand an Hunger sterben. Allerdings ist die einseitige Ernährung ein grosses Problem. Krankheiten wie Aids, Malaria, und Tuberkulose, die damals stark angestiegen sind, raffen noch viele Menschenleben hinweg. Auch Busunfälle, bei denen immer wieder Tote zu beklagen sind, passieren leider viel zu oft. Ich mag mich noch gut erinnern, als im Jahr 1994 bei einem Busunfall 19 Menschen ihr Leben verloren, darunter auch ein Schweizer und viele Schwerverletzte mussten in Krankenhäusern eingeliefert werden. Es passieren viele Busunfälle und hinten am Heck steht geschrieben: „We trust in God", wir vertrauen auf Gott; die Buslenker aber fahren wie die Teufel.

Am 1. Januar 1998 stellte ich Godfrey als Arbeiter in der Backstube ein. Er war 25 Jahre jung und arbeitete drei Jahre in der Pfarrei Lusonga, eine halbe Stunde Fussweg von Chipole entfernt. Ihn lernte ich kennen, als ich damals im Jahr 1994 in Chipole den Schwestern in der Buchbinderei behilflich war. Der schon in die Jahre gegangene Pfarrer Chrispin wurde öfters wegen Malariaerkrankung von seinem Fahrer Godfrey zum Kloster gebracht um sich im Gästezimmer von einer Krankenschwester behandeln zu lassen. Bis der Seelsorger sich einigermassen erholt hatte, verbrachte er einige Tage im Gästetrakt, wo auch ich untergebracht war. Einige Male besuchte ich mit der Schwester Bonifazia den älteren Pfarrer Chrispin in Lusonga, der dort die Pfarrei betreut. Er ist ein sehr liebenswürdiger Mann, lebt arm, einfach und bescheiden in seinem Pfarrhaus. Elektrizität hat er nicht und sollte er erst nach Einbruch der Nacht zu Bett gehen, dient ihm eine Öllampe oder eine Kerze. Schweren Herzens entliess er seinen Hausdiener Godfrey, der als ehrlich, zuverlässig und fleissig galt. Er stand ihm als Fahrer, Koch und Hausdiener zur Seite und betreute den Garten, und die Umgebung des Pfarrhauses. Auch seine wenigen Hühner gehörten zu seiner Aufgabe, sodass der alte Pfarrer wenigstens ein Ei zum Frühstück einnehmen konnte. Sein Monatsgehalt betrug 3000 tansanische Schilling (1,50 Franken) mit Kost und Unterkunft im Pfarrhaus. Was

die Entlassung verursachte, waren 10.000 Schilling für die Erneuerung seines Führerausweises, der alle drei Jahre verlängert werden muss. Weil der Pfarrer diesen Betrag nicht aufbringen konnte und nicht in der Lage war, seinem Hausdiener das Geld zu leihen, kam es zu dieser Entscheidung. Einen Fahrer mit gültigem Fahrausweis ist für den alten Seelsorger unabkömmlich. Er hat nun einer seinen Verwandten eingestellt, der vermutlich entgeltlich bei ihm arbeitet. Godfrey war sehr traurig und arbeitslos wollte er nicht bleiben. Deshalb kam er zu mir nach Peramiho und bat mich um Arbeit. Weil ich ihn bereits kannte, fiel es mir nicht schwer ihn als Arbeiter, in der Backstube einzustellen. Mich stimmt es immer traurig, wenn ich höre, dass wegen solchen Situationen, gute Menschen in Schwierigkeiten geraten. Er ist wirklich ein fleissiger und vertrauenswürdiger Junge und sieht schnell wo Arbeit nötig ist, ohne herumzustehen und auf meine Anweisungen zu warten. Ende Monat erhielt er von mir einen Monatslohn von 40.000 Schilling. Es schaute mich erschrocken an und glaubte, dass ich mich verrechnet habe und ich ihm eigentlich 4000 Schillinge geben wollte. Er freute sich riesig und seine Dankbarkeit konnte ich an seinen feuchten Augen erkennen, als ich ihm sagte: Du hast es verdient. Allerdings musste er noch lernen, mit Geld richtig umzugehen und ich war ihm behilflich dabei. Hat ein Arbeiter Geld in der Hand, geht es nicht lange bis es weg ist. Oft werden Verdienende auch von ihren Familien oder Verwandten gedrängt, das verdiente Geld abzugeben, auch selbst wenn sie nicht mehr im Familienkreis leben. Ein Jahr später wurde von der Regierung der Minimallohn pro Monat auf 20,000 Schilling angesetzt. Selbst dieser Betrag reicht kaum aus, um eine Familie mit Kindern zu ernähren. Zum Osterfest stellten wir Reisküchlein her. Als sie aus dem Ofen kamen und abgekühlt waren, kam eine Schablone mit der Form eines Hasen darauf und wurde mit Staubzucker bepudert. Nach dem entfernen der Schablone war ein Hase auf den Reisküchlein zu sehen. Die Tradition gefärbter Ostereier wie in Europa, kennt man in Afrika nicht. Osterhasen konnte ich im April leider keine herstellen. Bei dieser Hitze wären sie mir buchstäblich während der Herstellung davongelaufen. Allerdings konnte ich diese verschiedenen Backwaren, zu den Festtagen, nur in der Abtei Peramiho herstellen, weil viele europäische Missionaren in diesem Kloster lebten. Am Rosenmontag ist in der Landwirtschaft in Peramiho die Maul- und Klauenseuche ausgebrochen. Bei fünf Milchkühen und 18 Kälber kam jede Hilfe zu spät. Sie verloren ihr Leben innert drei Tagen. Der Impfstoff musste aus Kenia eingeführt werden, weil dieser Impfstoff in Daressalam nicht aufzutreiben war. Die Ansteckungsgefahr der Tiere untereinander ist gross und wird durch Speichel übertragen. Deshalb mussten die Tiere so schnell als möglich geimpft werden. Ein mit dieser Seuche befallener Viehbestand kann in kürzester Zeit die Landwirtschaft lahm legen und die Produktion von Fleisch und Milch fällt aus. Die Milch blieb für einige Zeit rationiert. In der Backstube gab es deshalb keine Einbussen, weil wir den Ausfall der Milch mit Milchpulver ersetzten.

Wieder sind einige Wochen verstrichen seit ich meinen Lehrlingen das Backen beibrachte. So entschied ich mich, meine Lehrlinge für einen Monat selbständig in der Backstube arbeiten zu lassen, damit ich den Schwestern in Mbinga (Vinzentinerinnen) und später dem Schwesternkonvent in Morogoro ihre Buchbinderei arbeitsgemäss einrichten kann. Schwester Imani von Mbinga, Schwester Amelia von Morogoro, Br. Kornelius von Hanga, Br. Maurus, Br, Benedikt und Br. Theophil von Peramiho habe ich bereits in der Buchbinderei in Peramiho das Buchbinden beigebracht. Einige davon haben am 7. und 8. September 1998 in der Hausbuchbinderei in Peramiho die Gesellenprüfung abgelegt. Zugleich ist es für meine Bäckerlehrlinge, eine Herausforderung, dass sie während meiner Abwesenheit in Mbinga ihr Können unter Beweis stellen.

Die Reise mit dem Motorfahrrad nach Mbinga
Endlich konnte ich den langersehnten Wunsch der Vinzentiner-Schwester erfüllen und verbrachte den Monat Juni 1998 bei ihnen, um die Buchbinderei einzurichten und der Sr. Imani nochmals beim Buchbinden beizustehen. Auch war geplant, dass ich wenigstens für kurze Zeit, bei den Mgolole-Schwestern in Morogoro bei der Buchbinderieinrichtung behilflich sein kann. Der Start zum 100jährigen Jubiläum im Oktober 1997 in Peramiho und der Bäckereibau verzögerten alle meine Termine, die ich für die Einrichtung der Buchbinderein und die Ausbildung einiger Schwestern in verschiedenen Klöstern vorgesehen hatte. Mit dem Motorfahrrad Honda 125ccm verlies ich Peramiho mit dem Ziel nach Mbinga. Diese Stadt liegt etwa 70 Kilometer von Peramiho entfernt und beansprucht ungefähr drei Stunden mit dem Motorfahrrad bis nach Mbinga. Die Strasse ist in einem schlechten

Zustand, weisst zum Teil metergrosse Löcher und Risse auf, die durch heftige Niederschläge während der Regenzeit entstanden sind und viele Querrinnen, die ein zügiges Fahren verunmöglichen. Eine Bauchlandung habe ich nicht fertiggebracht, hingegen spürt man noch nach Tagen Gelenkschmerzen von der Erschütterung, die der Körper während der Reise über sich ergehen lassen musste. Vor fünf Jahren wurde die Strasse von den Chinesen zur Teerstrasse umgebaut und seit dem Jahr 2020 führt diese Teerstrasse bis nach Bambabay an den Malawisee. Die Reise ist aber trotz allem Interessant. Einige Hügel und Täler müssen überwunden werden bis man die Stadt Mbinga erreicht. Die Sonne ist bereits am Horizont sichtbar und bewirkt ein bezauberndes Morgenrot. Die Luft wird wärmer, die sich nachts bis auf 16 Grad abkühlte, und keine Wolke am Himmel war zu sehen. Den Regen brauchte ich nicht zu fürchten. Mitte April verschwand er und wird erst im November zurückkehren. Nach eineinhalb Stunden stellte ich neben ein paar Hütten eine Rastpause ein, um meinen steifen Körper etwa zu bewegen. Sofort kam eine Frau, die mich einlud, bei ihr einen Tee zu trinken. Weil ich nicht in Zeitnot war, nahm ich ihr Angebot gerne an und bewegte mich in den Innenhof. Ihre bescheidenen Hütten, die mit Elefantengras bedeckt sind und im Viereck angeordnet einen Innenhof bilden, vermittelte ein Gefühl der Geborgenheit. Ich war überrascht, dass viele Kinder, Halbwüchsige und junge Erwachsene sich im grossen Innenhof aufhielten, bis sich herausstellte, dass die ganze Schar, ihre eigenen Söhne und Töchter sind. Sie war mit einem Mann verheiratet, der ständig am Abend betrunken nach Hause kam, keiner Arbeit nach ging, Frau und Kinder schlug und deshalb ein normales Familienleben verunmöglichte. Nach langer Leidenszeit schickte sie ihn weg und er kam nicht wieder nach Hause. Vermutlich ist er von Verwandten dieser Frau aus dem Leben geschafft worden oder er ist untergetaucht. Sie will es gar nicht wissen, wie sie sagte. Später lebte sie mit einem Freund zusammen, der anscheinend auch nicht das Glück brachte. Schliesslich sagte sie: Meine Söhne und Töchter kann ich auch ohne einen Mann ernähren und grossziehen. Zudem habe sie bereits ältere Söhne und Töchter, die ihr beistehen und in der Landwirtschaft kräftig Hand anlegen. Selbst ihre Eltern, die auch von Arbeit gezeichnet sind leben im Familienkreis in einer Hütte, die den Innenhof zäumt. Mit Stolz zeigte sie mir ihren grossen Gemüsegarten und zwei riesige Maisfelder. Ich hatte eher den Eindruck, dass das Saatgut unter dem langandauernden Regen gelitten hat. So hoffte ich, dass die Ernte das ausgibt, was sie sich erhofft. Allerdings helfen Verwandte und Bekannte gerne ihren Familienmitgliedern aus, wenn sie in Schwierigkeiten geraten. Vier Geissen mit drei Jungen, eine Muttergeiss war trächtig, und der Bock, sowie mehrere Hühner mit Nachwuchs sind ihre Fleischlieferanten. Selbstverständlich nur an Festtagen wie Hochzeit, Weihnachten und Ostern. Einige Hühner mit jungen haben nackte Hälse. Auf die Frage, ob die Hühner krank seien, lüftete sie mir ein Geheimnis. Sobald die Jungen aus dem Ei geschlüpft sind, werden der Glucke die Federn am Hals entfernt. So bleibt ihr nichts anderes übrig ab und zu mit ihren neugeborenen Jungen im Schatten auf Nahrungssuche zu gehen, damit sie von der heissen

Sonne nicht austrocknen und sie selber keinen Sonnenbrand am Hals erleidet. Eine andere Frau in Songea erklärte mir, dass es eine besondere Hühnerrasse sei. Die Hühner werden morgens aus dem Hühnerstall gelassen, sie gehen in die Äcker und Büsche und suchen ihr Futter selber. Abends bei der Dämmerung kommen sie selber wieder in ihren Stall zurück. Von den zehn bis zwölf geschlüpften Jungen überleben meist nur eins bis fünf der geborenen Jungen. Einige sterben weil sie zu wenig Futter fanden oder einem Raubvogel zum Opfer fielen und andere verlieren ihr Leben, weil ein Wildtier seinen Hunger stillen wollte. So brutal ist der Lauf der Natur, die Schwachen sterben und die Starken überleben. Die Frau hat 16 Kinder, Söhne und Töchter. Ihre älteste Tochter 23 Jahre jung, ist vor sieben Jahren in die Klostergemeinschaft in Chipole als Kandidatin eingetreten und legte im Jahr 1998 ihre zeitliche Profess ab. Ich war sogar an der Professfeier in Chipole, wusste aber nicht, dass eine davon ihre Tochter war. Trotz ihrem schweren Schicksal scheint die Frau sehr gläubig zu sein, wie ich aus den Gesprächen mit ihr feststellte. In einer solchen Situation, gerade mit der Begegnung, dieser Frau wird man schon nachdenklich und viele Gedanken kommen in meinem Kopf auf, was wohl diese Frau schon alles durchgemacht hat? Sie ist bestimmt kein Einzelfall. Die harte und mühsame Arbeit auf den Feldern, der grosse Haushalt, den sie zu bewältigen hat, um die Ernährung ihrer Kinder zu gewährleisten. Im Kloster habe ich alles was ich brauche und erst noch eine sichere Gemeinschaftsstütze hinter mir. Die Frau muss schwer arbeiten, um überhaupt überleben zu können und zugleich strahlt sie Freude und Zufriedenheit aus. In solchen Situationen begegnet man konkret Gott in seinem Nächsten.

Um die Mittagszeit traf ich mit meinem Motorfahrrad Honda in Mbinga ein, die 14.000 Einwohner zählt. Am Markt geht es emsig zu. Handel und Geschäftsverkehr florieren und die Händler unternehmen alles, um ein gutes Geschäft abzuschliessen. Angeboten werden diverse Früchte, Fische vom Malawisee auch Njassasee genannt, Fleisch, das vom Morgen bis abends auf dem Regal liegt und von vielen Fliegen und Ungeziefer besucht wird, die sich genüsslich daran laben, bevor das ungekühlte Fleisch im Magen der Kundschaft verschwindet. Auch billig hergestellte Hausartikel aus China sind zu haben, die von Daressalam hergebracht werden. Als ich einmal eine Pfanne auf dem

Markt kaufte und sie einige Male in der Bäckerei benutzte, um Milch zu kochen, wölbte sich der Pfannenboden und ich konnte sie wegschmeissen. Selbst Steckdosen an einem Verlängerungskabel, bei der verschiedene Stecker (auch vom Ausland) verwendet werden können sind unbrauchbar. Das Kabel wird so heiss, dass man es gar nicht mehr anfassen kann. Ich schraubte die Steckdose auf, um zu schauen wo das Problem lag. Alle Zugänge zu den Steckdosen waren nur mit dünnen offenen Drähten verbunden. So was nenne ich kriminell. Die Leute von der Regierung kümmern sich nicht darum, oder wissen nicht alles, was aus China eingeführt wird, hauptsächlich es kommt billig ins Land. Wenn ich einen Container mit Waren nach Tansania sende, gelten sehr strenge Vorschriften. Wer soll das noch verstehen. Fährt man auf der staubigen Landstrasse bei Mbinga weiter, erreicht man nach eineinhalb Stunden das Dorf Mbambabay, am bekannten Malawisee, der die Grösse der Schweiz aufweist.

Bei den Vinzentinerinnen-Schwestern wurde ich herzlich empfangen und aufgenommen. Das Ideal, das sie Anstreben, ist der heilige Vinzenz von Paul. Die Klostergemeinschaft zählt 140 Schwestern, davon 14 Missionsschwestern aus Untermarchtal (Deutschland), die in verschiedenen sozialen Bereichen wirken. Nebst den 20 Kandidatinnen, acht Postulantinnen und 17 Novizinnen leben 65 Schwestern im Mutterhaus in Mbinga. Die anderen Schwestern leben und helfen in verschiedenen Pfarreien mit oder sie sind auswärts in einer Berufsausbildung, in der Sekundarschule und studieren im Gymnasium. Die Vinzentiner-Schwestern in Mbinga sind vor allem auf soziale Arbeit ausgerichtet. Sie suchen in 20 verschiedenen Diözesen die vielfältige Not der Menschen in Tansania zu lindern. Die Schwestern, von denen nur noch vier aus Untermarchtal / Deutschland mit der afrikanischen Gemeinschaft in Mbinga leben, geben durch ihr Dasein wirklich Zeugnis von der Liebe Gottes. Schwerpunkte dieser afrikanischen Schwesterngemeinschaft sind neben pastoralen Aufgaben, der Basisgesundheitsdienst in Dispensarien, Entbindungsstationen, Hospitäler und Tätigkeiten im Erziehungsbereich. Schwester Gabriela aus Untermarchtal ist Kinderärztin und zugleich Oberin dieser Klostergemeinschaft. Sie setzte sich sehr für Kinder ein, die von klein auf einen Unfall hatten, der ein Arm oder Beinbruch zur Folge hatte oder von Geburt bereits eine Störung aufwies. Die Arm- oder Beinknochen der Kinder wuchsen selber wieder zusammen und später als das Kind grösser wurde, machten sich Gehbewegungen bemerkbar. Damals hatten die Eltern kein Geld, um für die Spitalkosten aufzukommen. Die Eltern stabilisierten das Bein oder den Arm mit einer Holzlatte oder einem anderen Gegenstand. Jährlich brachte Sr. Gabriela zwei Mal fünf Kinder mit dem Auto nach Daressalam ins Kinderspital und liess die Beine oder Arme der Kinder operativ richten. Diese Kinder verbrachten einen Monat in Daressalam bis die Wunden einigermassen ausgeheilt waren und sie brachte die Kinder wieder zu ihren Eltern nach Mbinga zurück, beziehungsweise in die Kinderheime, die sie betreuen. Auch gab es Kinder bei denen die Beine nicht gleichmässig gewachsen sind, das eine grösser als das andere. Die wurden auch operativ ausgeglichen. Wird nichts unternommen, erhalten solche Menschen, früher oder später Hüftprobleme. Orthopädische Schuheinlagen erhalten nur erwachsene Leute insofern es möglich ist. Die Vinzentiner-Schwestern führen ein Kinderdorf in Ilunda mit etwa 100 Aidskranken Kindern, 25 Kilometer vor Makombako entfernt, das im Jahr 2002 von ihnen ins Leben gerufen wurde. Die Eltern dieser Kinder sind an dieser heimtückischen Krankheit gestorben. Auch diese Kinder werden schulisch weitergebildet. Von der Regierung in Tansania werden alle Kinder und Erwachsene die den Aidsvirus in sich tragen, gratis mit Medikamenten unterstützt. Jede Woche erhält ein Kind die Menge Medikamente, die es braucht, um einen Ausbruch dieser Krankheit zu verhindern. Erwachsene mit Aids können Medikamente in Arztpraxen oder Spitäler jeden Monat gratis abholen. Um sich für das Wohl der Kinder zu erkundigen, besuchte Schwester Gabriela, als Ärztin, immer wieder dieses Kinderdorf. Leider ist sie kurz vor Songea bei einem Verkehrsunfall ums Leben gekommen. Sie war auf dem Rückweg vom Kinderdorf nach Mbinga. Die Ärztin Schwester Gabriela fand ihre Ruhestätte auf dem Friedhof der Schwestern in Mbinga. In Ruoriko, drei Kilometer vor Songea entfernt, betreuen die Vinzentiner-Schwestern ein Heim mit 150 gehörlosen, hörgeschädigten und taubstummen Kindern. Sie lernen die Gebärdensprache, können sich untereinander gut verständigen und absolvieren die Grund- oder Sekundarschule. Nach dem Schulabschluss haben sie die Möglichkeit, eine Schreiner- oder Schneiderlehre anzutreten, die von den Schwestern geleitet wird. Mit viel Liebe und Geduld unterrichten die Schwestern die Kinder im Lesen, Schreiben und Handgebärdensprache. Es hat mich sehr beeindruckt, wie die Vinzentinerinnen sich um viele arme Kinder und alte Leute kümmern, ihnen Obdach und Heimat bieten, die sonst keine Möglichkeit hätten, etwas zu lernen und im Leben zurechtzukommen. Kindergärten zu begleiten gehört auch zu ihren Aufgabenbereichen. Selbst durch Bildung, die Würde und Stellung der Frau zu heben. In Ruoriko leben 15 Schwestern mit Beten und Arbeiten in einer kleinen Gemeinschaft zusammen. In Mbinga betreuen einige Schwestern ein Behindertenheim in Loreto, etwa drei Kilometer

vom Kloster entfernt und helfen 80 körperlich behinderten Kindern in selbstloser Hingabe ein angenehmes Dasein zu vermitteln. Geistig sind alle gesund und besuchen die Grundschule. Die Eltern dieser Kinder sind sehr arm und nicht in der Lage, ihnen eine Schulbildung zu ermöglichen. Erst recht nicht mit einer Körperbehinderung. Die Kosten übernimmt das Kloster in Mbinga und führt jedes einzelne Kind bis zu Selbständigkeit so gut es geht. Auch 22 Albino Kinder erhielten ein neues Zuhause hinter der Kathedrale St. Kilian. Das alte Haus wurde durch ein neues ersetzt wo diese Albinos untergebracht sind. In den Schulen jedoch lernen sie mit anderen Schülern zusammen. Sie tragen immer eine Kopfbedeckung, wenn sie sich im Freien bewegen oder mit andern Schulkameraden spielen. Sie müssen sich vor der Sonne schützen, um keinen Sonnenbrand erleiden zu müssen. Ihre weisse Haut ist sehr empfindlich auf Sonnenstrahlen. Diese Albino Kinder sind voll in das Schulsystem integriert und werden von den andern Schülern akzeptiert. Es war ein schöner Anblick, als zwei Albinos Kinder mit einem dunklen Kind in der Mitte den Weg entlang liefen, ihre Armen Schulter an Schulter gelegt waren und Freude ausstrahlten. Wirklich ein Zeichen der Akzeptanz.

Buchbinderei bei den Vinzentiner-Schwestern in Mbinga
Nach dem Wochenende führte mich Schwester Imani in die Buchbinderei, wo sie bis anhin arbeitet. Alle Buchbindereimaschinen und Geräte stellte ich mit ihr an die richtigen Plätze, sodass man rationell und praktisch arbeiten kann. Den Arbeitstisch mit vielen Schiebfächern, Regale und einen kleinen Tisch für das Lumbeck-Gerät brachten die Schreiner in die Buchbinderei. Diese Holzarbeiten bestellte ich drei Monate zuvor in der eigenen Klosterschreinerei. Jetzt sieht der Arbeitsraum wie eine Buchbinderei aus und erweckt nicht mehr den Eindruck, ein Abstellraum zu sein. Sie arbeitet schon drei Jahre mit der Schwester Bernadette in der Buchbinderei zusammen. Damals im Jahr 1994 nahm ich Schwester Imani mit nach Chipole, wo ich sie mit anderen Schwestern zusammen, in das richtige Buchbinden begleitete. Das neue Lumbeck-Gerät mit dem einzelne Blätter zusammengeleimt werden können, nahm ich auf meinem Motorfahrrad nach Mbinga mit. Die beiden Schwestern führte ich in dieses neue Gerät ein und half mit, Bücher zu binden und zu leimen. Schwester Imani und Sr. Bernadette haben bereits eine Grundlage im Buchbinden. Sie sind sehr fleissig haben ein gutes Auffassungsvermögen und Spass an diesem Beruf. Sie haben Aufträge vom Bischof Emmanuel in Mbinga der eine kleine Bibliothek für den Klerus aufgebaut hat. Leute von auswärts bringen Zeitschriften zum Binden und viele religiöse Bilder zum Einrahmen. Auch bringen Priester ihre vergriffenen Gebetsbücher um neu zu binden. Verschiedene Buchbindereiarbeiten wie Schulhefte und Malbüchlein für Kinder werden zusammengebunden sowie Schreibblöcke mit Papierresten hergestellt und im Klosterladen verkauft. Der Reinerlös soll in die Gemeinschaftskasse fliessen und auf diese Weise zum Unterhalt der Kommunität beitragen. Für die Zukunft wird die Buchbinderei wohl eine gute Einnahmequelle werden. Es ist sehr wichtig, darauf zu achten,

dass die afrikanischen Schwestern für ihren Unterhalt selber aufkommen und nicht mehr von Klöstern aus Europa abhängig sind. Viele europäische Schwestern sind inzwischen aus Alters- oder Krankheitsgründen in ihr Kloster nach Untermarchtal (Deutschland) zurückgekehrt. Junger Nachwuchs aus Untermarchtal ist nicht mehr zu erwarten, weil es kaum noch Klostereintritte gibt und die finanziellen Quellen spärlicher fliessen. Als einzige Europäerin lebt Schwester Kaya mit der afrikanischen Vinzentinerinnen-Gemeinschaft zusammen. Es ist der Wunsch, gerade der afrikanischen Schwestern, dass Weichen zur Selbständigkeit gestellt werden und auf dieses Ziel hin gearbeitet wird. Die vollständige Organisation in der Bäckerei während meiner Abwesenheit konnte ich meinen Lehrlingen noch nicht zumuten. Deshalb kehrte ich jeden Freitagabend oder Samstagmorgen mit dem Motorfahrrad nach Peramiho zurück, um allfällige Probleme in der Backstube zu lösen, den Wochenplan zu besprechen und die Samstags- und Sonntagsarbeit (Vorbereitungen) zu übernehmen. Eine Mithilfe ist die Tiefkühl- und Kühlzelle, die damals auch im Container mit den Bäckereimaschinen mitgeliefert wurden. Einerseits bietet es die Möglichkeit, die Backwaren in voraus herzustellen und im Tiefkühlraum aufzubewahren und anderseits meine Bäckerlehrlinge einige Zeit in der Backstube selbständig arbeiten zulassen. In einer Bäckerei ist es sehr wichtig die Kunden immer bedienen zu können, ohne sie enttäuschen zu müssen, weil gewisse Backwaren nicht rechtzeitig vorhanden sind. Mit Freude konnte ich immer wieder feststellen, dass die Lehrlinge während meiner Abwesenheit in der Lage waren, Brot und Kekse für die Abtei, den Schwesternkonvent, das Gästehaus und für den Verkauf herzustellen. Die Schwestern in Mbinga besitzen eigene Werkstätten wie Schreinerei, Schuhmacherei, Spenglerei, Buchbinderei, eine Autowerkstatt, eine Schneiderei, in der Kirchengewänder und so weiter angefertigt werden und ein Raum, in dem Hostien für die heilige Eucharistie mit Holzfeuerung hergestellt wird. Eine grosse Landwirtschaft in Lipilipili, etwa 30 Kilometer vom Kloster entfernt, bestehen riesige Felder mit Gemüse, Mais und Erdnuss (Karanga) die von den Schwestern mit Kandidaten und Postulanten selber bewirtschaftet werden. Dazu kommt, eine Schweine- und Hühnerzucht, sowie ein Stall mit zehn Kühen und einige Geissen, um den Fleisch- und Milchbedarf für den Schwesternkonvent zu sichern. Die Kirche im Mutterhaus in Mbinga, die in der Mitte des ganzen Klosterkomplexes freistehend angelegt ist und für etwa 300 Personen Platz bietet, lädt wirklich zum Beten ein. Beim Sonnenaufgang wiederspiegeln die farbigen Fenster spielende Motive an die Wand, die dem Innenraum eine gewisse Lebendigkeit vermitteln. Morgens um 06.30 Uhr und abends um 18.00 Uhr ruft die Kirchenglocke die Schwestern zum gemeinsamen Gottesdienst zusammen. Das Kloster besitzt einen kleinen Generator der Strom erzeugt. Um Diesel zu sparen wird der Generator nur an Arbeitstagen am Morgen von 6.00 bis 12.00 Uhr und abends um 18.00 Uhr wieder für drei Stunden eingeschaltet. Wer ab 21.00 Uhr im Zimmer noch schriftliche Arbeiten erledigen will, muss sich mit Kerzenlicht oder einer Öllampe zufrieden geben.

Die Fahrt mit dem Motorfahrrad nach Litembo

Einen Tag begab ich mich mit dem Motorfahrrad von Mbinga nach Litembo. Das Dorf liegt in den Bergen und ist 1600 Meter über Meer, also eine Gegend in der es recht kühl werden kann. Unterwegs machte ich ein kleines Picknick an einer Wasserquelle, die mitten durch den Wald führt. Ein junger Afrikaner, der bereits schon einen langen Weg hinter sich hatte, bat mich, ihn bis nach Litembo in das Hospital mitzunehmen. Obschon ich nie eine Person mit dem Motorfahrrad mitführte, konnte ich seinen Wunsch nicht ausschlagen. Nach etwa 15 Kilometer erreichten wir eine steile sandige Rechtskurve. Obwohl ich das Tempo reduzierte, geriet das Motorfahrrad ins Rutschen und ich hätte fast einen Unfall verursacht. Gut, hatten wir beide eine schnelle Reaktion und stützten uns mit dem rechten Bein auf dem Weg ab. Das Motorfahrrad konnte ich nach etwa fünf Meter schleuderfahrt wieder unter Kontrolle bringen und mein Herzklopfen und Panik normalisierte sich wieder. Später erreichten wir wohlbehalten das Hospital in Litembo. Die Pfarrei Litembo wurde im Jahr 1912 von den Ottilianer-Missionaren gegründet. Etwas abseits auf einem grossen Hügel führte man eine Dispenserie (Krankenabteilung), um Kranke zu behandeln, vor allem Leute, die vom Aussatz befallen waren. Nach der Regenzeit wird gewöhnlich die Strasse neu hergerichtet, sodass Litembo von Mbinga in 50 Minuten erreichbar ist. Dieses Umatengogebiet, wie es genannt wird, ist eine sehr schöne und fruchtbare Gegend. Die vielen majestätischen Bergketten und Hügel sind wirklich eine Augenweide und die Täler haben ein kräftiges grün während der Regenzeit angelegt. Auffallend sind die vielen Kaffeeplantagen, die offenbar in dieser Höhenlage gut gedeihen. Der Mais hingegen wächst spärlich, dafür der Maniok umso besser, mit dem das afrikanische Gericht (Ugali) vermischt mit Mais hergestellt wird. Die Sonne zeigte sich von der besten Seite und verursachte an den Bergketten ein faszinierend unübersehbares Schattenspiel. Man kann sich nur wundern, wie die Leute an der Sonnenseite bei den steilen Hängen Gemüse, Bohnen und Maniok anpflanzen. Nur schon der steile Fussweg mit Hacke und Gemüsesamen ist anstrengend, um diese Plätze zu erreichen. Von der Chefärztin Irmgard Weier und der Krankenschwester Maria Meise wurde ich herzlich empfangen, die mir eine Führung durch das inzwischen grosse Hospital ermöglichten. Im Jahr 1963 wurde es zum Hospital erhoben und Frau Dr. Irmgard Weier aus Deutschland, übernahm die Rolle als Chefärztin. Das Spital zählt 350 Betten, die stets belegt sind. Während der Regenzeit werden jedoch bis zu 600 Patienten stationär aufgenommen. Die Überbelegung wird mit Matratzen unter oder neben dem Bett behoben oder zwei Kranke teilen sich ein Bett, wie mir die Ärztin Irmgard mitteilte. Während des Tages werden 200 Patienten ambulant behandelt. In der Regenzeit gibt es viele Menschen, die an Malaria erkranken. Die Malaria beginnt mit Beschwerden wie Fieber, Kopf- und Gliederschmerzen sowie allgemeinem Krankheitsgefühl. Häufig werden solche Anzeichen daher als grippaler Infekt oder Magen- Darm- Infektion fehlinterpretiert. Grundsätzlich können alle Arten von Malaria geheilt werden. Je nach Art der Malaria und Infektionsgebiet stehen verschiedene Medikamente zur Verfügung, darunter vor allem antiparasitäre Wirkstoffe. Wird die Malaria zum richtigen Zeitpunkt erkannt und behandelt, so hat der Patient praktisch eine sichere Überlebenschance. Mit jedem Tag, den man zuwartet, sinkt die Überlebensgelegenheit. Unbehandelt endet die Malaria-Tropica bei 50 bis 60 Prozent tödlich. Um den Anforderungen des Hospitals gerecht zu werden sind 200 Personen angestellt. Ärzte, Assistenzärzte Krankenschwestern und Reinigungspersonal. Oft kommen junge Ärzte aus Deutschland, die ihr Praktikum in diesem Spital absolvieren. Im Jahr 1998 entschied sich die Chefärztin, die Leitung des Hospitals, aus gesundheitlichen Gründen, in Litembo abzugeben. Dieses Hospital gehört der Diözese Mbinga, die damals der Bischof Emanuel Mapunda inne hatte und sein Prokurator war für das Hospital zuständig. Er hatte die Oberaufsicht für das Personal und konnte es ein- und ausstellen. Frau Irmgard Weier kehrte nach 35 Dienstjahren als Oberärztin nach Deutschland zurück. Die Krankenschwester Maria Meise blieb jedoch bis zu ihrem Tod in Litembo und erhielt als Anerkennung, für ihr langjähriges Wirken, innerhalb des Spitals eine eigene überdachte Grabstätte. In Litembo lernte ich Hildegard Witt kennen, die vom Erzbischof Jakobo Komba in Songea, über das Kloster Münsterschwarzach (Deutschland), in der Infirmerie (Pflegehaus) beim Eingang des Spitals angestellt wurde. Damals gab es noch keine Diözese in Mbinga. Der erste Bischof von Mbinga war der Bischof Emmanuel Mapunda. Die Hildegard betreut mit Liebe und Sorgfalt ältere und kranke Priester der Diözese Mbinga und hat zwei leibliche Brüder, Br. Joachim und Br. Emmanuel Witt, die damals in das Kloster Münsterschwarzach (Deutschland) eintraten. Inzwischen sind beide gestorben und im Klosterfriedhof in Münsterschwarzach beigesetzt. Hildegard Witt, die sich an

Ostern im Jahr 1999 für einige Tage in Peramiho aufhielt, erzählte mir eine Gegebenheit, die sich vor zwei Monaten in Litembo zugetragen hat. Der frühere Generalvikar von Njombe Franzis Mhagama wurde anfangs Februar von einem Bienenschwarm überfallen und starb zwei Tage später an den Folgen der Bienenstiche. Bevor er sich im Jahr 1997 mit 70 Jahre in den Ruhestand in Litembo begab, amtete er acht Jahre als Spiritual (Hausgeistlicher) bei den Vinzentinerinnen in Mbinga. Es war bestimmt auch ein Mitgrund, in der Krankenpflege bei Hildegard, sein Lebensabend zu verbringen, weil er Zuckerkrank war. Das Spital hätte er im Notfall sofort aufsuchen können. An einem Nachmittag unternahm er seinen gewohnten Spaziergang an der frischen Luft. Plötzlich eilten ihm Kinder entgegen und riefen: Bienen-Bienen. Weil er sich gerade in sein Gebetsbuch vertiefte, nahm er die Aufregung der Kinder anscheinend nicht wahr und spazierte dem Bienenschwarm entgegen. In kürzester Zeit waren die Bienen an seinen Händen, hauptsächlich im Gesicht und liessen mit ihren Waffen dem Unmut freien Lauf. Es war ein schwieriges Unterfangen bis er endlich im Spital an die Infusion angeschlossen werden konnte. Schlussendlich warf man eine Wolldecke über seinen Kopf und zog ihn an den Füssen in das herbeigebrachte Auto rein. Auch der Katechet, der zuerst zu Hilfe kam, musste etliche Bienenstiche in Kauf nehmen. Später stellte sich heraus, dass die Kinder, die ihm begegneten eine Bienentraube am Ast eines Baumes mit Steinen bewarfen. Das nächste bewegliche Objekt fielen dann die gereizten Brummer an. Seine Ruhestätte befindet sich auf dem Priesterfriedhof in Kigonsera, die erste Missionsstation der Diözese von Songea. Diese Missionsstation wurde im Jahr 1899 von der Abtei Peramiho gegründet. Einen solchen Fall hatten wir auch in der Landwirtschaft bei einem Wachhund in Peramiho. Die Arbeiter konnten gerade noch in einen Abstellraum flüchten, als sie einen Bienenschwarm hörten, der sich ihnen näherte. In letzter Verzweiflung zerbiss der Hund das Seil, an dem er festgebunden war. Auch für ihn kam jede Hilfe zu spät. Zwei Stunden später starb er am Erstickungstod, weil seine Zunge dermassen anschwoll. Hier in Afrika sind die Bienen aggressiver als in Europa und schwärmen hauptsächlich im Monat Februar und März aus.

Schnell waren diese vier Wochen in Mbinga vorbei und ich kehrte mit dem Motofahrrad in die Bäckerei nach Peramiho zurück. Zehn Tage später fühlte ich mich unwohl und hatte nachts Schüttelfrost und Bauchkrämpfe. Ich meldete mich beim Chefarzt Br. Ansgar Stüfe, der mir im Oberarm Blut entnahm. Die Diagnose war Amöbenruhr. Amöben sind Einzeller, die keine Eier legen, sondern sich immer wieder teilen. Sie verursachen Durchfall nach anfänglichen Bauchkrämpfen. Aufgenommen werden sie durch Rohkost, besonders Salate und unreines Wasser. Früher galt diese Krankheit als unheilbar. Seit den sechziger Jahren gibt es erfolgreiche Medikamente. Ich entzog mich einer siebentägigen Kur, die täglich sechs starke Tabletten vorschrieb, die ich einnehmen musste. Sie verursachten bei mir Müdigkeit, Unwohlsein und reduzierten mein Temperament gewaltig. Ich schlenderte wie ein alter Mann durch die Klostergänge und Essen mochte ich gar nicht oder nur wenig. Wo und wie ich diesen Krankheitserreger aufgelesen habe konnte ich mit Bestimmtheit nicht sagen. Nach zehn Tagen ging es mir wieder besser und ich konnte die verlorenen drei Kilogramm schnell wieder aufholen.

Das 100jährige Bestehen der Abtei Peramiho
Die Abtei Peramiho kann im Jahr 1998 auf eine 100jährige Missionsgeschichte zurückblicken. Damals trafen die ersten Benediktinermissionare und Missionsschwestern unserer Kongregation von St. Ottilien (Gründer Andreas Amrein aus dem Kanton Luzern in der Schweiz) in Peramiho Tansania ein. Sie waren bereit ihr Leben mit armen afrikanischen Menschen zu teilen und zu helfen, soweit es den Umständen entsprechend möglich war. Bei der Aussendung mit dem Missionskreuz in St. Ottilien war ihnen klar, dass sie nie mehr in ihre Heimat zurückkehren werden. Sie haben den Missionsbefehl Christi ernst genommen: „Geht hin in alle Welt und verkündet das Evangelium allen Geschöpfen" (Mk. 16.15). Evangelium ist die Botschaft über Sünde und Tod. Jesus verkündet nicht nur das Evangelium, er ist das Evangelium, in seiner Person, in seinem Leben, Sterben und Auferstehen. Das Evangelium verkünden heisst also: Jesus bekannt machen. Genauer, das was er bewirkt, was er für uns Menschen an Veränderung gebracht hat. Evangelisierung, einfache Krankenpflege und Schulunterricht waren die Hauptaufgaben dieser Neuankömmlinge. Schon in jungen Jahren mussten viele Mönche und Schwestern ihr Leben lassen, weil tropische Krankheiten, die damals nicht heilbar waren, ihnen zunehmend die Kräfte raubten. Während den vielen Feierlichkeiten in Bezug auf das 100jährige Jubiläum, die im Jahr 1998 stattfanden, war der eigentliche Höhepunkt das 100jährige Bestehen der Abtei Peramiho am 8. Oktober. Die Bäckerei lief auf Hochtouren und wir hatten alle Hände voll zu tun. Wir arbeiteten bis spät in die Nacht hinein, dass am Festtag zum Frühstück verschiedene Brotsorten wie Weissbrot, Körnerbrot, Dunkelbrot, Semmeln, Bretzeln und Kekse auf dem Esstisch für die 1200

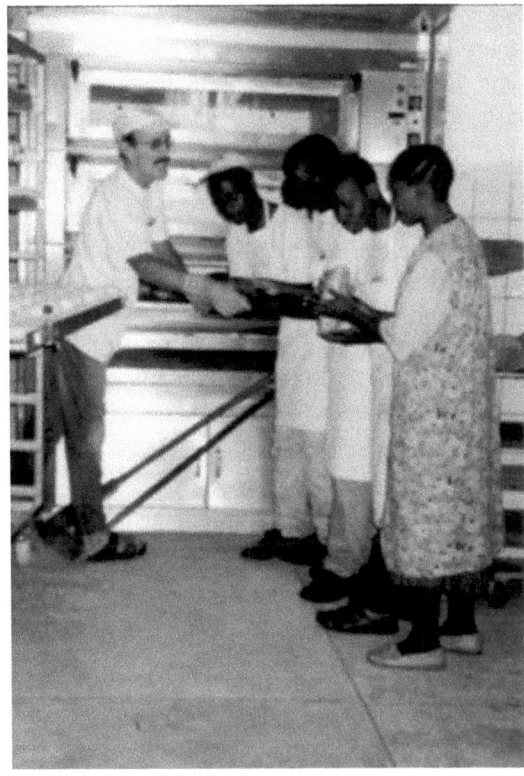

geladenen Gäste zur Verfügung standen. Viele Gäste waren einige Stunden mit den Auto unterwegs die am Festtagmorgen in Peramiho eintrafen. Das Frühstück stand nach dem Morgengebet (Laudes) ab 7.00 Uhr bis zum Gottesdient um 10.00 Uhr zur Verfügung. Von der Bäckerei trug ich immer wieder Nachschub her. Am Verkaufsfenster der Backstube konnten Besucher diverse Backwaren einkaufen und sie nach Hause mitnehmen. Zum Mittagessen im Speisesaal der Abtei waren nur die Mönche, Bischöfe und einige Priester anwesend und das Volk erhielt die Speisen in verschieden Räumen ausserhalb der Abtei. So stellten wir einige Schwarzwälder und Rübentorten her, die nach dem Mittagessen gerne noch ins Jenseits befördert wurden. Alle Äbte und die höheren Oberen unserer Kongregation aus verschiedenen Ländern nahmen an diesem Jubiläum teil. Am Tag zuvor sangen alle Mönche mit den Bischöfen und Priestern, die rechtzeitig eintrafen, die Vesper in lateinisch, an der viele Besucher teilnahmen. Zugleich fand der zehntägige Äbte-Kongress statt, der vom 4. Oktober abends, mit der ersten Sitzung startete und am 14. Oktober zu Ende ging. Im Generalkapitel, das alle vier Jahre stattfindet, wurden die Themen von den Jahren 1994 bis 1998 nochmals angegangen und wenn nötig in den Kongregationsstatuten festgelegt. Am Gottesdienst nahmen 30 Mitra-Träger teil: Der Kardinal von Daressalam, der päpstliche Nuntius von Tansania, 16 Bischöfe von Tansania und über 300 Priester. Zudem trafen etwa 10.000 Gläubige aus nah und fern zu diesem Festtag ein. Sehr eindrucksvoll wurde der vierstündige Gottesdienst unter freiem Himmel gefeiert. Nebst dem Orgel-Keyboard mit Laussprecherbox wurden auch einheimische Instrumente benutzt, die an die Gottesdienste vor 100 Jahren erinnern sollten. Denn damals gab es noch keine Orgel und nur wenige, einfache Gotteshäuser in Tansania. Die Einheimischen nutzten damals bei eigenen rituellen Familienfesten selbsthergestellte Instrumente-Naturhilfsmittel um Klänge zu erzeugen. Nach der Mittagsmahlzeit wurde vor dem Kirchenportal ein zweistündiges Theater „Missionsgeschichte in Peramiho" aufgeführt. Afrikanische Frauen präsentierten sich in Schwesterntrachten, wie sie damals vor 100 Jahren getragen wurden. Die Männer trugen Mönchsgewänder mit Tropenhelmen, die früher zum Schutz vor Sonneneinstrahlung und Regen benutzt wurden. Selbst die Bärte fehlten nicht, die bis Ende der Dreissiger-Jahre Pflicht waren. Einer präsentierte sich sogar mit der Mitra, den Ring, das Brustkreuz und den Abtsstab als Zeichen seiner Macht und Würde. Der Krummstab ist als altägyptisches Wahrzeichen bereits seit dem alten Reich belegt und wurde als religiöses Herrschaftssymbol von vielen Ländern übernommen. In der christlichen Tradition gehört der Krummstab zu den Pontifikalen und besteht aus einem Schaft der an seinem oberen Ende anschliessenden Bogen. Auf diese Art wurden in amüsanter Weise historische Gegebenheiten zum Ausdruck gebracht. Abends um 17 Uhr ist wieder Ruhe eingekehrt und die vielen Besucher freuten sich sehr über diesen gelungenen Festtag und begaben sich wieder nach Hause.

Buchbinderei-Einführung bei den Schwestern in Morogoro
Am Aschermittwoch im Jahr 1999 brachte mich der Fahrer von Peramiho, mit einer Übernachtung in Uwemba, zu dem Schwesternkonvent in Mgolole, das zehn Kilometer Richtung Daressalam von Morogoro entfernt liegt. Die Schwestern warteten bereits ein gutes Jahr auf meine Ankunft in ihrem Kloster. Wir erreichten gerade die Klosterpforte, als es heftig zu regnen anfing und waren gezwungen im Auto auszuharren bis die Wolken vorbeizogen. Es war der grosse Regen, auf den sie schon lange warteten. Die Schwester an der Pforte begrüsste uns herzlich. Jetzt konnte ich das Buchbindereimaterial ausladen, das ich von Peramiho mitbrachte. Der Fahrer half mir, die Schachteln und Kalikorollen (farbiges Deckelpapier) in den Klostergang zu stellen, bevor er nach Daressalam weiter fuhr, um geschäftliche Dinge für Peramiho zu erledigen. Die Buchbindereimaschinen und Geräte trafen bereits ein Jahr zuvor im Kloster ein und wurden in einem Raum, bis zu meiner Ankunft, aufbewahrt. In dieser Gegend ist es merklich heisser als in Peramiho. Bis zu 38 Grad im Schatten und es weht immer ein Wind, der das Leben der Leute etwas erträglicher macht. Das Gästehaus hat drei kleine Doppelzimmer, von denen ich eins bewohnte. Zwei Betten und je ein Nachtkästchen sind das ganze Mobiliar. Licht und ein kleines Waschbecken sind vorhanden, jedoch kein fliessendes Wasser. Von der Stadt Morogoro beziehen die Schwestern den elektrischen Strom, der allerdings oft ausfällt. So hatte ich ab und zu das Vergnügen, das Abendessen im Kerzenlicht zu geniessen. In meinem Zimmer stand am Morgen und abends immer ein Eimer mit heissem Wasser für meine Körperpflege bereit, weil die Schwestern mit Wasser sehr sparsam umgingen. Mit Absprache der Gastschwester durfte ich ein Bett entfernen und an dessen Stelle einen Tisch mit Stuhl platzieren. Das Trinkwasser, das mir zu jeder Zeit zur Verfügung stand, muss immer abgekocht werden, weil die Gefahr besteht, an Durchfall, Diffus oder Amöben zu erkranken. Westlich von meinem Zimmerfenster liegt ein grosses Bananen- und Kakteenfeld. Die Kakteen die bis zu zwei Meter hoch werden, haben grosse, dicke fleischige Blätter. Die dienen als Nahrung für die Schweine. Bevor die Kakteen im Schweinetrog landen,

werden sie zerhackt und gekocht, können jedoch ganz jung auch roh verfüttert werden. Wie ich feststellte ist es ein Festfressen für die Schweine. Nördlich von meinem Zimmer sind die Uluguruberge zu bewundern, die nur 500 Meter von Mgolole, hinter dem Klostergebäude entfernt liegen. Dieser afrikanische Schwesternkonvent zählt 400 Schwestern, wovon 120 Schwestern im Mutterhaus leben. Die anderen helfen in verschiedenen Diözesen mit oder sind noch in Ausbildung. Jedes Jahr im September werden Kandidaten aufgenommen. Die Kandidatur und das Postulat dauert je ein Jahr, das Noviziat zwei Jahre. Die zeitliche Profess beträgt sechs Jahre und wurde im Jahr 1999 auf acht Jahre erhöht, bevor die Schwestern zur ewigen Profess zugelassen werden. Erst dann sind sie ein volles Mitglied der Schwesterngemeinschaft. Dieser Schwesternkonvent in Mgolole nennt sich Masista wa moyo safi wa Maria (Schwestern des reinen Herzens Mariens) und steht unter dem Bischof Telesphor Mkude von der Diözese Morogoro. Die Gemeinschaft wurde im Jahre 1943 durch Bischof Hillhorst ins Leben gerufen, der aus Holland stammte und in Morogoro residierte. Die ganze Kongregationsleitung übergaben die holländischen Missionare im Jahr 1964 in afrikanische Hände, die damals vom Bischof gebeten wurden, diese Schwesterngemeinschaft zu gründen. Seither beten und arbeiten nur noch afrikanische Schwestern in Moglole und kommen für ihren Unterhalt selber auf. Die Hochebene Region Morogoro liegt zwischen 300 und 600 Meter über dem Meer und ist nach Tabora die zweitgrösste Region von Tansania. In Morogoro gibt es zwei Regenzeiten, eine dauert vom Oktober bis Mitte Januar, die zweite vom Februar bis Ende Mai. Die jährliche Niederschlagsmenge liegt zwischen 600 Millimeter im Tiefland und 1200 Millimeter im Hochland. Die Gebäulichkeiten die der Schwesterkonvent besitzt sind sehr schlicht und einfach gebaut. Eine eingerichtete Werkstatt für die Landwirtschaftsmaschinen und Autos gibt es nicht. Damit die anfallenden Reparaturen dennoch in der Regenzeit durchgeführt werden können, dient ein Dach auf Holzpfeilern. Sie führen eine Krankenabteilung, eine Mühle, eine Näherei, in der hauptsächlich Paramenten (Messgewänder) und so weiter für den Verkauf hergestellt werden, eine Kerzengiesserei, wobei die Osterkerzen in Morogoro, Daressalam und Tabora grossen Absatz finden, eine Schuhmacherei und eine kleine Bäckerei in der Brot und Hostien für den täglichen Gebrauch gebacken werden. Eine grosse Landwirtschaft mit 15 Milchkühen, 41 Rindern, 52 Schweine, 35 Ziegen und 150 Hühner gehört auch zu ihrem Arbeitsbereich. Sie bewirtschaften riesige Ackerflächen mit Maniok, Erdnüssen und Bohnen. Verschiedene Gemüsearten sind in jedem Winkel des Klosters und zwischen den Werkstätten angepflanzt. Tropische Früchte aller Art wachsen in diesem Klima ausgezeichnet. Was mich am meisten beeindruckte und ich in Tansania zum ersten Mal antraf, ist ein Altersheim das die Schwestern führen. Sie nehmen alte Leute auf, die keine Verwandten mehr haben und pflegen sie mit Liebe und Geduld bis zu ihrem Ableben. Zu dem Aufgabenbereich der Schwestern gehört auch ein Waisenhaus mit 42 Kindern, die von ihren Eltern verstossen und deren Eltern an Aids starben.

Mit drei bis fünf Jahren gehen die Kinder an ihre Verwandtschaft zurück, die sie gross ziehen. Die Kinder, die aufgefunden wurden oder deren Familien nicht bekannt sind, betreuen vier Schwestern mit einigen Helferinnen bis zu der Schulentlassung. Einige davon sind sogar bei ihnen als Arbeiter angestellt. Es kommt auch mal vor, dass eine Mutter ihr neugeborenes Kind auf dem Weg in der Nähe des Klosters ablegt, in der Hoffnung, dass es jemand findet und in das Waisenhaus zu den Schwestern bringt. Es sind Verzweiflungstaten, weil die Mutter nicht in der Lage ist das Kind zu ernähren, oder sie würde in der Familie und bei der Verwandtschaft das Ansehen verlieren, weil das Kind unehelich geboren wurde. Anscheinend gelingt es Frauen ihre Schwangerschaft zu verbergen, ohne dass es ihre Verwandten mitbekommen. Deshalb gelangt das Kind auf diesem Weg in das Waisenhaus. Schwester Amelia und Schwester Eufrasia verbrachten das Jahr 1996 in Münsterschwarzach (Deutschland) und liessen sich in der Druckerei Viertürmer-Verlag ausbilden. Denn die Schwestern besitzen im Klosterbereich einen grossen Bücher-Druck-Verlag. Neben diesem Verlag soll jetzt eine Handbuchbinderei eingerichtet werden. Als ich in den Raum kam, der für die Buchbinderei bestimmt war, musste ich feststellen, dass er viel zu klein war. Mit Absprache der Oberin, durchbrachen wir die Mauer nach aussen und verlängerten den Raum, mit einem Fenster, um drei Meter. So konnten wir die Maschinen und Geräte grosszügig platzieren und mit der Arbeit in der neuen Buchbinderei starten. Ich erhielt für die Einführung in das Handwerk des Buchbindens Schwester Amelia, die ja bereits schon Kenntnis hatte, weil ich sie damals in der Buchbinderei in Chipole mit anderen Schwestern drei Monate ausgebildet hatte. Hinzu kamen die Schwester Eufrasia und der Josef, der 25 Jahre in der Buchdruckerei mitwirkte. Inzwischen ist er verheiratet und hat zwei Kinder. Er lebte als Waisenkind bei den Schwestern und wurde nach der Schulausbildung als Arbeiter in der Druckerei bei ihnen angestellt. In der Buchbinderei begriffen sie schnell das Binden der Heftbögen und Leimen von einzelnen Blättern, zumal sie bereits Kenntnis aus dem Druckverlag hatten. Von der Stadt Morogoro und in der Umgebung des Klosters bringen viele Leute Bücher zum Reparieren, Schulhefte, die zu einem Buch gebunden werden und Bilder zum Einrahmen. Schwester Amelia ist sehr dankbar und freut sich, weil viele Kunden bei ihr Bücher und Hefte binden lassen und die Buchbinderei bereits selbsttragend ist. Arbeit hat sie genug mit der Hilfe von Schwester Eufrasia und dem Josef. Eine Mitschwester musste teilweise zur Mithilfe hergezogen werden, weil der Andrang und die Aufträge ein Übermass an Arbeit forderte. Oft arbeitet Schwester Amalia bis in die Nacht hinein, um den Anforderungen gerecht zu werden. Kein Wunder, denn in der näheren Umgebung gibt es eine Sekundarschule, ein kleines Seminar, eine Philosophie- und Theologieschule für Ordensleute, eine Sprachschule für Kiswahili und eine landwirtschaftliche Hochschule (Fakultät) von der Universität Daressalam. Viele Schüler und Studenten bringen ihre Abschlussarbeiten nach Mgolole in die Buchbinderei, damit die zu einem Buch oder Heft gebunden werden. Die Einnahmen, das heisst, der Reinerlös steht der Schwesterngemeinschaft für den Lebensunterhalt zur Verfügung. Mein Mitwirken in Mgolole und der Buchbinderei in Mbinga, zeigt eindeutig wie fleissig und exakt die Schwestern arbeiten und durchaus die Hoffnung besteht, dass nach meiner Rückkehr in die Schweiz diese Buchbindereien weiterhin Bestand haben werden. Somit dürfte der Grundstein für die Zukunft gelegt sein. Heute ist alles, was zum Binden und Kleben eines Buches gebraucht wird, in der Stadt Daressalam erhältlich.

Mit zwei Afrikanern unternahm ich am Sonntag eine Bergwanderung. Ein Spazierstock war unerlässlich, wie sich später zeigte. Während unserer Wanderung begegneten wir vier Schlangen auf dem schmalen Pfad. Eine hatte es gar nicht eilig und schnupperte mit ihrer Gabelzunge die unsichere Gegend ab. Ich durfte dieses schön gezeichnete Tier kurz bewundern, bevor einer meiner Begleiter mit dem Stock die Schlange erschlug. Die anderen drei Schlangen verschwanden blitzschnell im Busch und liessen sich nicht mehr blicken. Mir tat die Schlange leid, denn sie machte nicht den Eindruck, dass sie uns angreifen wollte. Die Afrikaner fürchten Schlangen sehr, weil immer wieder Menschen an Schlangenbissen sterben, bevor sie das Spital erreichen. Deshalb wird jede Schlange, ob sie giftig ist oder nicht, ins Jenseits befördert. An den Berghängen sind viele Bananenstauden gepflanzt, wobei die Bananen auf dem Markt und in Daressalam guten Absatz finden. Je höher wir den Berg besteigen, desto kühler und angenehmer wird das Klima. Der Anblick auf die Nebenstehenden Berge (1200 Meter über Meer) und hinunter ins Tal ist einmalig. Die grosse Tabakfabrik ganz in der Ebene, in der einheimische Zigaretten hergestellt werden, präsentiert sich wie eine Oase im Busch. Unten am Berg gibt es viele Baumwollbäume, Kokospalmen und Strohhütten. Die Baumwollhülsen sind Oval, die reichlich am Baum hängen. Sie werden bis 17 Zentimeter lang und sechs Zentimeter dick. Am Baum trocknen sie und springen auf, sodass die Baumwollfasern mit den Kernen, vom Winde verweht, für optimalen Nachwuchs sorgen. Die flaumigen Baumwollfasern verwenden die Leute für Kopfkissen und Matratzen. In dieser Gegend ist die Kokosnuss für die Afrikaner Gold wert. Mit der Kokosflüssigkeit wird „Ulanzi" hergestellt, eine Art Schnaps, der „Tempo" (Elefant) genannt wird. Er ist sehr stark, dass man nach einem Glas die Herrschaft über seine Beine verliert. In der Regel wird diese „Droge" an den Wochenenden bei fröhlichem Beisammensein eingenommen und der Rausch bis zum Morgen ausgeschlafen. Der Abstieg war mühsam und zum Teil sehr steil durch unwegsames Gelände. Obschon wir zeitweise wie Gämsen den Berg hinunter hüpften, spürte ich am anderen Tag den Muskelkater. Rechtzeitig zum Abendessen trafen wir wieder im Schwesternkloster ein. Das Arbeitspensum der Schwestern beträgt acht Stunden am Tag. Hinzu kommen das tägliche Chorgebet und die heilige Eucharistiefeier. Um 5.30 Uhr rief mich die Hausglocke aus dem Bett und eine halbe Stunde später wird die Vigil Laudes gebetet. Die heilige Eucharistiefeier beginnt um 6.30 Uhr und anschliessend wird das Frühstück eingenommen. Zum Mittagsgebet vor dem Mittagessen treffen sich die Schwestern wieder um 12.30 Uhr in der Kirche ein. Die gesungene Vesper beginnt um 18.15 Uhr und eine Stunde später ruft die Glocke zum Abendessen. Zum Abschluss des Tages kommen die Schwestern um 21.00 Uhr nochmal zum Nachtgebet in der Kirche zusammen. Eigentlich ein harter Tagesablauf bei dieser grossen Hitze. Obschon ich keine Fettvorräte besitze, kam ich öfter ins Schwitzen. In Bigwa zwei Kilometer vom Kloster entfernt, besitzen die Schwestern eine kleine Niederlassung, in der 16 Novizinnen untergebracht sind, die sich auf das Klosterleben vorbereiten. Auch dort besitzen sie Felder, die von den Novizen bearbeitet werden. In Meleda (50 Kilometer vom Mutterhaus entfernt) leben 27 Kandidatinnen und Postulantinnen mit einigen Schwestern in einer kleinen Gemeinschaft zusammen. Dort wird entschieden, wer zum Noviziat zugelassen wird und sich für das Ordensleben eignet. Ein Anwesen, 15 Kilometer vor Meleda, haben die Schwestern im Jahre 1998 von einer weltlichen religiösen Gemeinschaft angeboten erhalten. Diese „cath, integrated community", (Kath, integrierte Gemeinschaft) wie sie sich nennt, hat ihren Hauptsitz in München. In Meleda haben sie sich vor 20 Jahren niedergelassen und versuchten mit Menschen verschiedener Nationen zusammenzuleben. Es wurde viel Geld investiert und grosszügig gebaut. Dieses Anwesen besitzt eine bestausgerüstete Schreinerei, Wursterei, Käserei in der auch Butter und Joghurt hergestellt werden, eine Schlosserei, Mechanikerwerkstatt, und eine grosse Schweine-, Kälber- und Hühnerzucht. Bei Stromausfall wird der Betrieb mit einem Generator aufrechterhalten. Mit einigen Schwestern durfte ich dieses ganze Anwesen besichtigen. Anscheinend brachte die ganze Produktion keinen Gewinn und nicht mal der Selbstunterhalt war gewährleistet. Dank der regelmässigen Beiträge der Mitglieder aus anderen Ländern konnten sie sich über Wasser halten, wie mir ein Mitglied vor Ort persönlich mitteilte. Es ist das pure Gegenteil -von Hilfe zur Selbsthilfe-. Lehrlinge hatten sie keine, nur Arbeiter (Massai), die sie sehr schlecht bezahlten, wie bei mir ein Angestellter klagte. Ich glaube, dieser Gemeinschaft ging es einfach um Geld zu verdienen. Nun versuchen sie in Daressalam ihr Glück und hoffen dort einen besseren Absatz zu erzielen. Dieses grosse Anwesen ist 35 Kilometer von Mgolole (Schwesternkloster) entfernt, 20 Kilometer Teerstrasse bis Meleda und dann rechts ab, 15 Kilometer in den Busch rein. Dort wohnt keine Menschenseele ausser den Massai mit ihren Herden, die dort angestellt sind. Aus der Stadt Morogoro erhielten sie nicht die Kunden, die sie sich damals erhofft hatten und weiteten ihre Produkte bis nach Iringa und Daressalam aus. Ob diese Schwestern mit diesem grossen Anwesen zurechtkommen, hatte ich Zweifel. Wie es dann ausging habe ich nicht mitbekommen, weil ich zehn Tage später wieder nach Peramiho zurückkehrte.

Das afrikanische Leben in Morogoro

Ein anderes Wochenende an einem Samstag besuchte ich mit Schwester Amalia die Stadt Morogoro, die 300.000 Einwohner zählt. Zuerst besuchten wir das Bischofshaus, um dem Bischof meine Ankunft in seiner Diözese mitzuteilen. Leider war er nicht anwesend, weil er vier Tage zuvor das Hospital in Daressalam aufsuchen musste. Danach spazierten wir in die Stadtmitte, die sehr belebt ist. Die Verkehrsbedingungen sind um einiges besser als in Nairobi (Kenia). Allerdings begegnet man auch Fahrzeugen, die in der Schweiz nicht mehr zugelassen würden. Das Motorgeräusch hört sich wie eine Stahlsäge an, der Zacken fehlen und die Blinklichter funktionieren meistens nicht oder sie werden nicht betätigt. Die Bremsen lassen auch zu wünschen übrig. Der Auspuff streift fast den Boden und hinterlässt eine stinkende schwarze Rauchwolke, die dem Fahrer hinter ihm die Sicht erschwert. Auf den Fahrrädern wird Sperrgut transportiert, das die halbe Strasse in Anspruch nimmt. Gerade konnte ich miterleben, wie ein junger Mann von einem zusammengerollten Wellblech (3,00 Meter lang) gestreift wurde, das quer auf dem Gepäckträger zusammengerollt festgebunden war. Der Mann konnte sich am Blech festhalten, ohne dass er zu Boden fiel, was jedoch unweigerlich zum Sturz des Radfahrers führte. Nach einigen heftigen Wortwechseln, weil jeder sich im Recht fühlte, gingen sie auseinander. In den Läden kann man mehr oder weniger alles erhalten. Haushaltsartikel, Computer, Radio, Video, Filmkameras, Fotoapparate und so weiter. Was die Qualität anbelangt muss man vorsichtig sein, denn ein grosser Teil ist aus China eingeführt. Aus Daressalam erwarb ich einen Boiler (Warmwasseraufbereiter) für die Bäckerei, der nach vier Monaten nicht mehr funktionierte. Der Elektriker teile mir mit, dass der Thermostat ausfiel und deshalb die Heizelemente darunter litten. Damals gab es noch keine Garantiescheine im Land, wo man den Boiler hätte austauschen können. Inzwischen erhalten wir das Heisswasser, in der Backstube, über Sonnenenergie (Solarscheibe), die auf dem Dach angebracht ist und sich bestens bewährt. Wie überall gibt es in der Stadt Morogoro viele Arbeitslose, die vergeblich Arbeit suchen. Da darf man sich nicht wundern, wenn Junge Menschen in ihrer aussichtslosen Lage in die Kriminalität fallen, Diebstähle und Raubüberfälle verüben, um sich über Wasser zu halten. Leider gibt es in den Grossstädten in Tansania, die offene Drogenszene, wo bei Einbruch der Dunkelheit Marihuana geraucht wird. Vermehrt jetzt auch in ländlichen Gegenden. Um unangenehme Überraschungen zu meiden, ist es ratsam, sich in Grossstädten, nachts nicht mehr auf den Strassen aufzuhalten. Zur Vesper kehrten wir wieder rechtzeitig in das Kloster zurück. Ich mag mich noch erinnern, als ein junger Deutscher am Flughafen in Daressalam eintraf, der bei einem Laienhelfer in Songea, seinen Urlaub für einen Monat verbringen wollte. Es war sein erster Aufenthalt in Tansania. Am Flughafen bemerkten zwei junge Afrikaner, dass er alleine angereist war und baten ihm ihre Hilfe an. Für die zwei Afrikaner war es nicht schwer herauszufinden, ob er ein Fremder im Land war, da er kein Kiswahili sprach und er die englische Sprache nur notdürftig beherrschte. Jedenfalls merken sie schnell, dass er nach Songea reisen will. Beide Begleiter wurden inzwischen seine vermeintlichen Freunde. Sie brachten ihn zur Busstation und liessen ihn wissen, dass auch sie beabsichtigen die Strecke bis nach Iringa zu fahren. Auch das Busticket besorgten sie für ihn und sie stiegen alle in denselben Bus. Für den Fremden war es eine willkommene Gelegenheit, denn einerseits ist es angenehmer, diese weite Strecke nach Songea, nicht alleine fahren zu müssen und anderseits kennt er sich im Land Tansania überhaupt nicht aus. Nach etwa sechs Fahrtstunden, zehn Kilometer vor Iringa bot ihm einer seiner „Freunde" ein Becher Koca-Kola an, den er nach der langen Fahrt gerne annahm. Von diesem Moment an konnte er sich an nichts mehr erinnern. Sieben Stunden später erwachte er auf dem Polizeiposten in Songea. Sein Handgepäck und sein Geldbeutel mit dem Pass, den er unter dem T'shirt am nackten Bauch festgebunden hatte, sind verschwunden. Was ihn noch übrig blieb waren seine Jeanshosen und sein T'shirt womit er bekleidetet war. Seine Turnschuhe waren auch weg. Den Dieben fielen 800 Deutsch Mark und eine Scheckkarte (mit der Codenummer), die bei einer Bank eingelöst werden kann, in ihre Hände. Vermutlich sind die beiden Diebe an der Busstation in Iringa ausgestiegen und nahmen all seine Sachen mit. Als am Abend alle Reisenden in Songea ausstiegen, blieb er schlafend auf seinem

Sitz. Der Busfahrer merkte sofort, dass mit diesem Gast etwas nicht stimmte, weil er ihn nicht wach kriegte und informierte die Polizei in Songea. Sie brachten ihn auf den Polizeiposten und warteten erst mal ab, bis der Fremdling aufwachte. Jetzt war ihm bewusst, dass seine zwei Begleiter ihm Schlafmittel im Koca Kola Getränk verabreicht hatten und während er schlief all seine Sachen mitnahmen. Trotzdem hatte der Deutsche Glück im Unglück. Es hätte durchaus die Möglichkeit bestanden, dass er nicht mehr vom Schlaf aufgewacht wäre, wie ihm die Polizei in Songea erklärte. Drei Tage später erhielt er von der deutschen Botschaft, in Daressalam, einen Tagespass und er kehrte frustriert nach Deutschland zurück. Dieses Beispiel zeigt, wie schonungslos die Diebe vorgehen und immer wieder mit neuen Tricks aufwarten, um an Geld zu kommen. In der Regel sollten keine offenen Getränke angenommen werden. Ich denke, dass es Einzelfälle sind, denn in Tansania werden in der Regel Europäer nicht ausgeraubt. Viele wissen, dass wir mit der Kirche zusammenarbeiten und so ein Respekt entsteht. Ich jedenfalls bin noch nie einem Dieb zum Opfer gefallen.

Rückreise in die Abtei Peramiho, zu der Bäckerei
Mein dreimonatiger Aufenthalt in Morogoro ging dem Ende entgegen und die Buchbinderei läuft jetzt gut in afrikanischen Händen. Br. Stanislaus von Peramiho, der an einem dreiwöchigen Seminar in Kenia (Kloster Tigoni) teilnahm, holte mich bei den Schwestern in Mgolole ab. In Daressalam in Kurasini liess er das Auto auf dem Parkplatz stehen und reiste mit dem Bus nach Kenia und zurück. Auf dem Weg nach Peramiho machte er einen Zwischenhalt bei den Mgolole Schwestern in Morogoro und holte mich ab. Ich verabschiedete mich herzlich bei den Schwestern und dankte ihnen für den wertvollen Aufenthalt mit den vielen Erfahrungen und Eindrücken, die ich bei ihnen erleben durfte. Während der Fahrt durchfuhren wir den 50 Kilometer langen Mikumipark (Naturschutzgebiet). Diesmal hatte wir mehr Glück. Aus nächster Nähe konnten wir eine Elefantenkuh mit ihrem Jungen bewundern, das ständig zwischen den Beinen seiner Mutter Schutz suchte. Der Elefantenbulle, etwas weiter entfernt, liess sich nicht aus der Ruhe bringen, denn wir hatten den Motor des Autos ausgeschaltet, um sie länger zu beobachten. Mit dem Rüssel stopfte er bündelweise saftiges Grünzeug in seinen Mund und hielt seine Augen stets auf uns gerichtet. Ab und zu holte er mit seinem Rüssel auch einige Äste vom Baum und das Knistern beim Abbrechen dieser dicken Zweige, war laut hörbar. Man muss sehr vorsichtig sein und sich ruhig verhalten, denn mit einem aggressiven Elefantenbulle ist nicht zu spassen. Mit seinem Kopf und Rüssel kann er ohne Problem ein Fahrzeug auf die Seitenlage kippen oder die Fahrzeugfront mit sei-

nen zwei Vorderbeinen zerquetschen. Einige Kilometer weiter der Strasse entlang, begegneten wir links zwei Giraffenmännchen, die gerade im Begriff waren einen Streit auszutragen, indem sie ihre langen Hälse mit voller Wucht gegeneinanderschlugen. Eine Giraffendame, die etwas abseitsstand und diesen Kampf interessiert verfolgte, war vermutlich der Auslöser dieses Streitkampfes. Ferner sahen wir Gazellen in grossen Mengen, Antilopen, Zebras, Wildschweine, Hyänen, Büffel in Herden und viele Affen mit ihren Jungen, die sich auf der Strasse aufhielten. Weil zwei Löwen gemächlich die Strasse überquerten und uns zum Anhalten zwangen, wurden wir auf eine Löwengruppe mit ihren Jungen aufmerksam, die rechts neben der Strasse im niedrigen Gebüsch lagen. Wirklich eine Sehenswürdigkeit, solchen Tieren in der Freiheit zu begegnen. Nach siebenstündiger Fahrt trafen wir noch vor dem Sonnenuntergang um 18.30 Uhr in der Missionsstation in Uwemba ein. Am anderen Tag, nach dem Frühstück, machten wir uns auf den Weg nach Peramiho und trafen dort um die Mittagszeit ein. Ich konnte nur staunen und freute mich sehr, dass meine Lehrlinge zum ersten Mal drei Monate selbständig in der Bäckerei arbeiteten und in der Backstube alles bestens verlief, ohne meine Anwesenheit. In Begleitung meiner Katze (Schnurrli), die sich über meine Ankunft sichtlich freute und nicht mehr von mir wich, gingen wir in den Bäckerei-Lagerraum. Ich wollte feststellen wie es mit den Bestellungen aussah. Plötzlich verhielt sich die Katze ganz eigenartig. Ihr Buckel mit den gesträubten Haaren und die Ohren ganz nach hinten gerichtet, liessen erahnen, dass etwas nicht in Ordnung war. Vorsichtig steuerte sie einer Ecke entgegen und siehe da, hinter einer Schachtel verbarg sich eine dunkelbraune Schlange. Dieses Reptil, muss vom Innenhof unter dem Türspalt, in das Lager gelangt sein. Sie war etwa 50 Zentimeter lag und hatte den Umfang eines Mittelfingers. Einer meiner Lehrlinge liess auch bei ihr keine Gnade walten und meinte: Auch junge Schlangen sind gefährlich. Leider kann ich nichts dagegen tun, weil dann der Eindruck entsteht, dass es mir egal ist, wenn eine Person von einer Schlange gebissen wird und womöglich sein Leben verliert. Bei tropischen Schlangen kenne ich mich nicht aus welche giftig sind und die, vor denen man sich nicht fürchten muss. Die junge Schlange hätte mit einem Biss bestimmt keinen Menschen umgebracht. Hätte ich sie in die Freiheit gelassen besteht natürlich die Möglichkeit, dass sie sich zu einem grossen Reptil entwickelt und für die Leute gefährlich werden kann. Es gibt noch viele andere Tiere die giftig sind und zum Tod eines Menschen führen kann. Es wäre sicher zum Vorteil, wenn in den Schulen, bei der Biologiestunde, auch über das Leben von Schlangen aufgeklärt würde. Schlangen sind trotz ihrer Gefährlichkeit nützliche Tiere und gehören in das Ökosystem miteinbezogen. Leider wurde sie in der katholischen Bibel im Paradies als böses Tier gebrandmarkt und mit dem Teufel gleichgesetzt. Solche Szenen und Erfindungen sollten meiner Meinung nach aus der Bibel entfernt werden. Im Garten Eden, lebten angeblich nur reine Geschöpfe; Menschen und Tiere friedlich beisammen. Für mich etwas seltsam, dass auf einmal ein unreines Wesen einen Zugang in dieses Paradies hatte.

Back-Kurs in der Haushaltschule in Uwemba

Schwester Martina, die Leiterin der Haushaltschule in Uwemba, bat mich vor einiger Zeit, bei ihr in der Schule einen dreiwöchigen Back-Kurs für die Mädchen zu geben. Sie führt seit fünf Jahren unermüdlich eine Haushaltsschule mit 40 jungen Mädchen, die gerade aus der Schule entlassen wurden. Mit Absprache von Abt Lambert in Peramiho traf ich am 12. Juni 1999 in Uwemba ein, um in einem Schnellverfahren diesen Mädchen das Backen ohne Elektrizität beizubringen. Ich verliess Peramiho bei 27 Grad und der Thermometer in Uwemba zeigte knapp sieben Grad an. Der Temperaturunterschied ist gewaltig. Peramiho liegt etwa 900 Meter über Meer und Uwemba 2200 Meter über Meer. Der Schwester Martina war es ein Anliegen, dass die Mädchen nach zwei Jahren ihrer Ausbildungszeit, wenn sie zu ihren Familien in den Busch zurückkehren, auch für das Herstellen von Brot und Süssigkeiten eine Ahnung haben. Sie unterrichtet die Mädchen in der Hauswirtschaft, im Ackerbau mit einer kleinen Viehzucht, Kochen und Nähen, einfach alles was eine Frau mit Familie zur wirtschaftlichen Selbständigkeit führt. Diese Hilfe zur Selbsthilfe kann ich nur befürworten. Trotz einfacher Kücheneinrichtung stellten wir Brot, Semmel, Plunder, Süssgebäck mit Füllungen, Schmelzbrötchen und andere Süssigkeiten her. Die Mädchen, die in Gruppen eingeteilt wurden, zeigten grosses Interesse und schrieben die Herstellungsrezepte der Gebäcke in ihre Hefte ein. Die Teige wurden von Hand hergestellt, wie es eigentlich jede Familie in der Schweiz kennt und dann aufgearbeitet wird. Ein Holzofen diente zum Backen. Hernach diskutierten wir gemeinsam über die Endprodukte, die auf dem Küchentisch standen. Es waren Zöpfe, Semmeln, Madlen (Schmelzbrötchen), Nussgipfel, Schnecken und Berliner. Seit wir mit der Bäckerei in Peramiho angefangen haben, werde ich immer wieder von Leuten angesprochen, warum ihr Gebäck nicht so luftig wird wie bei mir? Dafür gibt es viele Gründe. Die Luftfeuchtigkeit, die Wärme gerade in Tansania und die Wahl des richtigen Moments, um die fertiggegorenen Teigstücke in den heissen Ofen zu geben. Der Hauptgrund jedoch liegt oft darin, dass die Hefe auch Trockenhefe in zu warmem Wasser aufgelöst wird. Dadurch verliert die Hefe an Kraft und das Gebäck kann sich nicht optimal entwickeln. Mein Ratschlag ist: Bei dieser wärme in Tansania, die Hefe in der kalten Flüssigkeit aufzulösen. Auch wird das Brot oft in zu heissem Ofen gebacken. Zu schnell erhält der Brotteig in der Backform eine Kruste und der Teig geht nicht mehr optimal auf, weil er sich nicht richtig entfalten kann. Nach dem Backen fühlt sich das Brot schwer an anstatt leicht und luftig.

Ausflug mit meinem Fahrrad in den Busch
Am 10. Juli 1999 begab ich mich in die Schweiz, um bei der Abstimmung des neuen Abts dabei zu sein. Pater Marian Eleganti wurde am 15. Juli zum zweiten Abt der Gemeinschaft vom Kloster Uznach gewählt. Ich durfte dann noch 14 Tage Urlaub nehmen, bevor ich wieder nach Tansania zurück kehrte und in der Bäckerei in Peramiho meine Arbeit fortsetzte. An einem Samstag machte ich wieder einmal eine Radtour in den Busch hinaus. Plötzlich fiel mir auf, dass eine Frau mittleren Alters neben ihrer Hütte auf einer Matte lag und einige Frauen, Kinder und Männer neben ihr auf dem Boden sassen und beteten. Ich machte einen kurzen Halt und fragte: Ob die Frau krank sei? Sie nickten und sagten: Sie hat eine ganz heisse Stirn und Schüttelfrost, vermutlich Malaria. Ich fragte: Warum sie nicht nach Peramiho ins Spital gebracht wird? Da erhielt ich zur Antwort: Wir haben kein Geld um es zu bezahlen. Ich sagte: Bringt die Frau sofort nach Peramiho in das Spital; die Kosten übernehme ich. Schnell fertigten die Leute eine Liege aus Bambus her und trugen sie sieben Kilometer nach Peramiho in das Spital. Sofort fuhr ich mit dem Fahrrad zurück und meldete sie an der Rezeption im Hospital an und liess die Kosten auf meinen Namen aufschreiben. Sie hatte Glück und kam durch. Hier zeigt sich, wie arme Leute mit dem Tod umgehen können. Man hätte diese Frau einfach mit Gebeten in den Tod begleitet. Ich besuchte sie im Spital und sie war überglücklich und konnte das Spital nach zwei Tagen wieder verlassen. Im Oktober 1999 rief mich der Abt Lambert in die Bibliothek in Peramiho und sagte zu mir: Dass ich jetzt drei Jahre im Kloster Peramiho arbeite und mir ein dreimonatiger Heimaturlaub zusteht. Ich war ganz überrascht und entgegnete ihm: Dass ich in der Schweiz war, als ich die Bäckereimaschinen besorgte und auch bei der Abtswahl in Uznach war. Er entgegnete mir: Die waren an Bedingungen verknüpft und gelten nicht als Urlaub. Ich freute mich natürlich über diese Aufklärung und wusste zugleich, dass meine Lehrlinge jetzt nach so langer Zeit selbständig arbeiten können. Der Bischof Norbert Mtega von Songea bat mich nach Songea zu kommen und den riesigen Ofen anzuschauen, der viel Brennholz verbraucht und keinen Gewinn abgibt. Das Problem an diesem Ofen zeigt eindeutig, dass mit der Holzfeuerung alle drei grossen Etagen beheizt werden, obschon nur die Hälfte einer Etage gebraucht wird um Brot zu backen. Es brauchte viel Brennholz, bis alle drei Etagen des Ofens 250 Grad Temperatur erreichen. Sieben Jahre zuvor erhielt er von einer Ofenfirma in Italien, gratis diesen riesengrossen dreistöckigen gebrauchten Ofen mit Holzfeuerung. Sogar zwei Arbeiter aus Italien trafen in Songea ein, um den Ofen zusammenzusetzten, der in Teilstücke mit dem Container nach Tansania transportiert wurde. Die Teige wurden von Hand geknetet und in Brotformen gebacken. Es gibt ein Sprichwort: „Einem geschenkten Gaul, schaut man nicht ins Maul" Dieser Ofen war eindeutig viel zu gross für die Stadt Songea, die 120.000 Einwohner zählt. Der Bischof teil-

te mir mit, dass er gerne eine Backstube bauen und einrichten möchte, die der Grösse von Peramiho entspricht. Immer wieder besuchte er die Buchbinderei und Bäckerei in Peramiho, wenn er sich in der Abtei aufhielt. Er ist der Onkel von Br. Ambros, dem ich das Buchbinden beibrachte. Er bat mich Bäckereimaschinen und einen elektrischen Ofen zu besorgen. So erstellte ich einen Bauplan für die neue Backstube in Songea her, bevor ich Ende November 1999 meinen ersten dreimonatigen Heimaturlaub antrat.

Rückkehr in die Schweiz, um Bäckereimaschinen zu besorgen

Damit ich während meinem Urlaub Freunde, Verwandte und Wohltäter besuchen konnte entschloss ich mich, ein gebrauchtes Auto zu kaufen, mit dem Hintergedanken, es wieder zu verkaufen, wenn ich nach Tansania zurückkehre. In einer Garage wurde ich fündig, wo ein kleines weisses zweitüriges Auto mit einem kleinen Kofferraum für 4500 Franken zum Verkauf angeboten wurde. Weil ich es nur für drei Monate brauchte und ich dem Besitzer dieser Garage erzählte, dass ich ein Mönch sei und in Afrika lebe und arbeite, setzte er den Preis um 1000 Franken zurück und ich erhielt das Auto für 3500 Franken. Er versicherte mir noch, falls ich das Auto nicht verkaufen kann, darf ich es bei ihm für einen entsprechenden Rückkauf wieder zurückbringen. Noch am selben Tag klebte ich links, rechts und auf der Rückscheibe dieses Autos einen Zettel fest, mit der Aufschrift; Wegen Auslandaufenthalt ab Ende August zu verkaufen und setzte noch meine Telefonnummer hinzu. Während dem Aufenthalt in der Schweiz erhielt ich 11 Interessenten, die mir ihre Telefonnummer hinterliessen. Ich besuchte Freunde, Bekannte und Verwandte die ich schon lange nicht mehr getroffen habe. Von der Rita Baldegger in Bichwil-Bisacht, die regelmässig das Brot in der Bäckerei in Bichwil bei der Familie Martin Stillhard-Bossart einkaufte, erfuhr ich, dass diese Bäckerei nicht mehr in Betrieb ist. Sofort besuchte ich diese Familie und erhielt eine Knetmaschine, eine Kombinationsmaschine mit Rühr und Mahlwerk, eine Auswahlmaschine eine Eismaschine und viele Bäckereiutensilien. Da die Maschinen noch in gutem Zustand waren, holte die Transportfirma Wespe in Schmerikon, durch Edi Marty, der damals als Logistikchef angestellt war, die Bäckereimaschinen unentgeltlich ab und brachte sie nach Uznach zum Kloster, wo ein Container für Tansania bereitstand. In Cham beim Peter Nietlisbach erhielt ich auch Bäckereimaschinen für den Bischof Emmanuel Mapunda von Mbinga, der auch eine Backstube einrichten möchte. Der Raum ist bereits vorhanden und ich konnte ihn besichtigen. Allerdings mussten die Elektriker zwei Steckdosen, für den Ofen und die Knetmaschine, mit 380 Volt anbringen, die ich an den Wänden markierte. Ein Abwaschbecken und Tische zum Arbeiten waren bereits vorhanden. Inzwischen hatte ich Wohltäter in der Schweiz erhalten, die bereit waren meine Projekte in Tansania zu unterstützen. Immer wieder wurden Container vom Kloster Uznach über Br. Pius Müller nach Tansania verfrachtet. Die Zeit meines Urlaubsaufenthaltes ging schnell vorbei und ich bereitete alles vor, für den Rückflug nach Tansania Ende Februar im Jahr 2000. Zwei Tage vor meiner Rückkehr erhielt ich ein Telefon von einer Bauersfrau ausserhalb Winterthur, die sich für mein Auto Interessierte. Noch an diesem Tag machte ich mich auf den Weg zu dem Bauernhof, um mein Auto vorzustellen. Sie war sofort einverstanden das Auto zu kaufen, denn sie wollte dieses kleine Auto für ihre Landwirtschaft benutzen. Bis anhin benutzte diese Familie ein Motorrad mit Anhänger, um die grossen Ackerfelder zu erreichen. Obschon mein Auto 3700 Kilometer mehr auf dem Kilometerzähler hatte, verkaufte ich ihr das Auto zum gleichen Preis, wie ich es erhalten habe. Ich denke, dass es gerechtfertigt war, weil ich das Auto bei der Garage um 1000 Franken billiger erhielt. Eigentlich kann ich mich nicht beklagen. Trotz meiner Kindheit, als Waisenkind in einem Kinderheim aufgewachsen (Biografie am 11.11 2022 im BoD Verlag veröffentlicht „Vom Waisenkind zum Ordensmann" (Mein steiniger Weg - bis ich „Hilfe zur Selbsthilfe" in Ostafrika leisten konnte - Bruder Andreas), hatte ich mehr oder weniger immer Glück und konnte mein Leben bis anhin selbständig und zufrieden meistern.

Zurück in der Bäckerei in Peramiho und das Jahr 2000
Während meiner Abwesenheit lief die Bäckerei in Peramiho bestens. Der Buchbindermeister Br. Ambros half auch mit, wenn Not am Mann war. Er arbeitet sehr gerne in der Bäckerei wie ich feststellte. John, den ich für ein Jahr zur Ausbildung in der Backstube erhalten habe, kehrte Ende Februar 2000 nach Mkako zurück, wo Willi Schmidt, aus Deutschland, eine kleine Landwirtschaft betreibt. Willi eröffnete in Songea eine private Bäckerei und John wird nun dort als Bäcker eingestellt. Das war auch der Grund, weshalb ich ihn in der Backstube ein Jahr ausbildete. Nach meiner Rückkehr nach Peramiho kehrte auch Protas nach Songea zurück und ist in der alten, später der neuen Diözesanbäckerei tätig. Er ist verheiratet und hat zwei Kinder. Mit seinen Eltern pflegt der Bischof gute Beziehungen und taufte Protas als erstes Kind nach der Geburt im Jahr 1974. Zur gleichen Zeit verliess auch Fadhili die Backstube und ist nun in der Küche der freikirchlichen Gemeinschaft „Kanisa la Biblia" in Tunduru eingesetzt. Sie beherrschen jetzt die Backkunst und ohne Zweifel werden sie weiterhin fleissig und sauber in Songea und Tunduru als Bäcker arbeiten. Einen Monat später erhielt ich den Lehrling Mario aus Mbinga, den mir der Bischof Emmanuel Mapunda, für ein Jahr zur Ausbildung, in die Bäckerei nach Peramiho brachte.

Seit dem Jahreswechsel 2000 steht wieder das Heilige Jahr für die Katholiken im Mittelpunkt. Interessant ist, dass das neue Jahrhundert mit einem ganz anderen Stellenwert und Denkweise angegangen wird, als es im Mittelalter noch der Fall war. Heute sehnt man sich nach Frieden und Gerechtigkeit, hilft den Menschen in Katastrophengebieten, wie jüngst bei den Überschwemmungen in Mosambik, wünscht sich ein Ende der Kriege und solidarisiert sich mit den unschuldig Verfolgten, die ihr Leben und Haus verlieren. Früher löste das nahende Ende des Jahrhunderts unter den Gläubigen panische Ängste aus. Im Jahr 1299 zogen die Bewohner Roms zum Petersdom und flehten den Papst an, er möge sie vor den Weltuntergang und dem schrecklichen Gericht Gottes bewahren. Was sollte da das Oberhaupt tun? Er erinnerte sich an die jüdischen Jubeljahre, alle sieben Jahre das Sabbatjahr. Es war ein Datum für den Erlass von Schulden und die Freilassung von Sklaven. So ist das Prinzip des Heiligen Jahres der jüdischen Tradition entliehen. Das Heilige Jahr wurde 1300 durch Papst Bonifatius VIII ins Leben gerufen. Ursprünglich als Jahrhundertereignis gedacht, wurde es zunächst im Abstand von 50 Jahren und dann 33 Jahren wiederholt. Der Rhythmus von 25 Jahren besteht seit dem Jahr 1470. Zentrale Elemente der Jubiläumsjahre sind eine Romwallfahrt, die Öffnung der Heiligen Pforte. Zum Ritual gehört auch der Besuch bestimmter Kirchen in Rom. Damals stellte das Oberhaupt der katholischen Kirche allen Menschen die Busse, Wallfahrten und Gutes tun, den Erlass ihrer Sünden in Aussicht. Wer durch die Heilige Pforte schreitet, wird von allen Sünden befreit. Gläubige, die nicht die Mühen einer Wallfahrt nach Rom auf sich nehmen konnten oder wollten, durften den Sündenerlass gegen Zahlung (einen Geldbetrag) tilgen. Der Handel mit dem Ablass war, unter anderem, der Auslöser für die Reformation durch Martin Luther und die Spaltung der Kirche im Jahr 1517. Mittlerweile gibt die Kirche ihren Gläubigen alle 25 Jahre die Gelegenheit, mit einer Reise nach Rom einen Schlussstrich unter die Vergangenheit zu ziehen und einen neuen Anfang zu wagen. Im Jahr 1470 wurde der 25-Jahre-Abstand festgelegt. Papst Johannes Paul II betont, dass das Heilige Jahr 2000 ein ganz gewöhnliches Jahr sei, das nur besonders feierlich begangen wird. Jetzt können die Pilger den Jubelablass nicht nur in den Hauptkirchen Roms, sondern auch im Heiligen Land und an anderen Orten gewinnen. So soll das Jahr 2000 für die ganze Christenheit als grosse Mission wirken. Der Jahreswechsel beflügelte auch Spekulationen. Weltuntergang, und dass der Jahreswechsel ein Absacken im Computersystem zur Folge haben könnte. Ich dachte, dass es nur eine raffinierte Steuerung der Medien war. Viele Leute haben neue Computer und Zusatzgeräte angeschafft oder mindestens Umprogrammieren lassen. Wie sich herausstellte, funktionierte der Übergang ins neue Jahrtausend, bei den herkömmlichen Computern ohne Probleme. Wie ich bei meiner Ankunft in Peramiho mitbekam, feierten sie das Jahrhundert mit grosser Freude und mit Zuversicht in die Zukunft. Zum ersten Mal liessen sie auf dem Kirchplatz Feuerwerkskörper in den Himmel steigen. Die Veranstaltung musste auf den Neujahrstag verschoben werden, weil in der Silvesternacht ein Gewitter die Gegend aufsuchte. Eigentlich waren die Feuerwerke für einen Anlass des früheren und ersten Präsidenten Nyerere bestimmt, der im Jahr 1999 am 14. Oktober in London (England) an Krebs starb. Deshalb wurden viele Feuerwerkskörper in den Grossstädten sehr günstig angeboten. Im Busch draussen kennen die afrikanischen Leute solche Veranstal-

tungen nicht. Eine grössere Gruppe Afrikaner wagte es, das Schauspiel aus nächster Nähe mit zu verfolgen. Um 21.30 Uhr fing das Spektakel an. Dann kracht es über dem Kirchturm und regnet in blau, rot, gelb und grün Richtung Spital herab. Der Sternenhimmel war gerade richtig für ein solches Schauspiel. Raketen, die kurz nach dem Start einen heftigen Knall auslösten und beim Flug in die Höhe nochmal lauter krachten als zuvor, lösten sich in prächtigen, regenbogenfarbenen Goldregen aus. In einer halben Stunde war die ganze Knallerei vorüber und auf dem Kirchplatz roch es nur noch nach Schwefel, wie mir ein Afrikaner später erzählte. Im Juni 2000 traf der Container mit den Bäckereimaschinen, für die Backstube in Songea und Mbinga, in Peramiho ein. Von dort wurden sie abgeholt und nach Songea beziehungsweise nach Mbinga gebracht. Ab dem 15. Dezember 1999 wurde von der Regierung beschlossen, dass auch Container von religiösen Institutionen verzollt werden müssen, ausser Hilfsgüter für Spitäler, Schulen und Wasserversorgung. Kardinal Polykarp Pengo und die Bischöfe von Tansania reisten eigens zum Staatspräsidenten, um die Verordnung, was den Zoll anbelangt rückgängig zu machen. Der Präsident Benjamin Mkapa (Präsidialzeit 1995 bis 2005) konnte sich leider im Parlament nicht durchsetzen, um die Zollgebühren für humanitäre Hilfe Rückgängig zu machen. Abt Marian Eleganti von Uznach besuchte die Missionsklöster unserer Kongregation und die Klöster der Tutzingerschwestern. Er besichtige die Bäckerei in Peramiho und war sehr begeistert und beeindruckt über das gelungene Werk. Es war ihm ein Anliegen, dass ich Ende 2000 in sein Kloster nach Uznach zurückkehre und er meine Missionstätigkeit nicht mehr verlängern will. Er sagte: Ich könnte mich jetzt in diesen paar Monaten, bis Ende Jahr, gut vorbereiten, um mich von meinen Aufgaben in Tansania zu lösen. Sein Wunsch war, dass ich das Theologiestudium (damals mit Br. Josef Schnider) in Einsiedeln antrete. Das lehnte ich aber im vornherein ab. Es stimmte mich schon etwas traurig, das Tansania und viele arme Menschen die mir ans Herz gewachsen sind zu verlassen. Aber mit dem musste ich rechnen, weil ich immer nur ausgeliehen war und keine Aussendung mit Missionskreuz erhielt. Es waren immer nur Verlängerungen bewilligt worden. Allerdings sind jetzt meine Lehrlinge in der Lage, die Bäckerei selbständig zu führen und das war ja schlussendlich mein Ziel. Ich begab mich nach Songea, wo der Bäckereibau mit dem Fundament bereits dem Ende entgegen ging, der während meinem Urlaub in der Schweiz von Bauarbeitern in Songea in Angriff genommen wurde. Es musste nur noch der Fussboden mit rotem Pulver, Zement und Sand vermischt, aufgetragen werden. Als der Container in Peramiho eintraf, konnte ich alle Bäckereimaschinen und der Ofen an die bestimmten Plätze stellen und die Backutensilien in den Tischschubladen versorgen. Den grossen Metalltisch mit Schubladen und die Brotwaage wurden im Container mitgeliefert. Die Holzarbeiten; Drei kleine Regale, ein grosses Regal zum Verkauf der Bachwaren, ein Schrank, Tisch und drei Stühle für das Office wurden in der Diözesanschreinerei in Songea hergestellt. Auch diese Bäckerei darf man als gelungenes Werk bezeichnen. So entschied ich mich, sechs Wochen in dieser Backstube mit Protas, den ich bereits in der Bäckerei in Peramiho ausgebildet habe und noch drei weitere junge Afrikaner, die mir der Prokurator vom Bischof Father Kevin Ngondola anvertraute, in die neue Bäckerei einzuführen. Später werde ich für die Bäckerei in Songea und Mbinga noch einige Bäckereiutensilien zukommen lassen. Ich erhielt ein Zimmer im Bischofshaus und brauchte nur fünf Gehminuten, über die Strasse bis zu der Bäckerei. Die Backstube ist mitten in der Stadt Songea und hat einen sehr guten Absatz. Sie liegt neben der Diözesan-Haushaltungsschule und ein paar Schritte von der Bushaltestelle entfernt. Das Verkaufsfenster wie in Peramiho bewährt sich bestens und kann abends mit einer eisernen Schiebetüre von innen verschlossen werden. Die Stadt Songea besitzt Elektrizität. Der Generator wird nur bei Stromausfall zum Überbrücken verwendet, der zwar öfters ausfällt. Was die Organisation in der Backstube und den Fleiss von Protas anbelangt, sehe ich bei ihm keine Bedenken. Hingegen besitzt er überschüssige Kraft und muss sich das „Feeling" - fühlen - noch aneignen. Die Auf-Schleifmaschine in der Backstube in Peramiho mussten wir damals in die Mechanikerwerkstatt bringen, weil er den Hebel bei der Gusseisenhalterung, mit enormer Kraft, abgebrochen hat. Zum Glück

konnte diese Gusslegierung von Br. Viktor Kalberer geschweisst werden. Weil mir nur noch wenig Zeit blieb, bevor ich in die Schweiz zurückkehrte, richtete ich die Bäckerei im Bischofshaus in Mbinga ein und blieb sechs Wochen, um die Schwester Notgera, die ich auch in Peramiho ausbildete in die neue Backstube einzuführen. Sie gehört zu der Gemeinschaft der Apostolats- Helferinnen (von Lourdes). Allerdings hat sie mit der Organisation etwas Mühe. Dafür kommt das schöne Kiswahili-Wort „pole pole" -langsam, langsam, alles mit der Ruhe- treffend zur Geltung. In einem Tag war die Bäckerei eingerichtet so konnten wir sofort mit der Produktion von Backwaren beginnen. Hinzu kam Schwester Neema (Vinzentinerin) und drei junge Mädchen, die grosses Interesse zeigten und sich schnell in das Handwerk des Backens einführen liessen. Das Rohmaterial wie, Mehl, Salz, trocken Hefe, Backpulver, Eier, Fett und Milch ist in der Stadt Mbinga erhältlich. Was in der Landwirtschaft der Diözese nicht erwirtschaftet wird kann eingekauft werden. Mit diesen Produkten können viele Backwaren hergestellt werden. Ein Verkaufstand ist an der Grenze des Bischofssitzes aufgestellt worden, weil fremde Leute innerhalb der Umzäunung keinen Zugang haben. Anwohner und motorisierte Fahrer, haben die Möglichkeit dort Backwaren zu kaufen. Weil das Bischofsbäckerei 30 Minuten Fussweg von der Stadt Mbinga entfernt liegt, hat man sich entschieden in der Stadt einen kleinen Laden zu eröffnen. Das Volk wird kaum jeden Tag die Strecke zum Bischofshaus zurücklegen, um für 200 Schilling (etwa 20 Rappen) ein Laib Brot und Backwaren einzukaufen. Ob diese Backstube selbsttragend wird muss sich noch zeigen. Trotz der Knetmaschine bereiten wir oft Teige auf dem Tisch her, um Diesel zu sparen. Die Stadt Mbinga zählte damals 40.000 Einwohner und besitzt keine Elektrizität. Die Bäckereimaschinen müssen mit einem Generator gespeist werden.

Der Abschied meiner Missionstätigkeit in Afrika
Nur noch wenige Wochen stehen bevor bis das Jahr 2000 zu Ende geht und ich meine Zelte in der Abtei Peramiho abbrechen und nach Uznach zurückkehren muss, um die Klostergemeinschaft in Uznach zu unterstützen. Der Altersdurchschnitt zählt 64,9 Jahren und die Mönche werden nicht jünger. Heute im Jahre 2023 ist der Altersdurchschnitt auf knapp 70 gestiegen. Inzwischen möchte Abt Marian Eleganti, dass ich anfangs 2001 in St. Ottilien eine Orgelausbildung erhalte und später an der Kirchenorgel in unserer Klosterkirche den Choral, Kirchenlieder, Vesper und Komplett begleite. Ich hatte genug Zeit, mich auf die Rückkehr vorzubereiten und war überzeugt, dass mir der Einstieg in die neue Situation gut gelingen wird. Letztlich spielt es keine Rolle, wo man lebt, betet und arbeitet. Hauptsache ist, man tut es mit Freude und von Herzen. Zudem gibt es Hoffnung, dass die Gemeinschaft in Uznach Nachwuchs erhält, weil der neue Abt Marian Eleganti es gut versteht mit jungen Menschen umzugehen. Ernsthafte Anfragen sind bereits eingegangen und mittlerweile hat es Eintritte gegeben. Sicher darf man den Morgen nicht vor dem Abend loben. Immerhin besteht doch Grund zur Freude, dass wieder vermehrt junge Menschen sich für die engere Nachfolge Christi entscheiden und bereit sind,

sich in den Dienst der Kirche zu stellen und für die Menschen da zu sein. Auch wir müssen bereit sein, dem Denken und Fühlen junger Menschen Beachtung zu schenken und versuchen, sie in ihrer Art zu verstehen. Die gegenseitige Liebe, das Vertrauen, Zuhören und Wohlwollen bindet und stärkt eine Gemeinschaft in jeder Hinsicht. Nur auf diese Weise ist eine Kommunität auf die Dauer überlebensfähig. Macht und Druck durch den Vorsteher des Klosters wird die Lebensgrundlage einer Gemeinschaft früher oder später, zerstören. Aus Angst und dem Frieden zuliebe zu schweigen ist meines Erachtens nicht die richtige Lösung-Einstellung. Jesus Christus wäre nicht am Kreuz gestorben, wenn er um den Friedenswillen geschwiegen hätte. Auch Gruppenbildungen können in einem Kloster zu Spannungen führen. Der heilige Benedikt weist in seiner Regel darauf hin, dass der Heilige Geist auch einem jungen Mönch eine wertvolle Eingebung offenbaren kann. „Das aber alle zur Beratung zu rufen seien, weil der Herr oft einem Jüngeren offenbart, was das Bessere ist" (Benediktusregel Kapitel 3).

Am 18. Oktober im Jahr 2000 konnte ich genau auf sieben Missionsjahre in Afrika zurückblicken. Mein erster Missionseinsatz erfolgte im Jahr 1993, der inzwischen viermal verlängert wurde. Herzlich dankte ich der Klostergemeinschaft, dass sie mir ermöglicht hat meine Fähigkeiten zu nutzen, diese armen Menschen weiter zu geben und meinen Horizont zu erweitern, Armut gegenüberzustehen und zu erfahren, was Entwicklungshilfe konkret bedeutet. In unseren Missionsgebieten legt man grossen Wert darauf, dass das Land – wenn auch im technischen Bereich nicht so entwickelt – seine Kultur erhalten kann. Es wird den Menschen „Hilfe zur Selbsthilfe" geboten. Dem afrikanischen Volk in diesem Sinne beizustehen, kann ich nur unterstützen. Es ist wohl eine ganz andere Welt in der ich lebte. Sicher war es beglückend für mich, den Menschen zu helfen und mit ihnen zusammenzuleben, die trotz oder wegen der Armut ihre Natürlichkeit bewahrt haben. Wir Reichen im Westen könnten in dieser Hinsicht viel lernen. Im Laufe dieser Zeit lernte ich mit Menschen umzugehen, die ganz anders leben und denken, als wir Europäer. Kein Stress, keine Sorgen für die Zukunft. Nein, sie nehmen jeden Tag, wie er ist, fröhlich, freundlich und unbekümmert. Ich versuche immer wieder die Menschen so anzunehmen wie sie sind. Besonders beindruckt mich ihre Lebensweise. Sie be-

stellen ihre Felder und leben von der Ernte. Gibt es eine gute Ausbeute, wird der Überschuss verkauft. Tauschhandel mit Lebensmittel und Tieren, was in der Regel Männersache ist, gehört zu der afrikanischen Tradition.

Im Monat Dezember, vor meiner Rückkehr in die Schweiz, weilte ich nochmals einige Tage im Kloster Imiliwaha. Von Peramiho brachte ich das Lumbekgerät mit, das kürzlich mit dem Container in Peramiho eintraf. Die Schwestern, die inzwischen das Handbuchbinden beherrschen führte ich in dieses Leimgerät ein. Mit diesem Gerät werden einzelne Papierblätter am Rücken zusammengeleimt (Papierbögen bindet man an Heftladen mit Nadel und Faden zusammen). Früher wurden die einzelnen Blätter mit Heftklammer zusammengehalten oder die Blätter wurden gelocht und mit Schnur am Rücken zusammengebunden, mit dem Nachteil, dass sich das Buch und die Hefte nicht mehr vollständig öffnen liessen. Ausserdem fingen die Klammern zu rosten an, weil die Luftfeuchtigkeit in der Regenzeit oft bis 80 Prozent und mehr beträgt. Zudem ist es in dieser Gegend, über die Hälfte des Jahres, kalt und neblig. Mit dem neuen Lumbekgerät besteht nicht mehr die Gefahr, dass einzelne Blätter herausfallen. Die Hausbuchbinderei ist jetzt mit diesem Gerät vollständig eingerichtet und sieht jetzt wirklich schön aus, nachdem wir den Raum vergrössert und die verschiedenen manuellen Buchbindereimaschinen praktisch und rationell an die richtigen Plätze gestellt haben.

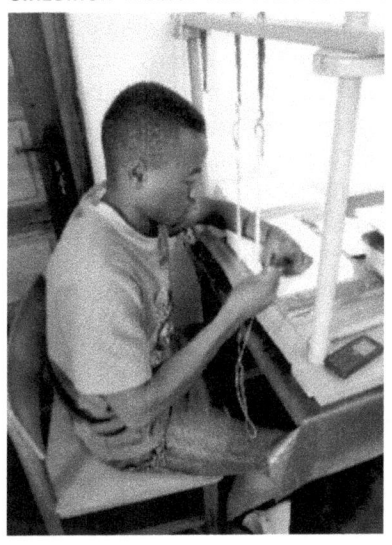

Mitte Dezember im Jahr 2000 verabschiedete ich mich bei den Mitbrüdern der Abtei Peramiho und der Fahrer Kross brachte mich in Begleitung mit Br. Ambros nach Daressalam. Für ihn war es das erste Mal eine grosse Stadt zu sehen. Er kennt sich gut in seiner Diözese Njombe aus. Mlangali ist sein Geburtsort, wo er aufgewachsen ist. In Iringa veränderte sich die Gegend schlagartig, weil der Regen bereits Einzug hielt. Alles grün und saftig. Die Maispflanzen ragen bereits 50 Zentimeter aus dem Boden und in der entgegengesetzten Richtung ist alles dürr und leer. Bei der Durchfahrt im Nationalpark Mikumi war er hell begeistert. Zum ersten Mal sah er viele Wildtiere, frei in der Wildnis, die er nur aus dem Bilderbuch kannte. In der Gegend von Morogoro Richtung Chalinze bis hinauf in den Norden Tansanias gab es Missernten. Ein grosser Teil der Maispflanzen setzten keine Maiskolben an. Dies wird wohl auf den späten Niederschlag zurück zu führen sein, der normalerweise im Oktober eintrifft. Das Saatgut konnte erst im Dezember gepflanzt werden. Kaum 30 Zentimeter hoch fingen die jungen Maispflanzen sich gelblich zu verfärben an. Dies passiert nämlich auch, wenn sie kein oder zu wenig Düngemittel erhalten haben. Der Nachholbedarf des Regens verursachte ständig feuchten Nährboden, sodass die Wurzeln zu faulen begannen. Br. Engelbert kaufte in Peramiho und der Umgebung bei vielen Leuten im Busch draussen ihre überschüssige Maisernte ab. Einige Lastwagen fuhren die Säcke (einige Tonnen) nach Morogoro, Daressalam und in den Norden Tansanias, um dieses begehrte Nahrungsmittel den Menschen zu verteilen. Die Leute waren sehr dankbar, dass sie ihren Mais verkaufen konnten. Letztes Jahr brachten sie ihren überschüssigen Mais in das Lager nach Songea, der von dort in den Norden verkauft werden sollte. Weil aber vom Ausland Mais eingeführt wurde, scheiterte der Verkauf. Die Leute mussten ihren Mais, zum grossen Teil, von den Maiskäfern verfressen, wieder in Songea abholen. Von Morogoro bis Daressalam sind es noch 220 Kilometer. Im Autoradio hörten wir die Nachricht, dass an der Küste des Viktoriasees ein grosses Transportflugzeug nieder ging. Vom Sudan her flog der Pilot mit seinem Begleiter den Flughafen von Mwanza im Norden Tansania an, um dort die vielen bereitgestellten Kisten mit Fischen für den Handel abzuholen. Ein Heftiges Gewitter legte zur selben Zeit die Elektrizität in der ganzen Stadt lahm. Von der Flughafenstation erhielten die Piloten die Durchsage, dass sie über der Stadt Mwanza kreisen sollen, bis die Landebahn wieder beleuchtet ist. Weil der Pilot diese Strecke schon öfters geflogen ist, glaubte er, die Landebahn wie seine eigene Hosentasche zu kennen und setzte trotzdem zur Landung an. Allerdings verfehlte er bei Dämmerung die Landepiste um einen Kilometer und erhielt ein unfreiwilliges Bad im Viktoriasee. Glück im Unglück hatten beide denn noch. Das Flugzeug lag nur bis zur Hälfte im Wasser, als es zum Stillstand kam. Die Piloten mussten mit dem Helikopter abgeholt werden, weil die Flugzeugspitze hoch in die Luft ragte und sie keine Möglichkeit hatten, das Flugzeug ohne Hilfe zu verlassen. Jetzt wird wohl dieser „Eiserne Vogel" ein Wasserspielzeug für die Kinder sein. Einerseits fehlt das Geld für die Bergung und anderseits zählt dieses Frachtflugzeug bereits zu der alten Garde. Wir erreichten Daressalam wohlbehalten und trafen gegen Abend in Kurasini ein. Weil ich erst zwei Tage später mit der Swissair in die Schweiz flog, besuchten wir Br. Damas von der Abtei Peramiho, der im Hospital operiert wurde. Br. Damas litt an einer Krankheit, genannt Keloid – überschiessende Narbenbildung. Aus dem Körper wuchert an verschiedenen Stellen und in verschiedenen Grössen Geschwulste, die nur operativ entfernt werden können. Diese Auswucherungen sind immer gutartig, können aber einen Menschen ästhetisch entstellen oder als Störfaktor empfunden werden, wie es bei Br. Damas an seiner Brust der Fall war. Er freute sich sehr über unseren Besuch. Einen Monat verbrachte er im Spital und zwei Monate in Kurasini, weil er immer wieder zur Kontrolle in das Spital gehen musste. Später übernahm er die Metzgerei, die Br. Arthur Grawehr unermüdlich während 24 Jahren geleitet hat. Am 28. Mai 2000 kehrte er in die Schweiz zurück, um die Klostergemeinschaft in Uznach zu unterstützen. Die Metzgerei läuft seither in afrikanischen Händen.

Mein dreieinhalbjähriges Orgelstudium in St. Ottilien

Drei Monate später, als ich von Tansania nach Uznach zurückkehrte, begab ich mich am 1. April im Jahr 2001 in das Kloster St. Ottilien (Deutschland Oberbayern) um das Orgelspielen zu erlernen. Es war der Wunsch von Abt Marian Eleganti, der mich dazu aufmunterte. Ich selber wäre nie auf diese Idee gekommen. Herzlich wurde ich von den Mönchen im Kloster St. Ottilien empfangen und ich fühlte mich dort geborgen, obschon ihre Lebensweise mit der Schweiz nicht zu vergleichen ist. Viele Mönche dieser Gemeinschaft kannte ich bereits von früheren Jahren her. In dieser Erzabtei absolvierte ich mit drei weiteren Mitbrüdern der Erabtei (Br. Kilian, Br. Joachim und Br. Zölestin) im Jahr 1980/81 das Noviziat und wurde an Werktagen zwei Stunden in der Hausbuchbinderei oder Klosterküche eingesetzt. Im Jahr 1986 hielt ich mich wiederum ein Jahr lang in St. Ottilien auf, weil ich beim Br. Burkard als Lehrling das Handbuchbinden erlernen durfte. Wer weiss, vielleicht wurden damals die Voraussetzungen geschaffen, die mir meinen längeren Missionseinsatz in Afrika ermöglichten. So oder so, meine Erfahrungen in Tansania und Kenia, das Leben und Arbeiten mit Einheimischen und ganz besonders anders denkenden Menschen möchte ich auf keinen Fall missen. Deshalb blieb ich mit diesen Menschen weiterhin verbunden und im Briefkontakt.

Pater Andreas Amrein, der am 4. Februar 1844 im schweizerischen Gunzwil bei Beromünster geboren wurde, lebte als Benediktinermönch in Beuron, bis er auf die Idee kam ein Missionskloster aufzubauen. Im Jahr 1884 gründete er die Gemeinschaften der Missionsbenediktiner und Missionsbenediktinerinnen in Reichenbach. Allerdings war dieser Ort nur eine Übergangslösung. Er suchte eine geeignete Niederlassung, um ein Missionskloster zu errichten. Mit einer Landwirtschaft und verschiedenen Werkstätten, die von den eigenen Mönchen und Schwestern betrieben würde, wäre für das leibliche Wohl der Gemeinschaft die Zukunft gesichert. Drei Jahre später erwarb er das Anwesen in Emming mit einer kleinen Wallfahrtskapelle, die der heiligen Ottilia geweiht ist. Der Ursprung dieser Kapelle lässt sich seit dem Jahr 1365 nachweisen. Die heilige Ottilia wird mit zwei Augen in den Händen dargestellt. Sie kam im Jahr 600 als blindes Mädchen zur

Welt und wurde deshalb von ihrem Vater verstossen. Nach einer Legende erhielt ein bayrischer Bischof in einer Vision den Auftrag, das von Nonnen aufgezogene Kind zu taufen. Dabei wurde Ottilia sehend. Das war auch der Anlass, weshalb die Missionsbenediktiner den Wahlspruch „Lumen Caecis" (Licht der Blinden) wählten und den Ortsnamen Emming in St. Ottilien übernahm. Das Kloster wurde im Jahr 1902 zur Abtei und im Jahr 1914 zur Erzabtei erhoben. Dieser Anstieg zur Erzabtei erklärt sich deshalb, weil zu diesem Zeitpunkt einige Missionsklöster, vorab im eigenen Land, von St Ottilien aus gegründet wurden. So gilt die Erzabtei von St. Ottilien als Mutterkloster gegründet 1887 (Patrozinium Herz Jesu) mit all den damals neuen Niederlassungen wie die Abtei Schweikelberg gegründet 1904 (Patrozinium Hl. Dreifaltigkeit), die Abtei Münsterschwarzach gegründet 1913 (Patrozinium Hl. Felizitas), die Abtei Königsmünster gegründet 1928 (Patrozinium Christkönig), die Abtei St. Otmarsberg in der Schweiz gegründet 1919 in Fribourg (Patrozinium Hl. Otmar) und die Abtei St. Georgenberg in Österreich gegründet 1967 (Patrozinium Hl. Georg). Die Missionsbenediktinerinnen lebten in einem eigens für sie gebauten Schwesternhaus und nahmen an den täglichen Gebetszeiten und Eucharistiefeiern in der Abteikirche teil. Ihnen oblag die Küche, das Brot backen, die Wäscherei, der Garten mit den vielen Blumen zur Ausschmückung der Klosterkirche und der Obst und Gemüsebau. Die Mönche konzentrierten sich auf kleine einfache Werkstätten wie zum Beispiel Wagnerei, Schlosserei, Spenglerei, Schreinerei, Schuhmacherei und so weiter. Viele junge Männer und Frauen aus der Schweiz, die bereit waren ihr Leben für die Dritte Welt -Mission- einzusetzen, traten damals in das Missionskloster in St. Ottilien ein. Sie erhielten eine Ausbildung und legten hernach die Profess -Bindung auf Lebenszeit- auf die Gemeinschaft und das Kloster ab. Der herbeiströmende junge Klosternachwuchs führte zu Platzmangel. Deshalb übersiedelte die Schwesterngemeinschaft im Jahr 1904 nach Tutzing am Ammersee, wo sie als Missionsbenediktinerinnen ein eigenes Kloster führen, beten und arbeiten (Ora et Labora). Inzwischen gibt es eine Abtei in Uznach für die Männer, und ein Priorat in Ettiswil für die Frauen, das jedoch vom Kloster Tutzing abhängig ist. Leider musste das Kloster in Ettiswil vor einigen Jahren die Türen schliessen und die noch wenigen Schwestern übersiedelten in das Mutterhaus nach Tutzing (Deutschland). Schon im Jahr 1888 wurden die ersten Missionare (Mönche und Schwestern) nach Tansania - Afrika ausgesandt, um dort der armen Bevölkerung zu helfen und beizustehen. Im Laufe der Zeit errichteten sie in diesem tropischen Klima einfache Kapellen, Spitäler und Schulen, wo sie sich unermüdlich einsetzten und in jungen Jahren an Tropenkrankheiten starben.

Im Jahr 2000 zählte die Erzabtei St. Ottilien 190 Mönche. Vorsteher dieser Erzabtei war Erzabt Jeremias

Schröder, der mit 36 Jahren im Oktober 2000 von der Klostergemeinschaft zum Erzabt gewählt worden ist. Es war für ihn sicher keine leichte Aufgabe, allen Mitbrüdern gerecht zu werden und fordert ein hohes Mass an Geduld, Einfühlungsvermögen und Verständnis bei so vielen verschiedenen Charakteren in einer Gemeinschaft. Hoffen wir, dass es wieder vermehrt junge Menschen gibt, die es wagen, sich ganz in den Dienst der Kirche und Gottes zu stellen und bereit sind, für die Menschen da zu sein. Auch hier mangelt es an Nachwuchs. Etwa 100 Mönche leben im Jahr 2000 in St. Ottilien, davon sechs zeitliche Professen, zwei Novizen und ein Postulant. Am 19. Mai 2001 durften vier Mitbrüder vom Bischof Viktor Josef Dammertz von der Diözese Augsburg die Priesterweihe empfangen. Zu dieser Gruppe zählte auch mein Musiklehrer Pater Regino. Bischof Viktor Josef Dammertz war Mönch von St Ottilien und hatte das Amt als Erzabt von 1977 bis 1992 inne, bevor er im selben Jahr im Dezember, vom Papst Paul Johannes ll zum Bischof vom Augsburg ernannt wurde. Einige Mitbrüder arbeiten in Pfarreien oder sind als Spirituale in Frauenklöstern eingesetzt. Etwa 44 Missionare sind in unseren Missionsgebieten Südafrika, Tansania, Kenia, Uganda, Namibia, Kongo, Sambia, Philippinen, Venezuela, Kolumbien, und China tätig. Während meinem Orgelstudium durfte ich viele Missionare aus Peramiho und anderen Ländern persönlich begrüssen. Sie kamen in den wohlverdienten Heimaturlaub und waren oft in St. Ottilien anzutreffen. Die Mitbrüder von Peramiho konnten mir versichern, dass die Handbuchbindereien und Bäckereien, die ich gebaut, eingerichtet und viele Einheimische in diesen Handwerken ausbildete, zufriedenstellend gearbeitet wird. Ein Jahr ist bereits verstrichen, seit ich von meinem siebenjährigen Einsatz in Tansania zurückgekehrt bin. Mittlerweile bin ich in der Lage die Kirchenlieder zu begleiten. Seit einem Monat nahmen wir die Antiphonen, Psalmen und Hymnen in Angriff. Später kam noch der gregorianische Choral hinzu. Dazu ist es nötig, dass ich die Harmonielehre erlernte und mich nicht nach einem Orgelbuch ausrichtete. Das heisst, dass ich von einstimmigen Noten und einzelnen Tönen, auswendig einen vierstimmigen Akkord auswendig setze. Hinzu kamen noch die Fusspedale. Die Harmonielehre war gar nicht so einfach, wie ich es mir vorgestellt habe. Es erforderte grosse Konzentration. Offensichtlich ist es doch wichtig, dass man die Harmonielehre der Musik beherrscht, weil es die Voraussetzung schafft, die Kirchenlieder, Psalmen und den Choral, wenn nötig, zu transponieren. Selbst bei Ein- und Auszüge der Chorzelebranten ist die Harmonielehre ein Vorteil, die Musik selber zu kreieren. Etwas Mühe hatte ich noch mit den vielen Tonarten, wie etwa A-Phrygisch, D-Lydisch F-Dorisch, G-Mixolydisch und so weiter. Bei den Kirchentonarten muss man darauf schauen, in welchem Bereich sich die Melodie bewegt. Es sind ganz andere Tonsysteme, die hauptsächlich in der Kirchenmusik und beim lateinischen Choral verwendet werden. Da blieb mir nichts anderes übrig, Geduld und Ausdauer zu üben und fleissig dem Ziel entgegen zustreben. Wie sagt doch das schöne Sprichwort: „Geduld bring Rosen". Obschon ich jeden Tag sechs bis sieben Stunden an der Orgel sass, wird wohl ein Jahr nicht ausreichen. Jeden Tag um 16.30 Uhr erhielt ich Orgelunterricht bei meinem Musiklehrer Pater Regino. Die Tagesübungen musste ich ihm vorspielen, bevor er mir wieder eine Spielaufgabe für den nächsten Tag gab. Allerdings kann ich keine Orgelkonzerte geben, denn da hätte ich mindestens nach einige Jahre Orgelspielübungen hinter mich legen müssen. Das war nicht vorgesehen. Das Ziel war, dass ich den Gottesdienst in der Klosterkirche in Uznach begleiten kann. Abt Marian von Uznach verlängerte mein Orgelstudium um zwei Jahre auf die Bitte von Pater Regino, der überzeugt war, dass ich das Talent besass, als Orgelspieler zu wirken.

Die Gelegenheit einen Altmissionar nach Tansania zu begleiten

Am 7. Juni 2002 durfte ich einen wohlverdienten eifrigen Missionar, Pfarrer Paul Dürr (82 Jahre) während drei Wochen nach Tansania-Afrika begleiten. In verschiedenen Missionsstationen arbeitete er 17 Jahre mit unseren Benediktiner-Missionaren in Tansania zusammen. Zum Aufbau einer neuen Missionsstation in Eldoret (Kenia), Ausgangspunkt für verschiedene Missionsstationen im Keriotal, war er massgeblich beteiligt und stellte sich nochmals als Finanzmann in Eldoret den Missionaren 18 Jahre zur Verfügung. In Eldoret lernte ich Pfarrer Paul kennen. Als ich im Jahr 1996 für ein Jahr die Buchbinderei in Tigoni einrichtete und einheimische Mitbrüder in diesem Handwerk ausbildete. Unterwegs zu ihm begegnete ich einem Hochzeitspaar auf dem Motorrad. Später nach seiner Rückkehr in die Schweiz übernahm er den Wallfahrtsort St. Iddaburg in Gähwil und amtete dort als Wallfahrtspriester. Er erhielt eine Einladung vom Diakon Alfons, für den er das ganze Studium nach der Schulzeit finanziert hat und in Nangombo am Malawisee zum Priester geweiht wurde. Pfarrer Paul war damals mehrere Jahre in dieser Pfarrei tätig. Es war sein Wunsch, dass ich ihn zu dieser Priesterweihe begleite, was ich natürlich nicht abschlug. Erzabt Jeremias in St. Ottilien war sofort einverstanden und meinte: Selbstverständlich, benutze diese Gelegenheit. Zudem tat es mir gut, meine Finger an der Orgel für 14 Tage ruhen zu lassen. Denn das dreieinhalbjährige Orgelstudium war für mich herausfordernd und anstrengend, da ich mit 50 Jahren nicht mehr zu den Jungen zählte. In jungen Jahren geht alles viel einfacher und leichter. Mit der arabischen Fluggesellschaft Emirates sind wir nach 24 Stunden in der Landeshauptstadt Daressalam gelandet. Allerdings flogen wir nach Dubai mit einem achtstündigen Aufenthalt, bevor wir den Flughafen in Daressalam erreichten. Die Flugstrecke Kloten nach Dubai war das erste und letzte Mal, dass ich in der erste Klasse fliegen durfte. Wegen seinem Alter flog Pfarrer Paul mit der ersten Klasse und ich hatte ein Flugticket der zweiten Klasse. Als das Flugzeug die Höhe erreichte und wir den Sicherheitsgurt am Sitz entfernen durften, begab ich mich in die erste Klasse, um nach Pfarrer Paul zu sehen wie es ihm geht. Da sagte mir die Flugbegleiterin in der Abteilung der ersten Klasse freundlich, dass ich nicht in diesen Bereich treten darf. Als ich ihr dann erklärte, dass ich der Begleiter von Pfarrer Paul Dürr sei und ich ihn nur besuchen wollte, entgegnete sie mir: Setzen sie sich neben ihn, da ist noch ein Platz frei. So durfte ich die ganze Flugstrecke bis nach

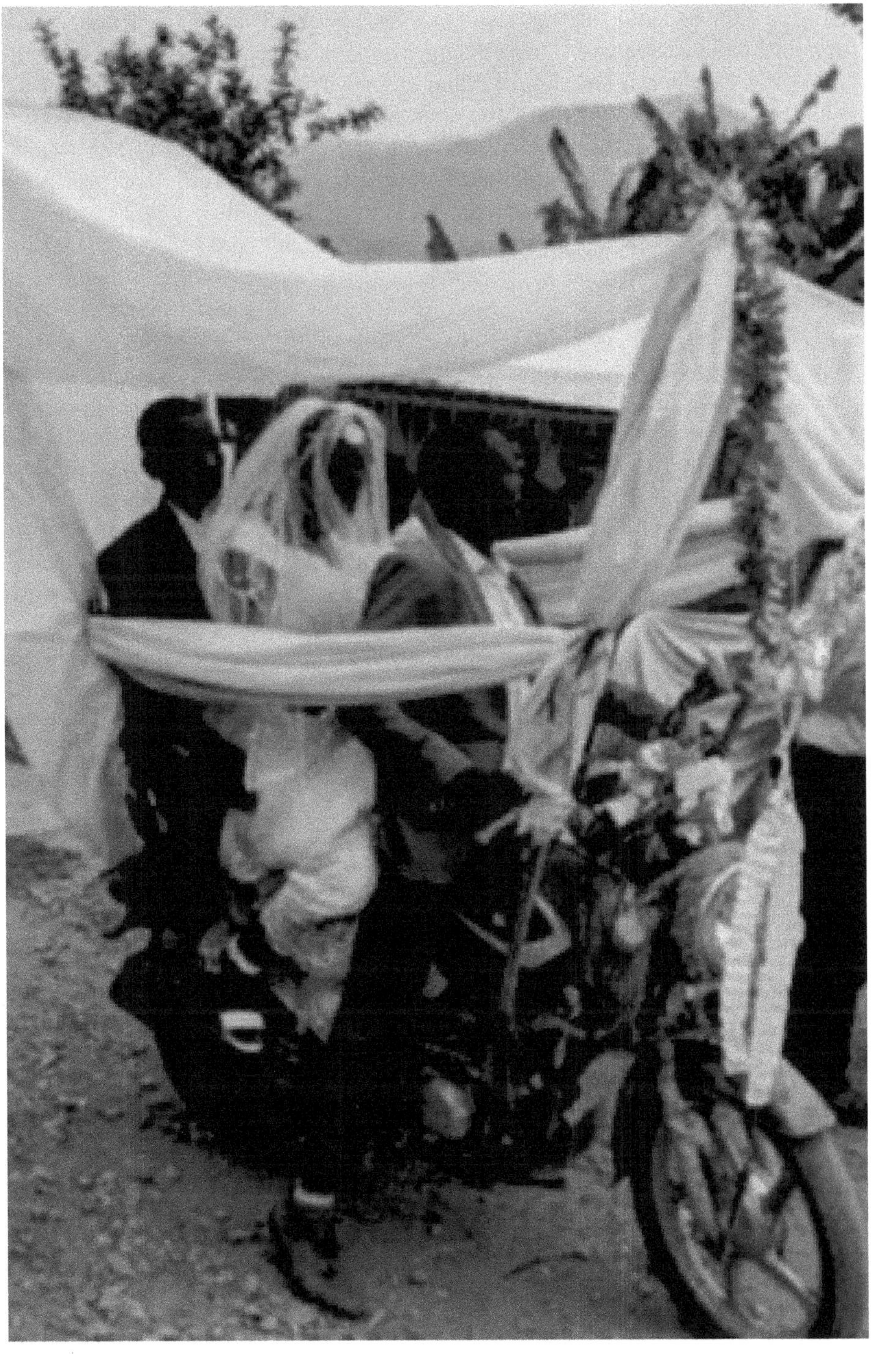

Dubai zu ersten Mal die erste Klasse geniessen. Pfarrer Paul freute sich sehr, dass ich neben ihm Platz nehmen konnte und ich bedankte mich bei der Flugbegleiterin, als wir das Flugzeug verliessen. In Dubai ist es sehr heiss und die Areale im Flughafen sind alle klimatisiert. Ich habe noch nie einen so sauberen gepflegten und grossen Flughafen gesehen wie in Dubai. Bis jetzt flog ich immer mit der Swissair. Falls es abstürzen sollte, wäre ich als Patriot gestorben. Die europäische Uhrzeit mussten wir drei Stunden vorwärts rücken. Wir kamen nachts um 01.20 Ortszeit in Dubai an. Dass man sich in einem reichen Land befindet wird sofort klar. Im riesigen Flughafengebäude sind kunstvolle vergoldete Hängezierlampen angebracht. Der Boden im ganzen Areal ist mit Marmorplatten belegt und man kann sich buchstäblich darin spiegeln. Links und rechts im Warteraum vor dem Abflug zieren echte Palmenbäume alleenmässig das Gesamtbild. Das elektrische Licht lässt die vielen verzierenden Goldanstriche an Decken, Wänden, Säulen und Lampen prachtvoll glänzen. Der ganze Flughafen innen und aussen ist streng bewacht. Immer wieder gehen Männer in Uniformen und mit Sturmgewehren die riesigen Hallen entlang. Wie ich hörte wird nichts gestohlen. Ein Dieb muss damit rechnen, dass ihm hernach die Hand abgehackt wird. Viele Verkaufsläden lassen die Herzen der Frauen höher schlagen. Es wird alles angeboten, hauptsächlich Uhren, verschiedene farbige Edelsteine, die angeblich das Körpersystem positiv beeinflussen, wenn man sie bei sich trägt und Schmuck aus purem Gold. Die Preise sind günstiger als in anderen Ländern. Leider konnten wir von der Stadt nicht viel sehen, weil uns ein Bus nachts zum Hotel brachte. Dieses längliche riesige Gebäude gehört der Fluggesellschaft Emirate und hat 2500 Zimmer in vier Stockwerken. Jedes Zimmer besitzt eine Klimaanlage, Toilette mit Dusche und einen Farbfernseher. Allerdings machten wir vom Bildschirm keinen Gebrauch. Wir waren froh, dass wir wenigstens für vier Stunden ins Bett gehen konnten. Um 05.00 Uhr wurden wir wieder mit dem Bus zum Flughafen gefahren, weil der Weiterflug um sieben Uhr angesagt war. Pünktlich hob das Flugzeug von der Rollbahn ab in dem sich 380 Personen mit Flugpersonal befanden. Das Flugzeug erreichte eine Höhe von 12.496 Kilometer über Meer und die Flugdauer betrug 6.30 Stunden, eine Stunde länger als der Hinflug Zürich-Dubai. Die Aussentemperatur war minus 63 Grad und die Höchstgeschwindigkeit betrug 956 Kilometer pro Stunde, was etwa 290 Meter pro Sekunde ausmacht. Dank dem schönen Wetter sahen wir den Berg Kilimanjaro aus nächster Nähe, weiss bekleidet mit Schnee. Am Flughafen wurden wir von einem Fahrer aus Peramiho abgeholt. Am anderen Tag ging die Reise nach Peramiho mit einer Übernachtung in Uwemba. In Peramiho angekommen erhielt ich ein Auto und zwei Tage später brachte ich Pfarrer Paul nach Nangombo am Malawisee. Diese Reise gab mir Gelegenheit in Songea, Chipole, Peramiho und Mbinga die Bäckereien und Buchbinderein zu besuchen, die ich aufgebaut, eingerichtet und Afrikaner/innen in dieses Handwerk einführte. Drei Bäckereien stehen auf dem 200 Kilometer langen Weg bis nach Nangombo. So konnte ich viele bekannte Gesichter und vor allem meine Lehrlinge und Lehrtöchter in den Bäckereien herzlich begrüssen. Ich war wirklich überrascht, wie fleissig, sauber und mit Interesse die Schwestern Mönche und Angestellten (meine damaligen Lehrlinge) in diesen Bäckereien und Buchbindereien arbeiten. In allen drei Bäckereien wurden noch Hilfskräfte eingestellt, damit die grosse Nachfrage von Backwaren, Ice-Cream und Joghurt gewährleistet werden kann. Es kam mir vor, als ob ich diese Backstuben und Buchbindereien erst gestern verlassen hätte. Umso mehr freute es mich, dass diese Betriebe selbständig in afrikanischen Händen laufen. Die Buchbinderei in Chipole wurde in das Haus St. Andreas nach Songea verlegt, das die Schwestern von einer alten Dame günstig erwerben konnten. Dort gibt es Elektrizität und so konnte ich der Buchbinderin Schwester Bonifazia den Wunsch erfüllen, eine Kopiermaschine anzuschaffen. Die Kopiermaschine kaufte ich in Daressalam über Br. Dietmar in Peramiho. Sollten später allfällige Reparaturen auftauchen, könnten sie im Land behoben werden. Sie hat jetzt viele Aufträge, weil die Buchbinderei neben der Hochschule Don Bosko steht und die Studenten ihre Arbeiten zu einem Heft binden lassen und so weiter. Zu der Zeit sind zwei junge Männer bei ihr angestellt. Einer war in Peramiho in der Druckerei tätig. Als Schwester Bonifazia einige Jahre später starb, übernahm Schwester Oliva die Buchbinderei in Songea und leitet den Betrieb bis heute. Sie wurde vorher in der Buchdruckerei in Peramiho zur Buchdruckerin ausgebildet. Mit dem Auto brachte ich den Pfarrer Paul nach Nangombo, wo Mitte Juni im Jahr 2002 die Priesterweihe vom Diakon Alfons stattfand. Der Gottesdienst wurde sehr feierlich gestaltet und viel Fussvolk war anwesend. Der Bischof Emmanuel von Mbinga stand diesem Gottesdienst bei, der drei Stunden in Anspruch nahm. Viele Verwandte vom Diakon Alfons waren dabei, weil er dort geboren und aufwuchs. Die Kirche und das Pfarrhaus in Nangombo sind auf einem Berg angelegt. Von dort hat man eine prächtige Aussicht auf den Nyassasee. Ich spazierte während dieser Woche öfters den Berg hinunter zum See und genoss das Baden im Wasser, während Pfarrer Paul Dürr oft Besuch im Pfarrhaus erhielt, die er damals getauft und gefirmt hat. Über 18 Jahre war Pfarrer Paul Dürr nicht mehr in Nangombo aber die Leute konnten sich noch gut an ihn erinnern. Er ging damals mit einigen Mit-

brüdern nach Kenia und eröffnete in Eldoret eine neue Missionsstation, wo er 17 Jahre als Prokurator tätig war. Die zwei Wochen gingen schnell vorbei und wir kehrten mit vielen Erfahrungen und Eindrücken in die Schweiz zurück. Pfarrer Paul wurde am Flughafen von einer gutbefreundeten Familie in Gähwil abgeholt und ich begab mich mit dem Zug nach St. Ottilien zurück, um das Orgelstudium fortzusetzen. Die Festtage Ostern und Weihnachten verbrachte ich jeweils in der Klostergemeinschaft in Uznach. Die Zeit ging schnell vorbei und ich kehrte Mitte Jahr 2004 wieder in die Abtei nach Uznach zurück. Inzwischen bin ich in der Lage, die Kirchengesänge, den Choral, die Vesper, die Komplett und Ein-und Auszüge an der Kirchenorgel zu begleiten. Während dieser Zeit in der Erzabtei St. Ottilien fühlte ich mich wohl und durfte von den Mönchen viel Wohlwollen erfahren, trotz mancher Misstöne, die ich ab und zu an der Orgel beim Gottesdienst verursachte. Jetzt hat sich mein Lampenfieber an der Orgel gelegt und ich bin ruhiger und sicherer geworden. Meine Missionsaufgaben konnte ich dennoch wahrnehmen. Für das Haus St. Andreas in Songea besorgte ich einen Tabernakel, die für die neue Hauskapelle bestimmt war und eine grosse Knetmaschine und ein Backofen für das Priesterseminar in Peramiho. Diese Gegenstände gingen mit dem Container aus Uznach nach Tansania an den Bestimmungsort.

Die vorgesehene Backstube im Kloster Tigoni in Kenia
Bereits sind wieder zwei Monate verstrichen, seit ich von St. Ottilien nach Uznach zurückgekehrt bin. In der Hausbuchbinderei band ich wieder Zeitschriften zu Büchern für unsere Klosterbibliothek. Inzwischen ist eine Anfrage vom Kloster Tigoni (Kenia) beim Abt Marian Eleganti eingegangen. Sie wünschen, dass ich ihre bescheidene Backstube mit Bäckereimaschinen erweitere. Sie besitzen eine Knetmaschine und einen Holzofen in der Br. Andrew Oyugi tätig ist. Da keine Container nach Kenia verfrachtet werden, müsste ich in der Grossstadt in Nairobi Ausschau halten, ob dort was zu finden ist. Jedenfalls gab mir Abt Marian grünes Licht, für drei Monate nach Tigoni zu reisen. Ende August im Jahr 2004 flog ich zum ersten Mal mit der Swiss-Airline, weil damals am 2. Oktober 2001 die Swissair am Boden blieb und die grösste Wirtschaftspleite der Schweizer Geschichte einfuhr. Aus finanziellen Gründen war die Swissair nicht mehr in der Lage, ihre Flüge durchzuführen. Die Ansage über die Lautsprecher am Flughafen Zürich geht in die Geschichtsbücher ein. Es war der Moment, in der die Schweizer Öffentlichkeit realisierte, dass es mit der Swissair vorbei ist und zu diesem Zeitpunkt bereits stillgelegt wurde. Die Swissair (Schweizerische-Luftverkehr-Aktiengesellschaft) mit Sitz in Kloten war von 1931 bis zu ihrer Nachlassstundung im Oktober und Liquidation ab März 2002 die nationale Fluggesellschaft der Schweiz. Sie wurde bald von der deutschen Lufthansa aufgekauft und erhielt den Namen Swiss Airline. Trotzdem erreichte ich das Kloster Tigoni ohne Probleme. Als erstes begab ich mich in die Klosterbuchbinderei, wo ich damals zwei Lehrlinge ein Jahr in dieses Handwerk einführte. Sie freuten sich sehr mich wieder zu sehen und ich konnte feststellen, dass sie fleissig

in der Buchbinderei arbeiten. Von England bringen immer wieder Geschäftsleute, Bücher aus dem 18. Jahrhundert für die dortige Staatsbibliothek, nach Tigoni, um sie neu zu binden und in Leder einzufassen. Auch von der englischen Botschaft in Nairobi werden Bücher gebracht, die dann gebunden wieder nach England zurückkehren. Diese Vorgehensweise wird wohl aus Kostengründen bevorzugt. Leider arbeitet kein Klosterbruder in der Buchbinderei, obwohl es Arbeit genug gäbe. Eine Woche nach meiner Ankunft ging ich mit Br. Andrew in die Stadt Nairobi und suchte mehrere Stunden ein Geschäft, das Küchenartikel verkauft. Dort konnte uns der Verkäufer einen Tipp geben, wo in einer grossen Halle vermutlich Bäckereimaschinen verkauft werden. Dieses Gebäude liegt etwas ausserhalb der Stadt und wir wurden fündig. Bevor ich mich entschied, diese Maschinen aus China zu erwerben, wollte ich einige Zeit mit Br. Andrew und seinem jungen Arbeiter David, der auch zugleich in der Klosterküche mitwirkte, in der einfachen Backstube mitwirken. David beherrscht das Brotbacken und ist ein fleissiger Arbeiter. Er war damals auch einen Monat in der Bäckerei in Peramiho und konnte während dieser Zeit einiges erlernen. In der einfachen Backstube könnten weit mehr Backwaren hergestellt werden als es der Fall ist. Elektrizität ist vorhanden und wäre sicher kein Hindernis gewesen, die Backstube mit zusätzlichen Maschinen auf Vordermann zu bringen. Leider stehen dort noch viele Probleme an, die vorher angegangen werden müssen. Der Arbeitsgeist der Mönche und die Verantwortung der Klostergemeinschaft gegenüber müssen vor allem gefördert werden. Deshalb konnte ich zu diesem Zeitpunkt keine Erweiterung der Bäckereimaschinen vornehmen. Nach zwei Monaten kehrte ich unverrichteter Dinge wieder in die Schweiz zurück.

Am 30. Oktober 2005 erhielt ich eine Einladung von den Vinzentinerinnen im Mutterhaus der Barmherzigen Schwestern in Untermarchtal (Deutschland) zum Missionssonntag mit dem Thema „Licht und Hoffnung". Der Gottesdienst, zu dem 350 Freunde und Wohltäter eingeladen waren, wurde von den Schwestern mit verschiedenen Instrumenten begleitet und feierlich gestaltet. Fünf Schwestern, die in Tansania in der Missionsstation Mbinga viele Jahre lebten und arbeiteten und in das Mutterhaus zurückkehrten, durften von dem Spiritual einen grossen Dank für ihre unermüdliche und aufopfernde Hingabe in den Missionsstationen in der Diözese Mbinga und Songea entgegennehmen. Die Schwestern, die ich damals in Tansania kennen lernte und am Missionssonntag in Untermarchtal nach langem wieder persönlich beggnen durfte, freute mich sehr. Im Jahr 1960 wurden die ersten vier von Untermarchtal in die Mission nach Tansania ausgesandt. Die ersten tansanischen Schwestern haben im Jahr 1980 ihre Profess abgelegt. Die junge wachsende Gemeinschaft hat in vier Diözesen Niederlassungen und nimmt verschiedene Aufgaben war: In der Basisgemeinschaftspflege, in Hospitälern, im Erziehungsbereich für Behinderte und Aidswaisen und in pastoralen Berufen. Diese Klostergemeinschaft in Mbinga zählt bereits 180 afrikanische Schwestern. Im August 2005 wurde zum ersten Mal die afrikanische Schwester Zeituni Kapinga zur Vorsteherin dieser grossen Gemeinschaft gewählt. Zum Einstieg dieses Missionssonntages zeigte ich am Vorabend den Schwestern und einigen Gästen meinen Missionsfilm, der grossen Anklang fand. In diesem riesigen Klosterkomplex arbeiten und beten etwa 70 Schwestern, die nach der Regel des heiligen Vinzenz von Paul leben. Die Aufgabe dieser Schwesterngemeinschaft beinhaltet: Hauswirtschaft, Näherei, Bildungshaus, Klosterladen, Jugendarbeit und eine eigene Landwirtschaft. Zudem führen sie ein Alterswohnheim mit 48 Schwestern im Ruhestand und ein Pflegeheim mit 106 pflegebedürftigen Schwestern. In ganz Deutschland gibt es 13 Niederlassungen in kleinen Gemeinschaften. Dort liegt der Arbeitsschwerpunkt in Spitalpflege, Rehaklinik, Psychotherapie, Neurologie, Zentrum für Senioren, Gemeindekrankenpflege, Kindergarten, Hauswirtschaft, Pastorale Dienste und St. Vinzenz – Zentrum für Hörgeschädigte. Die Zahl dieser Gemeinschaft beträgt 478 Vinzentinerinnen-Schwestern in ganz Deutschland. Hinzu kommen noch die drei Novizinnen, eine Postulantin und eine Kandidatin. Ich war sehr beeindruckt von diesen vielfältigen Aufgaben, die diese Schwestern mit viel Liebe und Geduld dem Mitmenschen entgegen bringen. Ein Monat später im November verbrachte ich 14 Tage in St. Ottilien. Pater Theophil bat mich, als Koch in Wessobrunn (Stiller-Hof) einzuspringen, weil der Koch erkrankte. Er ist Lehrer im Seminar St. Ottilien und unternimmt jedes Jahr in Wessobrunn zwei bis drei Einkehrtage (Vorbereitung auf die Adventszeit). Es waren drei Schulklassen mit jeweils 30 Schülern und Schülerinnen. Während diesen Tagen sorgte ich für das leibliche Wohl dieser lebendigen Jugendlichen und war für den Einkauf von Nahrungsmitteln verantwortlich. Mit dem Autobus brauchte ich etwa 35 Minuten und brachte die eingekauften Lebensmittel nach Wessobrunn. Dazu gehörte auch eine Nachtwanderung von etwa drei Stunden. Nach der Rückkehr um kurz vor Mitternacht, wurde dieser Tag mit einer Eucharistiefeier abgeschlossen. Für mich war es eine neue Erfahrung, mit so vielen lebendigen Schülern und Schülerinnen mitzuwirken. Immer wieder kamen einige in die Küche und wollten wissen was es zum Mittagessen gebe. Doch ich liess sie überraschen und schlussendlich waren sie zufrieden und niemand musste hungrig vom Tisch gehen.

Bäckerei in Arua und das Leben der Klosterfrauen
Überrascht wurde ich mit der Nachricht, dass ich am 24. März 2006 für ein halbes Jahr nach Uganda (Afrika) reisen soll. Pater Pius Mühlbacher von St. Ottilien war 11 Jahre als Prior im Missionskloster Tororo, in Uganda tätig und leitete die

Gemeinschaft mit einheimischen Mönchen. Pater Pius der seit dem Jahr 2003 in Kenia-Langata ein Studienhaus für Seminaristen führt, kam mit der Bitte an Abt Marian, mich für einen Missionseinsatz in einem Schwesternkloster in Arua (Uganda) frei zu geben. Damals als Pater Pius in Uganda lebte, hatte er auf Bitten des Nuntius, im Jahr 1999, sich einer armen und bescheidenen Schwesterngemeinschaft anzunehmen, angenommen. Er kennt sich in Uganda bestens aus, weil er damals die Einkäufe und Geschäfte für das Kloster selber erledigte. Er war sehr bemüht, dieser Schwesterngemeinschaft zu helfen, damit sie selbständig werden und Einnahmen für das Kloster erzielen können, obwohl die wirtschaftliche Lage in Uganda nicht zum Besten steht. Dieser Schwesternkonvent nennt sich Holy Trinity Monastery (Kloster der Heiligen Dreifaltigkeit). Es war schon lange der Wunsch von Pater Pius, dort eine kleine Klosterbackstube einzurichten. Im Kreis von 500 Kilometer gibt es keine Bäckerei. Ende letzten Jahres musste die Produktion in einer Bäckerei in Kenia eingestellt werden. Er konnte dort einige Bäckereimaschinen erwerben und nach Arua zu dem Schwesternkloster transportieren lassen. Ich soll einigen Schwestern das Backen beibringen, wie man Brot und andere Backwaren herstellt und rationell arbeiten kann. Ein Dieselgenerator, den die Schwestern bereits besitzen, soll die Knetmaschine in Betrieb setzen, weil sie noch keinen Starkstromzugang haben. Die Hergestellten Backwaren sollen verkauft werden und den Schwestern ein sicheres Einkommen ermöglichen. Abends am 25. März landete die Swiss am Flughafen in Nairobi, wo Pater Pius bereits auf mich wartete. Nach einer herzlichen Begrüssung stieg ich in sein Auto ein und wir fuhren zum Studienhaus in Langata. Am folgenden Tag erhielt ich eine Führung im Studienhaus und konnte die Studierenden kennenlernen. Pater Pius bereitete alles vor, sodass wir am nächsten Tag die dreitägige Strecke in den Nordwesten nach Arua starten konnten. Neun Stunden dauerte die Fahrt, bis wir nach 800 Kilometer die Hauptstadt Kampala in Uganda erreichten. Diese Stadt liegt etwa 15 Kilometer vom Viktoriasee entfernt. Dort verbrachten wir zwei Nächte in einer günstigen Unterkunft. Wir benötigten einen ganzen Tag, um Mehl, Zucker, Fett, Salz, Hefe und andere Backwaren in grossen Mengen einzukaufen. Nach verschiedenen Backformen hielten wir Ausschau und wurden zum Teil fündig. Anderntags ging die Reise mit einem voll beladenen Auto weiter. Bis Arua sind es nochmals 700 Kilometer zum Teil auf schlechten Strassen mit riesigen Schlaglöchern. Bis heute flammt der Bürgerkrieg im Sudan und im

Kongo immer wieder auf. Zwei Wochen vor meiner Rückkehr in die Schweiz flüchteten drei Millionen Menschen nach Uganda und nach Kenia. Auch in Arua waren solche anzutreffen. Ausser ihren Kleidern, die sie am Körper trugen und einigen Habseligkeiten, die sie an beiden Händen in Plastiksäcken mitführten, haben sie nichts mehr. Sie flüchten aus der Heimat, in der sie geboren wurden. Die Sudanesen im Süden werden von den damals eingewanderten arabischen Sudanesen im Norden vertrieben. Das Land im Süden ist sehr fruchtbar und besitzt viele Bodenschätze wie Öl, Gold, Silber, Kupfer und das wertvolle Material Tantal, das graue Gold, das aus Coltan gewonnen wird. Jedes Mobiltelefon, jeder Laptop und andere elektronische Geräte enthalten rund 60 Rohstoffe, darunter kleine und kleinste Mengen der begehrten Metalle, Silber, Kupfer, Kobalt und Palladium. Am wertvollsten sind Tantal und Gold. Tantal ist so begehrt, weil es sehr widerstandsfähig gegen Korrosion durch Säuren ist und weil es erst bei hohen Temperaturen weich wird. Das Land wird geplündert, die Umwelt geschädigt durch die Ausbeutung der Rohstoffe von der restlichen Weltbevölkerung und für die Bildung erhalten sie kein Geld. Nun wollen arabische Sudanesen im Norden durch den ständigen Krieg den Süden erobern und die wirklich einheimischen Sudanesen vertreiben. Das Problem ist, dass es im Norden Sudans keine Bodenschätze und kaum fruchtbares Land gibt. Am Strassenmarkt in Masiudi, einem grossen Dorf nehmen wir einen Imbiss, um unseren Hunger zu stillen und den Durst zu löschen. Weiter geht die Fahrt Richtung Arua. Die Strassen scheinen unendlich lang. Links und rechts grüne Steppen und selten begegnet man einem Auto, das uns entgegenkommt. Hie und da sehen wir ein Langhornochsengespann und Eseln, die willig seinen Herren gehorchen, um den Peitschenschlägen zu entgehen. Ein merkwürdiges Geräusch vorne links am Auto macht sich etwa 100 Kilometer vor Arua bemerkbar. Ein Schlagen, als ob Schüsse aus einer Maschinenpistole geschossen würden. Unglaublich, drei Schrauben lösten sich vom Rad, obschon diese in der entgegengesetzten Richtung festgeschraubt sind. Nicht auszudenken, was passiert wäre, wenn sich das Rad bei hoher Geschwindigkeit selbständig gemacht hätte. Endlich erreichen wir abends um 18.15 Uhr das Schwesternkloster Holy Trinity in Arua.

An der schlichten Klosterpforte wurden wir von der Pförtnerin herzlich aufgenommen und nach dem Abendessen eilte die ganze Schwesterngemeinschaft zum Gästehaus und begrüssten uns herzlich. Die Gemeinschaft führt ein beschauliches Leben, und sie unterstehen direkt dem Vatikan und dem zuständigen Bischof Frederice in der Diözese. Dieser strenge Klosterkonvent wurde im Jahr 1959 durch den italienischen Comboni-Missionar Pater Angelo Tarantina ins Leben gerufen, der zugleich Bischof von Arua war. Als Priorin des Klosters setzte er die italienische Combonischwester Anastasia ein. Mit dem Klosternachwuchs wollte es nicht recht vorwärts gehen, bis der neue Bischof Frederice Trandua von Uganda im Jahr 1989 dieses Amt übernahm. In der Kathedrale fand der Altbischof seine letzte Ruhe und die Mitgründerin Schwester Anastasia ist im Innenhof des Klosters beerdigt. Seit einigen Jahren dürfen die Nonnen in den Urlaub zu ihren Angehörigen reisen und auch Besorgungen in der Stadt Arua erledigen. Früher musste sogar der Arzt in das Kloster kommen, wo sich ein Behandlungsraum ausserhalb der Klausur befand. Jetzt dürfen die Schwestern den Arzt aufsuchen und auch Spaziergänge ausser dem Klosterbereich unternehmen. Nach zehnjähriger Amtszeit starb unerwartet die Priorin Schwester Margarita an Herzversagen. Ihre Nachfolgerin Schwester Bernadette ist eine sehr bescheidene und liebenswürdige Frau, die den kleinen Konvent mit Liebe und Sorgfalt führt und die Gnade besitzt, sich mütterlich (ohne Macht, Druck und Angst) einzubinden. In diesem Jahr war sie das erste Mal seit ihrem Klostereintritt im Jahr 1960 für drei Wochen im Urlaub an ihrem Geburtsort bei ihrer leiblichen Schwester. Vieles hat sich verändert und ihre Eltern und einige Geschwistern konnte sie nur noch auf dem Friedhof besuchen. Freunde und Bekannte waren auch schon alt und sie erkannten einander nur noch vom Namen her. Aus damals jungen Menschen sind inzwischen Greise geworden. Sie war dankbar, wenigstens zu sehen, was aus ihrer Heimat geworden ist, die unter dem Krieg im Jahr 1978 sehr gelitten hat. Zwei Tage nach meiner Ankunft in Arua kam sie vom Urlaub zurück. Aus dem Gespräch mit ihr konnte ich erahnen, was in ihrem Herzen vorging. Sie braucht Zeit, um die Erfahrungen und Eindrücke aus ihrem ersten Urlaub zu verarbeiten. Obschon sich dieser Schwesternkonvent Dreifaltigkeits-Schwestern nennen, richten sie sich nach der Regel des heiligen Benedikt. Das Brevier wird auf Englisch gebetet. Im Jahr 2007 feierte die Pfarrei das 100jährige Bestehen der Kathedrale in Arua. Der Bischof Frederice, der nur zwei Minuten Gehweg zum Kloster braucht und sein Bischofshaus neben der Kathedrale steht, feiert jeden Dienstagmorgen mit den Schwestern und Kirchenbesuchern die heilige Eucharistie. Jeden Tag wird das Allerheiligste (Monstranz) ausgesetzt und nach der Vesper wieder eingesetzt. Während der Nacht haben die Schwestern keine Anbetung mehr. Dieser Vormittag steht er gerne den Schwestern zur Verfügung, um ihre Anliegen mit ihm zu besprechen. Er machte mir einen überaus guten Eindruck, ist weltoffen und geht auf die Menschen zu. Diese Schwesterngemeinschaft zählt 23 afrikanische Schwestern. Neun von ihnen haben die ewigen Gelübde, davon sind fünf Schwestern auswärts in der Ausbildung, eine Schwester studiert Theologie in Rom, acht Schwestern haben die zeitliche Profess, sechs Novizinnen leben im Kloster und eine Aspirantin, die im Garten mithilft. Interessant war für mich, dass neun Schwestern aus dem Land Tansania in Arua eintraten, wo es doch so viele Schwesternklöster in Tansania gibt. Eine kam aus Kenia und die andern stammen aus Uganda. Sie leben sehr einfach und bescheiden. Obwohl sie Elektrizität haben, besitzen die Schwestern keine Küchenmaschinen, keine Waschmaschine nur eine alte Pfaff-Nähmaschine und zwei Bügeleisen um Kleider, Wäsche und Klostertrachten zu bügeln. Die Schwestern benützen jede Freizeit mit Handarbeit wie, Stricken, Häkeln und Herstellen von Rosenkränzen, oder sie sitzen in einer Gruppe zusammen und schälen Erdnüsse (Karanga eine Art spanische Nüsse) mit intensiver Unterhaltung und Gelächter. Die neue einfache Bäckerei, die ausser der Klausur steht hat vier kleine offene Räume. In einem Raum steht der dreiteilige Holzofen, indem 100 Brote in Formen zu 500 Gramm Teig gebacken werden können. Ein Raum ist für die Aufarbeitung der Teige bestimmt, dann der Lagerraum und ein Raum für die Verpackung. In dieser Backstube haben wir verschiedene Brotsorten hergestellt. Weissbrot, Dunkelbrot, Körnerbrot, Zopf, Semmeln und Sandwiches. Süssgebäck stellten wir nur auf Bestellung und für den Schwesternkonvent her, die an Sonntagen und Festtagen auf den Tisch kamen. Weil das Sortiment an Backwaren nicht sehr gross war und meine Lehrtöchtern, vier Schwestern und ein junger Mann sehr grosses Interesse zeigten, gelang es mir, ihnen das Brotbacken in gut vier Monaten beizubringen. An Ostern gab es für die Schwesterngemeinschaft Ice-Cream auf den Speisetisch, die ich ohne Maschine herstellte. Die Schwestern sind sehr glücklich und zufrieden, dass beim Frühstück immer selbstgebackenes Brot vorhanden ist. Der Klosterbau, der eigentlich renoviert werden müsste, ist in der Form eines Vierecks angelegt und hat einen grossen Innenhof. An der Südseite sind die Schlafzimmer der Schwestern angebracht und an der Nordseite sind ein Lagerraum, Küche, der Speisesaal und das Konferenzzimmer, zugleich auch Aufenthaltsraum. Östlich befindet sich die Schwesternkapelle, seitlich verbunden mit der Kirche, in der etwa 200 Gläubige Platz finden, die Sakristei und das Bügelzimmer. An der Westseite ist ein grosses zweitüriges Eisentor angebracht. Links des Tores sind ein Geräteschuppen und rechts die Hostienbäckerei. Um den ganzen Innenhof sind Traubenstöcke gepflanzt. Die Schwestern stellen ihren Messwein selber her und können einen grossen Teil in verschiedenen Pfarreien verkaufen. Bei der heiligen Eucharistie dürfen sie jeden Tag unter beiden Gestalten (Wein und Brot) kommunizieren. An einigen Stellen im Klosterbereich stehen grosse schwarze Plastikbehälter wo das Regenwasser von den rostigen Blechdächern über Dachrinnen eingefangen wird. Das Trinkwasser muss immer abgekocht werden. Die Regenzeit ist noch nicht ganz zu Ende und die Natur hat ein kräftiges Grün angelegt. Quellwasser oder eine Wasserleitung zum Kloster gibt es nicht. Hat es zu wenig Wasser, können die Schwestern, bei dem nahegelegenen Brunnen, das Wasser in Behälter pumpen und in das Kloster tragen. Dieser Brunnen wird auch von den Leuten in der Umgebung benutzt um Wasser zu holen. Ein Auto haben die Schwestern nicht, obschon zwei davon einen Führerschein besitzen. Weiter zeigte mir eine Schwester die einfachen kleinen Werkstätten die sie führen wie Schreinerei für Flickarbeiten,

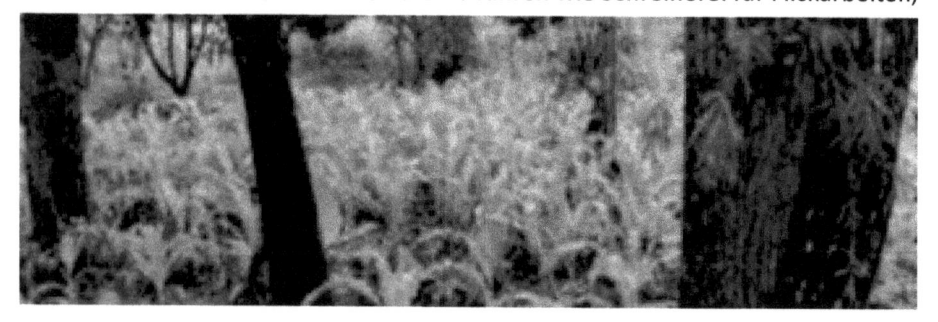

Schneiderei für den Eigenbedarf, einen Raum wo Kerzen in diversen Grössen und Farben (Osterkerzen und Altarkerzen) hergestellt und verkauft werden und eine kleine Landwirtschaft mit drei Milchkühen. Als Fleischlieferanten züchten sie einige Geissen, Hühner, Kaninchen, Stummenten und Fasanen. Ugali (Gemischt mit Maniok und Mais), Hirsebrei und Matoke (Bananen gekocht) sind ihre Hauptnahrung, sowie verschiedene Gemüse aus dem Klostergarten. Fisch aus dem eigenen Weiher und Fleisch gibt es nur an Sonntagen und Festtagen. Im einfachen Gästehaus können neun Personen untergebracht werden.

Die Guerillas in Arua, die eine Klosterfrau ermordeten (Uganda)
Der frühere Diktator Idi Amin war ein Sudanese und in Kenia aufgewachsen. Später setzte er sich nach Uganda ab und lebte in Koboko etwa 30 Kilometer von Arua entfernt. Bis zu seinem Tod lebte er im Exil in Saudi-Arabien. Während des Krieges im Jahr 1978 haben die älteren Schwestern einiges durchgemacht, besonders was die Zerstörung der Klosteranlagen anbelangt. Am schlimmsten war es nach Kriegsende im Jahr 1980, weil sich noch viele Guerillas im Land aufhielten und überall Plünderungen vornahmen. So blieb auch das Schwesternkloster in Arua nicht verschont. Wie mir Schwester Maria erzählte: Sind am 27. Oktober 1980 vier dieser Männer in das Kloster eingedrungen. Sie brachen an der Klosterpforte die Türe auf und standen plötzlich mitten im Klosterhof bewaffnet mit Maschinengewehren und Bajonetten. Alle Schwestern mussten sich in einen Raum begeben und wurden von einem dieser Männer mit vorgehaltener Schusswaffe in Schach gehalten, während die anderen drei Plünderer jeden Winkel des Klosters durchsuchten. Sie nahmen alles mit, was sie gebrauchen konnten. Weil die Schwestern arm und bescheiden lebten, konnten die Diebe kein Geld und Radio finden, was sie offensichtlich suchten. Jeder Raum sah danach wie eine Grümpelkammer aus. Alles wurde aus den Kästen und Schubladen herausgerissen, durchsucht und am Boden liegengelassen. Die Schwestern wurden aufgefordert, Geld und Radio herzugeben. Die Oberin des Klosters zog einen Geldbeutel aus ihrer Tasche mit umgerechnet etwa 300 Franken und überreichte es dem Mann mit den Worten: „Nehmen sie das Geld, einen Radio besitzen wir nicht" und flehte ihn an: „Tun sie uns nichts an". Sie wusste, dass die Guerillas auch Vergewaltigungen an Frauen vornahmen. Dann machten sich die vier Männer aus dem Staub und verliessen das Kloster ohne Worte wieder. Die Schwestern waren froh, dass diese Diebe weg waren und konnten sich vorerst vom Schrecken erholen. Nach zweieinhalb Stunden kam einer dieser vier Männer zurück und zwang die Schwestern wiederum in denselben Raum. Er befahl der jungen Schwester Maria in das Nebenzimmer zu gehen und weil sie sich anfänglich widersetzte hielt er ihr das Sturmgewehr an den Kopf und schupste sie vorwärts. Die andern Schwestern wurden von diesem Verbrecher dermassen eingeschüchtert, dass sie sich kaum zu bewegen wagten. Schliesslich betrat er das Zimmer, in das sich Schwester Maria begeben musste. Als er sie mit der Schusswaffe und dem Bajonett aufforderte sich auszuziehen, handelte die Schwester geistesgegenwärtig

und schlug ihm das Bajonett mit voller Wucht aus der Hand. Gleichzeitig hängte sie sich seitlich mit ihren Händen an dem langen Lauf des Maschinengewehrs fest. Nach einer Rauferei schleifte der Mann die Schwester, die sich immer noch am Lauf des Gewehres festhielt aus dem Zimmer Richtung Innenhof. Als die anderen Schwestern, die sich inzwischen aus ihrem Raum wagten und dies miterlebten, eilten sie ihrer Mitschwester zu Hilfe und konnten den Mann überwältigen. Sie forderten ihn auf, das Kloster sofort zu verlassen. Als Gegenleistung erhielt er das Bajonett und Maschinengewehr zurück. Tatsächlich ging der Mann weg, konnte aber anscheinend diese Demütigung nicht auf sich sitzen lassen und kehrte kurz darauf wieder zurück. Drei Schwestern flüchteten in Richtung Bischofshaus, er hinterher. Die junge Schwester Paula stolperte und stürzte zu Boden. Ohne zu überlegen, schoss er der am Boden liegenden Schwester zwei Schüsse in den Kopf und machte sich davon. Sie wurde in der Mitte des Innenhofes beerdigt. Aus Angst, dass die Guerillas wieder kommen könnten, versteckten sich die Schwestern tagsüber im naheliegenden Wald. Nachts wagten sie sich wieder in das Kloster zurück. Es gab damals kein Licht ausser Kerzen und Petrollampen. In Arua und der Umgebung verbreitete sich dieser Mord wie ein Lauffeuer. Wie mir Schwester Maria weiter erzählte, sind die Guerillas eigentlich nicht auf Mord, sondern auf Beute, Plünderungen und Vergewaltigungen aus. Einige Tage später kam der Rebellenführer mit drei seiner Mitkämpfer in friedlicher Absicht zu den Schwestern in das Kloster. Er liess es nicht auf sich sitzen, weil im ganzen Umkreis von dem Mord der Schwester Paula gesprochen wurde, und sie deshalb beschuldigt wurden. Er beabsichtigte die Schwestern zur Rede zu stellen. Den Schwestern stockte der Atem, als sie sahen, dass unter diesen vier Männern auch der Mörder dabei stand. Die Schwestern schrien ihn an und zeigten auf den Mörder und erzählten den ganzen Vorfall dem Rebellenführer. Als er das frische Grab der Jungen Schwester Paula mitten im Innenhof sah, war er überrascht. Weil die Schwestern einen glaubwürdigen Eindruck erweckten, schoss er vor den Augen der Schwesterngemeinschaft den Mörder der jungen Schwester Paula nieder. Wohin sie ihn gebracht haben, weiss niemand. Vermutlich irgendwo verscharrt glaubt Schwester Maria. Sie sind froh, dass diese Zeiten vorbei sind. Sorgen hingegen bereitet ihnen der stetige Krieg im Sudan und Kongo, der leicht nach Uganda übergreifen könnte. Von Arua sind es 35 Kilometer bis zu der sudanesischen Grenze und nur 5 Kilometer vom Kongo entfernt. Inzwischen ist Schwester Agnes, die ich auch in der Backstube ausgebildet habe, zur Oberin dieser Klostergemeinschaft in Arua gewählt worden. Bis heute bin ich in Kontakt mit ihr. Sie haben sich der Konföderation der Benediktinerinnen angeschlossen und sind nicht mehr auf sich selbst eingestellt. Sie nennen sich jetzt Benediktinerinnen. Das Ideal des heiligen Benedikt streben sie seit der Klostergründung an und leben nach seiner Regel. Die Schwestern in Arua sind jetzt in der Lage, die Bäckerei selbständig zu führen.

Nächster Missionseinsatz im Schwesternkloster Chipole

Ende Juli im Jahr 2006 kehrte ich wieder mit vielen neuen Erfahrungen und Eindrücken in die Schweiz in das Kloster Uznach zurück, wo ich wieder die Arbeit als Buchbinder aufnahm. Nun gab es für mich wieder eine Überraschung. Die Schwestern von Chipole setzten sich, im Monat Oktober, mit meinen Abt Marian in Verbindung und äusserten den Wunsch für die Klostergemeinschaft auch eine Bäckerei einzurichten. Inzwischen haben sie die Bäckerei in Songea gesehen und waren sehr begeistert. Abt Marian sprach mit mir und war einverstanden, dass ich dieser grossen Schwesterngemeinschaft auch einen guten Dienst erweisen könnte. Allerdings ging es jetzt nicht nur um einige Monate, sondern um knapp eineinhalb Jahre. Erstens muss die Bäckerei gebaut werden und zweitens brauche ich ein Jahr Zeit, um einige Schwestern in die Backkunst einzuführen und auszubilden. Ich war natürlich sofort einverstanden und hatte keine Einwände. Allerdings musste er es mit dem Seniorat besprechen und auch sie waren damit einverstanden. Von da an ahnte ich, dass es jetzt immer wieder Anfragen geben könnte, was sich dann auch für die Zukunft meines Werdeganges bestätigte. Frühestens werde ich erst im Spätherbst 2007 mit dem Bäckereibau in Chipole starten können. Vorher muss ich Pläne erstellen und nach Bäckereimaschinen Ausschau halten, die revidiert werden müssen, dass sie viele Jahre ihren Dienst in Afrika leisten können. Ausserdem kommen nur gut erhaltene Bäckereimaschinen in Frage. Auch das Transportieren mit dem Container muss gelöst werden, weil von Uznach inzwischen keine Container mehr nach Tansania versendet werden. Dazu kommen die Zollabfertigungen, die ich bis anhin nie selber gemacht habe. Diese Aufgabe lag immer in den Händen von Br. Pius Müller, der inzwischen alt geworden ist. All diese Überlegungen machten mir schon etwas Sorgen, wie ich das jetzt alleine bewerkstelligen soll. Man darf einfach den Mut nicht verlieren und muss stets vorwärts schauen. Irgendwo tut sich immer ein Licht auf. Tatsächlich erfuhr ich, dass in Schindellegi immer wieder Container nach Tansania gesendet werden. Dort gibt es eine Firma Robert Fuchs Elektro AG, die Beton-Kabelverteilkabinen herstellen. Die verschiedenen Trafostationen garantieren höchste Versorgungssicherheit, eine lange Lebensdauer und eine ausgezeichnete Wirtschaftlichkeit. Ich setzte mich mit der Firma Fuchs in Verbindung und lernte dadurch seine Tochter Lisa kennen. Ihr Vater war damals mit Pater Bernhard Eicher gut befreundet, der als Missionar in Ndanda als Prior wirkte. Durch ihn kam Robert Fuchs das erste Mal nach Tansania. Pater Bernhard war ein Schulkamerad von Robert Fuchs und lebte über 45 Jahren in Tansania. Er wusste von der grossen Erfahrung die Robert im Bau und Betrieb von Kleinkraftwerken hatte und bat ihn um Hilfe. Im Jahr 1983 reiste Robert Fuchs das erste Mal vor Ort, untersuchte die Gegebenheiten und erkannte die Notwendigkeit für den Bau eines Kleinkraftwerkes. Mit der Zusage seiner vollen Unterstützung und durch neu geknüpfte Beziehungen entstanden daraus mehrere Projekte. Bis jetzt wurden in Tansania Wasserkraftwerke in Ndanda (1985) in Nyangao (1993) und in Chipole (2005) gebaut. Das Kraftwerk in Chipole, das in der Gegend Ruvuma liegt, ist das dritte und letzte Projekt, das die Robert Fuchs AG Stiftung in Tansania umgesetzt hat. Weil dem Schwesternkonvent die finanziellen Mittel (in der Höhe von knapp vier Millionen Franken) zur Realisierung dieses grossen Bauvorhabens fehlten, hat die Robert Fuchs AG die Finanzierung dieses Projektes übernommen. Die Projektierung, die Bauführung, der Verwaltungsaufwand, das Zeichnen der Baupläne, Arbeitskräfte und die Führung vor Ort, wurden unentgeltlich von der Firma Robert Fuchs übernommen und ausgeführt. Für das Kraftwerk wurde der Fluss Ruvuma gestaut, der weiter flussabwärts die Grenze zwischen Tansania und Mosambik bildet. Bevor das Kraftwerk gebaut wurde, lieferten zwei Dieselgeneratoren die Energie für den ganzen Klosterbereich. Allerdings konnten diese maximal nur etwa drei Stunden im Tag betrieben werden, weil die finanziellen Mittel für den Diesel nicht ausreichte. Dies führte zu starken Einschränkungen in den Werkstätten, Komplikationen im Gesundheitswesen und vielen anderen Nachteilen. Der ideale Standort für ein Kraftwerk, der den benediktinischen Sankt Agnes Konvent und ihren Einrichtungen mit ökologisch vorteilhaftem Strom versorgt, konnte anhand von Messungen und genauen Beobachtungen definiert werden. Der Damm des Stauwerkes steht bei der Farm Kizizi, (Kiogowale) die 12 Kilometer von Chipole entfernt liegt. Nach der Planung, die bereits vor dem Jahr 1999 ihren Anfang nahm, begannen die ersten Arbeiten. Das Gelände wurde durch Rodungen, Felssprengungen, Aushube und Verlegung des Flusses, vorbereitet. Viele der benötigten Maschinen, Werkzeuge und Materialien wurden mit dem Container aus der Schweiz verschifft und mit Lastwagen 1030 Kilometer von Daressalam nach Chipole transportiert. Am 1. November 2005 wurde das neue Wasserkraftwerk mit 480 Kilowatt in Betrieb gesetzt. Im Juli 2006 starb Robert Fuchs, nachdem seine Frau Maria Fuchs die irdische Erde im Jahr 2005 verliess. Seither führt seine Tochter Lisa die Firma unermüdlich und setzt sich weiterhin für das Wasserkraftwerk der Chipole-Schwestern ein.

Für den Bäckereibau ist es eine gute Voraussetzung, die Bäckereimaschinen mit Starkstrom zu versorgen. Lisa war sofort bereit, meine Bäckereimaschinen und Bäckereiutensilien in ihrem Container aufzunehmen. Der nächste Container hatte

Mitte Jahr 2007 die Schweiz in Schindellegi verlassen und wurde Richtung Tansania verschifft. Sie war auch bereit die Zollarbeiten meiner Fracht zu erledigen. Weiterhin wie bisher bringe ich ihr die Unterlagen, die ich erstelle, was das Gewicht und die Menge der Fracht anbelangt. Ich bin ihr sehr dankbar, dass sie mir die Zollabfertigungen erspart und ich ihr meine Liste mit den aufgeschriebenen Waren immer wieder überlassen darf. Jetzt hatte ich Zeit die Bäckereimaschinen, Bäckereiutensilien und den Ofen ausfindig zu machen. Ende Oktober hielt ich Ausschau, um alte noch guterhaltene Bäckereimaschinen, Arbeitsutensilien und diverse Backformen, ja einfach alles was man braucht, dass eine Bäckerei funktioniert, zu besorgen. Im Weihnachtsbrief 2006 den ich meinen Freunden Bekannten und Wohltätern schrieb, erwähnte ich, dass ich im Herbst 2007 einen längeren Aufenthalt in Chipole Tansania verbringen werde, dort eine Backstube baue, mit Bäckereimaschinen einrichte und einige einheimische benediktinische Ordensschwestern in das Handwerk des Backens einführe. Gerade wegen diesem Weihnachtsbrief erhielt ich von Frau Bernadette Wüest einen Anruf, die mit ihrem Mann Guido in Montlingen / Kanton St. Gallen ein Geschäft mit diversen Bäckereiartikeln führt. Zwei grosse Bäckereimaschinen (Dreierkombinationen) von der Gewerbeschule St. Gallen und Wattwil wurden ausgewechselt und modernere angeschafft. Diese zwei sehr gut erhaltenen Maschinen erhielt ich durch Frau Bernadette Wüest für mein Bäckereiprojekt in Chipole-Tansania geschenkt. Die eine Maschine wiegt 600 Kilogramm und weist drei verschiedene Arbeitsbereiche auf. Links der Maschine ist ein Rührwerk, um Eiweiss, Eier und Cremen schaumig zu schlagen. Im mittleren Teil befindet sich ein Mahlwerk, um Nüsse, hartes Brot und dergleichen zu malen. Rechts der Maschine ist ein Walzwerk, mit dem man feste Teige, wie Lebkuchenteig, Haselnussteig und so weiter verfeinern kann, damit der Teig, bevor man ihn aufarbeitet, geschmeidig wird. Die andere Maschine ist etwas grösser 800 Kilogramm und hat statt einem Rührwerk einen Planet, in dem bis zu fünf Kilogramm Teig geknetet werden kann. Zum Beispiel verschiedene kleine Süssteige. Es sind beides Kombinationsmaschinen und wurden in den Gewerbeschulen nur wenig benutzt. Dazu erhielt ich gratis zwei verschiedene grosse Fettbackgeräte. Im grossen Gerät können 50 Berliner und im anderen 30 Berliner gebacken werden. Das grosse Fettbackgerät ging an die neue Sekundarschule, in der 600 Schülerinnen unterrichtet werden. Diese Schule wird von den Schwestern geführt und liegt zwei Kilometer von dem Kloster Chipole entfernt. Die Teigmaschine für 25 Kilogramm Brotteig, die Auswallmaschine zur Herstellung von Trockenkekse und eine Tischwaage bis zu zehn Kilogramm konnte ich in Cham beim Peter Nietlisbach erwerben, die nach drei Monaten revidiert zum Abholen bereit standen. Einen 2,20 Meter langen und 70 Zentimeter breiten Chromstahlabwaschtrog mit zwei tiefen Becken wurde bei der Firma Rolf Brunner (Küchenbau) in Laupen (Kanton Zürich) eigens hergestellt. Auch bei ihm erhielt ich diesen neuen Abwaschtrog um die Hälfte günstiger, als was er gekostet hätte. Den zweistöckigen Backofen mit Dampfabzugsgerät und zwei Einschiess-Apparate besorgte mir Guido Wüest in Montlingen, der bereits wusste, dass im Frühjahr nach Ostern 2007 ein solcher Ofen mit einem Wärmefach in einer Bäckerei frei wird. Auf die Einschiess-Apparate werden die aufgearbeiteten Brotleibe gelegt und nach dem Aufgehen in den Ofen geschoben. Die Apparate mit dem Rolltuch hängt man vorne beim Ofen ein und zieht sie sofort wieder heraus. Die Brotlaibe liegen hernach auf dem Ofenboden und nach 50 Minuten sind die Brote fertig gebacken. Die grossen Arbeitstische, Regale, den Schrank und Tisch mit drei Stühlen für das Office liess ich in der Schreinerei bei Br. Augustin in Peramiho herstellen. Die Pläne für die Holzarbeiten kamen bei ihm mit Faxsendungen an. In der Brockenstube in Uznach durfte ich immer wieder, durch Margrith Gmür, Bäckereiartikel wie Messer, Waffeleisen, kleine Kaffeelöffel für Joghurt, Backformen, Kuchenplatten und so weiter gratis mitnehmen. Geschenkt erhielt ich auch eine alte gut funktionierende Eismaschine und diverse Backformen aus der Bäckerei von Familie Herman und Rosmarie Janser in Tuggen, der Ende Juni in den Ruhestand ging. Seit anfangs Juni ist der Container in Schindellegi stationiert und gilt als Einwegcontainer. Dieser wird später in Chipole als Lagerraum benutzt. Der eiserne Koloss bringt ganze drei Tonnen Leergewicht auf die Waage, hat eine Länge von 12 Meter, ist 2,35 Meter hoch und 2,50 Meter breit. Insgesamt waren 19 Tonnen Hilfsgüter in diesem Container eingepackt, hätte aber bis zu 35 Tonnen Waren aufnehmen können. Nebst den Bäckereimaschinen, Bäckereiutensilien, den Backofen und das Stopfmaterial, die etwa fünf Tonnen ausmachten, waren viele elektronische Einrichtungen wie Kabel, Schaltschränke, Sicherungskästen, elektrische Boiler und gebrauchte Kleider für das Kloster Chipole und das Wasserkraftwerk bestimmt. Alle grossen und schweren Maschinen und der Ofen brachte die Transportfirma Wespe in Schmerikon nach Schindellegi. Anfangs Juli 2007 half ich noch zum letzten Mal den Container fertig zu füllen und einige Tage später morgens um 08.00 Uhr wurde der Container mit einem speziellen Kranheber auf den Lastwagenanhänger gehoben und nach Basel gefahren. Dort wird dieser schwere Behälter die Schiffsfahrt im Rhein Richtung Amsterdam zustreben und weiter den Meeresweg nach Afrika – Tansania, in zwei Monaten, den Hafen in Daressalam erreichen. Wann er dort für das Landesinnere freigegeben wird, ist schwer zu sagen. „Die Afrikaner haben die Zeit und wir Europäer die Uhren". Ist der Container durch den Zoll und alle schriftlichen Dokumente abgesegnet, muss der Lastwagenfahrer mit dem Container noch 1035 Kilometer zurücklegen bis er das Kloster Chipole erreicht. Die letzten 22 Kilometer, links weg von der Teerstrasse bis nach Chipole, gibt es nur ein unebener Landweg und in der Regenzeit kaum noch befahrbar. Seit dem Jahr 2023

wird von der Hauptstrasse der Landweg bis nach Chipole geteert. Die Pläne für den Umbau der vorhandenen Räumlichkeiten für den Bäckereibau nahm ich anfangs Oktober im Jahr 2007 mit nach Chipole. Mit eineinhalbstunden Verspätung hob die Swiss in Kloten ab und traf um 22.30 Ortszeit in Daressalam ein. Der Flug dauerte gut zehn Stunden mit Zwischenlandung in Nairobi. Ich hatte diesmal Glück, weil in meiner Sitzreihe die Sitzplätze nicht belegt waren. So konnte ich einen grossen Teil des Fluges liegend geniessen. Diesmal flog die Swiss in einer Höhe von 10.500 Meter über Meer, und erreichte die Höchstgeschwindigkeit von 1100 Kilometer in der Stunde. In Kenia stiegen verhältnismässig, wenig Fluggäste aus. Wie ich am Flughafen in Kloten mitbekommen habe, verschoben etliche Touristen ihren Keniaflug auf spätere Tage, weil zu der Zeit während der Wahl eines neuen Präsidenten, grosse Unruhen herrschten.

Br. Wendelin Bochsler von Uwemba holte mich am Flughafen ab und brachte mich nach Kurasini, wo ich meinen Schlaf nachholen konnte. Inzwischen hat Tansania 30 Millionen Einwohner. Die Bevölkerung besteht zum grossen Teil aus Bantus, das sind dunkelhäutige Menschen, die ausschliesslich Ackerbau betreiben. In den Grossstädten leben viele Inder und Araber und neu auch Chinesen, die Handel betreiben. In Daressalam kaufte ich etliche Sachen für die Bäckerei in Chipole ein. Zwei Tage später um 06.00 Uhr morgens traten wir die 700 Kilometer und zwölfstündige Fahrt nach Uwemba an. Während der Fahrt durchquerten wir den 50 Kilometer langen Mikumi-Nationalpark. Diesmal sahen wir viele Gruppen von Elefanten mit ihren Jungen und männliche Einzelgänger. In der Regenzeit hat man mehr Glück, Wildtiere zu sehen als in der Trockenzeit, wo die Tiere am Tag, bei sengender Sonne, Schutz im Schatten suchen und erst gegen den Abend auf Nahrungssuche sind. Unmittelbar nach dem Mikumi-Nationalpark gibt es ein Restaurant, mit Übernachtungsmöglichkeiten, das von dem Schweizer Josef Gwerder im Jahr 2002 ins Leben gerufen wurde. Mit seiner afrikanischen Frau und 16 einheimischen Mitarbeitern und Mitarbeiterinnen betreibt er dieses grosse Anwesen für Gäste. Angestellt sind Kochpersonal, Haus- und Service Angestellte und ein Arbeiter für die Besorgung der Anlagen. Dort stillten wir unseren Hunger mit Pommes und Chicken. Für mich natürlich ein Coca Cola dazu. Dass die Lohnkosten anfangs Jahr 2007 um etwa 200 Prozent angestiegen sind, bereitet dem Josef Kummer und Sorgen. Diese Lohnpolitik kann gefährlich werden. Viele Inhaber von Geschäften reduzieren ihr Arbeitspersonal und das zurückgebliebene Personal muss zusätzlich die Arbeiten der Entlassenen übernehmen. Viele Arbeitnehmer verlieren ihren Job und die Arbeitslosigkeit im Land steigt rasant an, weil die Arbeitgeber diese Lohnerhöhung nicht verkraften können. Zum Beispiel verdient jetzt ein ausgelernter Schreiner, Schlosser, Mechaniker und so weiter 80 tausend tansanische Schillinge, im Monat (40 Franken). Das ist immer noch wenig, im Vergleich zu einer ausgebildeten Krankenschwester, die bis zu 300 tausend Schillinge verdient. Geschweige denn ein Arzt, der auf ein Monatseinkommen von über einer halben Million kommt. Meiner Meinung ist diese Lohnpolitik unausgeglichen. Die handwerklichen Berufe verlangen oft mehr körperliche Anstrengung als das Spitalpersonal. Schliesslich trafen wir um 20.00 Uhr wohlbehalten in Uwemba ein. Dort wartete bereits das Motorfahrrad Yahama 100 ccm in Uwemba auf mich. Bruder Wendelin war so lieb und stellte mir dieses Motorfahrrad während meines Aufenthaltes in Chiploe zu Verfügung. So hatte ich die Möglichkeit die Wochenenden in der Abtei Peramiho zu verbringen. Zu dieser Zeit amtete Abt Anastasius Reiser, der im Jahr 2006 zum vierten Abt der Abtei Peramiho gewählt wurde und nach 11 Jahren im Jahr 2017 von seinem Amt zurücktrat. Sein Vorgänger war Abt Lambert Dörr der im Jahr 1976 bis im Jahr 2006 in der Abtei Peramiho als Abt vorstand, also 30 Jahren. Meines Erachtens waren es zu viele Jahre für einen Abt als Vorsteher eines Klosters. Eine Gemeinschaft kann sich nicht mehr entfalten und alles läuft ständig seinen Jahrestrott. Es lähmt eine Gemeinschaft enorm weiter zu kommen, um sich optimal zu entwickeln. Ein neuer Abt bringt wieder neue Ideen und hilft einer Gemeinschaft bei der Entwicklung für die Zukunft. Über 20 Jahre sollte kein Abt als Vorsteher in einer Abtei fungieren. Ich denke höchstens 12 bis 15 Jahre, gerade weil sich die Welt jetzt so schnell verändert. Auch wäre es zum Vorteil, wenn Äbte sich, mit etwas Demut, an ihren Platz in der Gemeinschaft zurücksetzen, wie es in Frauenklöster der Fall ist. Sie könnten so auch wieder der Gemeinschaft dienlich sein. Da könnte man beim Abt Ivo auf der Maur ein Beispiel nehmen, der bei seinem Rücktritt wie ein normaler einfacher Mönch lebte und weiterhin mit verschiedenen Aufgaben sich für die Gemeinschaft einsetzte. Oft hört man auch, dass kein anderer Mitbruder als Abt zur Verfügung stand. Da frage ich mich schon, wo ist das Gottvertrauen? Wo ist die Vorsehung Gottes von der man immer gerne spricht? Es gibt tatsächlich Gemeinschaften, die indirekt gezwungen sind, einen Abt oder eine Äbtissin zu wählen weil keine anderen zur Verfügung stehen oder man keine anderen Mitglieder aus einer anderen Gemeinschaft unserer Kongregation wählen will und nur Priestermönche als Äbte gewählt werden dürfen. Dass man alte Priestermönche nicht als Vorsteher eines Klosters haben will kann ich gut verstehen. Mit der Änderung des Kirchenrechts vor Ostern im Jahr 2022 ermöglichte Papst Franziskus, dass auch Nichtkleriker (Laienbrüder) als Äbte gewählt werden dürfen. Diesen Schritt finde ich sehr vernünftig, hätte aber schon viel früher stattfinden sollen, denn es gibt viele Laienbrüder, die das Charisma haben, eine Gemeinschaft mit Herz und Offenheit zu führen. Der heilige Benedikt war auch kein Priester sondern ein normaler Mönch als Vorsteher einer Gemeinschaft. Es gibt auch Schwestern in Frauenklöster, die als Äbtissinnen einer Schwesterngemeinschaft vorstehen.

Meine ersten Fahrübungen mit dem Motorfahrrad

Mit dem Motorfahrrad machte ich in Uwemba die ersten Fahrübungen, weil ich nie ein Motorfahrrad dieser Sorte gefahren bin. Bekannt war mir die Handschaltung am Lenker. Bei diesem Motorfahrrad 125ccm mussten die Gänge mit der Fussspitze bedient werden. Ich konnte mich aber schnell an die Gangschaltung anpassen.

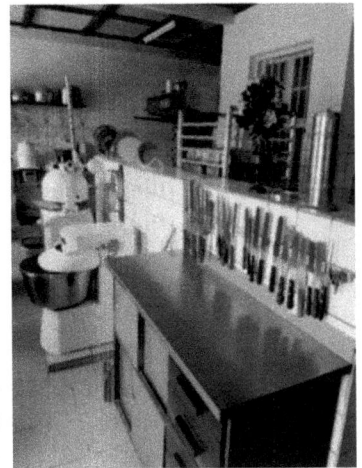

Vier Stunden hielt ich es auf dem Motorfahrrad ohne Zwischenfälle aus, bis ich Peramiho erreichte. Allerdings war der heilige Petrus mir nicht wohlgesinnt; er öffnete die Regentüre des Himmels. Innert wenigen Minuten war ich voll durchnässt und die Kleider klebten an meinem Körper. Dann brach plötzlich die Sonne hervor und innert einer halben Stunde waren meine Kleider wieder trocken. Vermutlich dankte ich dem heiligen Petrus etwas zu übertrieben, denn 40 Kilometer vor Songea fing es erneut zu regnen an, der ohne Erbarmen 20 Minuten anhielt. Bis Songea war ich dann wieder einigermassen trocken und erreichte das Kloster in Peramiho wohlbehalten. Jedenfalls fuhr ich nie wieder mit dem Motorfahrrad ohne einen Regenschutz mitzuführen. Gott sei Dank, habe ich nach den zwei Himmelsduschen und der langen Fahrt, keine Erkältung eingefangen. Vom Abt Anastasius und den Mitbrüdern in Peramiho wurde ich herzlich empfangen und konnte viele bekannte Gesichter begrüssen. Noch in derselben Woche traf ich mit dem Motorfahrrad im Kloster Chipole ein, das 37 Kilometer von der Abtei Peramiho entfernt liegt. Allerdings fiel die grosse Begrüssung bei meiner Ankunft ins Wasser. Eine grosse Schwesternschar wartete vor der Klosterpforte auf mein Eintreffen. Fünf Kilometer vor Chipole im Dorf Magagura wurde mit dem Natel ohne mein Wissen einer Schwester mitgeteilt, dass ich gerade dort mit meinem Motorfahrrad Richtung Chipole vorbei gefahren sei. Mit der Handglocke wurden die Schwestern zur Pforte gerufen, um mich mit Liedern und Tänzen gebührend zu empfangen. Statt an der Strassenkreuzung links, an die Klosterpforte zu fahren steuerte ich mein Motorfahrrad nach rechts zum hinteren Eingang des Klosters. Durch das grosse Eisentor bei der Autowerkstatt und Schreinerei fuhr ich vorbei zu der Stelle, wo die Bäckerei gebaut werden soll. So gingen die Schwestern unverrichteter Dinge wieder an ihre Arbeit zurück. Beim Abendessen begrüsste mich die Schwester Priorin Asante ganz herzlich und erzählte mir von der Aufwartung der Schwesterngemeinschaft an der Klosterpforte. Ich erklärte ihr, dass ich keinen Empfang wie ein König brauche und die Bäckerei nur dank meinen Wohltätern, zustande kommt. Zudem sei ich ein Mensch wie alle anderen auch und kein bisschen besser. Ich sei schon dankbar und zufrieden, wenn die Schwestern meine Wohltätern Freunde und Bekannte täglich ins Gebet einschliessen. Das tut die Schwesterngemeinschaft auch wirklich. Sie beten viel und bei den Fürbitten in der heiligen Eucharistie werden immer wieder solche Anliegen vorgetragen. Die Wochenenden verbrachte ich in der Abtei Peramiho. Schwester Asante wurde ein Jahr zuvor zur Oberin der Klostergemeinschaft in Chipole gewählt. Für sie war es nicht leicht, als Kinderärztin im Spital Peramiho die Kinderabteilung zu verlassen und auf einmal ein ganz anderes Amt anzutreten. Sie liebt Kinder über alles und freute sich, als Kinderärztin für die Kinder da zu sein. So konnte ich bei meiner Ankunft in Chipole mit dem Bäckereibau starten. Ich erhielt vier Bauarbeiter von Chipole und es ging zügig voran. Weil drei Lagerräume für die Backstube zur Verfügung standen, mussten wir nur einige Mauern durchbrechen und im Innenraum neue Mauern aufbauen, die meinen Plänen entsprachen. Nach sechs Wochen trafen drei Elektriker mit ihrer Chefin Schwester Deo (Tutzingerschwester) in der Backstube in Chipole ein und kamen mit den Installationen der elektrischen Kabel gut voran. In drei Tagen waren die Leitungen alle gelegt und der Rohbau mit Verputz beendet. In Songea bestellte ich 3100 Wandfliessen mit denen die ganze Backstube an den Wänden 1.60 Meter hoch verkleidetet wurden. Die Wasserleitungen für das Abwaschbecken, die Zementsockeln für einige Bäckereimaschinen haben wir inzwischen auch erledigt. Alles verlief reibungslos und Ende Jahr 2007 konnte der Bäckereibau abgeschlossen werden. Inzwischen erreichte der Container im Januar 2008 Chipole und wir konnten die Bäckereimaschinen und den Ofen an ihre Plätze stellen. Eine Woche brauchte ich für die Versorgung der Bäckereiutensilien in Schubladen, und das Auspacken der vielen Schachteln, die im Container mitkamen. Darin verstaute ich verschiedene Dinge unter anderem auch diverse Gegenstände wie Bilder, Bauermalereien auf Holztafeln, Stoffblumen und Töpfe zur Verzierung der Backstube an den Wänden und zum Aufstellen. Solche Gegenstände bewirken in der Backstube eine harmonische Atmosphäre. Selbst Blöcke und Schreibmaterial durften nicht fehlen, damit Rezepte aufgeschrieben werden können und nicht zuletzt ein Kreuz ob dem Ausgang der Bäckerei.

Die Aussendung von zwei Mitbrüdern nach Kasachstan
Im gleichen Jahr 2007, als ich nach Tansania reiste, um eine Bäckerei in Chipole zu bauen und einzurichten, wurde Pater Josef Schnider und Diakon Mattias Beer als Missionare nach Kasachstan ausgesandt. Vorher setzten sie sich mit der russischen Sprache auseinander, um bei der Ankunft sich mit Menschen unterhalten zu können. Im März wurde Diakon Mattias Beer in der Kathedrale von Astana vom Erzbischof Tomasz Peta zum Priester geweiht. In Norden Kasachstan im Dorf Osornoe bauten sie mit Hilfskräften ein kleines Missionshaus, wo sie lebten und wirkten. Abt Marian lernte Pater Jean-Mark Stoop während seinem Studium in Salzburg (Österreich) kennen. Er ist Generalvikar des Erzbistums Astana in Kasachstan und übrigens auch ein waschechter Toggenburger. Es war der Wunsch vom Erzbischof Tomasz Peta, einem Polen, dass die Gemeinschaft vom Kloster Uznach in seiner Diözese eine benediktinische Gemeinschaft gründet, mit dem Ziel den armen Leuten zur Verbesserung ihrer Lebensqualität „Hilfe zur Selbsthilfe" anzubieten und sie

dazu einzuleiten. Kasachstan ist 65 Mal grösser als die Schweiz und dreimal grösser als Tansania (Afrika). Allerdings besteht der grösste Teil in Kasachstan aus Wüste und Steppe und liegt tief in Zentralasien. Es grenzt im Norden und Westen an Russland, im Süden an die Volksrepublik China, im Südwesten an das Kaspische Meer und im Süden an Kirgistan, Usbekistan und Turkmenistan. Es ist das neunte grösste Land der Welt und liegt mitten im Herzen Eurasiens. Am 16. Dezember 1991 erlangte es die Unabhängigkeit von Russland und im Jahr 1998 wurde die Hauptstadt nach Astana verlegt, wo sich jetzt das Parlament befindet das damals den Umzug aus der alten Hauptstadt Almaty vornahm. In Kasachstan leben etwa 17 Millionen Einwohner. Die Hälfte der Bevölkerung sind Kasachen, 30 Prozent Russen und die Minderheiten sind Mescheten, Baschkiren und Tartaren. Die Landessprache ist Kasachisch, jedoch über dreiviertel der Bevölkerung beherrschen die russische Sprache. Die landwirtschaftlich nutzbare Fläche ist sehr klein. Der grösste Teil des Landes ist unfruchtbar. Viele Leben von der Tierhaltung. Die sozialen Einrichtungen weisen keinen hohen Stand auf und die Arbeitslosigkeit beträgt 13,7 Prozent. Die Kindersterblichkeit liegt bei 59 Sterbefällen auf 1000 Lebendgeburten. In der Vergangenheit wurden grosse Teile der kasachischen Bevölkerung durch Atomtests radioaktiver Strahlung ausgesetzt. Auf dem Versuchsgelände in der Nähe von Semipalatinsk wurden die meisten der sowjetischen Atomtests durchgeführt, über 300 unterirdische und einige oberirdische Atomkraftversuche. Seither ist ein schneller Anstieg an Krebserkrankungen zu beobachten. Pater Matthias kehrte nach sieben Jahren wieder nach Uznach zurück, um die Gemeinschaft zu unterstützen. Später folgte ihm auch Pater Josef Schnider nach und kehrte in die Schweiz zurück. Als Einzelgänger dort zu leben wäre wohl nicht das Ziel gewesen.

Bäckereibau in Chipole und Ausbildung einiger Schwestern

Drei Monate sind bereits wieder verstrichen, seit ich in Chipole eingetroffen bin und den Bäckereibau abschliessen konnte. Normalerweise brauche ich für einen Bäckereibau etwa fünf Monate, wenn ein Fundament erstellt werden muss. In Chipole war es nicht der Fall, weil bestehende Lagerräume für den Umbau der Backstube zur Verfügung standen. Auch das Dach war bereits vorhanden. Erstaunlich gut lebte ich mich in die Tagesordnung der afrikanischen Schwestern ein. In der Früh um 05.15 Uhr rief mich die Hausglocke aus dem Bett. 25 Minuten später beginnt das gemeinsame Morgengebet (Vigilien) und das Morgenlob (Laudes). Dann 20 Minuten Betrachtung und anschliessend die heilige Eucharistie, die jeden Tag der junge Spiritual Pfarrer Hugo Lungu zelebrierte. Er lebt seit neun Jahren mit dieser Schwesterngemeinschaft zusammen und hat sein Arbeits- und Schlafzimmer im Gästehaus. Zuständig ist er für das geistliche Wohl der Schwestern, die regelmässig geistliche Vorträge von ihm erhalten. In den umliegenden Primar-und Sekundarschulen gibt er Religionsunterricht. Seit kurzem haben die Schwestern eine eigene Sekundarschule mit 368 Schülerinnen etwa zwei Kilometer vom Kloster entfernt. Inzwischen sollen es 600 Schülerinnen sein. Das Frühstück ist um 07.30 Uhr und eine halbe Stunde später treffen die Schwestern an ihren Arbeitsplätzen ein. Nicht selten versuchen auch ganz kleine Ameisen an den Frühstückstisch zu gelangen. Schnell machen sie sich an das Brot heran und graben sich scharenweise in das Brot ein. Ich nenne es Ameisenbrot, denn beim Scheiben schneiden bringt man die Ameisen nicht mehr aus dem Brot. Man schüttelt die Brotscheibe und klopft sie einige male auf dem Tisch, um wenigsten den grossen Teil der Ameisen zu entfernen. Alle bringt man nicht raus und es wird Marmelade auf die Brotscheibe gestrichen und gegessen. Die Schwestern sagen immer „Dawa ya tumbo", Medizin für den Bauch. Jedenfalls lebe ich bis heute noch. In verschiedenen Werkstätten wie Schreinerei, Schlosserei, Spenglerei, Maurerei, Schuhmacherei, Kerzengiesserei, Schneiderei, Stickerei, Mechanik und Landwirtschaft werden 60 Lehrlinge ausgebildet, wovon einige später ihrem Handwerk nachgehen und versuchen eine eigene kleine Werkstatt in Grossstädten zu betreiben, oder lassen sich als Arbeiter einstellen. Einige bleiben bei ihren Familien, arbeiten dort als Schreiner ohne Maschinen, stellen Holzarbeiten, was möglich ist, mit Handgeräten her und führen Holzreparaturen aus. Nicht selten sind Arbeiter bei einer Firma bevorzugt, die in klösterlichen Gemeinschaften ausgebildet wurden. Sie finden in der Regel schnell eine Arbeitsstelle. Hinzu kommt jetzt noch die Bäckerei, in der ich sechs Schwestern und einem Jungen seit anfangs Jahr 2008, das Backen beibrachte. Aus der Stadt Arua in Uganda, wo ich vor zwei Jahren unter anderem auch Schwester Agnes in die Backkunst einführte, liess ich nach Chipole kommen, damit sie noch einiges in der Backstube dazulernen konnte. Am 15. April nach Ostern traf sie nach 2700 Kilometer Busfahrt in Peramiho ein. Ich brachte sie mit nach Chipole, wo sie drei Monate in der Backstube mitwirkte. Sie erhielt das Amt als Subpriorin, nachdem vor einem Jahr eine neue Priorin in ihrer Gemeinschaft in Arua (Uganda) gewählt wurde. Um 12.30 Uhr geht die erste Arbeitshälfte des Tages zu Ende und die Schwestern versammeln sich in der Klosterkirche zum Mittagsgebet. Danach wird für das leibliche Wohl gesorgt. Die Mahlzeiten erhalte ich immer mit dem Spiritual Hugo und Gästen, wenn vorhanden sind, im Speisesaal des Gästebereichs. Sie werden abwechslungsreich in der grossen Klosterküche mit Holzfeuerung hergerichtet. Es gibt Reis, Kartoffeln, Omeletten, Spätzle, selbsthergestellte Nudeln, Fleisch aus der eigenen Metzgerei und verschiedenes Gemüse aus dem Klostergarten. Man gewöhnt sich schnell an diese Speisen, die auf den Mittagstisch zur Verfügung stehen. Im Gegensatz zu der Abtei Peramiho gibt es hier genug Wasser, das aber abgekocht werden muss und auf dem Esstisch immer bereit steht. An Sonntagen und Feiertagen gibt es Sinalco, Koka Kola und Bier zu trinken. Um 14.00 Uhr gehen die Schwestern wieder an ihre Arbeit, bis die Kirchenglocke um 17.30 Uhr zur Vesper ruft. Die älteren Schwestern begeben sich bereits eine halbe Stunde früher in die Kirche und beten gemeinsam den Rosenkranz für verschiedene Gebetsanliegen. Das Abendessen ist um 19.00 Uhr und als Abschluss des Tages kommen alle Schwestern nochmals um 20.45 Uhr in der Klosterkirche zusammen. Mit dem Schlusslied Salve Maria geht der Tagesablauf zu Ende und die Schwestern verlassen stillschweigend die Klostergänge und begeben sich in ihre Schlafräume. Anfangs Februar im Jahr 2008 fing ich mit der Ausbildung einiger Schwestern in Chipole an. Die Schwestern freuen sich riesig nun eine eigene Backstube zu besitzen. Auch hier brauchte ich wieder einige Zeit bis ich ein luftiges gut herkömmliches Brot herstellen konnte. Das Klima in Afrika spielt eine grosse Rolle beim Herstellen von Brotteigen. Ich mag mich noch gut erinnern, als ich den Lehrschwestern am Eröffnungstag der Backstube zeigen wollte, wie ein Brotteig sich in der Brotmaschine entwickelt. Wir wogen alle Zutaten ab, Mehl Salz, Trockenhefe und warmes Wasser, gaben sie in die Brotmaschine und ich schaltete die Maschine ein, während die Schwestern um die Brotteigmaschine standen und das Kneten des Teiges verfolgten. Währenddessen begab ich mich in das Lager um etwas zu holen. Plötzlich hörte ich ein lautes Gelächter der Schwestern als ich aus dem Lager kam. Die Schwestern schwirrten wie Bienen umher, hoben Teigstücke vom Boden auf und warfen sie wieder in die Teigmaschine hinein. Andere Schwestern

versuchten die klebrigen Teigstücke von ihren Schürzen zu entfernen und gaben sie auch in die Knetmaschine zurück. Immer wieder schleuderte die Knetmaschine Teigstücke hinaus. Ich ging schnell zum Schalter der Maschine und stellte sie ab. Das Problem war, dass die Kabel falsch angeschlossen waren und die Teigmaschine rückwärts lief, was unweigerlich bei dieser Spiralen Knetmaschine den Teig nach oben beförderte und es zu diesen Teigauswürfen kam. Ich öffnete den Stecker und legte die Kabelanschlüsse, den von links nach rechts und den von rechts nach links und die Maschine nahm seinen normalen Lauf. Die Spirale der Teigmaschine drehte sich jetzt nach unten, sodass sich der Teig nicht mehr nach oben bewegen konnte. So gibt es eben auch lustige Episoden in einer Backstube. Es zeigt, dass die Einheimischen bei solchen Maschinen, die sie zum ersten Mal sehen, überfordert sind. Jetzt beherrschen sie allerdings alle Bäckereimaschinen bestens. Einmal wog eine Schwester vier Kilogramm Zucker auf eine Mehlmenge von drei Kilogramm ab. Sie war gerade im Begriff diesen abgewogenen Zucker in die Knetmaschine zu geben. Gut, dass ich es noch rechtzeitig sah, denn es sollte nur 400 Gramm Zucker verwendet werden. Als ich sie darauf ansprach und ihr Rezeptbuch sehen wollte, musste ich feststellen, dass sie bei diesem Rezept vier Kilogramm aufschrieb. Das Problem ist, dass die Schwestern ihre Rezepthefte untereinander austauschen, wenn sie die Rezepte aufschreiben. Da kann sich schnell ein solcher Fehler einschleichen. Ich lege grossen Wert darauf, dass das Rezept erst aufgeschrieben wird, sobald sie den Teig herstellen und nicht erst zwei Tage später. Bis zum Start der Bäckerei stellten die Schwestern das Brot im Holzofen mit indirekter Feuerung her, der neben der Küche steht. Das heisst, auf der Backfläche wurde das Holz angezündet und so eingeheizt, bis der Holzofen die gewünschte Temperatur erhielt. Die Gluten wurden auf der ganzen Fläche des Ofenbodens ausgebreitet. Ist die Hitze erreicht, werden mit einem Eisenschaber alle Gluten entfernt und die Bleche mit den aufgegangenen Brotlaiben reingelegt. So wurde das Brot also nur mit der bestehenden Temperatur gebacken, die sich langsam abbaute. Bei der direkten Feuerung wird unten am Ofen geheizt, mit dem Nachteil, dass das Gebäck am Boden zu dunkel oder schwarz wird. Jemand der damit Erfahrung hat, kann es steuern, dass auch dieses Brot bestens gebacken werden kann.

Am 25. April im Jahr 2008 reiste Norbert Mtega von Songea eigens nach Chipole, um die Backstube feierlich einzusegnen. Nach dem Mittagsgebet formierten sich etwa 70 Schwestern mit afrikanischen Instrumenten und zogen Lieder singend in einer Prozession bis zu der Bäckerei. Voran drei Postulantinnen mit Kreuz, Weihwasser und Myrre im Rauchfass. Der Bischof war mit dem Schwingbesen voller Weihwasser nicht sparsam. Als er bei mir vorbei kam, erhielt ich geradezu eine Dusche an meinen Kopf und sein Gesicht verwandelte sich in ein sanftes Lächeln. Mit Weihrauch war er grosszügig. Die ganze Backstube war hernach mit dem duftenden Weihrauch beseelt. Ab und zu konnte man nicht mal mehr die Gesichter einiger Schwestern erkennen, die den Bischof in die Bäckerei begleiteten. Der Weihrauch verteilte sich in der ganzen Bachstube, als ob ein Feuerbrand stattgefunden hätte. Den Weihrauchgeruch konnte man noch am anderen Tag in der Backstube wahrnehmen. Nach der Segnung standen drei Körbe mit Semmeln, Süssgebäcke, Salzgebäcke und Getränke bereit, die bei den Schwestern grossen Anklang fanden. Diese Backwaren stellte ich mit Schwester Jaqueline, am Morgen, zu diesem Anlass her. In dieser Backstube gibt es ein grosses Angebot an Backwaren. Diverse Brotsorten, Plunder wie Schnecken, Nussgipfel und so weiter. Trockenkekse in verschiedenen Sorten, Zöpfe, verschiedene Kuchensorten, Berliner, Linzertorten mit Mango-Marmelade, Wähen mit eigenen tropischen Früchten wie Bananen, Orangen, Mandarinen, die übrigens sehr gut schmecken. Dazu kommen verschiedene Honiggebäcke wie Lebkuchen, Herze und andere Spezialitäten. Auch das Birnenbrot ist sehr beliebt und findet guten Absatz. Sogar aus Daressalam kommt ein Kunde und nimmt immer eine Schachtel voll mit, wenn er seine Familie in Songea besucht. Ice-Cream und Joghurt sind die meistbegehrtesten Produkte in der heissen Zeit. Hochzeitstorten, Geburtstagstorten mit Buttercreme und dergleichen werden nur auf Bestellung hergestellt. Hinzu kommen noch die Bestellungen des Militärs in Mlale, etwa fünf Kilometer vom Kloster entfernt. Jeden Tag holen sie 250 Brote a 500 Gramm und am Samstag erstellen wir 500 dieser Brotformen her, weil am Sonntag nicht gearbeitet wird. Dort im Camp werden junge Männer und Frauen militärisch ausgebildet und die höheren Rangoberen wohnen mit ihren Familien in diesem Camp zusammen. In Mlale leben etwa 1500 militärisch Auszubildende und die Kinder gehen dort zur Schule. Dazu sind einige Lehrer und Lehrerinnen angestellt. Selbst ein Katechet lebt unter ihnen, der sie im religiösen Leben formt. Oft kommen sie nach Chipole und kaufen in der Backstube ein, bestellen in Werkstätten Sachen, wie Schränke, Stühle und Tische. In der Schuhmacherei lassen sie ihre Schuhe reparieren und im Klosterladen kaufen sie Zahnbürste, Zahnpaste, Seifen und Handtücher. Die Bäckerei kommt ihnen sehr gelegen, weil sie vorher das Brot von Songea, 42 Kilometer entfernt, erhalten haben. Die Kosten des Transportes fallen nun weg. Eine sehr gute und sichere Einnahmequelle für die Bäckerei in Chipole. Das Rohmaterial für die Backwaren ist in Songea erhältlich, oder es kommt aus der Landwirtschaft die von den Schwestern bewirtschaftet wird. Allerdings ist der Arbeitstag streng und es springen immer wieder Schwestern ein und helfen, damit die Bestellungen rechtzeitig geliefert werden können. Um 07.30 Uhr beginnt die Arbeit in der Backstube und zwei Stunden später kommt das erste Brot aus dem Ofen. So ist es mir möglich, am gemeinsamen Chorgebet und der heiligen Eucharistie teil zu nehmen. Zudem haben die Schwestern einen grossen Raum (Restaurant) mit Tischen und Stühlen, neben der Strasse, in dem Arbeitern und Lehrlingen aus der Umgebung Reis, Eier, Pommes-Frites Omelette und Gemüse günstig angeboten werden. Das Bäckereiteam ist sehr fleissig, zeigt grosses Interesse und ist sehr bemüht, sauber zu arbeiten. Die Wochenenden verbrachte ich grösstenteils in Peramiho. Während der Regenzeit erhielt ich vom Abt Anastasius ein Land Rover zur Verfügung. Im Monat Juli nahm ich mir einige Tage Zeit, die Buchbindereien und die Bäckereien in Songea und in Mbinga zu besuchen die ich vor acht Jahren verlassen habe. Zudem war es eine Herausforderung für die Schwestern, während meiner Abwesenheit, in der Backstube ihr Können unter Beweis zu stellen.

Besuch bei den Bäckereien ohne Voranmeldungen
Ohne Voranmeldung stand ich in den Bäckereien und Buchbindereien und besuchte, die inzwischen als Angestellte (nicht mehr als Lehrlinge) eingestellt wurden. Die Freude war gross und überraschend, als wir uns wieder begegneten. Ich kann nur staunen, wie fleissig und sauber in allen Werkstätten gearbeitet wird. In der Bäckerei Songea wurden sogar noch junge Afrikaner eingestellt, weil mehr Kunden diese Bäckerei aufsuchten und grössere Bestellungen für Schulen und Kindergarten eingingen. Die Diözesanbäckerei in Mbinga hat inzwischen zwei Verkaufsläden, eine in der Stadt, wo auch Weinflaschen und verschiedene Sachen angeboten werden. Der andere Laden befindet sich über der Strasse beim Bischofshaus. Auch dort wurde eine junge Afrikanerin zusätzlich eingestellt. Die Buchbinderei in Songea werde ich später vergrössern. Als ich dort die Werkstatt betrat, konnte ich mich kaum darin bewegen. Überall am Boden standen Stapelweise gebundene Bücher und Hefte der Kundschaft, weil kein anderer Platz zur Verfügung stand. Die Schwester Oliva von Chipole, die die Buchbinderei leitet, stellte noch einen zweiten Arbeitstisch in diesen kleinen Raum und erhielt einem zusätzlichen Arbeiter, der früher in der Druckerei in Peramiho arbeitete. Schwester Oliva ist sehr zufrieden mit den Einnahmen und hofft auf eine Erweiterung des Buchbindereiraumes. Dass alles noch so läuft, als hätte ich erst gestern diese Werkstätten verlassen, hätte ich nicht gedacht. Ich glaubte einfach, es geht halt afrikanisch weiter. Umso mehr freute es mich, dass meine Bemühungen in all diesen Jahren Früchte getragen haben. Als ich zurück in die Backstube nach Chipole kam, waren die Schwestern emsig am Arbeiten. Sie machten angeblich

Überstunden um das Arbeitspensum zu bewältigen. Schnell stellte ich fest, dass es an der Organisation fehlte und legte nun den Schwerpunkt, den Schwestern die richtige Einteilung der Arbeitsvorgänge beizubringen. Seit die Regenzeit anfangs Mai vorbei ist, war das Motorfahrrad mein ständiger Begleiter. Chipole ist ein Benediktinerinnen-Kloster, das 330 Schwestern zählt. Davon sind 39 junge Schwestern mit zeitlichen Professen, 24 Novizinnen, 17 Postulantinnen und 15 Kandidatinnen. Etwa 120 Schwestern leben im Mutterhaus Chipole und die anderen Schwestern sind in verschiedenen auswärtigen Einsatzstellen der Diözesen tätig. Einige Schwestern betreuen ein Waisenhaus mit 42 Kleinkindern, die von ihren Eltern verstossen wurden oder deren Eltern an Aids gestorben sind. Inzwischen sterben viele Menschen an dieser heimtückischen Krankheit und diese Seuche ist für jeden greifbar geworden. Die Schwestern verloren einen guten jungen Fahrer, der an Aids gestorben ist. Ich besuchte ihn mit der Schwester Bonifazia einige Male bei ihm Zuhause im nächsten Dorf in Lusonga, das erste Dorf nach Chipole. Er lag nur noch bis auf die Knochen abgemagert im Bett. Ich hätte nie geglaubt, dass ein Mensch in einem solchen mageren Zustand noch leben kann. Gesichtswangen konnte man kaum noch erkennen und seine Augen schienen wie in Höhlen verborgen. Trotzdem freute er sich sehr auf unseren Besuch, versuchte immer wieder zu lächeln und streckte seinen, bis auf die Knochen abgemagerten Arm zur Begrüssung uns entgegen. Wenn man solchen Menschen begegnet, wird einem erst recht bewusst, was Gesundheit bedeutet. Mir tat dieser junge Mann sehr leid. Ich kannte ihn gut und er hat mich und einige Schwestern einmal nach Songea in das Schwesternhaus St. Andreas gefahren. Sehr schöne Handarbeiten wie Kirchengewänder mit Stickereien, geflochtene Körbe, kunstvoll verzierte Kerzen und Tongegenstände, die von den Schwestern hergestellt werden, sind im Klosterladen erhältlich. Auf die Frage: Wie viel ein besticktes Messgewand mit Stola kostet, erhielt ich die Antwort: 100 Tausend tansanische Schillinge, was 50 Franken ausmacht. Ich konnte es fast nicht glauben, denn in der Schweiz bezahlt man zwischen 800 bis 1000 Franken. Auch ein weisser Habit mit Skapulier für Benediktiner verlangen sie denselben Preis und in der Schweiz kommt man unter 500 Franken nicht weg. Das Problem ist, dass es die Leute nicht bezahlen können und die Schwestern auf ihren kunstvoll gestickten Kirchengewändern sitzen bleiben. Allerdings konnte ich den Schwestern viele verschiedene Garnfarben für die Stickerei im Container mitbringen, die ich von Bernhard Holenstein aus seiner Strickerei in Dreien erhalten habe. Ich durfte seine Stickerei in seinem Holzhaus besichtigen und war überrascht, wie solche Stickereien manuell an einem langen Holzgestell, wo eine Leinwand befestigt ist, von Hand erarbeitet wird. Er ist weit über 80 Jahre, hat noch sehr viel Strickgarn und war bereit Stickgarn, die er bestimmt in seinem Leben nicht mehr verwenden kann, für die Mission abzugeben. Er ist der einzige in der Schweiz, der noch ein solches Stickhandgerät besitzt und damit aktiv arbeitet. Aufträge von verschiedenen Kantonen hat er genug und erledigt alles alleine. Wer will heutzutage noch diesen Beruf ausüben. Es fordert viel Konzentration, vor allem Durchhaltevermögen und Zeit bis solche gestickte Abzeichen auf einem Hemd, wie zum Beispiel bei Appenzeller es der Brauch ist, eingestickt sind. Seine Tochter will die Tradition ihres Vaters Bernhard weiter führen, wenn sie dafür Zeit investieren kann, wie er mir sagte. Im September bat mich die Priorin nach der Vorgezogenen Vesper einige Schwestern mit dem Land Rover zu der Farm Kizizi in Kiogowale zu fahren. Dort wollte man meinen Abschied gebührend feiern und die Dankbarkeit zum Ausdruck bringen, dass sie jetzt eine Backstube mit guter Einnahmequelle besitzen. Ich setzte mich an das Steuer des Land Rovers und wartete bis die Schwestern eingestiegen waren. Nach etwa 45 Minuten erreichten wir die Farm und die Schwestern stiegen aus dem Auto. Ich traute meinen Augen nicht als ich sah, dass sich 22 Schwestern in diesem Auto befanden. Bei der Abfahrt habe ich mich schon gewundert, dass neben mir drei Schwestern Platz nahmen und ich den Ganghebel kaum bedienen konnte. Im hinteren Teil des Land Rovers sassen die Schwestern wie Kaninchen zusammengedrängt und das Aussteigen der Schwestern wollte kein Ende nehmen. Trotzdem war es sehr lustig und während der Fahrt sangen die mitfahrenden Schwestern einheimische Lieder. Vor dem Haus in Kizizi wurde alles schon vorbereitet. Tische und Bänke standen im Freien und wurden mit Lampen beleuchtet. Der Tisch mit vielen Behältern, in denen die Speisen zur Selbstbedienung standen, war nicht zu übersehen. Neben dem Tisch gab es Sodagetränke und Bier. Es war wirklich ein gemütliches, fröhliches beisammen sein und es gab viel zu erzählen. Immer wieder sangen die Schwestern Lieder, die mit einheimischen Instrumenten begleitet wurden. Am Schluss brachte Schwester Oberin Asante eine Torte auf einem Tablett, in ihren Händen hin und her bewegend, gefolgt von einigen Schwestern im Tanzrhythmus, an meinen Esstisch. Ich musste die Torte anschneiden, bevor sie untern den Schwestern verteilt wurde. Nachts um elf Uhr brachte ich die Schwestern wieder in das Kloster zurück. Die Zeit ging schnell vorbei und bald stehen wir wieder am Ende des Jahres 2008. Fünfzehn Monate sind inzwischen verstrichen, seit ich die Schweiz Richtung Süden verliess und in Chipole (Tansania) meine Tätigkeit als Bäcker-Konditor aufnahm. Anfangs Dezember 2008 waren die Schwestern in der Lage, die Backstube selbständig zu führen und ich kehrte in die Schweiz zurück. Bei meiner Ankunft in Uznach teilte mir Abt Marian mit, dass bereits wieder zwei Anfragen von der Schwester Oberin Zeituni Kapinga (Vinzentinerinnen-Gemeinschaft) in Mbinga und dem Bischof Alfred Maluma von der Diözese Njombe, bei ihm eingegangen sind. Sie wünschen, dass auch bei ihnen eine Bäckerei gebaut, eingerichtet und Einheimische in die-

sem Fach ausgebildet werden. Ich war natürlich sofort bereit, diese Arbeit als Bäcker-Konditor in Tansania weiterzuführen. Inzwischen sprach sich überall herum, dass ich in Tansania Bäckereien aufstelle und die Bäckereien werden Besuchern und Gästen gezeigt. Deshalb wird es in dieser Hinsicht, immer wieder Anfragen in der Abtei Uznach geben. Ich selber kann es nicht entscheiden, weil ich ein Mitglied von Uznach bin und stets nur ausgelehnt bin. Wie es aussieht werde ich immer wieder Bäckereien in Afrika bauen dürfen, zumal ich in der Lage bin, die finanziellen Mittel durch meine Wohltäter, die meine Buchbinderei- und Bäckereiprojekte unermüdlich unterstützen, selber aufzubringen. An dieser Stelle möchte ich all meinen Wohltätern, Freunden, Bekannten und Verwandten herzlich danken für ihr Gebet und die finanzielle Unterstützung. Ohne diese Hilfe könnte ich solche Projekte gar nicht angehen. Von der Gemeinschaft in Uznach wurde wieder entschieden, dass ich weiterhin meine Missionsaufgaben in Afrika fortsetzen darf. Auch ihnen ein herzliches Dankeschön.

Jubiläumsreise nach Mosambik
Im Jahr 2009 feierte der Prokurator Kevin Mkondola von Songea sein 25jähriges Priesterjubiläum und ich hatte im selben Jahr mein 25jähriges Profess-Jubiläum. Zu diesem Anlass machten wir einen dreitägigen Ausflug nach Mosambik. In dem Dorf Metangula nur zehn Minuten Fussweg vom Malawisee entfernt, ist Pfarrer Leo Ndejo, ein Kollege vom Father Kevin, als Seelsorger tätig. Er ist in Burundi geboren, kam als Flüchtling nach Tansania und studierte Philosophie und Theologie im Seminar von Peramiho. Unser Ziel war, drei Tage in seiner Pfarrei zu verbringen und im Malawisee zu baden. Es war schon lange sein Wunsch, dass der Kevin ihn in Mosambik besucht, weil sie sich schon lange nicht mehr gesehen haben. Mosambik liegt am indischen Ozean zwischen dem südlichen Breitengrad. Der Staat grenzt an Tansania, Malawi, Sambia, Simbabwe, Südafrika und Eswatini. Die Strasse von Mosambik, trennt den Inselsaat Madagaskar vom afrikanischen Festland und die Hauptstadt ist Maputo. Im Jahr 1975 erlangte Mosambik die Unabhängigkeit von Portugal. Aufgrund eines darauf folgenden jahrelangen Bürgerkriegs ist es bis heute eines der ärmsten Länder der Welt. Allerdings nahm in den letzten Jahren auch die Spaltung der vielzähligen Kulturen und Religionen im Land zu. Jahrhunderte begnügten sich die Portugiesen mit dem Handel von Sklaven und kümmerten sich nicht gross um die Bevölkerung. Ihre Herrschaft dauerte bis ins 20. Jahrhundert und durch Zwangsarbeit, rücksichtslose Behandlung verschlechterten sich die Lebensbedingungen in den Kolonien erheblich. In Mosambik wird portugiesisch gesprochen, weil es ein Kolonialland von Portugal war. Morgens um 09.00 Uhr machten wir uns mit dem Auto auf den Weg nach Mosambik. Kurz vor der Grenze zu Mosambik bemerkte der Autofahrer Brain, dass er seinen Autofahrausweis bei ihm zuhause vergessen hat. Als wir an der Grenze ankamen, es war bereits in der Abenddämmerung, forderte der Grenzbeamte den Fahrer auf, seinen Ausweis zu zeigen. Ich gab dem Fahrer meinen Fahrausweis und er gab ihn dem Beamten in

die Hände. Wir waren sehr überrascht, dass alles in Ordnung war und wir weiterfahren durften. Dass der Grenzbeamte mein Foto auf dem Fahrausweis mit dem Kopf des Fahrers nicht unterscheiden konnte, ist mir bis heute ein Rätsel. Vielleicht war es doch die Dunkelheit die den Grenzbeamten irritierte, oder er hat nur die Daten auf dem Ausweis kontrolliert. Etwa nach einer halben Stunde fahrt, erreichten wir die Kathedrale und den Bischofssitz in der Grossstadt Lichinga. Eigentlich wollten wir weiter zum Pfarrer Leo an den Malawisee fahren. Wie entschieden uns aber doch vorerst den Bischof zu begrüssen. Allerdings war er nicht anwesend und sein Sekretär hiess uns herzlich willkommen und wünschte, dass wir über Nacht im Bischofshaus bleiben. Am nächsten Morgen standen wir kurz vor 07.00 Uhr vor der Kathedrale um an der Eucharistiefeier teilzunehmen. Kein Mensch war weit und breit zu sehen und die Kirchentür war verschlossen. Erst 45 Minuten später merkten wir, dass wir eine Stunde hätten rückwärts drehen müssen. Wir standen nämlich bereits um 06.00 Uhr vor der Kirchentür weil wir die Zeitverschiebung nicht bemerkten. Nach dem Frühstück erreichten wir nach etwa 100 Kilometer das Dorf Metangula und den Pfarrer Leo in seinem Pfarrhaus. Er freute sich sehr über unseren Besuch und führte uns durch die nähere Umgebung dieses Ortes. Die Menschen, die in diesem Ort leben sind sehr vertrauenswürdig wie uns Pfarrer Leo erzählte. Seine Haustüre schliesst er das ganze Jahr, Tag und Nacht nicht ab und es wurde bei ihm noch nie etwas entwendet. Allerdings lebt er wie seine Gläubigen sehr bescheiden in diesem Dorf, was mir im Innern seines Pfarrhauses sofort auffiel. Selbst die Gästezimmer haben kein fliessendes Wasser. Ein Bett, Tisch und Stuhl ist das ganze Inventar dieses Raumes. Allerdings liegt der Malawisee nur fünf Gehminuten vom Pfarrhaus und den Hütten der Einheimischen entfernt, wo sie sich morgens und abends waschen. Es ist wirklich erstaunlich wie zufrieden, freundlich, bescheiden einfach und selbstlos diese Menschen leben, als ob es auf der ganzen Welt nichts anderes gäbe. Ich fühlte mich wie in einer anderen Welt, wo alles noch im Einklang mit der Natur steht. Es gibt keinen Stadtlärm, keinen Stress und die Vögel auf den Bäumen hört man noch zwitschern. Ein frisches Lüftchen vom See her spürt man in dieser heissen Gegend und der Sonnenuntergang präsentiert sich in einer feurigen roten Kugel, bevor sie am Horizont verschwindet und der Dunkelheit Platz einräumt. Die Menschen machen sich keine Sorgen was der andere Tag wohl bringen mag und unsereins nervt sich, wenn nicht alles so läuft, wie wir es uns vorstellen, vorgesehen oder geplant haben. Das Wetter war auf unserer Seite und wir konnten jeden Tag zwei bis drei Stunden im Malawisee baden. Die Menschen waschen sich am Morgen und am Abend an diesem See und bringen ihre selbsthergestellten Seifen aus Schweinefett mit und reinigen auch ihre Kleider im Malawisee. Sie leben hauptsächlich von der Fischerei und die Fischer bleiben nachts bis in die frühen Morgenstunden auf dem See und fangen die Fische in Netzen ein. Am frühen Morgen kommen die Fischer mit ihren selbstgebauten hölzernen Kanus an das Land zurück und verkaufen die verschiedenen grossen Fische ihren Kunden, die meist schon am Ufer auf sie warten. Diese drei Tage gingen allzu schnell vorbei und wir verabschiedeten uns dankend beim Pfarrer Leo für die herzliche Gastfreundschaft und kehrten mit vielen neuen Erfahrungen und Eindrücken nach Songea zurück. Gerade jetzt als ich diesen Bericht schrieb, teilte mir Father Kevin mit, dass Pfarrer Leo während einer Ausbildung, mit 43 Jahren, in Kanada gestorben ist und dort beerdigt wurde.

Eine Bäckerei bei den Vinzentiner-Schwestern in Mbinga

Es war die siebte Bäckerei bei den Vinzentiner-Schwestern, die ich im Jahr 2010 in Angriff nahm. Hilfe zur Selbsthilfe ist mein oberstes Gebot. Damit habe ich bis jetzt mit den Einheimischen gute Erfahrungen gemacht. Dies ist auch der Grund, warum ich immer wieder bereit bin ihnen zu helfen, sie in die Kunst des Backens einführe, damit die Bäckereien selbsttragend werden und Gewinne erzielen. Zudem zeigen meine Lehrlinge grosses Interesse, sind überaus fleissig und arbeiten sauber. Wir müssen in absehbarer Zeit versuchen und daraufhin arbeiten, dass die einheimischen Mitmenschen selbständig ihr Leben meistern können und nicht ständig mit finanziellen Spritzen künstlich getragen werden. Oft kommt das Geld für Projekte bei den armen Menschen gar nicht an, sondern verschwindet in den sonst schon korrupten Regierungen. Wie ich feststellte, wollen die Einheimischen arbeiten und Geld verdienen, damit sie sich ein Bett, Tisch, Stuhl oder Fahrrad leisten können. Viele schlafen nämlich noch auf Matten am Boden, weil sie kein Bett von einer Schreinerei bestellen und bezahlen können. Der Schwesternkonvent in Mbinga ist mir nicht unbekannt, weil ich damals dort eine Buchbinderei einrichtete und die Schwester Imani in diesem Handwerk ausbildete. Im Jahr 2009 zählte das Vinzentinerinnen-Kloster bereits 230 Schwestern und hat guten Nachwuchs. Im Mutterhaus Untermarchtal in Deutschland dem das Kloster Mbinga angehört, wurde am 14. März 2009 Schwester Lintrud Funk zur neuen Generaloberin gewählt, nachdem Schwester Marie Luise Metzger sich nach 18 Amtsjahren zurückzog. Im Monat Februar 2010 flog ich mit der Swiss für drei Wochen nach Tansania und auf dem Landweg 1070 Kilometer nach Mbinga, wo mich der Fahrer mit dem Auto am Flughafen abholte. Mit der Oberin Schwester Zeituni suchten wir einen geeigneten Standort, wo die Backstube gebaut werden könnte. Es gab keine alten Lager, bei denen man Mauern entfernen und andere hätte aufbauen können oder ein Lager zu vergrössern, wie es bis jetzt bei den Bauten der Bäckereien (ausser die Bäckerei in Songea) immer der Fall war. Es kam also nur eine Bäckerei in Frage, die von Grund auf an einem freien Ort gebaut werden soll. Weil die Schwestern eine neue grosse Kirche erhalten, die unter der Leitung vom Herbert Oberholzer aus der Schweiz demnächst realisiert wird, entschieden wir uns die Bäckerei in der Nähe der neuen Kirche zu bauen. Der Gedanke spielte mit, dass die Kirchengänger nach dem Gottesdienst in der Bäckerei die Möglichkeit haben, Backwaren einzukaufen. Die Backstube wird zwischen dem Haus der Kerzenherstellung und dem Längshaus, wo auch die Hausbuchbinderei untergebracht ist, ihren Platz finden. Das ist die zweite Bäckerei, die mit einem Fundament gebaut wird. Mit Block, Bleistift und Meter fing ich an die ganze Baufläche, die mir zur Verfügung stand, auszumessen. Jedes kleinste Detail schrieb ich auf. Breite, Länge, Tiefe, und Höhe, der Wasser Zugang und der Abgang für das Schmutzwasser. Ich hatte also zwei Möglichkeiten um das Wasser in die Backstube zu bringen. Von der Kerzengiesserei oder dem Werk-Stätten-Gebäude her. Ich begab mich zu dem Bau, wo die Werkstätten sind und konnte feststellen, dass am Ende dieses Baus eine Toilette vorhanden ist. Sofort kam ich auf die Idee die Seitenwand der Backstube mit der Seitenwand dieses Gebäudes zu verbinden und die Höhe der Bäckerei diesem Längshaus anzupassen. Zwischen dem Haus der Kerzengiesserei und Bäckerei stellte ich mir ein Eisentor vor. So könnte von aussen niemand direkt in den inneren Klosterbereich gelangen. Auch ist die Leitung zum Stromverteilungskasten 380 Volt ganz in der Nähe, die ohne weiteres in den Sicherungskasten der Bäckerei angeschlossen werden kann. So werde ich bei meiner Rückkehr in die Schweiz einen Bauplan erstellen, der mit den Bäckereimaschinen, den Arbeitstischen und so weiter übereinstimmt. In diesem Jahr wird von Schindellegi aus wieder ein Container nach Tansania für Chipole verschifft. Ich durfte meine Bäckereiausrüstung, für die Vinzentiner-Schwestern in Mbinga, bei der Lisa, wieder in ihren Container geben und die Zollformalitäten hat sie auch wieder übernommen. Wie es aussieht, werde ich in Mbinga eineinhalb Jahre verbringen bis die Schwestern selbständig die neue Bäckerei übernehmen können. Inzwischen ist auch das Thema, ein Bäckereibau in Uwemba zu errichten, aufgekommen. Abt Anastasius von Peramiho äusserte diesen Wunsch, der einige Bäckereien in der weiteren Umgebung besucht hat. Die kleine Mönchsgemeinschaft in Uwemba gehört zu der Abtei Peramiho, liegt etwa 280 Kilometer Richtung Norden und 25 Kilometer von der Stadt Njombe entfernt. Das bedeutet, dass ich die nächsten viereinhalb Jahre bis 2014 in Tansania verbringen werde. Hinzu kommt noch die Einrichtung einer Buchbinderei in Mvimwa. Dort steht ein Benediktinerkloster ganz im Norden Tansanias. Diese Klostergemeinschaft wurde im Jahr 1979 gegründet und im Jahr 2001 zur Abtei erhoben. Als erster Abt dieser Abtei wurde Pater Basil Ngaponda für 12 Jahre gewählt. Ihm folgte Abt Denis, der die Leitung der Gemeinschaft für drei Jahre übernahm und hernach aus persönlichen Gründen zurück trat. Das Kloster gehört zu der Kongregation von St. Ottilien, zählt 44 einheimische Ordensleute mit ewiger Profess, 10 Mönche mit einfacher Profess vier Novizen und zwei Postulanten. Allerdings besitzt die Benediktinerabtei keine Elektrizität ausser einem kleinen Generator, der nur begrenzt eingesetzt wird, weil der Diesel sehr teuer ist. Die Hausbuchbinderei, die ich dort einrichten werde, und Mönche in diesem Fach ausbilde, braucht keinen Strom. Die Arbeit und das Mitwirken in Tansania gehen mir also nicht aus. Ende März 2010 ging ich wieder in die Schweiz zurück, um Bäckereimaschinen für das Kloster Mbinga zu besorgen. Peter Nietlisbach in Cham weiss inzwischen welche Bäckereimaschinen ich für die Backstuben in Tansania brauche. Er überholt sie und lagert sie in einem Raum, bis ich mich bei ihm wieder melde. Auf diese Weise kann ich Zeit gewinnen und die Maschinen müssen nur noch abgeholt und nach Schindellegi zu der Firma Fuchs gebracht werden. Ich habe inzwischen auch eine gebrauchte Buchbindereiausrüstung für das Kloster Mvimwa erhalten, die ich auch in den Container verstaute. Mit dem Taubstummen Arbeiter, der bei Lisa schon viele Jahre angestellt ist, füllte ich innert drei Tagen den Container mit meinen Waren und das Frachtgut, das für die Schwesterngemeinschaft in Chipole bestimmt war. Obschon er nichts hört und nicht sprechen kann, konnte ich mich mit ihm durch Zeichen oder mit Mundbewegungen gut verständigen. Trotz seiner Behinderung ist er fröhlich und kann immer lachen. Der Transport übernahm wiederum die Transportfirma Wespe in Schmerikon. Auch die Pläne für die Backstube konnte ich genau nach Mass erledigen und habe sie per Fax nach Mbinga gesendet, damit die Bauarbeiter mit dem Fundament und dem Rohbau der Bäckerei, ohne meine Anwesenheit, beginnen konnten. Die Bäckereipläne kann ich erst erstellen, wenn ich alle Maschinen und andere Gegenstände die ich in der Backstube brauche, vorher ausgemessen habe. Die Plätze der Steckdosen für die Maschinen, die Anbringung der Lampen an der Decke, die Wasserleitungen zum Waschbecken und die Sockel für die Bäckereimaschinen und so weiter müssen genau stimmen. Die Bäckereiwaren kommen mit dem Container meist erst an, wenn der Bäckereibau abgeschlossen ist. Bei der Installierung der Elektrizität und den Wasserleitungen war ich vor Ort in Mbinga. Die grossen Holzarbeiten wie drei Arbeitstische und den Schrank für das Office liess ich in der Schreinerei in Peramiho anfertigen, die ja bereits schon Übung haben, weil ich diese bis anhin dort bestellte. Nur die Masse haben sich etwas geändert. In dieser Schreinerei oblag einer Vinzentiner-Schwester die Aufsicht, bis Br. Augustin von seinem einjährigen Studium in Iringa in die Schreinerei zurückkehrte. Ich war überrascht, wie exakt die drei grossen Tische und der Wandschrank genau nach meinen Plänen erstellt wurden. Sogar der Termin wurde eingehalten. Die kleinen Holzarbeiten wie Regale, der Tisch für das Office, Fenster und Türen erledigten die Schreinerarbeiter in der Werkstatt des Klosters in Mbinga. Im Monat Juli 2010 war ich wieder in Mbinga, um mit dem Bau der Backstube fortzusetzen, wo die zwei Arbeiter Maiko und Jonson den Rohbau mit Dach vor einem Monat abgeschlossen haben.

Die ersten Aussendungen der Schwestern von Untermarchtal
Von Untermarchtal (Deutschland) wurden 16 Schwestern im Jahr 1960 in die Mission nach Tansania gesandt. In Maguu fanden die Schwestern die erste Niederlassung und neun Jahre später 1969 entstand die Gründung einer Klostergemeinschaft in Mbinga, wo auch afrikanische junge Mädchen aufgenommen wurden. Elf Jahre später legten bereits einheimische Schwestern ihre Profess ab, um in einer religiösen Gemeinschaft Gott zu suchen, den armen Menschen zu dienen und für sie da zu sein. Die Pfarrei in Mbinga wurde im Jahr 1939 dem heiligen Aloisius geweiht. Im Jahr 1986 wurde die Pfarrei mit einer neuen Kathedrale, etwas ausserhalb vom Stadtkern, zur Diözese erhoben und dem heiligen Kilian geweiht. Die Diözese beinhaltet 11,500 Quadratkilometer, hat 452.000 Einwohner, zählt 340.000 Katholiken, 45.000 Protestanten und 6000 Islamisten. Zu der Diözese gehören 70 Priester und das einzige Frauenkloster der Vinzentinerinnen in Mbinga. Diese Klostergemeinschaft erhielt viel Nachwuchs, und die kleine Klosterkirche reichte fast nicht mehr aus, um alle Schwestern aufzunehmen. Das war auch der Grund, weshalb die Schwestergemeinschaft, eine grössere Kirche brauchten. In diesem Konvent leben nur noch vier europäische Schwestern aus Untermarchtal (Deutschland). Schwester Gabriela, Schwester Birgitta, Schwester Raphaeli und Schwester Kaya. Schwester Kaya blieb später alleine zurück und leitet weiterhin die Haushaltsschule im Internat für 45 arme Mädchen. Vier Mädchen kommen jeden Tag zur Ausbildung und kehren abends wieder zu ihren Familien zurück. Sie bringt ihnen während zwei Jahren bei, was eine Frau in die Selbständigkeit führt wie Landwirtschaft, Kochen, Flicken Nähen und so weiter. Vor allem das Selbstbewusstsein dieser Mädchen ist wichtig, um sich als Frau in Tansania durchsetzen zu können. Lange genug waren weibliche Einheimische, unterdrückt worden und die Männer hatten das Sagen. Inzwischen hat sich in dieser Hinsicht einiges geändert und die Frauen stehen selbstbewusster den Männern gegenüber. Es ist eine lange kirchliche Tradition, die von der Bibel her falsch verstanden, ausgelegt und geschrieben wurde. Die Frauen sollen sich den Männern unterwerfen (Eph. 5,24). Heute leben wir in einer anderen Zeit, wo Frauen nicht mehr bereit sind, sich unterdrücken zu lassen. Bei Gott sind alle Menschen gleich (1. Mose 1,27 oder Galater 3. 28). Wirklich grossartig, wie sich diese Klostergemeinschaft zur Selbständigkeit entwickelt hat und die Regel des heiligen Vinzenz von Paul anstrebt. Ganz im Gegensatz zu uns Benediktinern, legen die Schwestern nur einmal Profess ab. Jedes Jahr vor Ostern wird das Versprechen für das nächste Jahr erneuert. Das heisst, dass nach einem Jahr jede Schwester frei ist, das Kloster wieder zu verlassen, wenn sie das Versprechen nicht mehr eingehen will. Allerdings kann auch einer Schwester aus einem gerechten Grund das Versprechen verweigert werden und sie muss das Kloster verlassen. Bei uns Benediktinern können die Gelübde, die wir fürs Leben ablegen, nur über Rom aufgelöst werden. In Mbinga befindet sich der Bischofssitz, in dem Bischof Emmanuel Mapunda amtiert. Die Stadt Mbinga liegt in einer Berglandschaft 1340 Meter über Meer, zählt etwa 33.000 Einwohner davon etwa

die Hälfte Katholiken und der Zuwachs nimmt rasant zu. Überall wird gebaut und viele Marktläden spriessen aus dem Boden. Da gibt es alles zu haben, was man für den täglichen Bedarf braucht. Allerdings ist ein grosser Teil chinesischer Herkunft. Diese feilgebotenen Artikel sind recht billig zu kaufen, besitzen jedoch nur eine kurze Lebensdauer. Inzwischen sind auch Afrikaner skeptisch geworden, chinesische Produkte zu kaufen. Seit einigen Jahren sind Chinesen im Land Tansania ansässig geworden. Sie bauen mit einheimischen Hilfskräften Teerstrassen. Im Jahr 2012 wurde die Teerstrasse von Peramiho bis nach Mbinga abgeschlossen und im Jahr 2018 wurde die Teerstrasse nach Nangombo am Malawisee eröffnet. Auf der Landstrasse benötigte man mit dem Auto etwa zwei bis drei Stunden von Peramiho nach Mbinga, heute erreicht man Mbinga innert einer knappen Stunde. Obschon der grösste Teil der Bevölkerung arm lebt, geht die Technik rasant voran. Im ganzen Land stehen riesengrosse Masten für den Empfang der Handys. Oft drei Masten nur 10 Meter voneinander entfernt für jeden Netzanbieter einen. Nicht selten stehen solche Monster mitten in bewohnten Gebieten. Wie stark die Ausstrahlungen sind und wie sie auf Menschen wirken weiss niemand. Hauptsache ist, dass jeder zweite Einwohner ein Mobiltelefon besitzt. Auf dem Markt sind die gebrauchten Natels aus Europa, Amerika und China sehr günstig zu haben. Für reiche Einheimische stehen bereits seit Mitte 2011 die neusten Mobiltelefone in den Läden von Grossstädten. In einem Natel können sage und schreibe vier Sim-Karten untergebracht werden. Das heisst, die vier verschiedenen Netzanbieter in Tansania. Das hat den Vorteil, auf langen Reisen ausfallende Netzwerke auf andere Netzanbieter zu wechseln, oder auch die günstigeren auszuwählen, um Kosten zu sparen. So besitzt praktisch jeder, der ein solches Kommunikationsgerät besitzt, vier verschiedene Telefonnummern, von jedem Netzanbieter eine eigene Nummer. Sogar der Stromverbrauch von der Bäckerei wird in Daressalam registriert und Ende des Monats erhalten die Schwestern die Stromrechnung über ihr E-Mail vom Elektrizitätswerk der Tanesko. Innert sieben Tagen muss die Rechnung beglichen werden, wenn man nicht riskieren will, dass der Strom abgeschaltet wird. Früher kam jeden Monat ein Mann vom Elektrizitätswerk vorbei und notierte den Stromverbrauch vom Zähler an den Wänden der Häuser. Die Gegensätze zwischen Technik und Armut sind im Land nicht zu übersehen und auch spürbar. Alles wird digitalisiert wie Fahrerausweis, Aufenthaltsbewilligung, Registration der Natelnummer, Zeugnisbescheinigung, Autoversicherung und so weiter.

Ich war wirklich zufrieden und begeistert, als ich den Rohbau sah, wie genau nach meinen Plänen gearbeitet wurde. Als erstes mass ich alles aus, um sicherzustellen, ob die Masse stimmen, bevor der Verputz und die Fliessen angebracht werden. Änderungen kann mit wenig Aufwand noch korrigiert werden. Am Montag kamen die zwei Bauhandwerker Maiko und Johnson, zum Bäckereibau, die sich in der Maurerei gut auskennen und Überstunden nicht fürchten. Sie erstellten innert zwei Monaten das Fundament, den Rohbau der Backstube und das Dach der Bäckerei erledigten die Schreiner. Jetzt waren wir zu dritt um den Bäckereibau zu beenden. Oft arbeiteten sie bis zum Sonnenuntergang und waren am anderen Tag immer wieder pünktlich zur Stelle. Öfters half Schwester Agnes beim Bau der Backstube mit. Sie ist eine stille, intelligente, hilfsbereite und verantwortungsbewusste Ordensfrau, die sich in vielen Bereichen auskennt. Ihre Hauptaufgabe ist die Klosterspenglerei. Für die Bäckerei stellte sie die Eisenschiebtüre beim Verkaufsfenster her, die abends nach dem Verkauf von Backwaren im Innern der Backstube zugeschoben und geschlossen wird. Herbert Oberholzer war auch einige Tage bei den Schwestern in Mbinga, um nachzuschauen ob der neue Bau der Kirche etwa 30 Meter hinter der Bäckerei Fortschritte macht. Die runde Kirche ähnelt der Form der Klosterkirche in Uznach, die auch von ihm damals gebaut wurde. Sie dürfte etwa grösser sein und hat keine Säulen in der Kirche. Schwester Gabriela sträubte sich ganz dagegen. Deshalb wurde statt einer Holzkonstruktion, wie in der Klosterkirche in Uznach, eine Eisenkonstruktion angewendet. Während die zwei Arbeiter sich um den Verputz der ganzen Bäckerei kümmerten, kaufte ich in Songea, die weissen Fliessen für die Wände und noch andere Sachen für die Backstube ein. Pater Kevin Ngondola vom Bischofshaus in Songea stellte mir einen Land Rover für 10 Tage zur Verfügung um die Fliessen nach Mbinga zu transportieren. In Chipole erhielt ich helle Bodenplatten, die damals von Daressalam falsch geliefert wurden und seit einigen Jahren im Lager stehen. Sie waren froh, dass ich sie für die Backstube in Mbinga brauchen konnte und gaben sie mir etwas günstiger ab. Sie wollten damals braune Bodenplatten für den Speisesaal und konnten sie nicht mehr umtauschen. Zur gleichen Zeit musste ich noch mein zwei jähriges Arbeitsvisum verlängern, um das sich der Prokurator Kevin kümmerte. Der Innenausbau der Bäckerei lief gut voran und ich war sehr zufrieden mit meinen zwei Arbeitern. Die elektrischen Anschlüsse erledigte Schwester Fides, die in der Elektrikerwerkstatt in Peramiho diesen Beruf erfolgreich abgeschlossen hat. Für die Wasserleitungen zum Abwaschtrog und dem Boiler für die Warmwasseraufbereitung war Schwester Agnes zuständig. Sie arbeiteten wirklich fleissig, selbständig und verantwortungsvoll.

Fledermäuse und die Begegnung mit einer Kobraschlange

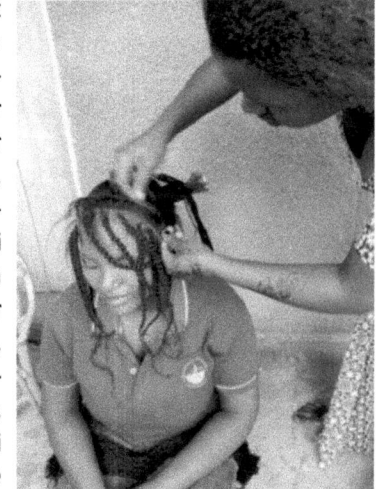

Während des ganzen Baus hatten wir immer wieder Nachtbesuche. Kleine, zierliche Fledermäuse übernachteten an einer Decke und hinterliessen am frühen Morgen auf dem Boden ein „Asante sana" – Dankeschön. Das änderte sich schlagartig, als die Fenster eingesetzt wurden. Eigentlich taten sie mir leid und ich hoffte sehr, dass sie einen anderen Schlafplatz in der Umgebung gefunden haben. Sogar eine Kobra-Schlange wagte den Neubau näher zu betrachten. Als ich hinter der Bäckerei einige Steine entfernen wollte die zum Teil mit Gras überwachsen waren, hörte ich ein zischen und auf einmal erhob sie ihren Körper und sie öffnete ihre Fächer im Halsbereich um mich abzuschrecken. Sie fixierte mich und schwankte mit dem Kopf hin und her, wenn ich mich leicht bewegte. Langsam schritt ich rückwärts um sie nicht zu stören. Sie zeigte sich nicht aggressiv und ich bewunderte sie noch eine Zeitlang aus einer kleinen Distanz. Um was für eine Art Kobra es sich handelte wusste ich nicht. Sie ernähren sich von kleinen Säugetieren, anderen Schlangen, Eidechsen und Amphibien. Durch einen Biss wird die Beute normalerweise getötet. Bei Bedrohung versuchen die meisten Kobras zu fliehen. Ist dies nicht möglich, weil sie in ihrem Versteck gestört wurden, nehmen Kobras eine typische Drohstellung ein, bei der sie den Oberkörper weit anheben und den Hals spreizen. Es gibt Speikobra, die ihr Gift auf eine Entfernung von etwa zwei bis drei Metern sehr zielgenau einem Gegner entgegen spucken kann. Dabei zielen sie zumeist auf den Kopf; gelangt das Gift in die Augen, können Schädigungen bis hin zu einer Erblindung auftreten. Der Mitarbeiter Maiko beförderte sie sofort ins Jenseits und suchte noch eine ganze halbe Stunde nach einer zweiten Kobra. Er war der Meinung, dass diese Kobra sich nicht alleine in der Umgebung befand. Ein Lebenspartner oder Lebenspartnerin ist bestimmt auch in der Nähe der Bäckerei wie er meinte. Er konnte aber keine finden, was mich innerlich sehr freute. Es sind auch nützliche Tiere, die ein Recht haben auf dieser Welt zu leben. Die Bäckerei hat eine Länge von 13,70 Meter, ist sieben Meter breit und drei Meter hoch mit einem Lagerraum von 2, 50 Meter Breite. Etwa 3000 weisse Wandfliesen und 1100 Bodenplatten waren nötig, um der Backstube den letzten Schliff zu geben. An der Frontseite sind drei grosse Fenster angebracht, die genügend Licht zum Arbeiten spenden. Gesamthaft darf man mit dem Bau der Bäckerei zufrieden sein. Plötzlich kam am Nachmittag ein Anruf von Chipole, dass der Container, aus der Schweiz, dort eintraf und ich wurde gebeten, sofort nach Chipole zu kommen, um den Container zu entladen. Die Schlüssel der Schlösser, womit der Container verriegelt war, hatte ich bei mir. Der Container brauchte viereinhalb Monate von Schindellegi (Schweiz) bis er das Ziel in Chipole erreichte. Noch am selben späten Nachmittag machte ich mich mit dem Lastwagenfahrer auf den Weg nach Chipole. Es blieb uns nichts anderes übrig, als den langen Umweg (eine Stunde) in Kauf zu nehmen, weil der kurze Weg (eineinhalb Stunden) über den Rovuma gesperrt war. Dort wurde die alte Brücke saniert, die über den Fluss Rovuma führt. Abends um 19.00 Uhr erreichten wir nach zweieinhalb Stunden Chipole. Ich war überrascht, dass viele Arbeiter und Helfer beim Container standen und auf mich warteten. Schwester Oberin wünschte, dass wir sofort mit dem Ausladen der Waren beginnen. Der Grund für das schnelle Ausladen bestand darin, Kosten zu sparen. Denn der Aufenthalt des Transporters an einem Ort wird jeden Tag berechnet. Abends um etwa 20.00 Uhr begannen wir den beleuchteten Container auszuladen, während die zwei Fahrer des Lastwagens sich ins Bett legten und schliefen. Zwischendurch wurden wir mit Getränken und Mandasi (Gebäck) verpflegt bis der Container morgens um 06.00 Uhr leer war. Noch am gleichen Morgen -trotz Schlafmangel- brachten wir alle Schachteln und kleinere Gegenstände für die Bäckerei mit dem Lastwagen nach Mbinga. Am anderen Tag holten wir alle Bäckereimaschinen und den Ofen in Chipole ab, die für die Backstube in Mbinga bestimmt waren. Ich war wirklich froh und erleichtert, dass alles mit den Transporten gut verlief. Es fehlte nichts und es wurde auch nichts entwendet. Alles stimmte mit meiner Liste überein, die ich in Uznach beim Packen angefertigt hatte. Wir platzierten alle Maschinen und den Ofen an ihren Bestimmungsort in der Bäckerei und von Peramiho wurden die Arbeitstische und der Schrank einen Tag später geliefert. So konnte ich alle Bäckereiutensilien aus den Schachteln nehmen, die ich im Kloster in Uznach eingepackt hatte und in Tischschubladen und Tischfächern versorgen. Die Bäckerei, die Mitte September 2010 den Bauabschluss fand, sieht jetzt wirklich wie eine Backstube aus, noch verschönert mit Stoffblumen auf den Regalen. Leider mussten wir sechs Wochen warten, weil das Elektrizitätswerk Tanesco in Mbinga kein Starkstromkabel auf Lager hatte, obwohl wir sie einige Wochen vorher darauf aufmerksam machten. Ein Arbeiter von der Tanesco kam sogar während dem Bau vorbei und schaute die ganze Situation an. Aber eben, da bewährt sich wieder das Sprichwort „Die Afrikaner haben Zeit und die Europäer die Uhren". So begab ich mich nach Chipole und setzte dort die einzelnen Elemente des Tiefkühl- und Kühlraumes (3,30 Meter lang, 2,20 Meter breit und 2,50 Meter hoch) zusammen, die sich auch im Container für die Backstube in Chipole befanden. In zwei Tagen standen die Räume betriebsbereit. Die elektrischen Anschlüsse übernahm Schwester Hildegard, eine ausgebildete Elektrikerin, die während den ganzen fünf Jahren dem Robert Fuchs zur Seite stand, als er das Wasserkraftwerk für Chipole baute. Ich half dann auch noch in der Bäckerei mit und konnte die Arbeitsvorgänge mitverfolgen, die sich die Schwestern inzwischen angeeignet haben und ihnen noch einige Ratschläge vermitteln. Danach begab ich mich in die Backstube nach Songea, um einige Maschinen zu überholen und die Ice-Cream Maschine vorzuführen. Diese Ice-Cream Maschine wurde inzwischen von Chipole abgeholt, die auch im Container, für die Backstube in Songea mitgeführt wurde. Ich zeigte dem Bäckerteam, wie das Ice-Cream mit der Maschine hergestellt wird, dass jetzt in der heissen Zeit guten Absatz findet. Das Grundrezept wurde aufgeschrieben und kann mit verschiedenen Aromen erweitert werden.

Das neue Restaurant bei der Bäckerei in Songea
Der Prokurator Kevin fragte mich: Ob ich bereit wäre, einen Plan für ein überdachtes Restaurant seitlich der Bäckerei aufzuzeichnen. Er möchte dort ein Speiselokal bauen. Den Reingewinn, der in den letzten 11 Jahren, von der Bäckerei, erwirtschaftet wurde, möchte er für das Gartenrestaurant investieren. Er zeigte mir den Platz, wo das grosse Gasthaus gebaut werden könnte. Es war eine Fläche von 28 Meter lang und 12 Meter breit. Er sagte: Ich könnte die ganze Fläche für diesen Bau ausmessen. So verbrachte ich eine ganze Woche in meinem Zimmer im Bischofshaus und erstellte einen Plan, der vier Räume und hinten am Schluss drei Toiletten aufzeigte. Jeder Raum ist 6,50 Meter lang und der Toilettenraum misst zwei Meter. Die Breite der Räume sind 12 Meter und grenzt genau seitlich an der Bäckerei an. Alle Räume können ohne Türen durchschritten werden, weil sie nur mit Rundbögen bei jedem Raum versetzt gebaut sind. Von der Bäckerei kann man in die Küche des Restaurants gelangen und die Küche hat ein Verkaufsfenster, wo die Besucher die Speisen bestellen und erhalten können. Auf Wunsch wird es den Leuten an den Tisch gebracht. Backwaren können die Restaurantbesucher vorher am Verkaufsfenster einkaufen und im Restaurant an einem Tisch essen. Die Höhe würde 2,80 Meter betragen. Kevin war mit den Plänen einverstanden und am anderen Tag waren bereits fünf Arbeiter an der Baustelle tätig. Der Maurerchef Pokot hat dem Kevin schon viel bei Bauarbeiten geholfen. Alle 14 Tage begab ich mich für ein paar Tage von Mbinga nach Songea, um nachzusehen wie weit der Bau fortgeschritten war und um allfällige Fragen zu beantworten, die der Bauleiter noch wissen wollte. Zwei Steh- und eine Sitztoilette befinden sich am Schluss dieses Restaurants und können seitlich aufgesucht werden. Beim Eingang links im Raum gibt es ein Waschbecken, um die Hände zu reinigen. Es gibt noch viele Einheimische, die es vorziehen mit den Händen zu essen, als ein Essbesteck zu gebrauchen. Dieses Restaurant liess ich beim Bau in vier Räume unterteilen, die versetzt mit Bogendurchgängen angelegt sind. So kann jeder Gast, wenn er will, einen ruhigen Ort aufsuchen und Backwaren aus der Backstube geniessen. Aus der Küche gibt es Tellerportio-

nen mit Reis, Kartoffeln, Hähnchen mit Pommes, Fleisch, Fisch, Gemüse und Ugali (fester Maisbrei), Tee, Limonadengetränke, Wasser, Wein und Bier. Direkt neben der Hauptstrasse stehen acht Autoparkplätze für die Gäste zur Verfügung. Die Backstube liefert nebst Backprodukten Pizza, Joghurt und Ice-Cream. Nicht selten finden im Swiss-Restaurant Seminare mit bis zu 100 Personen statt. Einmal im Jahr wird der Ärztekongress, wo viele Ärzte zusammentreffen und ein Seminar mit Bildern über einen Projektor an die Wand vergrössert wiedergeben, abgehalten. Allerdings wurde von der Regierung vor ein paar Jahren beschlossen, dass Seminare, die von der Regierung unterstützt werden, nur noch in Gebäuden der Regierung abgehalten werden dürfen. Die Einnahmen fliessen dann natürlich in die Regierungskasse. Die Kücheneinrichtung erhielt ich vom Jugendzentrum Don Bosko, weil dieses Zentrum zu einer Universität (Hochschule) umgebaut wurde. Anscheinend war die Nachfrage gross, eine Hochschule in der Stadt Songea zu führen, wie mir der Erzbischof Norbert Mtega mitteilte. Die Haushaltschule, die im Areal der Bäckerei mit 100 Schülerinnen geführt wurde, ist Ende Oktober 2010 nach Namtumbo verlegt worden. Namtumbo liegt etwa 75 Kilometer von Songea Richtung Tunduru entfernt. Im Jahr 2009 ist diese Stadt zu einer Bezirk-Stadt erhoben worden. Die Verwaltung der umliegenden Dörfer wird jetzt dort geführt, gehört aber zu der Diözese Songea. Die Haushaltungsschule, die nach Namtumbo umgezogen ist liegt in einer sehr ruhigen Lage. Die bestehenden Gebäulichkeiten erwiesen sich geeignet für die Fortführung der bischöflichen Haushaltsschule. Die Schülerinnen haben sich inzwischen gut eingelebt. Nach den Renovationsarbeiten der alten Haushaltsschule hinter der Bäckerei haben 100 Sekundarschülerinnen eine Unterkunft gefunden. Für das leibliche Wohl steht ihnen das Hoteli zur Verfügung. Dies gilt auch für die Studierenden an der Hochschule und das einfache Fussvolk der Stadt Songea. Dass die Sekundarschülerinnen eine gemeinsame Unterkunft erhalten haben ist ihren Eltern zu verdanken, die dieses Anliegen an den Erzbischof Norbert trugen. Vorher waren die Mädchen in verschiedenen Familien untergebracht, wo sie während ihrer freien Zeit oft als Dienstmädchen benutzt wurden. Sie besuchen verschiedene Sekundarschulen in Songea. Ende März 2012 konnte dieses Restaurant, auch genannt Hoteli, die Türen öffnen und für die Besucher frei gegeben werden. Dieses Restaurant erhielt den Namen „Swiss Hoteli" das der Prokurator Kevin Ngondola zu meiner Überraschung entschied. Das 25jährige Bischofsjubiläum von Erzbischof Norbert Mtega der Erzdiözese Songea wurde in dem Swiss Hoteli abgehalten. 25 Bischöfe in Tansania reisten nach Songea und nahmen mit vielen geladenen Gästen das Mittagessen im Swiss Hoteli ein. Die kirchlichen Feierlichkeiten fanden am Morgen in der Kathedrale in der Erzdiözese in Songea statt. In der Stadt Songea gibt es viele Verkehrsunfälle. Seit dem Jahr 2011 werden chinesische Motorfahrräder mit 125ccm in vielen Grossstädten angeboten. Diese werden als Taxi angepriesen und vom Volk rege genutzt. Nicht selten werden Fussgänger beim Überqueren der Strasse angefahren, weil die Motofahrradlenker wie Henker fahren. Die Motorradfahrer werden von der Polizei nie angehalten und kontrolliert, obschon sie Autos links und rechts überholen, auf Gehwege der Fussgänger ausweichen und oft gefährliche Situationen in Kauf nehmen. Die Polizisten kaufen die Motorräder auf Raten und bestimmen, wer dieses Motorfahrrad fährt. Nicht selten sind es Familienangehörige der Polizei, die dieses Privileg erhalten. Es gibt auch Minderjährige, die diese Motorfahrräder ohne Führerausweis lenken. Wichtig ist es für den Strassenpolizist, dass der Motorradtaxifahrer ihm pro Tag 8000 Tansanische-Schillinge entrichtet. Was der Lenker über diesen Betrag einnimmt, ist dann sein Verdienst. Auf diese Weise hat der Strassenpolizist in fünf Monaten die Raten zurückbezahlt und das Motorfahrrad ist hernach sein eigen. Das unmögliche an der Sache ist, passiert ein Unfall mit einem Fussgänger, ist der Fussgänger immer der schuldige, selbst wenn er am Strassenrand (Gehweg) angefahren wird. Das Motorfahrrad gehört dem Polizist und er hat das Sagen. Die Polizisten werden von der Regierung schlecht bezahlt und können auf diese Weise ihren Lohn aufbessern. Ich war in Songea, als ein Motorradfahrer einen Sekundarschüler mit sich führte. Er war zu schnell unterwegs und raste über eine Bodenwelle, die eigentlich zum langsamen Fahren auffordert. Der Schüler von Peramiho, der hinten ohne Helm sass und unglücklich vom Sitz fiel, starb drei Stunden später im Spital in Songea. Angeblich konnte man den Fahrerflüchtling ausfindig machen. Er wurde von der Polizei geschützt und macht weiterhin seinen Taxidienst. Die Motorradfahrer fahren schnell, weil sie möglichst viele Kunden transportieren möchten, damit sie auch was verdienen. Das Benzin und den Unterhalt des Motorfahrrads obliegt dem Fahrer. Der Strassenpolizist erhält jeden Tag seine geforderten Tansanische-Schillinge in seine Hände. Die Korruption ist ein Teufelsreis aus der man fast nicht mehr rauskommt. Allerdings wurde der Kolonialpakt Ende des 19. Jahrhundert und Anfang des 20. Jahrhundert in Afrika und anderen Kontinenten von europäischen Eroberern und anderen Machtländer aufgezwungen. Diese Grossmächte haben sich im Laufe ihrer gesamten Geschichte als Ausbeuter hervorgetan. Die verschiedenen Kolonialmächte zwangen die afrikanischen Bauern zum Anbau von Pflanzensorten, die in der europäischen Industrie und auf dem europäischen Markt Verwendung fanden, zum Beispiel Baumwolle für die Textilindustrie, Kakaobohnen für die Schokoladenfabrikanten, Sisal zur Herstellung von Taue, Kordeln, Teppiche und Seile und Zuckerrohr um Zucker herzustellen. Heute sind es Kaffeebäume und riesige Teeplantagen, die anderen internationalen Organisationen gehören. Das ist auch eine versteckte Korruption. Ich selber habe den Eindruck, durch die Beziehungen zwischen den ehemaligen Kolonien erfüllt der Kolonialpakt auch eine politische

Funktion, nämlich seine Ziele durchzusetzen und die Drittweltländer in Abhängigkeit zu halten. Man befürchtet, Afrika könnte sich später auch als eine Weltmacht durchsetzen.

Start der Bäckerei bei den Vinzentiner-Schwestern in Mbinga
In der zweiten Novemberwoche im Jahr 2010 konnten wir endlich mit dem Backen beginnen. Am 8. November erhielten wir den Starkstrom von Mbinga. Die drei Masten und das 120 Meter lange Kabel wurden von Songea geliefert. Die Masten wurden im Abstand von 30 Metern im Boden verankert und am 8. November wurde die Starkstromleitung von der Tanesko an den Sicherungskasten in der Bäckerei angeschlossen. Zur Ausbildung in der Backstube erhielt ich Schwester Daria, die in Ruowiko etwas ausserhalb von Songea im Taubstummenheim als Köchin tätig war, Schwester Ester, Schwester Kalista und zwei Novizinnen. Hinzu kam noch ein junger Afrikaner Salvio, den ich vom Prokurator Kevin zur Ausbildung erhalten habe. Er möchte ihn später in der Bäckerei in Songea einsetzen. Wir hatten gerade Glück, weil am nächsten Tag der 9. November ein grosser Festtag bei den Schwestern in Mbinga gefeiert wurde. Es war das grosse Fest des heiligen Vinzenz von Paul, sein 350. Todestag und zugleich das 50jährige Bestehen der Vinzentinerinnen in Tansania. Die erste Station war Maguu und später kam das Kloster für die Schwesterngemeinschaft in Mbinga hinzu. Das wichtigste dieser Schwesterngemeinschaft ist, im Dienst der armen Menschen zu leben, ihnen zu helfen und ein offenes Herz für die armen Menschen zu haben. Aus Untermarchtal traf zu diesem Doppelfest eine Delegation bei den Vinzentiner-Schwestern in Mbinga ein. Weihbischof Thomas Maria Renz aus der Diözese Rottenburg, Spiritual Superior Edgar Brink von Untermarchtal, sowie die Generaloberin Schwester Lintrud Funk, die Prokuratorin Schwestern Johanna Metzger und die Generalvikarin Schwester Anna Luisa Kotz. Aus Österreich waren zu diesem Anlass drei Schwestern angereist. Abt Anastasius von Peramiho und die Hildegard von Litembo gehörten auch zu den Gästen. So konnte ich doch noch morgens in der Früh zum Festtag 300 Laugenbrezeln und

Laugenbrötchen, sowie 300 Semmeln zum gemeinsamen Frühstück herstellen. Schwester Daria half mir dabei. Das frische, zum Teil noch warme Laugengebäck und die Semmelbrötchen verschwanden schnell in den Mägen der vielen Anwesenden im Speisesaal. Bischof Emmanuel wünschte einige Brezeln ins Bischofshaus mitzunehmen. Ich hatte die grösste Mühe, noch einige dieser Leckerbissen einzusammeln, die er dann gerne mitnahm. Drei Monate später im Februar 2011 erhielten wir aus Untermarchtal die Nachricht, dass Schwester Johanna Metzger einen plötzlichen Tod erlitt. Sie war die leibliche Schwester von Schwester Marie Luise Metzger, die ich auch in Mbinga persönlich kennenlernen durfte.

Am Montag den 11. November 2010 ging es dann richtig los mit der Herstellung von Backwaren. Wir öffneten das Verkaufsfenster, das mit einer eisernen Schiebetür auf Rollen nach Ladenschluss von innen her verschlossen wird. Schneller als erwartet war der Zulauf der Leute, um in der einzigen Bäckerei der belebten Stadt Mbinga einzukaufen. Die Bäckerei, die ich im Jahr 1999 im Diözesanzentrum eingerichtet habe, liegt zwei Kilometer ausserhalb vom Stadtzentrum. Unsere Arbeit beginnt morgens um 08.00 Uhr so können wir am Morgengebet um 06.00 Uhr der Laudes, der Eucharistiefeier und am Frühstückstisch mit der Gemeinschaft teilnehmen. Abends um 19 Uhr schliessen wir das Verkaufsfenster, sowie der Samstagnachmittag und an Sonntagen, ausser an islamischen staatlichen Feiertagen. Es hat einige Zeit gebraucht, bis sich die Kunden an die Öffnungszeiten gewöhnt haben. Inzwischen läuft alles gut und die Kunden sind sehr zufrieden mit unseren vielfältigen Produkten. Die Schwestern, die ich als Lehrlinge in der Backstube hatte, wünschten den Samstagnachmittag frei zu haben, damit sie persönliche Sachen erledigen konnten. Schwester Daria, Schwester Esther, Schwester Kalista und ich standen abwechslungsweise morgens um 05.00 Uhr auf, um die Backwaren aus dem Tiefkühlschrank zu holen. So können die ersten Kunden bereits am Morgen um 08.00 Uhr einkaufen. Jeden Tag, wenn wir wieder Backwaren hergestellt haben und sie abgekühlt sind, gaben wir eine gewisse Anzahl in den Tiefkühler, um sie dann am nächsten Morgen zu verkaufen. Bis diese Gebäcke verkauft sind, haben wir bereits wieder frische Backwaren hergestellt. Wenn die Backwaren im Plastik luftdicht eingepackt sind bleiben sie nach dem auftauen frisch. Ist der Plastiksack jedoch nicht dicht verschlossen, ober weisst Löcher auf, trocknet das Gebäck im Plastiksack aus und beim auftauen blättert die Rinde an den Backwaren ab. Nebst dem Joghurt und Ice-Cream stellen wir Birnenbrot, Körnerbrot mit Weizenkörnern, Sesam, Sonnenblumenkernen und Soyabohnen, Weissbrot, Zopf, Plunder (Süsser-Hefeteig) in verschiedenen Formen mit Füllungen, Russen- und Cremestollen, Gugelhupf, Studentenküchlein, Heferinge, Berliner, weisser Lebkuchen, Honig- und Erdnussgebäcke, her. In Tüten eingeschweisst: Spritzgebäck, gedörrte Bananen, und Weihnachtskonfekt das ganze Jahr hindurch. Nicht zuletzt verschiedene Torten zu besonderen Anlässen. Das Rohmaterial um Gebäck herzustellen ist in der Stadt Mbinga erhältlich. Milch und Eier erhalten wir aus der Landwirtschaft des Klosters, die von Schwestern betrieben wird. Wir geben die Backwaren relativ günstig ab, weil wir keine Löhne bezahlen müssen und die Backstube von den Schwestern geführt wird. Deshalb haben auch ärmere Leute die Möglichkeit Produkte einzukaufen. Selbstverständlich geht der Erlös in die Klosterkasse. Auf diese Weise hilft die Backstube, der Klostergemeinschaft etwas unabhängiger zu werden, selbst wenn es nur einen Tropfen auf den heissen Stein ist. Das Ziel muss jedoch sein, die Füsse selber auf dem Boden zu haben, selbständig zu werden und nicht auf den Geldsegen anderer Länder zu warten. Nur diese Art von Hilfe zur Selbsthilfe kann ich mit meinem Gewissen unterstützen. Die Afrikaner sind wirklich Überlebenskünstler und finden sich in vielen Situationen zurecht. Sie denken anderes als wir Europäer, was auch so sein darf. Jedenfalls sind in der Backstube meine Lernschwestern und der Lehrling Salvio von Songea sehr fleissig und geben sich Mühe, die Arbeiten sorgfältig zu verrichten. Dass am Anfang ab und zu das Salz, Hefe oder Zucker fehlte muss man in Kauf nehmen. Schliesslich lernt man ja aus den Fehlern. Wenn ich Ende November 2011 wieder in die Schweiz zurückkehre, wird mein Lehrling Salvio in die Bäckerei nach Songea zurückkehren und dort als Arbeiter eingesetzt. Die Zeit geht so schnell vorbei. In Mbinga bei den Vinzentiner-Schwestern stand mir ein Zimmer mit Solar zur Verfügung. Warmes Wasser erhielt ich nur bei schönem Wetter und wenn es bewölkt und regnerisch war, musste ich mich mit kaltem Wasser begnügen. Selbst wenn es mal kein Wasser gab, war es auch nicht schlimm, wenn alle „stinken", riecht man es auch nicht mehr. Alle Gebäulichkeiten des Klosters werden mit Solarstrom bis zu 220 Volt betrieben. Dafür gibt es einen eigenen Raum mit vielen Batterien, die von Solarzellen auf dem Kirchendach bei schönem Wetter mit Strom gespeichert werden. Für die Werkstätten und die Bäckerei, die 380 Volt Starkstrom benötigen, erhalten die Schwestern den Strom von dem Netzwerk Tanesko aus der Stadt Mbinga. Weil diese Dienstleistung des Elektrizitätswerks nicht zuverlässig ist, wurden alle Starkstrommaschinen auch am eigenen Generator angeschlossen. Um den finanziellen Haushaltsplan nicht zu überschreiten, steht der elektrische Strom, erzeugt durch Solarzellen und das Netzwerk Tanesko, von morgens ab 08.00 Uhr bis mittags um 13.00 Uhr zur Verfügung. Alle Arbeiten in den Werkstätten, die elektrischen Strom brauchen, werden während dieser Zeit erledigt. An den Nachmittagen gibt es nur noch Handarbeiten. Abends ab 18.30 Uhr ist der Strom wieder erhältlich, weil um diese Zeit die Nacht herein-

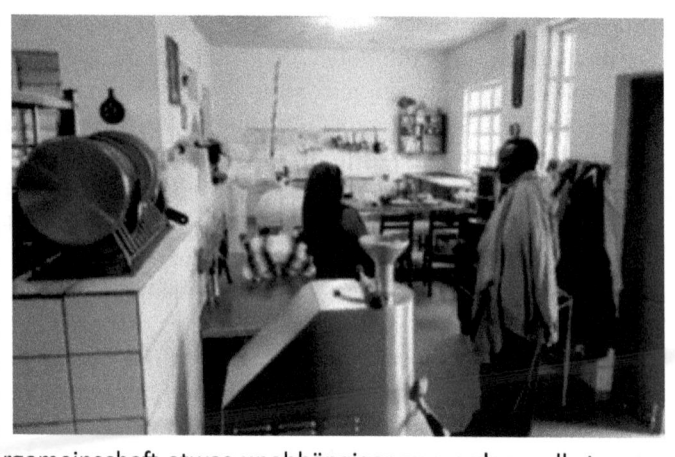

bricht. Samstage und Sonntage sind auch Stromfrei, ausser bei besonderen Anlässen. Die Bachstube hingegen besitzt durchgehend Tag und Nacht Strom von dem Netzwerk Tanesko in Mbinga. Sie ist direkt am Stromzeller angeschlossen und die Bäckerei bezahlt den verbrauchten Strom selber. Im Oktober erlebte ich einige Tag ein riesen Spektakel am Himmel. Kurz vor dem Einnachten, flogen grosse Schwärme von Fledermäusen über uns vorbei. Der Himmel verdunkelte sich und ich konnte etwa 10 Minuten zuschauen bis die ganze Kolonie Fledermäuse sich entfernten. Ich liess mir sagen dass diese riesigen Tiere Flughunde genannt werden. Sie sind eine Säugetierfamilie aus der Ordnung der Fledermäuse. Sie gehören zu den einzigen Säugetieren, die fliegen können. In ihren ledrigen schwarzen Flügeln ähneln Flughunde den Fledermäusen. Tatsächlich sind sie eng mit ihnen Verwandt. Doch wer genauer hinschaut entdeckt schnell Unterschiede. Die Schnauzen von Flughunden sind nicht platt, sondern spitz, eben wie bei kleinen Hunden. Sie sind nachtaktive Tiere und bilden grosse Kolonien. Im Gegensatz zu kleinen Fledermäusen fressen sie keine Insekten, sondern Nektar, Pollen und Früchte. Der Nektar wird mit der langen Zunge abgeleckt. Sie haben sehr gute Seh- Hör- und Geruchsinne und spielen eine wichtige Rolle als Bestäuber und Samenverbreiter. Diese Flughunde können bis zu 40 Zentimeter lang werden, bei einer Flügelspannweite von 1, 20 Meter. Tagsüber zum Schlafen hängen sich die etwa ein Kilogramm schweren Tiere kopfüber an Äste oder Baumkronen und hüllen sich in ihre Flügel, sodass sie wie grosse Früchte wirken. Dabei bilden sie Kolonien von mehreren Zehntausend Tieren, die in der Dämmerung gleichzeitig losfliegen. Die kleinste Fledermaus ist nur knapp drei Zentimeter gross und wiegt zwei Gramm. Jeden Tag etwa um 18.15 Uhr begab ich mich nach draussen und verfolgte dieses Schauspiel am Himmel. Mitte November kam dann endlich der so ersehnte Regen. Überall, wo das Auge reichte, sah man vorbereitete Felder, in denen Mais und Maniok angepflanzt wurden. Am Anfang fiel der Regen sanft und das Saatgut konnte sich kräftig entfalten und wachsen. Im Januar erhielten wir etwas sehr Seltenes vom Himmel herab. Hagel so gross wie Kirschen bedeckte die Landschaft zu einer weissen Decke. Die Frau Holle wird wohl die Länder verwechselt haben. In zwei Minu-

ten war der Spuck vorbei und das Eis löste sich schnell in Wasser auf. Weil die Maispflanzen bereits etwas grösser waren, haben sie den Hagel relativ gut überstanden. Im Februar begann dann die grosse Regenzeit, die oft mit Stürmen, Blitz und Donner begleitet waren. Nicht weit weg von der Backstube entfernt, schlug der Blitz in ein Haus mit Strohdach ein und erschlug ein 16jähriges Mädchen, das mit seiner Familie zusammen sass. Die Hütten im Busch haben keinen Blitzableiter. Die Leute erhielten trotz des Hagels eine gute Maisernte und waren zufrieden mit dem Ergebnis. Im Norden Tansanias und Kenias, herrschte hingegen eine grosse Trockenheit, alles Vieh musste Notgeschlachtet werden, weil es kein Wasser und nichts zu fressen gab. Ältere Menschen und Kinder starben, weil sie nichts zu trinken und nichts zu essen hatten.

Jagd auf Albino-Menschen im Norden Tansania
Kurz nach Ostern hielt ich mich nochmals drei Wochen in Songea auf. Der Prokurator Pfarrer Kevin bat mich, bei dem Neubau für zurückgezogene Bischöfe, in den Duschräumen und in der Küche die Wände mit Fliesen einzukleiden. Der Arbeiter Filiberti, ein Albino, war mir dabei behilflich. Das Haus ist sehr schön geworden. Vorhanden sind drei Schlafräume, drei Zimmer mit Arbeitstischen und jedes Apartment hat eine eigene Toilette mit Duschgelegenheit, ein Speisesaal, einen Aufenthaltsraum, eine Küche, ein Besuchszimmer, eine Kapelle und zwei Lagerräume. Das ganze Haus ist Rollstuhlmässig gebaut. So könnten drei Bischöfe in Gemeinschaft ihren Ruhestand geniessen. Ein Garten wurde seitlich des Hauses angelegt und Fruchtbäume wie Orangen, Zitronen und Bananenstauden waren bereits vorhanden. Bei der Zusammenarbeit mit dem Albino Filiberti, der mir beim Fliesenlegen im Haus für resignierende Bischöfe mithalf, lernte ich ihn gut kennen. Er ist im Jahr 1969 geboren, kann weder lesen noch schreiben und ist ein geschätzter Mann. Das war aber vor wenigen Jahren noch anders, wie er mir erzähle. Er wurde geächtet, auf der Strasse von Kindern und Spaziergängern gehänselt und ausgelacht und in seiner Familie gab es Spannungen wegen seiner weissen Hautfarbe. Albinos, denen das Farbpigment (Genfehler) fehlt, bedeutet für die Familie ein schlechtes Omen. Sie glauben Albinos seien von bösen Geistern besessen. Die Verfolgung von Menschen mit Albinismus basiert auf den Glauben, dass bestimmte Körperteile albinistischer Menschen magische Kräfte übertragen können. Betroffene werden verfolgt, entführt und getötet. Ein Aberglaube führt dazu, dass ihre Körperteile als wertvoll erachtet werden. Dieser Handel mit Knochen, aber auch Haaren, Urin und Blut von Menschen mit Albinismus ist in den vergangenen Jahren zu einem wachsenden Geschäft in Zentralafrika geworden. Bei den Mahlzeiten mit der Familie wurde Filiberti immer etwas abseits platziert und auch nachts wollte keiner mit ihm im selben Raum schlafen. Niemand wollte ihm zu nahe kommen. Er wurde oft zurückgewiesen und keiner hatte Lust mit ihm die Zeit zu verbringen. Doch jetzt ist auf einmal alles anders. Die Menschen gross und klein laufen zusammen wenn er kommt, bleiben stehen wo er steht, starren ihn an und unterhalten sich mit ihm.

Jeder will so nah als möglich in seiner Nähe sein und grüssen ihn freundlich. Die Abneigung der Leute auf ihn hat eine Kehrtwende vollzogen. Seit im Norden Tansanias die Albinos zu Glücksbringern und Vorboten von Reichtum erhoben wurden, geht es den Albinos im Süden von Tansania besser. Sie werden voll und ganz angenommen. Einmal im Jahr treffen Tanzgruppen mit Schlagzeugen und elektrischen Gitarren aus den Norden Tansanias in Songea ein. Sie unterhalten viele Besucher bis in die frühen Morgenstunden. Father Kevin drückte mir eine Eintrittskarte in die Hand und meinte: Ich sollte diese Rockgruppe (fünf Männer) die nur in Lendenumhang auftraten, auch mal erleben. Allerdings hielt ich es nur knapp zwei Stunden aus. Die Musik und der Gesang dieser tanzenden Männer waren so laut, dass es meine Ohren nicht länger aushielten. Dieser Auftritt war mit afrikanischer Tradition (lederiger Lendenumhang) und der Moderne (elektrische Musikgeräte) verbunden. Ich war überrascht, der riesengrosse Raum war voll von Einheimischen besucht. Etwas zu spät ankommende Besucher mussten stehend, an den Wänden, dieses Konzert mitverfolgen. Interessant war; Der Albino durfte als einziger auf die Tanzbühne und sich voll mit rhythmischen Bewegungen entfalten, während das Publikum ihm zujubelte. Zudem wurde ihm ein T`shirt mit dem Logo der Tanzgruppe bedruckt und eine Dächlikappe (Baseballmütze) geschenkt, welche die Besucher nach dem Konzert kaufen konnten. Wie mir Filiberti am folgenden Tag erzählte, wäre noch vor wenigen Jahren sein Auftritt auf der Bühne niemals möglich gewesen, geschweige denn der Eintritt in die Festhalle. Etwas traurig und bedenklich erzählte er nach einer kurzen Pause weiter: Im Norden Tansanias sind die Seinesgleichen Objekte der Begierde geworden. Jene die nach ihnen verlangen, möchten am liebsten Haare und abgeschnittene Fingernägel mitnehmen, die sie wie Edelsteine aufbewahren. Das genügt aber einigen nicht. Die Albinos sind jetzt „Glücksbringer". Sie müssen sich von afrikanischen Scharlatanen, meist sogar aus demselben Dorf, noch mehr fürchten als zuvor. In den Zeitungen wird ab und zu berichtet, dass die Polizei wieder einen Buschmedizinmann festgenommen hat, der die Knochen von Albinos und Überreste zu Mehl verarbeitete und seinen Kunden verkaufte. In Afrika ist es ein weit verbreiteter Aberglaube, dass Körperteile von Albinos Glück bringen. Dieser Aberglaube kostet in Tansania etlichen Menschen das Leben; Körperteile von Albinos sollen Macht verleihen und Aids heilen. Selbst ernannte Heiler zahlen auf dem Schwarzmarkt etwa 15 Millionen Tansanische-Schillinge (60.000 Franken) für eine Leiche. Im Norden Tansanias werden immer wieder Albinos gejagt und umgebracht, um an ihre Knochen zu gelangen. Die Polizei spricht von einer hohen Dunkelziffer, vor allem bei kleineren Verstümmelungen ohne Todesfolge. Auf dem Schwarzmarkt wird ein Knochen von einem Albino bis zu 300.000 (160 Franken) Tansanische-Schillinge verkauft. Das entspricht etwa vier Monatslöhnen. Die Räuber, die Albinos jagen, sind skrupellos, und greifen sogar mit Nagelbrettern an. Kommen Albinos mit Schlägen davon und gelingt ihnen die Flucht, bleiben ihnen tiefe Narben, als ob sie von Hyänen angegriffen worden sind. Filiberti, der im Norden von Tansania auch Verwandte hat, ist überzeugt, dass dieses Werk von irren Kriminellen aus den Nachbarländern wie Uganda, Somalia und dem Kongo kommen muss. Tansania sei ein friedliches Land, meine er. Die Jäger kommen mitten in der Nacht in eine Hütte voller Menschen. Kaum jemand wagt sich zu wehren und die Eltern sind schockiert, dass sie ihre Kinder kaum verteidigen oder beschützen können. Die Eindringlinge, die mit geölten Pangas und Macheten(eine Art Buschmesser) erscheinen, reissen die Albinos ins Freie, schlagen ihnen Beine und Arme oder Ohren ab und verschwinden mit dem Geraubten in der Dunkelheit. Die verbluteten Körper der Kinder lassen sie einfach liegen. Tage später erliegen die Opfer den Folgen der Übergriffe. Selbst auf dem kilometerlangen Weg zur Schule sind Albino-Kinder nicht sicher. Hinter Gebüschen oder Bäumen lauern die Knochendiebe auf, um sie zu überfallen. Albino-Kinder, die durch solche Angriffe sterben, werden meist in den Hütten ihrer Eltern tief im Boden beerdigt. Nicht mal auf den Friedhöfen finden die Albinos ihre Ruhe. Die Überreste der Toten werden von den Räubern ausgegraben und an Buschmedizinmänner oder Zauberer (Wachawi), die die Knochen zu „Medizin" verarbeiten, verkauft. Jetzt werden Albinos, die schon Jahre in den Gräbern ruhen von ihren Eltern oder Verwandten auf Friedhöfen ausgehoben und die Knochen verteilt in ihren Hütten beigesetzt. Sie sind jetzt „Glücksbringer" und zudem vor Dieben geschützt. Interessant ist, dass noch vor Jahren die Beerdigung eines Albinos möglichst weit entfernt von seiner Familie stattfand. Sie waren die Schuldigen, wenn über die Familie ein Unheil hereinbrach. Sie besassen magische Kräfte, mit denen sie der Familie Schaden zufügten. Ich könnte mir gut vorstellen, dass sich das Blatt auf einmal wieder wendet und gestorbene Albinos wieder ausserhalb des Friedhofs beerdigt werden. Alle Bewohner werden ihr Haus oder Hütte verlassen, wo die Knochen ihrer Albinos ruhen, um an einer anderen Stelle eine neue Hütte aufzubauen. Es ist eine neue Form eines uralten Problems, nämlich der Aberglaube. Die Inhalte des Glaubens werden massgeblich von den Buschmedizinmännern und Zauberern bestimmt. Heidnische und magische Vorstellungen schleichen sich wieder ein und verdunkeln das Bild von Jesus Christus, dem Gekreuzigten und Auferstandenen. In der Zeitung konnte ich damals lesen, dass diese unglaublichen Überfälle an Albinos nicht von den Nachbarländern gesteuert wurden, wie Filibert meinte. Sie wurden von Einheimischen im Norden Tansanias, hauptsächlich in klei-

nen Buschdörfern verübt. Sie sind dafür verantwortlich und die Polizei ist machtlos, wenn wieder ein Albino verstümmelt oder tot aufgefunden wird. Manchmal haben sie Erfolg und erwischen einen Täter. Aber viele Verbrechen an Albinos können nicht aufgeklärt werden, denn hinter diesen Taten steht ein Netzwerk aus Leuten im ganzen Norden von Tansania. Bei einer Hetzjagd, wo die Polizei den Täter festnahm, rechtfertigte er sich damit, dass das Geschäft mit den Knochen von Albinos ertragreicher sei, als das mühsame Arbeiten auf den Feldern. Die Nachfrage sei gross und die Preise steigen stets. In seiner Hütte fanden die Polizisten diverse Knochen von Albinos. Der Übeltäter gestand und sagte: Dass die frischgejagten Knochen der Albinos mehr wert seien als jene aus den Gräbern. Ein Beinknochen besser verkauft werden kann als ein Fingerknochen und Knochen von Kindern mehr einbringen als von Erwachsenen. Für die teuersten Knochen bestimmt die Herkunftsregion den Preis. Er wurde für viele Jahre hinter Gitter gebracht. Allerdings kein Trost für die Albinos, denn das Geschäft und die Jagd auf sie nimmt kein Ende. Erst jetzt wurden die Behörden wach und sogar der muslimische Präsident Kikwete des Landes erliess einen Aufruf zur Bekämpfung des tödlichen Aberglaubens. Nach mehreren brutalen Angriffen auf Albinos sind in Tansania 225 selbsternannte Heiler und Zauberer festgenommen worden. Bereits mussten 97 von ihnen sich vor Gericht verantworten und wurden ins Gefängnis gebracht. Die Gewalttaten gegen die Albinos, deren Farbpigmente in Haut, Haaren und Augen fehlen, haben seit dem Jahr 2013 deutlich zugenommen. Albinos gelten in Tansania als Glücksbringer und Vorboten von Reichtum. Selbsternannte Zauberer verwenden trotz eines offiziellen Verbotes die Körperteile von Albinos für ihre Heilungsrituale. Auch im Nachbarland von Tansania, Malawi, werden Albinos angegriffen und verfolgt. Es wurde ein Mann wegen versuchten Mordes festgenommen. Er hat versucht einen 16jährigen Albino-Jungen zu erwürgen. Die Erbkrankheit Albinismus trifft im Westen einen von 20.000 Menschen, in Tansania ist es hingegen einer von 1500 Menschen. Diese Häufung hängt wohl mit häufigen Verbindungen durch Blutsverwandte in Tansania zusammen. Der Präsident bezeichnete die Attacken als abscheulich und beschämend für sein Land. Er versprach alle notwendigen Massnahmen zum Schutz der Albinos zu veranlassen. Sogar die Polizei rief religiöse und politische Führer sowie die Medien des Landes auf, sich an der Bekämpfung von Aberglauben zu beteiligen. Seither hört man nichts mehr von diesen abscheulichen Taten. In der Diözese in Mbinga betreuen die Vinzentiner-Schwestern 22 Albino-Kinder, die im Kindergarten und in der Primarschule mit anderen Kindern unterrichtet werden. Der Aberglaube und die Zauberei gehören zur afrikanischen Kultur. Ihn als das grosse Hindernis für die die Zukunft Afrikas zu bezeichnen wäre falsch. Der Aberglaube ist die Ursache, nicht die Folge der wirtschaftlichen Rückständigkeit. Mehr Entwicklung bringt mehr Bildung. Mehr Bildung und Förderung eines wissenschaftlichen Verständnisses von Krankheiten und Naturphänomenen wird auch in Afrika den Aberglauben verdrängen.

Auf Bäckereimaschinensuche in der Schweiz für das Kloster Uwemba

Am 28. November 2011 kehrte ich wieder in die Schweiz zurück, um alles vorzubereiten, zu bestellen und einzukaufen, was für die nächste Backstube in Uwemba notwendig war. Zwischendurch arbeitete ich im Kloster in der Buchbinderei und band Zeitschriften zu Büchern, die in der Klosterbibliothek in den Regalen auf mich warteten. Beim Abt sind wieder Anfragen aus Tansania eingetroffen, die meine Hilfe beim Bauen und Einrichten von Bäckereien, in Anspruch nehmen möchten. Bischof Raymund Maluma in der Diözese Njombe, Bischof Beatus Urassa in der Diözese Sumbawanga und Abt Pambo vom Kloster Mvimwa. Sie haben inzwischen die Bäckereien gesehen, die ich in Tansania gebaut habe und hoffen mit einer Backstube auch Einnahmen zu erzielen. In der heutigen Zeit könnte man vielleicht auch „Labora et Ora" (Arbeit und Gebet) bezeichnen. Ohne Arbeit und das tägliche verdiente Essen (**Lebensnotwendigkeit**), kann man nicht beten und nur vom Beten kann man nicht leben. Wie im Evangelium zu lesen ist, „Bittet und ihr werdet empfangen" (Joh 15,7) vollzieht sich im lebendigen Kontakt mit Gott. Trotzdem bleibt die Aufgabe, alles in der eigenen Kraft Stehende für eine gute Lebens- und Weltgestaltung zu tun. Gott verspricht seine Unterstützung im höchsten Mass, lässt aber die Freiheit und nimmt deshalb niemanden die Verantwortung für sein Leben ab. Jederzeit sind daher Bitten angebracht, deren Erfüllung im Sinn Gottes zugesagt wird, was aber nicht immer den eigenen Vorstellungen entspricht. Arbeit ist auch Gebet, wenn sie auf Gott ausgerichtet ist. Früher hatte man nicht so viele Werkstätten wie heute. Die Mönche arbeiteten hauptsächlich auf den Feldern. Deshalb blieb mehr Zeit zum Beten. Damals wurden an einem Tag alle 150 Psalmen gebetet und heute sind sie auf 14 Tage verteilt und sogar einige weggelassen. Natürlich kann man Arbeit und Gebet nicht trennen, sie gehören beide zusammen. Ich wäre sofort dafür, dass Fluch-Psalmen und solche, wo die Frau als Hure bezeichnet wird, entfernt werden. Zudem wird heute in den Klöstern mehr gearbeitet, als es früher noch der Fall war. In der Schweiz machte ich mich wieder auf die Suche nach Bäckereimaschinen und Bäckereiutensilien. Den Ofen besorgte mir wieder die Familie Guido und Bernadette Wüest in Montlingen. Er hat immer wieder Beziehungen zu verschiedenen Bäckereien, die den Betrieb aus Nachwuchsgründen in ihren Familien schliessen müssen oder die Bäckersleute in Pension gehen. So wurde ein guterhaltener Ofen, der von der Grösse zu meiner Bäckerei in Uwemba passte, Mitte Juli im Jahr 2012 frei. Bei ihm kaufte ich auch

viele Bäckereiutensilien wie Brotbackformen, Gugelhopf-Formen in verschiedenen Grössen, Backbleche für den Ofen, Thermometer für Joghurt herzustellen, verschiedene Messer, Pinsel, Horn, Wasserschaber, Schaufel und Besen, ja einfach alles was es braucht, damit eine Bäckerei funktionieren kann. Die anderen Bäckereimaschinen erhielt ich wieder vom Peter Nietlisbach in Cham, den ich aufsuchte um die Maschinen zu besichtigen. Die Auswallmaschine und Kombinationsmaschine mit Rührwerk und Mahlwerk musste er noch überholen, damit sie in Tansania eingesetzt werden können. Die Semmelmaschine war bereits renoviert, die ich natürlich sofort nahm. Auch ein Fettbachgerät für 30 Berliner erhielt ich aus seinem Lager. Bei seinem Vater, der damals diese Werkstatt betrieb habe ich die ersten Bäckereimaschinen erhalten und die bestehen bis heute noch und tun ihren Dienst. Sein Sohn Peter Nietlisbach übernahm die Werkstatt von seinem Vater, der in Pension ging, um alte Maschinen wieder auf Vordermann zu bringen. Es sollen ja nicht Entsorgungsmaschinen sein, sondern solche die einwandfrei laufen, weil sie revidiert wurden. Den 120 Liter Boiler besorgte mir mein Bruder Beat, den er beim Ricardo ersteigerte. Wie immer durfte ich wieder in der Brockenstube in Uznach diverse Bäckerei- und Küchenutensilien gratis für mein neues Bäckereiprojekt mitnehmen. Bei der Familie Rolf und Karin Brunner konnte ich wieder den grossen Abwaschtrog mit zwei Becken bestellen. Zudem erhielt ich noch viele Sachen, was mit der Bäckerei nichts zu tun hatte, damit ich den Container füllen konnte. Ich erhielt viele Anfragen von Leuten, die mir gerne noch guterhaltene Kleider mitgeben wollten. Die habe ich auch gerne genommen, um damit die Bäckereimaschinen im Container zu stabilisieren und kleinere Lücken zu füllen. Damals durfte man noch gebrauchte, guterhaltene und saubere Kleider mitführen. Neue Kleider müssen verzollt werden. Inzwischen nehme ich nur Jeanshosen, T'shirt, (Leibchen), Baseballkappen, und Turnschuhe in dem Container mit. Diese Sachen bezeichne ich als Stopfmaterial für die Bäckereimaschinen. Kleinere Gegenstände packe ich in Schachteln ein und deponiere sie im Klostergang mit genauen Angaben, was sich in den Schachteln, für die Zollformalitäten, befindet. So kann ich viel vorbereiten, bevor die Sachen in den Container, in Schindellegi, gebracht werden. Auch diesmal durfte ich wieder mein Bäckereiinventar und andere Sachen in den Container von der Lisa mitgeben. In der Regel brauche ich eine Woche bis ich alle Sachen im Container verstaut habe. Die Zollliste übernahm die Lisa wieder. Weil ich alle Bäckereimaschinen und die Arbeitstische ausgemessen habe, konnte ich meine Pläne für das neue Bäckereiprojekt für Uwemba erstellen und abschliessen. Mitte Jahr hielt ich mich einen Monat in Uwemba (Tansania) auf, um das Fundament für die Bäckerei zu setzen. Br. Wendelin holte mich am Flughafen ab und brachte mich nach Uwemba. Unterwegs in Iringa nahm er noch zwei Mutterschweine mit, die in seiner Landwirtschaft im Schweinestall neues Blut rein brachten. Inzwischen ist auch mein Maurer Maiko von Mbinga in Uwemba eingetroffen. Bei dem letzten Bäckereibau in Mbinga machte er mir einen sehr vertrauenswürdigen und guten Eindruck. Er wurde bereits einige Jahre bei den Schwestern in Mbinga für Bauarbeiten eingesetzt. Mit dem Einverständnis der Schwestern, durfte ich ihn für den Bäckereibau in Uwemba beanspruchen. Er erklärte sich bereit, ohne meine Anwesenheit, den Rohbau mit meinen Plänen in Angriff zu nehmen. So konnten wir miteinander den Bäckereibau in Uwemba ausmessen und ich hatte die Möglichkeit, ihm meine Pläne ausführlich zu erklären. Zwei alte Lagerräume konnten wir in Anspruch nehmen. Weil diese Räume aber nur vier Meter tief waren, mussten wir einen Vorbau von 3,50 Meter erstellen, der ein Fundament benötigte. Das Dach von den zwei alten Räumen haben wir entfernt, das mit Dachziegeln bedeckt war. Auch die Holzkonstruktion entfernten wir, sodass nur noch die Mauern zu sehen waren. So konnten wir alles genau ausmessen und der Maurer Maiko und ich setzten das Fundament, bis die Bäckerei die Innenmasse von sieben Meter, mit den alten Lagern, erhielt. Er war während der Bauzeit in Uwemba und seine Frau mit der vierjährigen Tochter liess er in Mbinga zurück. Den Rohbau kann der Maurer Maiko mit einigen Bauarbeitern vom Dorf Uwemba, nach meinen Bauplänen alleine erstellen. Da mir noch Zeit übrig blieb hatte ich die Gelegenheit, die Bäckereien in Peramiho, Songea, Chipole, Mbinga Diözesanbäckerei und die Bäckerei der Vinzentiner-Schwestern zu besuchen. Ich darf wohl sagen, dass mir die „Hilfe zur Selbsthilfe" bestens gelungen ist. Alle Backstuben sind noch im Betrieb und es wird fleissig, sauber und exakt gearbeitet. Ice-Cream und Joghurt wird erst wieder ab Oktober grossen Zulauf haben, weil dann die heisse Zeit beginnt. Hingegen Brot, Kekse und Kleingebäck hat sehr guten Absatz, hauptsächlich in der Grossstadt Songea und Mbinga. Inzwischen wurde auch in Peramiho ein kleines Hoteli gebaut, in das Backwaren von der Bäckerei geliefert wird. Br. Ambros, den ich in der Buchbinderei ausbildete, ist inzwischen auch für die Bäckerei und die eigene Klosterküche in der Abtei Peramiho zuständig. Vorher waren die Schwestern für das leibliche Wohl der Mönche verantwortlich und die Speisen mussten immer von den Tischdienern in der Schwesternküche abgeholt werden. Es war schon etwas mühsam, die Speisen über die Strasse durch den Innenhof des Klosters in den Speisesaal der Mönche zu bringen. Bei meiner unangemeldeten Ankunft in den Bäckereien schaue ich als erstes immer die Abrechnungen der Einnahmen an, ob die auch noch weiterhin korrekt aufgeführt werden, wie ich es ihnen beigebracht habe. Es ist eine kleine Buchführung in der man feststellt, was den Tag hindurch an Einnahmen eingegangen ist. Die grosse Büroarbeit obliegt beim Prokurator des Bischofs, der Buchhalter von Peramiho und den Buch-

halterinnen der Schwesternkonvente, die letztlich für die Bäckereien zuständig sind. Bei meinem Eintreffen in der Backstube in Mbinga gab es sogar am andern Tag auf dem Frühstückstisch Laugenbretzel und Laugenbrötchen. Auch in Chipole läuft der neue Bäckerladen mit einem kleinen Imbissraum sehr gut. Jedes Wochenende stellen sie 1000 Berliner für die eigene Sekundarschule her, nebst den Bestellungen für die Grundschulen und das einfache Fussvolk. Die Diözesanbäckerei in Songea, die ich vor 13 Jahren gebaut und Lehrlinge ausgebildet habe, macht grosse Fortschritte. Seit im März 2012 das grosse Restaurant (Swiss Hoteli) eröffnet wurde, das inzwischen einen beachtlichen Gewinn zu verzeichnen hat, wird von den Leuten gerne aufgesucht. Wie ich feststellte und auch bestätigt erhielt, tragen sich die Bäckereien selber und es bringt auch Gewinn ein. Natürlich ist es nur einen Tropfen auf den heissen Stein. Für mich aber zählt, dass mit diesen Bäckereien und Buchbindereien für die Einheimischen Arbeitsplätze geschaffen werden und dadurch auch Verantwortungsbewusstsein bei den Arbeiter und Arbeiterinnen geweckt wird. Selbst das Volk freut sich, in ihrer Nähe eine Bäckerei zu haben, um Backwaren einkaufen zu können.

Nach einem Monat kehrte ich wieder in die Schweiz zurück. Ende September, also nach zwei Monaten, war der Bäckereirohbau mit dem neuen Dach in Uwemba bereits erstellt. Ich hätte zwar die alten Dachziegel gerne wieder benutzt. Pater Prior Thiemo hat sich aber für ein Blechdach entschieden. Die Bäckerei hat eine Länge von 13,80 Meter, ist sieben Meter tief und drei Meter hoch. Bei den Wasserleitungen, die mit dem Abwaschbecken übereinstimmen müssen, die elektrischen Installationen, wo die Steckdosen am richtigen Ort sind und die Bodensockeln für die Bäckereimaschinen, werde ich anwesend sein, bis der Bäckereibau beendet ist. Wann genau der Container in Schindellegi den Weg nach Tansania antritt war noch offen, weil verschiedene Waren für das Wasserkraftwerk in diesen Container geladen werden mussten und die Bestellungen in Schindellegi noch nicht eingetroffen waren. Am 31. Oktober 2012 trat dann der eiserne Koloss mit dem Ofen (das Herzstück einer Backstube), eine Kombinationsmaschine mit Rührwerk und Mahlwerk, eine Semmelmaschine, Auswallmaschine, Teigmaschine, Fettbackmaschine, Eismaschine, Boiler mit 120 Liter Wassermenge, einen grossen Waschtrog mit zwei Waschbecken, eine grosse Tischwaage und diverse Backformen und Utensilien für die neue Bäckerei in Uwemba, die Reise mit dem Frachtschiff nach Afrika-Tansania an. Natürlich auch mit vielen Gegenständen für das Wasserkraftwerk in Chipole. Wenn alles gut geht dürfte der Container im Februar in Uwemba eintreffen und nach dem Ausladen meiner Bäckereiwaren nach Chipole weiter gebracht werden. Im Oktober 2012 war es dann soweit. Der Container wurde in Schindellegi abgeholt und begann die Reise nach Tansania. Mitte Januar kehrte ich wieder nach Tansania zurück und blieb 15 Monate in Uwemba, um den Bäckereibau zu beenden und einige Lehrlinge und Lehrtöchter in die Kunst des Backens einzuführen. Am Flughafen in Daressalam holte mich die Hildegard Witt, von Litembo, mit ihrem

Fahrer ab. Dreimal übernachteten wir in Kurasini, weil ich in Daressalam noch einige Sachen für die Bäckerei in Uwemba besorgen musste. Mit dem Fahrer und der Hildegard verliessen wir Kurasini um 05.00 Uhr morgens und legten bis nach Uwemba 700 Kilometer zurück. Zwischendurch machten wir einen Besuch in Mikumi im Tan-Swiss beim Josef Gwerder und nahmen dort das Mittagessen ein. Das Land steht jetzt in voller Blüte. Alles ist grün, soweit das Auge reicht, denn vor drei Wochen fing die Regenzeit an. Zwischendurch gab es immer wieder mal ein heftiger Platzregen und von weitem konnte man Blitze in den Wolken erkennen, die seitlich vorbei zogen. Abends um 19.00 Uhr erreichten wir Uwemba noch rechtzeitig zum Abendessen bei heftigen Regengüssen mit Blitz und Donner. Starke Gewitter sind hier in dieser Gegend während der Regenzeit keine Seltenheit. Die Temperaturunterschiede können sehr extrem sein, tagsüber sehr heiss und nachts starke Abkühlung. Das Klima in Uwemba ist eigentlich fast wie in der Schweiz, wenigstens von der Vegetation her. Einen eigentlichen Winter mit Schnee wie in Europa gibt es nicht. Im Monat Juni und Juli kann es nachts bis zu zehn Grad werden und ab und zu zeigt der Barometer auch mal drei Grad an. Tagsüber wenn die Sonne scheint kann es auch 30 Grad werden. Oft weht ein Lüftchen, das sehr angenehm wirkt und etwas Kühlung bringt. Die Monate November bis März sind es recht warm mit hoher Luftfeuchtigkeit, besonders in der Regenzeit. Das Dorf Uwemba liegt 335 Kilometer von der Stadt Mbinga, Richtung Norden entfernt. Uwemba ist eine Missionsstation die zu der Abtei Peramiho gehört. Also eine kleine Niederlassung mit etwa zehn Mönchen, wobei sechs europäische Missionare mit vier afrikanischen Ordensleuten aus Peramiho in einer Gemeinschaft zusammenleben. Landschaftlich ist Uwemba mit der Schweiz zu vergleichen, und liegt 2150 Meter über Meer, ausser den Bergen, die man eher als Hügeln bezeichnen würde. In dieser Gegend gedeihen Äpfel-, Birnen-, Pfirsich-, Pflaumen- und eine Art Mirabellenbäume, sowie einheimische Früchte wie Avocados, Zitronen und Passionsfrüchte. Im Monat Januar können sie geerntet werden. Alle Gemüse und Beerensorten wachsen hier in Uwemba ausgezeichnet. So konnten wir im Februar frische Erdbeeren und Himbeeren geniessen. Für Tropische Früchte wie Orangen, Mandarinen, Papaya, Mangos und Bananen ist es zu kalt. Eine spezielle Sorte von Bananen gibt es in dieser Gegend, allerdings ist sie nicht geniessbar, sondern wird gekocht und den Schweinen verfüttert. Das Gedeihen der Landwirtschaft hängt wesentlich vom Wetter ab. Kartoffeln, Bohnen und Erbsen werden das ganze Jahr hindurch angepflanzt und gedeihen bestens, besonders in den Tälern, wo Flüsse vorbeiziehen. Mais kann einmal pro Jahr geerntet werden. Ende Juni wird er mit der Häckselmaschine verkleinert und in der Trockenzeit als Silofutter für die Kühe verwendet. Das Kloster Uwemba besitzt eine grosse Landwirtschaft mit 40 Milchkühen, 35 Rindern und 15 Kälbern, Schweinen und Pferden. Die beste Kuh gibt 17 Liter Milch im Tag. 140 Liter Milch werden in die Schwesternküche gebracht, wo Schwester Marziana (langjährige Köchin) Käse und Milchprodukte für den eigenen Bedarf und den Verkauf herstellt. Auch die Herstellung von geräuchertem Fleisch (Schinken), verschiedene Wurstsorten und Leberkäse gehört zu ihrer Aufgabe. In der Zeit, wenn das Obst reif ist, stellt sie viel Kompott her, dass es bis zur nächsten Obst-Zeit reicht, um den Mönchskonvent und den Schwesternkonvent damit zu versorgen. Oft gibt es zum Abendessen eine Süssspeise mit Kompott, die auch bei Einheimischen inzwischen gerne gegessen wird. In Uwemba lebt eine Schwesterngemeinschaft mit 15 Tutzinger- Benediktinerinnen die in Peramiho ihr Mutterhaus haben. Sie führen ein grosses Hospital, das seitlich dem Schwesternhaus steht und betreuen, pflegen und behandeln kranke Menschen aus der Umgebung von Uwemba. Viele Jahre stand Schwester Margrit Arnold, aus der Schweiz, diesem Spital vor und betreute ein Waisenhaus mit 25 Waisenkindern. Sie kehrte vor einigen Jahren altershalber in das Kloster in Ettiwil in die Schweiz zurück. Die Schwestern zogen im Jahr 1967 von Fribourg nach Ettiswil und eröffneten dort einen Kindergarten. Eine ambulante Krankenpflege wurde aufgebaut. Im Jahr 1970 erhielt dieses Schwesternhaus den Status eines Klosters und im Herbst wurde ein Alters- und Pflegeheim eröffnet, das viele Jahre von den Schwestern geleitet wurde. Leider hatten die Schwestern auch keinen Nachwuchs und übergaben die Leitung im Jahr 2017 an die Stiftung Sonnbühl. Am 21. Mai feierten die noch verbleibenden fünf älteren Schwestern mit der Gemeinde einen Abschiedsgottesdienst, den Bischofsvikar Ruedi Heim leitete und eine Musikgruppe sang internationale Lieder. Danach mussten die Schwestern in ihr Mutterkloster nach Tutzing (Deutschland) umziehen und das Kloster in Ettiwil wurde aufgehoben.

Am 22. Januar 2013 war es soweit, das neunte Bäckereiprojekt in Uwemba zu beenden. Meine vier Bauarbeiter kehrten wieder zu dem Bau zurück, um mit der Arbeit des Innenbaus zu beginnen. Der Innenausbau der Backstube verlief zügig. Drei Arbeiter machten sich an den Verputz ran. Die elektrischen Anschlüsse erledigte Br. Edmund und für die Wasserleitungen war Br. Stanislaus zuständig. Ich war überaus zufrieden, wie schnell und verantwortungsvoll die Arbeiten in der Backstube ausgeführt wurden. Bereits am 23. Januar traf der Container mit den Bäckereimaschinen und den Backutensilien in Uwemba ein, die ich im Kloster Uznach eingepackt habe. All diese Bäckereieinrichtungen mit Zubehör konnte ich in der alten Prokura, einen grossen Raum, unterstellen, bis der Bäckereibau beendet war. Nach dem Verputz legten wir in der ganzen Backstube, 1.60 Meter hoch, weisse Wandfliessen. Der obere Teil der Wände, bis zu drei Meter hoch, strichen wir mit weisser Farbe an. Mit diesen weissen Wänden konnten wir die Helligkeit der Bäckerei hervorrufen. Die Schreiner erledigten die Fenster und Türen in der Backstube, während der Maiko, die Bodenfliessen legte. Hernach fand jede Arbeitsmaschine, Tische, Regale, Schrank und drei Stühle ihren Platz in der grossen Backstube. Die Backutensilien verstaute ich in den Tischschubladen und Regalen. Bilder und Bauereimalereien auf Holz befestigte ich an den Wänden, um einen heimeligen Eindruck zu erwecken. Die Bäckerei hat eine Aussenlänge von 14 Metern, ist sieben Meter breit und drei Meter hoch, mit einem Lagerraum von drei Meter Breite. Einen kleinen Teil im Lager nimmt der Tiefkühl- und Kühlraum ein. Wir benötigten für die ganze Bäckerei 3200 Wandblättchen (Fliesen) und 1350 Fliesen für den Boden der Backstube. An der Frontseite (Klausur) sind drei grosse Fenster angebracht, die genügend Licht zum Arbeiten spenden. Am Karsamstag im Jahr 2013 war der ganze Bäckereibau aussen und die Inneneinrichtung vollständig abgeschlossen. Mein Maurermeister Maiko von Mbinga kehrte zu seiner Familie zurück, um sich gut zu erholen, bevor wir die nächste Bäckerei in Njombe, im Nazareth-Viertel, in Angriff nahmen. Die anderen fünf Hilfsarbeiter leben mit ihren Familien in Uwemba und trafen stets am Morgen zum Arbeiten auf dem Bauplatz der Bäckerei ein. Dieser grosse Arbeitsraum sieht nun wirklich wie eine Bäckerei aus, noch verschönert mit Stoffblumen auf den Regalen. Inzwischen hat sich in Uwemba viel verändert. Alles läuft jetzt unter afrikanischer Führung, was als positiv angesehen werden kann. In dieser Zeit war Pater Laurenti Mkinga, ein Einheimischer, der Hausobere von Uwemba. Sicher war es für alteingesessene europäische Missionare nicht leicht, einem afrikanischen Oberhaupt zu unterstehen. Nur wenn wir bereit sind, voneinander zu lernen, können wir verstehen und wertschätzen, wie ein Afrikaner denkt und handelt. Dies ist die Voraussetzung, einander nicht nur mit dem nötigen Respekt zu beggegnen, sondern auch als Bruder im wahrsten Sinn des Wortes anzunehmen. Das gilt auch überall, wo Gemeinschaft gelebt wird, egal in welchen Kontinenten auch immer wir leben. Nach Ostern hätten wir mit dem Backen beginnen können. Weil aber keine Mönche der Abtei Peramiho zur Ausbildung dieses Bäckereiprojektes zur Verfügung standen, ob schon eigentlich der Bäckereibau an diese Bedingung geknüpft war, entschied ich mich, vorerst die Restaurierung der Backstube in Songea vorzunehmen.

Restaurierung der Bäckerei in Songea
Damals vor 13 Jahren, als ich in Songea die Pläne für die Diözesanbäckerei erstellte und Einheimische in die Kunst des Backens einführte, gab es noch keine Wandplättchen (Fliesen) in Land zu kaufen. Mit dem Container aus der Schweiz wollte ich keine Fliesen transportieren und entschied deshalb, die Wände der ganzen Backstube mit weisser Ölfarbe zu streichen. Allerdings wurde statt weisser Ölfarbe eine dunkelgelbe Ölfarbe verwendet, was die Helligkeit der Backstube etwas beeinträchtigte. Ich war damals in der Schweiz auf der Suche nach Bäckereimaschinen während die Bäckerei in Songea gebaut wurde. Die Fliesen werden jetzt in verschiedenen Grössen und Farben in allen Grossstädten angeboten, importiert aus Frankreich, Italien und China. Nach Ostern startete ich mit zwei Bauarbeitern von Songea, die ganze Bäckerei und den Verkaufsladen mit weissen Wandblättchen zu belegen. Weil die Wände mit beigen Lackfarben bestrichen waren, blieb uns nichts anderes übrig, als die Farbe mit dem Hammer in bis zu 1,60 Meter Höhe weg zu klopfen. Dies war eine aufwendige und mühsame Arbeit. Zudem installierte ich mit dem Spengler den Wandboiler, der 100 Liter Wasser fasst. Der grosse Abwaschtrog mit einem tiefen Becken, den ich aus der Klosterküche in Uznach erhielt, ersetzte prima das alte Abwaschbecken aus China. Dieses Becken hatte nur eine Tiefe von 15 Zentimeter und grosse Gegenstände konnten darin nicht gereinigt werden. Auch mussten einige Steckdosen neu verankert werden, weil diese nur noch locker in der Verankerung hielten und nicht selten einen Kurzschluss verursachten. Ein Jahr zuvor wurde ich in die Backstube gerufen, weil überhaupt kein Strom mehr vorhanden war. Damals beim Bäckereibau haben die Elektriker von Songea einfach billiges Kabel verwendet und durch die Rohre gezogen, die mit der Stärke der Sicherungen nicht übereinstimmten. Die Kabel wurden mit der Zeit zu warm und fingen zu bröseln-verbrennen an. Ich habe alle Kabel entfernt und konnte feststellen, dass alle, bis auf wenige Kabel, schwarz waren. Weil ich kein Elektriker bin habe ich Br. Edmund von der Abtei Peramiho hinzugezogen und er konnte alle Kabel fachgerecht ersetzen, die mit den Sicherungen übereinstimmten. Als Abschluss strichen wir die obere Hälfte der Wände und die Decke der Backstube mit weisser Farbe an. Mit diesen Renovationsarbeiten ist jetzt die ganze Backstube bedeutend heller geworden. Seither entschied ich mich, bei dem Innenausbau einer Bäckerei immer anwesend zu sein. Es ist nun wirklich eine grosse Erleichterung für das Bäckereiteam in Songea, speditiv und sauber zu arbeiten. Für die Renovation der Bäckerei benötigten wir fünf Wochen, ohne dass die Produktion von Backwaren darunter gelitten hat, oder der Verkauf während diesen Arbeiten eingestellt werden musste. Es waren viele Abdeckarbeiten erforderlich, um den Bau-Staub möglichst in Grenzen zu halten. Ende Juni kehrte

ich nach Uwemba zurück mit der Hoffnung doch noch die versprochenen Mönche aus der Abtei Peramiho für die Ausbildung in der Bäckerei in Uwemba zu erhalten. Leider fiel diese Zusage ins Wasser. In Peramiho waren die jungen Mönche an verschiedenen Orten in Ausbildungen und die Mönche, die in Peramiho lebten brauchte man in den Werkstätten und sind dort eingesetzt. Zudem wurden nicht alle Novizen in der Abtei Peramiho zu der zeitlichen Profess zugelassen, die die zeitliche Profess ablegen wollten und andere verliessen das Kloster wieder, was dann zu Personalmangel führte. So stellte ich anfangs Juli die einzelnen Elemente des Tiefkühl- und Kühlraumes zusammen. Innerhalb von drei Tagen waren die zwei Räume (2,40 Meter lang, 1,80 Meter breit und 2,50 Meter hoch) betriebsbereit. Der Lehrling Baraka, einstiger und zuverlässiger Arbeiter von Br. Wendelin, half mir dabei. Die letzten paar Stunden gesellte sich noch Br. Edmund (Elektriker) dazu, der die elektrischen Anschlüsse übernahm. Er ist auch für das Wasserkraftwerk des Klosters Uwemba zuständig, das etwa zwei Kilometer vom Kloster entfernt liegt. Br. Edmund ist ein ausgezeichneter Elektriker und lernte diesen Beruf in der Abtei Peramiho beim Br. Pius Adami und Br. Jukundus Weigele aus Deutschland. Er wird überall gerufen, wo grosse Probleme in seinem Fach entstehen. Die Zeit ist jetzt gekommen, wo einheimische Mönche die Aufgaben der europäischen Missionare übernehmen und mit Selbstverantwortung in allen Bereichen eingesetzt werden. Am 7. Juli 2013 begleitete ich Br. Wendelin nach Daressalam. Drei Tage später folg er mit der Swiss in seine Heimat/Schweiz zurück. Sicher fiel ihm die Rückkehr nicht leicht, da er 34 Jahre die Landwirtschaft des Klosters in Uwemba leitete. Seine Tätigkeiten im Ackerbau wie Mais, Kartoffeln, Artemisia, Viehzucht, Schweinezucht, Pferdezucht, und Kleintierzucht wie Gänse, Enten, Truthähne und Hunde waren hervorragend. Unzählige Bäume und Wälder, die er angepflanzt und liebevoll betreut hat, erinnern an seinen unermüdlichen Einsatz in der Missionsstation in Uwemba. Seine Arbeiter sind sehr bemüht sein Werk fortzusetzen, selbstverständlich in afrikanischer Weise. Leider konnte er die Eröffnung der Bäckerei in Uwemba nicht mehr miterleben. Br. Wendelin Bochsler hat jetzt seinen Ruhestand in der Schweiz im Kloster Uznach wohl verdient, obschon er sehr darunter leidet, mit afrikanischen Menschen sein Leben nicht mehr teilen zu können.

Start der Bäckerei in Uwemba

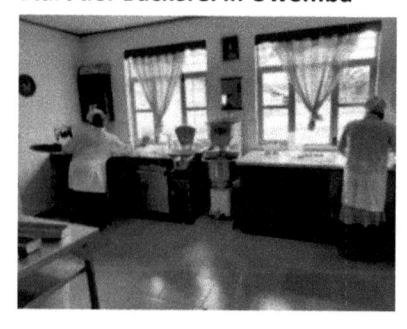

Am 10. Juli 2013 fingen wir mit Backen an, hauptsächlich haltbare Produkte, wie diverse Kekse, Trockenkekse, Lebkuchen und kleine Honiggebäcke. So konnten wir am nächsten Tag beim Verkauf, bereits den Kunden etwas anbieten. Als Lehrlinge erhielt ich Claudia, Ester und Baraka. Der Name Baraka bedeutet übersetzt „Segen". Zur Mithilfe in der Bäckerei kam noch Schwester Daria (Vinzentinerin von

Mbinga) für sechs Wochen dazu, die ich bereits ein Jahr in der Backstube in Mbinga ausgebildet habe. Sie war wirklich eine grosse Stütze beim Start der Backstube in Uwemba. Zudem konnte sie bei der Herstellung von anderen Backwaren noch dazulernen. Der Prokurator Kevin Nkondola brachte von Songea einen Monat später einen jungen Mann Edgar in die Bäckerei nach Uwemba und wünschte, dass er auch von mir ausgebildet wird. Er möchte ihn nach einem Ausbildungsjahr, in der Bäckerei in Songea einsetzen. Wenn ich im Jahr 1914 in die Schweiz zurückkehre, um nach Bäckereimaschinen für die Diözese Njombe Ausschau halte, wird der Edgar nach Songea zurückkehren und dort in der Backstube angestellt. In der Backstube in Songea gibt es viel Arbeit, seit das Swiss-Hoteli seitlich der Bäckerei eröffnet wurde. Die Gaststätte wird gut besucht und fast jede Woche finden Seminare statt. Für das leibliche Wohl der Kursteilnehmer werden die Speisen in der eigenen Küche zubereitet, selbst wenn bis zu 100 Personen angemeldet sind. So kommen auch Produkte aus der Bäckerei zum Zuge, wie zum Beispiel: Ice-Cream, Joghurt, Brote, Sambusa und Süssgebäck. Meistens dauern die Seminare drei bis fünf Tage. Der Umsatz des Swiss-Hoteli und der Backstube zusammen, konnte inzwischen, im einem Monat, bis zu 6000 Franken gesteigert werden. Das sind ungefähr 12 bis 14 Millionen tansanische Schillinge. Gut fünf Monate ist jetzt die Backstube in Uwemba in Betrieb und das Sortiment ist vielfältig. Zum Verkauf werden Angeboten: Weissbrote und Semmeln in verschiedenen Grössen, Zopfbrote, Körnerbrot mit Soyabohnen, Weizenbörner, Leinsamen, Sesam, Sonnenblumenkernen und Kümmel, Haferflockenbrot, Gugelhupf, Russenstollen mit Vanille- und Nussfüllung, Linzertörtchen mit Bananenfüllung, Studentenschnitten, Schmelzbrötchen, Berliner, Lebkuchengebäck, Waffelkekse, kleine Süssgebäcke wie Plunder, Sambusa und Trockenkekse. In durchsichtigen Tüten abgefüllt werden Spritzkekse, fettgebackene Süssigkeiten, Honigherzchen, Weihnachtskekse (das ganze Jahr hindurch) und gedörrte Bananen angeboten. Torten für Festtage wird nur auf Bestellung hergestellt. All diese aufgelisteten Backwaren, ausser den Torten, verkaufen wir ab 100 bis zu 2500 tansanische Schillinge. Umgerechnet in Schweizergeld wäre es zwischen 20 Rappen und 1.25 Franken. Alle Bäckereien die ich in Tansania aufgebaut und eingerichtet habe, wird inzwischen nichts mehr unter 200 tansanische Schilling verkauft. Die Rohmaterialen, die alle im Land erhältlich sind, sind enorm gestiegen. In Uwemba gibt es über 1000 Schüler und Schülerinnen. Das ist auch der Grund, weshalb wir Backwaren für nur 100 Schillinge verkaufen. Man muss ja nicht bei jedem Produkt einen Gewinn erzielen. Dieser holt man bei den Luxusprodukten wieder ein, die die reichen Leute kaufen. Ice-Cream und Joghurt gehört auch zum Sortiment, das gerne in der warmen Zeit konsumiert wird. Zu unseren Kunden zählen unter anderem auch Deutsche, Amerikaner, Engländer und Italiener, die in der Umgebung von Uwemba sesshaft sind. Sie betreiben Tee- und Rosenfelder, die dann mit dem Flugzeug in andere Länder exportiert werden. Auch Käufer aus der Stadt Njombe (20 Kilometer entfernt) finden unsere Backstube und kaufen grosszügig ein. Ein Kunde, der immer wieder von Daressalam zu seinen Eltern nach Uwemba auf Besuch kommt, holt jedes Mal 10 Körnerbrote in unserer Backstube, die er nach Daressalam mitnimmt. Jedenfalls ist unsere Kundschaft mit der grossen Auswahl von Backwaren sehr zufrieden. Die Arbeit geht bestimmt nicht aus. Zudem bin ich mit meinen Lehrlingen zufrieden. Sie zeigten grosses Interesse und arbeiteten sehr fleissig in der Backstube.

Bäckerei in der Diözese Njombe
Bischof Alfred Malamu von der Diözese Njombe bat die Klostergemeinschaft in Uznach, mich für den Bau einer Bäckerei in der Stadt Njombe freizustellen. Inzwischen erhielt ich vom Abt Emmanuel Rutz grünes Licht, dass die Anfrage vom Bischof Alfred genehmigt wurde. Selbstverständlich werde ich auch in der Diözesanbäckerei in Njombe einheimische Lehrlinge in die Kunst des Backens einführen. Ende Juni 2014 kehrte ich von Tansania wieder in die Schweiz das Kloster Uznach zurück und hielt Ausschau, um alte noch gut erhaltene Bäckereimaschinen, Arbeitsutensilien und diverse Backformen für die Backstube zu besorgen. Ich hatte wieder Glück und erhielt alle Bäckereimaschinen und Bäckereiutensilien die ich suchte. Die Dreierkombinationsmaschine wiegt 650 Kilogramm und besitzt drei verschiedene Arbeitsmöglichkeiten. Links der Maschine ist ein Rührwerk für Eiweiss, Eier und Cremen schaumig zu schlagen. Im mittleren Teil befindet sich ein Mahlwerk, um Nüsse, hartes Brot und dergleichen zu mahlen. Rechts der Maschine ist ein Walzwerk, in dem man feste Teige, wie zum Beispiel Lebkuchen-, Pizza-, und Süssteige durchpressen kann, damit diese Teige verfeinert und geschmeidig aufgearbeitet werden können. Hinzu kamen eine Semmel-Aufschleifmaschine, eine Brotteigmaschine, eine Auswallmaschine, eine Eismaschine, ein Boiler mit 120 Liter Inhalt, ein Kochherd und ein Fettbachgerät für Backwaren, die im heissen Öl goldgelb gebacken werden. Dazu kommt noch ein langer Abwaschtrog mit zwei grossen tiefen Becken, zwei Blechrechen für die Offenbleche, eine Tischwaage bis zu 10 Kilogramm und das Herzstück einer Backstube, der Backofen mit einem Dampfabzugsgerät dürfen natürlich nicht fehlen. Die Tiefkühlzelle (in Elementen verpackt) 2,40 Meter lang, 1,80 Meter breit und 2,20 Meter hoch, werde ich vor

Ort selber zusammenstellen. Selbstverständlich kommen noch viele Bäckereiutensilien hinzu, wie diverse Messer, Schwingbesen, Pfannen, Waffeleisen, Handmixer, kleine Kaffeelöffel für Joghurt, diverse Backformen Kuchenbleche und so weiter. Drei Bäckereiholztische, ein Schrank, diverse Regale, Fenster, Stühle, Bürotisch, Eingangs- und die Lagertüre wurden nach meinen Plänen und Skizzen in der Diözesanschreinerei in Njombe hergestellt. Alle Rohmaterialien, die wir zur Herstellung von Backwaren benötigen, sind in der Grossstadt Njombe erhältlich. Njombe ist eine Grossstadt mit etwa 50.000 Einwohnern und liegt 2100 Meter über Meer mit vielen Strassenmärkten. Von Uwemba gerade mal 25 Kilometer entfernt, jedoch auf der Landstrasse ist diese Stadt nach 14 Kilometern erreichbar. Allerdings während der Regenzeit nicht zu empfehlen. Beim ganzen Bäckereibau in Njombe konnten wir alte Schulzimmerräume übernehmen und zu einer Backstube umbauen. Maiko mein treuer Mitarbeiter war wieder bereit, den Rohbau der Bäckerei in Njombe in Angriff zu nehmen, während ich in der Schweiz nach Bäckereimaschinen suchte. Er kennt sich inzwischen mit meinen einfachen Bauplänen gut aus. Innert sieben Wochen konnte er den Rohbau mit drei Arbeitern von Njombe erledigen. Die Backstube (Innenmasse) ist 17 Meter lang, 7 Meter breit und 2,60 Meter hoch. In dieser Bemessung ist ein 4,50 Meter breites Lager inbegriffen, weil wir das Schulzimmer nicht halbieren wollten und den ganzen Raum in Anspruch nahmen. Anfangs August 2014 traf Maiko in Njombe ein und machte sich an die Arbeit, den Rohbau der Bäckerei nach meinen Plänen zu erstellen, die ich bereits in Uwemba abschloss. So blieb der Bäckereirohbau stehen, bis der Container mit den Bäckereimaschinen, Bäckereiutensilien und diversen Sachen für das Schwesternkloster in Chipole die Schweiz in Schindellegi verliess. In dem Gebiet Njombe sind die Häuser in der Regel nicht über 2.60 Meter hoch. Das liegt daran, dass in diesem Gebiet die Menschen kleinwüchsig sind. Während der Reise des Containers kehrte ich wieder nach Tansania zurück, um den Bau in Njombe, die elektrischen Anlagen, die Wasserleitungen, den Verputz der Wände, die Wandfliesen legen, den Anstrich und die Bodenplatten zu beenden. Seit meiner Rückkehr in die Schweiz im Juni 2014 band und leimte ich zwischendurch wieder Zeitschriften (Jahrgänge zu Büchern) für unsere Klosterbibliothek in Uznach. Ab und zu führte ich bei verschiedenen Anlässen in Pfarreien, Gruppen und Frauenklöstern meinen selbsterstellten Videofilm über die Missionsstation Uwemba vor. In diesem Film geht es um den Werdegang der Bäckerei in der Bauzeit, das Leben der Einheimischen in Tansania und die Ausbildung meiner Lehrlinge in der Backstube. In YouTube kann mein Videofilm unter Eingabe „**Uwemba-**

film 2" besichtigt werden. Es ist mir ein grosses Anliegen, dass meine Wohltäter wissen, dass die gespendete Gabe auch wirklich für das gebraucht wird, wofür sie es spenden. In meinem Fall für Buchbinderei- und Bäckereiprojekte in Afrika „Hilfe zur Selbsthilfe". Diesmal wird mein Aufenthalt in Tansania auch wieder länger dauern, weil ich nebst der Bäckerei in Njombe auch noch eine Buchbinderei einrichte und drei Mönche aus dem Kloster Mvimwa im Westen Tansanias (Sumbawanga) in diesem Handwerk ausbilde. Inzwischen habe ich von der Lisa mitbekommen, dass der nächste Container Ende Januar 2015 in Schindellegi abgeholt und nach Basel gefahren wurde. Nach der Schifffahrt im Rhein Richtung Amsterdam und weiter auf dem Meeresweg nach Afrika-Tansania wird dieser schwere Behälter nach etwa sechs Wochen den Hafen in Daressalam erreichen. Wann der Container vom Hafen ins Landesinnere frei gegeben wird, ist immer verschieden. „Die Afrikaner haben ja Zeit und die Europäer die Uhren". So machte ich mich anfangs März im Jahr 2015 wieder auf die Reise nach Tansania um den Bäckereibau in Njombe zu beenden, bis der Container dort eintraf. Mit einer halben Stunde Verspätung landete die Swiss abends um 21.30 Uhr (Ortszeit) im Flughafen von Daressalam. Die Temperatur betrug 25 Grad. Den Zoll konnte ich schnell durchschreiten, weil ich die Aufenthaltsbewilligung für zwei Jahre in der Tasche hatte. Pfarrer Kevin Ngondola von Songea holte mich am Flughafen ab. Erst um Mitternacht erreichten wir Kurasini B (Betania), weil der Strassenverkehr fast zum Erliegen kam. Tage zuvor und während meinem Flug in den Süden regnete es fast ununterbrochen in Daressalam. Einige Strassen, die sonst schon reparaturbedürftig waren, wurden unterspült oder überschwemmt, sodass es in vielen Stadtvierteln und auf Hauptstrassen zum Stau kam. Als wir dann endlich in Kurasini B eintrafen, wurden wir trotz grosser Verspätung von den Chipoleschwestern herzlich empfangen. Sogar warmes Essen stand auf dem Esstisch bereit. Dieses grosse Gästehaus ist im Besitz der Diözese von Songea und wird von den Chipoleschwestern geführt. Alle drei Jahre führen abwechslungsweise drei

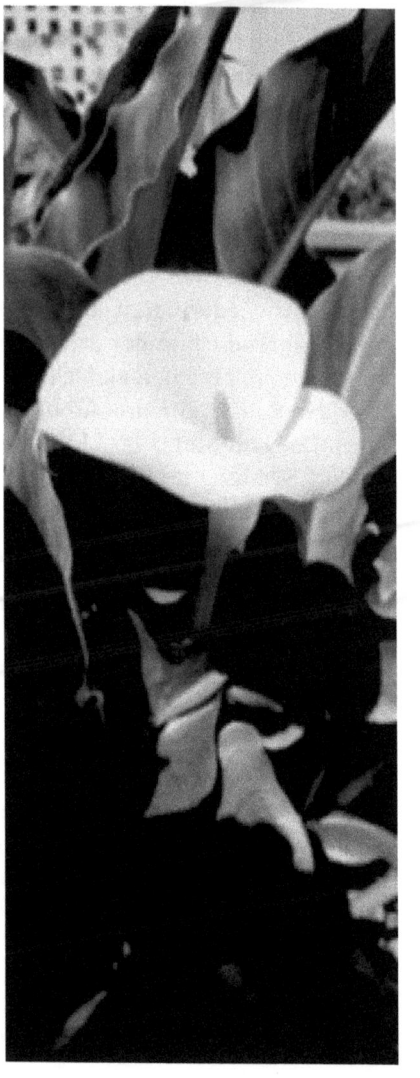

Schwesterngemeinschaften dieses grosse Gästehaus in Daressalam Kurasini B. Die Chipoleschwestern, Ndoloschwestern und die Schwestern von Imiliwaha. Dort finden hauptsächlich Priester mit ihren Gästen Unterkunft. Ich selber war das erste Mal dort und fühlte mich auch wohl in diesem Haus. Mein Zimmer hatte sogar eine Klimaanlage und eine Nasszelle mit Toilette und Waschbecken. Wasser gab es ja in Fülle, weil die Regenzeit noch andauerte. Die Schwestern sind auch für das leibliche Wohl der Gäste eingesetzt und verantwortlich. Zwei Nächte verbrachten wir in diesem Gästehaus, zumal ich noch einige Sachen für die Bäckerei in Njombe besorgen und einkaufen musste. Morgens um 04.00 Uhr machten wir uns mit dem Auto auf den Weg nach Njombe. Die Reise war wirklich beschwerlich, weil es immer wieder zu heftigen Niederschlägen kam. Kurz vor Morogoro hatte sich der Regen dann verabschiedet. Immer wieder überholen Busse auf kriminelle Weise Verkehrsteilnehmer, indem sie viel zu schnell fuhren. Hinten am Heck steht in grossen Buchstaben geschrieben „We trust in God" -Wir vertrauen auf Gott- fahren aber wie die Teufel. Kein Wunder, dass im Jahr in Tansania 30.000 Menschen auf Strassen an Verkehrsunfällen sterben. Es gibt auch lustige Augenblicke. Da sieht man eine Familie mit fünf Kleinkindern, die auf einem Motorfahrrad unterwegs sind oder viele Leute fahren stehend zusammengedrängt mit Rindern auf der Ladefläche eines Pick-ups (Auto) mit. Allerdings ein gefährliches Unterfangen gerade bei engen Strassenkurven. In der Stadt Mikumi im Hotel Tan-Swiss stillten wir unseren Hunger und Durst mit Chips and Chiken und Koka-Kola. Der Besitzer Josef Gwerder vom Muotathal bat mich, seinem Kochteam einen vierzehntägigen Backkurs zu geben. Ich sagte ihm zu, sobald es mir die Zeit erlaubt. Wir bedankten uns herzlich bei ihm für das gute Essen, das wir kostenfrei erhielten und machten uns wieder auf den Weg, dem Ziel nach Njombe entgegen. Mein Maurer Maiko war bereits zwei Tage vorher beim Rohbau der Bäckerei in Njombe und wartete auf meine Ankunft. In zwei Monaten haben wir die Backstube mit weiteren zwei Arbeitern von Njombe beendet. Der Container traf rechtzeitig ein und wir konnten alle

Bäckereimaschinen und den Ofen an die Plätze stellen. Der Container wurde noch am selben Tag vom Fahrer nach Chipole gefahren. Eine Woche später erhielt ich fünf Lehrlinge, drei junge Frauen und zwei junge Männer. Jetzt konnte ich mit der einjährigen Ausbildung dieser jungen Menschen beginnen. Ich brauche jetzt nicht mehr alles aufzuzählen was wir für Backwaren herstellten. Eigentlich ist es in jeder Backstube immer dasselbe. Den elektrischen Strom erhalten wir vom Netzwerk des Landes, genannt Tanesko. Zur Überbrückung falls der Strom ausfällt, das kommt ziemlich oft vor, haben wir neben der Bäckerei eigens einen Generator, um die Backwaren im Ofen noch fertig backen zu können. Dieser Generator besorgte mir Br. Edmund in Daressalam und schloss ihn mit der Elektrizität der Backstube zusammen. Auf ein kleines Jubiläum im Jahr 2015 möchte ich doch darauf hinweisen. Nämlich die zehnte Bäckerei, die in Njombe realisiert wurde. Der Bischof Alfred Maluma kam nach drei Wochen in die Backstube und sagte zu mir: Dass er für mich ein Geschenk hätte. Ich entgegnete ihm: Das ich kein Geschenk brauche, dass er mein Geschenk sein und ich ihm gerne eine Bäckerei in seiner Diözese gebaut habe und Einheimische in dieses Handwerk einführen werde. Er führte mich auf den Platz des Bischofssitzes, zeigte auf ein kleines Auto und sagte zu mir: Solange ich bei ihm arbeite steht mir dieses Auto zur Verfügung, das sein früheres Bischofsauto war und überreichte mir den Autoschlüssel. Ich war sehr überrascht und nahm das Angebot dankend an. Mit einem solchen Geschenk hätte ich niemals gerechnet, zumal mir ein Motorahrrad von Uwemba zur Verfügung stand, um die Wochenenden dort zu verbringen. Das Nummernschild hatte ich bereits in Daressalam bei meiner Ankunft besorgt und am Motorfahrrad befestigt. Er wollte nicht, dass ich jedes Wochenende mit dem Motorfahrrad nach Uwemba fahre. Er meinte, dass es viel zu gefährlich sei, weil öfters Motorfahrräder in Unfälle verstrickt sind. Wirklich, es passieren in Njombe und Songea viele Unfälle mit Motorfahrrädern, die zu Taxizwecken benutzt werden. Weil die Konkurrenz gross ist, wird schneller und unvorsichtiger gefahren. Bevor mir der Bischof Alfred die Autoschlüssel übergab, wurde das Auto in der Mechanikerwerkstatt gründlich überprüft und überholt. Gerade in der Regenzeit war ich sehr dankbar, dieses Auto fahren zu dürfen. Ich hatte wirklich Glück, denn kein einziges Mal bekam ich Schwierigkeiten mit dem Auto und von einer Panne blieb ich auch verschont, obschon die Buschstrassen in der Regenzeit schlecht befahrbar sind. Ich fuhr halt einfach vorsichtiger, um nicht im Schlamm stecken zu bleiben. Lieber zehn Minuten später am Ziel ankommen, als einen Unfall zu bauen oder stecken zu bleiben, der dann viel mehr Zeit in Anspruch nehmen würde. Zudem wollte ich dieses Auto wieder in dem Zustand zurückgeben, wie ich es erhalten habe. Gerne nahm ich dieses Angebot an und freute mich bei Regenwetter ein geschütztes Dach über meinen Kopf zu haben. So konnte ich auch den Lehrling Ajubu von Uwemba, der in der Backstube in Njombe als Lehrling mitwirkte, am Wochenende nach Uwemba mitnehmen. Sonntagabends oder montagmorgens nahm ich ihn wieder in die Backstube nach Njombe mit. Die Monate vergingen wie im Flug und meine Lehrlinge lernten schnell in der Backstube selbständig zu arbeiten. Die Bäckerei liegt nicht in der Stadtmitte von Njombe. Vom Bischofshaus sind es zwei Kilometer Richtung Uwemba. Diese Gegend wird Nazareth genannt und die Stadt Njombe weitet sich in diese Richtung aus. Dort haben sich bereits viele Leute angesiedelt und wird als Millionenviertel bezeichnet. Man sieht schon von weitem, dass sich dort reiche Leute niedergelassen haben. Schöne Häuser mit gepflegten Gärten springen einem schnell ins Auge und viele teure Wohnungen, Geschäfte, Restaurants und Hotels werden erstellt. Selbst der Flughafen für kleine Flugzeuge (Inlandflüge) steht in der Nähe, allerdings noch nicht in Betrieb. Der Busbahnhof wird auch in die Gegend von Nazareth verlegt und die Ausmessungen sind bereits abgeschlossen. Seit dem Jahr 2021 ist die Busstation in Betrieb und die Kleinbusse Matatu), für neun Personen, bleiben bei dem alten Busbahnhof in der Stadt. Nur grosse Reisebusse sind auf der neuen Busstation zugelassen. Das war auch ein Grund, weshalb der Bischof Alfred Maluma die Bäckerei in dieser Gegend haben wollte. Ausserdem gibt es einige Schulen in der Nähe und viele Läden sind inzwischen aus dem Boden gewachsen. Zudem besitzt die Diözese in Nazareth ein grosses Landstück, auf dem verschiedene Häuser und Rundbauten sowie eine grosse Kirche vorhanden sind. Dieses Areal bietet etwa 300 Gästen eine Unterkunft, die für Tagungen, Exerzitien und Kurse dort eintreffen. Drei grosse Konferenzräume stehen zur Verfügung, die auch umgestaltet werden können, wenn Hochzeitsfeiern, Zusammenkünfte, Klassentreffen und so weiter stattfinden. Weil die Nachfrage gross ist, entschied sich der Bischof Alfred noch ein grosses dreistöckiges Gebäude für Exerzitien und andere Anlässe zu bauen. Eine kleine Landwirtschaft mit einigen afrikanischen Zebukühen, Rindern, Geissen, Schweinen, Kaninchen und Hühner, die sich am Ende des Areals im Nazareth befindet, gehören auch zum Inventar. Man sieht, so herrscht also ein reges Leben auf diesem Grundstück. Die Bäckerei steht rechts vor dem grossen Eingang, so gebaut, dass die Kunden nicht in das Grundstück gelangen. Das Verkaufsfenster ist nur wenige Meter von der Strasse entfernt und wird nachts mit einer Eisenschiebetüre im Innern der Bäckerei verschlossen. Hinter der Backstube steht eine grosse Schreinerei und seitlich der Bäckerei eine Haushaltsschule, die eingemietet sind. Von dieser Schreinerei wurden die Fenster und Türen für die Backstube angefertigt. Drei grosse Arbeitstische 2,50 Meter lang, 80 Zentimeter tief und 85 Zentimeter hoch, Wandregale und ein Schrank wurden in einem Dorf etwa 45 Kilometer entfernt hergestellt. Diese Pfarrei gehört der Diözese Njombe und in dieser Schreinerei werden vier Lehrlinge ausgebildet. Sie freuten sich, einen grossen Auftrag erhalten zu haben. Neben der Haushaltsschule gibt es einen Raum mit neun Tischen und auf jedem Tisch steht ein Computer.

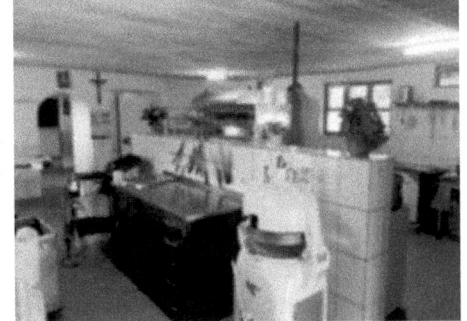

Einheimische, die interessiert sind, können sich in diesem Fach ausbilden lassen und einen drei monatigen Computerkurs absolvieren. Mit einem Dokument erhalten die Schüler und Schülerinnen eine Bestätigung, dass sie einen Computerkurs abgeschlossen haben. Auf YouTube kann man meinen selbsterstellten und geschnittenen Videofilm unter „**Njombefilm 1**" verfolgen, wo ich das Leben der Afrikaner, den Werdegang des Bäckereibaus und die Ausbildung jungen Einheimischen zum Ausdruck bringe.

Der Präsident John Magufuli und sein Ableben
Der damalige Präsident Kikwete beendete seine zweite Amtszeit im Jahre 2015 und John Magufuli wurde als Nachfolger gewählt. Allerdings hatte er sein Präsidentenamt nur sechs Jahre inne und starb mit 61 Jahren an einem Herzversagen im Jahr 2021. Die Vizepräsidentin Samira rückte dann an seine Stelle als Präsidentin nach. John Magufuli stammt aus einer Familie einfacher Bauern und wurde im Distrikt Chato am Rand des Viktoriasees geboren. In seinen Wahlkampagnen nahm er Bezug auf seine Herkunft und Kindheit, in der er das Vieh hüten, Milch und Fisch verkaufen musste. Die Wohlfahrt der einfachen Menschen zu vermehren, war sein erklärtes Ziel. Nach seiner Schulzeit studierte John Magufuli Pädagogik, Chemie und Mathematik. Er wurde in einer Sekundarschule als Lehrer in diesen Fächern angestellt. Später studierte er an der Universität in Daressalam und erwarb den Bachelor in Erziehungswissenschaft für Chemie und Mathematik. Sechs Jahre arbeitete er als Industriechemiker, hielt sich auch einige Zeit in England auf und schloss mit der besten Auszeichnung in Chemie ab. Der Präsident John Magufuli starb nicht an Korona, wie ich aus den Medien in der Schweizerzeitung lass. Auch andere Berichte in den Zeitungen entsprachen nicht der Wahrheit. Sein Spitzname war Tinga (Zukunftsausrichtend). Seit seinem 50. Lebensjahr trug er einen Herzschrittmacher, weil er Herzprobleme hatte. Auch könnte sein Ableben ein immenser Druck von anderen Ländern gewesen sein, weil er nicht bereit war von der WHO Geld anzunehmen, um im Land Tansania einen Lockdown zu starten. Er war der Pandemie Korona skeptisch gegenüber und es zeigte sich im Nachhinein, dass er Recht hatte. In Tansania liefen die Spitäler ganz normal, das Volk trug keine Masken und die Menschen lebten wie üblich eng beieinander. Hinter vorgehaltener Hand, glauben viele Einheimische, dass der Präsident John Magufuli beseitigt wurde. In seinem Heimatort in Chato, Geita Region, wurde er beigesetzt und war der fünfte Präsident von Tansania. Die Beerdigung führte der katholische Bischof Serverine Niwenugizi in Gegenwart der Familie und der gesamten Regierungsspitze von Tansania und Sansibar durch. Die ganztägigen Trauerfeierlichkeiten starteten am Morgen mit einer Messe in der katholischen Kirche in Chato. Es folgte eine weitere Messe für den John Magufuli, gefeiert vom Präsidenten der katholischen Bischofskonferenz, Gervas Nyaisonga. Die prominentesten Trauergäste neben der Familie des verstorbenen John Maguful waren: Samia Suluhu Hassen (Vizepräsidentin), der sansibarische Präsident Hussein Mwinyi, Premierminister Kassim Ma-

jaliwa, die ehemaligen Staatspräsidenten Jakaya, Kikwete, und Ali Hussein Mwinyi sowie Ali Mohamed Shein (Sansibar). John Magufuli hatte sieben Kinder, vier Mädchen und drei Knaben, und 10 Enkelkinder. Jedenfalls war John Magufuli beim Volk sehr beliebt. Schnell ging das Jahr 2015 zu Ende und meine Lehrlinge haben grosse Fortschritte gemacht. So konnte ich ab und zu meine Lehrlinge mal alleine arbeiten lassen.

Die Reise mit Father Peter Wella nach Uruila
Am 2. März 2016 unternahm ich mit Pfarrer Peter Wella von der Diözese Njombe eine viertägige Reise nach Uruila in der Diözese Mpanda. Dort haben die Benediktinerinnen (Schwesternkloster) von Imiliwaha im Jahr 2012 eine Neugründung angefangen. Wir hatten Glück, dass kurz vor unserem Reisetermin Schwester Arka sich in Njombe aufhielt. Sie besuchte ihre Mutter, die wegen Krankheit in das Spital in Njombe eingeliefert wurde. Schwester Arka ist die Bauleiterin dieser Neugründung in Uruila und lebt dort mit zwei Mitschwestern zusammen. Sie erklärte sich sofort bereit, mit uns die lange Fahrt anzutreten. Sie kennt ja die matschige Landstrasse von Sumbawanga bis zur Klosterneugründung Uruila bestens, dachten wir und ich hatte dann auch die Gelegenheit, mehr über dieses Kloster zu erfahren. Die Reise von Njombe erstreckte sich nach Mbeya, Sumbawanga auf dem Markt, in der Diözese Mpanda bis nach Uruila, der neuen Klostergründung von Imiliwaha. Wir legten mit dem Auto eine Reisestrecke von etwa 850 Kilometer zurück. Von Njombe bis nach Mbeya weiter nach Sumbawanga hatten wir eine Teerstrasse, die von den Chinesen neu gebaut wurde. Während der Reise zwischen Mbeya und Sumbawanga gab es ab und zu heftige Regenfälle, begleitet mit Blitz und Donner. Zeitweise konnten wir nicht schneller fahren als 20 Stundenkilometer, obschon wir fast alleine auf der Strasse waren. Selten kam uns ein Auto entgegen, was mich eigentlich sehr überraschte. Obschon die Strasse recht breit ist und ein zügiges fahren nichts im Wege steht, sind ständig 50ger Verkehrstafeln angebracht und viele Polizeikontrollen waren nicht zu übersehen. Ich hatte eher den Eindruck, dass es nicht um die Verkehrssicherheit ging, sondern um möglichst viele Busseinnahmen zu erhalten, wegen überhöhter Geschwindigkeit. Hinzu kommt noch die Korruption. Für ein zu schnelles Fahren bezahlt man 30.000 Schilinge (15 Franken). Das gilt bei allen Verkehrsübertretungen egal welche es ist wie Durchfahrt bei einer roten Ampel, Fahrerflucht, Unfall, Raser und so

weiter, immer bezahlt man 30.000 Schillinge. Bei einer Kontrolle unterhält sich der Fahrer mit dem Verkehrspolizist und zahlt ihm fünf bis zehntausend Schillinge, die in den Sack des Polizisten verschwindet und er kann seine Reise fortsetzen ohne dass es schriftlich niedergelegt ist. Allerdings ist es bei Polizistinnen nicht mehr so einfach. Man muss sie vorher kennen, dass man günstig wegkommt. Die Frauen wurden lange unterdrückt und in ihrem Beruf als Polizistinnen zeigen sie gerne dem männlichen Geschlecht, welche Macht sie jetzt haben. Zum Vesperbrot um 16.00 Uhr trafen wir in Sumbawanga ein, eine Niederlassung des Benediktinerklosters von Mvimwa. Wir wurden herzlich empfangen und es gab natürlich viel zu erzählen. Die Buchbinderei war auch ein Thema, die dort am Kloster angebaut werden soll. Nach dem Vesperbrot führte uns Br. Celestin Bundu durch das riesige Schulareal, wo er als Rektor tätig ist. Mit Schwester Arka ging es dann zum Markt, in dem sie einige Sachen für die Gemeinschaft in Uruila einkaufte. Dort am Markt geht es richtig emsig zu und her. Handel und Verkehr florieren und die Händler unternehmen alles, um ein gutes Geschäft abzuschliessen. Angeboten werden allerlei Früchte, Reis, Bohnen, Gemüse, getrocknete Fische und Fleisch, das vom Morgen bis abends auf dem Regal liegt und von vielen Fliegen und anderen Insekten besucht wird, die sich daran genüsslich laben, bevor es im Magen der Kundschaft verschwindet. Das scheint die Leute nicht zu stören und sie kaufen trotzdem ein. Auch billig hergestellte Haushaltsartikel aus China und Japan werden feilgeboten, die von Daressalam hergebracht werden. Das Benediktinerkloster in Mvimwa ist 60 Kilometer von Sumbawanga entfernt, wovon die letzten 20 Kilometer auf Landstrassen gefahren werden müssen. Abt Denis Ndomba (Zweiter Abt von Mvimwa) traf ich gerade in dieser Niederlassung, der mich damals bat in Sumbawanga eine Handbuchbinderei einzurichten und drei Mönchen das Handbuchbinden beizubringen. Die Buchbindereimaschinen und Geräte stehen bereits im Lager in Njombe, die nur noch abgeholt werden müssen. Zwei Monate später wurden die Buchbindereimaschinen und Utensilien mit einem Lastwagen von Mvimwa in Njombe abgeholt und in Sumbawanga im Lager aufbewahrt, bis ich dort einige Monate später eintraf. Sumbawanga liegt 1735 Meter über Meer und die Weiterfahrt bis zu der Diözese Mpanda, eine Grossstadt, erstreckt sich auf 110 Kilometer. Dazwischen liegt der Nationalpark Kutavi, der 50 Kilometer lang ist. Wir übernachteten in Sumbawanga und nach dem Frühstück ging die Reise, nur noch auf Landstrassen, weiter nach Mpanda. Während der Fahrt begegneten wir ab und zu sehr flinken kleinen Kahlaffen mit weissgrauem Fell und schwarzem Gesicht, die sich auf der Strasse austobten und einige davon in ihren Pfoten Maiskolben trugen, die sie wohl auf den Feldern gestohlen haben. Wie Schwester Arka sagte: Dass in dieser Gegend die Regenzeit bereits anfangs März zu Ende ist und das tropische Klima wurde merklich spürbar. Die Stadt Mpanda liegt nämlich nur noch 1135 Meter über Meer. Hier gedeihen nun tropische Früchte wie Ananas, Bananen, Mandarinen, Orangen, Papayen, Avocados und Mango. In Mpanda machten wir einen kurzen halt und besuchten den Bischof Gervas John Mwasikwabhila, der uns herzlich willkommen hiess und uns zum Tee einlud. Auch er ist sehr interessiert an einer Bäckerei in seiner Diözese Mpanda und hat bereits im Kloster Uznach ein Bittgesuch gestellt. Am 21. Dezember im Jahr 2018 ernannte ihn Papst Franziskus zum ersten Erzbischof des mit gleichem Datum zum Metropolitansitz erhobenen Erzbistums Mbeya. Wir dankten herzlich dem Bischof für die Einladung zum Tee und machten uns auf den Weg nach Uruila. Dieses kleine Dorf liegt nur noch 25 Kilometer von Mpanda entfernt. Zum Teil waren es richtige Buschstrassen mit Meterhohem Elefantengras, das sich links und rechts teilte, wenn wir geradeaus mit dem Auto vorwärts fuhren. Sichtbar war eigentlich nur der etwa 70 Zentimeter breite Fussweg. Wir mussten ein paarmal Leute nach dem Weg nach Uruila fragen, um sicher an den Ort zu gelangen. Vor allem konnten wir verschiedene vielfarbige Vogelarten erkennen, die wegen unserem Auto aufgescheucht wurden. Auch eine Schlange kreuzte den Weg und verschwand im Dickicht. Leute waren kaum mehr anzutreffen, die wir nach dem Weg hätten fragen können. Uns blieb nichts anderes übrig, als diesem schmalen Pfad zu folgen. Dann plötzlich die Erlösung, der schmale Weg wurde breiter und von weitem konnten wir einige Strohdächer erkennen. Es war ein Weiler mit einigen Häusern nur noch einige Kilometer von unserem Ziel entfernt. Als wir in die breite Strasse einbogen war uns bewusst, dass wir uns verfahren hatten und jetzt kannte sich die Schwester Arka wieder aus. Ich war froh, dass wir diese Strecke, die mir schon Herzklopfen bereitete, heil überstanden haben. Von Mpanda bis nach Uruila, der neuen Klostergründung, benötigten wir zweieinhalb Stunden Autofahrt. Ab und zu begegneten wir Kahlaffen, die sich flink auf Bäumen und Strassen bewegten. Abends um 17 Uhr erreichten wir schlussendlich Uruila. Trotz der langen beschwerlichen Fahrt führte uns Schwester Arka durch den ganzen Baukomplex. Der Klosterbau ist in einem Rechteck angelegt, sodass zwei Innenhöfe bestehen, die jeweils mit zwei grossen Eisentoren verschlossen werden können. Die Klosterkirche, die eine Länge von 30 Metern und eine Breite von 12 Metern aufweist, liegt etwas ausserhalb des Klosters. Als wir dort auf Besuch waren, stand die Klosterkirche noch im Rohbau. Inzwischen ist der Kirchenbau abgeschlossen und wurde im Jahr 2017 eingeweiht. Zu dieser Klostergemeinschaft gehören 10 Kandidatinnen, 20 Postulantinnen und drei Schwestern. Inzwischen leben bereits 20 Schwestern aus dem Kloster Imiliwaha dort. Später werden mehrere Schwestern in diese Neugründung geschickt und dort eingesetzt. Zuerst wurde das Kloster Chipole St. Agnes gegründet und zählte mittlerweile bis über 350 Schwestern, was zwangsläufig zu einer Neugründung in Imiliwaha führte. Auch in diesem Klos-

ter traten viele junge Mädchen ein und inzwischen zählt der Convent über 300 Schwestern. Deshalb beschloss die Schwesterngemeinschaft in Uruila eine neue Klostergründung zu starten. Bei diesem Projekt half auch die Gemeinschaft von Uznach finanziell mit. Bestimmt wird es dort in den nächsten Jahrzenten wieder eine grosse Anzahl von Schwestern geben. Im September wurden in Uruila 12 Postulantinnen in das Noviziat aufgenommen. In der eigenen Landwirtschaft arbeiten die Schwestern mit den Postulantinnen und Kandidatinnen auf ihren grossen Feldern, die sie erworben haben. Die riesigen Felder sind mit Mais, Maniok, Bohnen und Erdnüssen bestellt. Drei Kühe, Schweine, Stumm-Enten, Hühner und Kaninchen tragen zum Lebensunterhalt dieser Gemeinschaft bei. Das tägliche Chorgebet und die heilige Eucharistiefeier wurden vorher in der provisorischen Kapelle im Innern des Klosters abgehalten. Inzwischen werden der Gottesdienst und die Gebetszeiten dieser Gemeinschaft wohl in der neuen Klosterkirche stattfinden. Bei der Rückfahrt nach Njombe fuhren wir einen kleinen Umweg, um bei dem Benediktinerkloster in Mvimwa zu übernachten. Auch diesmal haben wir uns wieder verfahren und landeten in einer Buschstrasse, wo zum Teil das Elefantengras höher war als unser Auto. Links und rechts vom Auto fuhren wir das Elefantengras nieder und bahnten uns so den Weg bis wir zum nächsten Dorf kamen. Schlussendlich erreichten wir noch vor dem Sonnenuntergang das Kloster Mvimwa und wurden dort herzlich aufgenommen. Am anderen Tag in der Früh machten wir uns auf die Rückreise nach Njombe. Deshalb blieb uns keine Möglichkeit das Kloster und die Umgebung zu besichtigen. Die Abtei Mvimwa gehört der Kongregation der Missionsbenediktiner von St. Ottilien an und liegt im Nordosten Tansanias in der Diözese Sumbawanga, etwa 60 Kilometer vom Lake Rukwa entfernt. Das Kloster wurde im Jahr 1979 gegründet und im Jahr 2001 zur Abtei erhoben. Father Basil Ngaponda wurde als erster Abt dieser Benediktinergemeinschaft auf zwölf Jahre gewählt. Die etwa 60 Mönche betreiben eine kleine Landwirtschaft, eine Krankenstation und mehrere Schulen. Zudem sind sie aktiv in der Gemeindeseelsorge tätig. Durch den Aufbau der Landwirtschaft soll die Abtei Mvimwa selbständig werden und für ihren eigenen Unterhalt aufkommen. Derzeit wird ein neuer Schweinestall aufgebaut. Die Mönche betreiben eine Hühner-, Gänse-, Enten-, Schweine-, Rinder- und Fischzucht. Ausserdem besitzen sie grosse Felder, auf denen Bananen und Avocados angebaut werden. Sie dienen dem Lebensunterhalt der Gemeinschaft, aber auch der Versorgung der armen Menschen in der Region, die oft unter Mangelernährung leiden. Das Kloster führt auch eine Berufsschule. Dort werden Jungen und Mädchen in verschiedenen Handwerken ausgebildet, mit theoretischem Unterricht und praktischem Lernen in den klostereigenen Werkstätten. Als dritter Abt wurde Father Pambo Mkorwe am 7. Juni im Jahr 1917 auf unbestimmte Zeit zum Abt von Mvimwa gewählt. Abends, noch bevor die Sonne sich verabschiedete erreichten wir, nach langer Autofahrt, wohlbehalten die Stadt Njombe. Meine Lehrlinge in der Backstube in Njombe arbeiteten fleissig während meiner Abwesenheit.

Back-Kurs im Tan-Swiss beim Josef Gwerder in Mikumi

Drei Monate Später im Juni 2016 gab ich in Mikumi Hotel Tan-Swiss dem Koch-Team einen vierzehntägigen Back-Kurs. Dieses Hotel betreibt Josef Gwerder seit 15 Jahren. Er stammt aus dem Muotathal (Innerschweiz) und ist mit einer Tansanierin verheiratet. Diese Niederlassung ist in sechs länglichen Häusern und Rundbauten angelegt und bietet 130 Gästen eine Unterkunft. Josef und seine Frau haben fünf Waisenkinder im Alter von zweieinhalb bis zwölf Jahren, zwei davon mit dem Aidsvirus befallen, angenommen. Inzwischen hat er selber drei kleine Kinder, zwei Knaben und ein Mädchen. Die sieben Kochangestellten (drei Männer und vier Frauen) die in Schichten arbeiten, zeigten grosses Interesse bei der Herstellung von Backwaren. Vor allem das Birnenbrot erwies sich als Favorit- Gebäck. Innert zwei Tagen war eine Menge dieses feinen Birnenbrotes ausverkauft, das auch am Frühstückstisch in Scheiben serviert wurde. Zu diesem Zeitpunkt hielten sich 25 Personen (Schweizer) im Tan-Swiss auf. Mit einem Bus bereiste diese Seniorengruppe für einen Monat das Land Tansania, um es näher kennenzulernen. Sie waren begeistert und zugleich überrascht, dass hier im Tan-Swiss schweizerisches Birnenbrot und verschiedene Guetzli (Kekse) in Säckchen zum Kauf angeboten wurden. Es wurde viel eingekauft, weil die Birnenbrote und Kekse ein ausgezeichnetes, haltbares Gebäck für die Weiterreise waren. In der Bäckerei in Njombe verkaufen wir das Birnenbrot, 500 Gramm, für 5000 tansanische Schilinge (2,50 Franken) und im Tan Swiss gingen sie, wie warme Semmel, für 12.000 tansanische Schillinge (6 Franken) weg. Allerdings sind im Tan-Swiss unter der Leitung vom Josef Gwerder 52 Arbeiter und Arbeiterinnen angestellt, die auch bezahlt werden müssen. Für tansanische Verhältnisse erhalten sie von ihrem Chef einen sehr guten Lohn. Das ganze Arbeitspersonal arbeitet gerne mit dem Josef zusammen, wie sie mir versicherten. Jedes Gästezimmer ist stilvoll eingerichtet mit Nasszelle, Klimaanlage, Fernseher und einen eigenen Sitzplatz vor oder hinter dem Haus. Die Mahlzeiten werden in einer offenen Halle eingenommen, die etwas schweizerisch eingerichtet ist. Da hängen in verschiedenen Grössen Kuhglocken an Querbalken und die Rückwand der Halle ist mit Bergen aus dem Muotathal bemalt. Schweizerische heimatliche Gefühle werden in diesem Hotel ausgestrahlt. Auch ein grosser Zeltplatz für junge Besucher wird angeboten. Seit einigen Jahren gibt es einen grossen Swimmingpool in der Nähe der Speisehalle sowie ein Planschbecken für die Kleinkinder. Ich selber habe auch schon einige Male in diesem grossen Schwimmbecken ein kühlendes Bad genommen. Am 10. Juni konnte man in den Zeitungen, Radio und Fernseher mitverfolgen, dass es in vielen Gegenden in Tansania Überschwemmungen gab. Besonders in Daressalam, der Hauptstadt, etwa 350 Kilometer von der Stadt Mikumi entfernt, war der Schrecken gross. Häuser wurden unterflutet und in viele untere Stockwerke floss Wasser hinein und zerstörte das Mobiliar in den Wohnungen. Brücken und Teerstrassenbeläge wurden sehr in Mitleidenschaft gezogen. Auf den Strassen sah man Autos, die vom Wasserstrom mitgezogen wurden und dann irgendwo an befestigten Gegenständen stecken blieben. Viele entwurzelte Bäume und alles, was nicht niet- und nagelfest war, wurde von gewaltigen Wassermassen mitgerissen. Ausserdem fegte ein gewaltiger Sturm über diese Gegend und schwarze Wolken bedeckten den Himmel. Es sah wirklich apokalyptisch aus, als würde der Weltuntergang bevorstehen. Das zeigt nun wieder einmal wie stark sich die Natur präsentieren kann und keine Rücksicht auf Menschen und ihre überbauten Städte nehmen muss. Zum Glück gab es keine Toten, aber der Schaden war unermesslich. Viele Leute wurden vorübergehend in Turnhallen oder sonstigen grossen Gebäuden untergebracht und mit Nahrung versorgt.

Verkehrspolizisten, mit denen ich gut zu Recht komme
Beim Josef in Tan Swiss durfte ich mit dem Pick-up einen elektrischen Ofen für die neue Küche in Uwemba gratis abholen. Auf dem Rückweg, in der Stadt Mikumi, hielten mich drei Polizisten und eine Polizistin auf, weil beim Auto keine Licht-Reflektoren-Streifen angebracht waren. Die Polizistin lief mit finsterer Miene um den Pick-up herum und konnte nicht einen einzigen Reflektor feststellen. Als sie wieder an mein offenes Autofenster kam, hielt ich plötzlich meine Hand vor meinen Mund und sagte zu ihr: „Ich glaube sie sind meine Schwester, wie haben dieselben Eltern". Verdutzt schaute sie mich an, als ob ich von einer anderen Welt käme. Dann ergänzte ich noch: Dass ich ein Albino sei. Jetzt fing sie herzlich an zu lachen und ich erzählte noch weiter, dass unsere Eltern überrascht waren, weil ich weiss auf die Welt kam. Da fingen auch alle Polizisten zu lachen an und konnten sich fast nicht mehr beruhigen. Sie winkten mich mit der Hand durch und ich durfte weiterfahren. Bin ich mal in dieser Richtung unterwegs, hält die Polizistin zum Gruss die Hand hoch und ruft Albino.

Seit ich in Tansania bin habe ich noch nie eine Strassenverkehrsbusse bezahlt. Eher würde ich die 30.000 Schilinge (15 Franken) bezahlen, als die Korruption unterstützen. Allerdings versuche ich mit Worten einer Busse zu entgehen, was mir bis anhin immer gelungen ist. Sobald man sich aufregt und dem Polizist den Unmut zu erkennen gibt, wird man kaum einer Busse entgehen. Oft steigen die angehalten Fahrer aus dem Auto und unterhalten sich mit dem Polizist. Da kommt es in den meisten Fällen zur Korruption. Statt 30.000 Schillinge zahlt der Fahrer fünf- oder zehntausend Schillinge, die in der Hosentasche des Polizisten verschwindet, ohne dass es dokumentiert wird. Einmal wurde ich in Iringa von der Polizei aufgehalten, weil ich angeblich zu schnell fuhr. Auch hier hatte ich wieder eine Antwort parat. Ich sagte zu ihm: „Ich glaube ich kenne sie, ihr Gesicht ist mir sehr bekannt. Haben sie mich nicht vor drei Monaten gebeten, ein „Sawadi" (Geschenk) aus Europa für sie mitzubringen? Als ich zurück kam waren sie nicht da". Er bejahte es sofort und wollte das Geschenk sehen. Ich entgegnete im: Dass ich es nicht ständig im Auto mitführe und so unterhielten wir uns ein wenig, bis er schlussendlich mir eine gute Fahrt nach Uwemba wünschte. Er hat nicht mal meinen Führerausweis kontrolliert. In Wirklichkeit konnte ich mich an ihn gar nicht erinnern, aber sie haben es gerne wenn man ihnen Aufmerksamkeit schenkt. Ein anderes Mal wurde ich aufgehalten und er zeigte mir sein Radargerät, auf dem die Stundengeschwindigkeit 68 anzeigte und nur 50 erlaubt waren. Während wir uns unterhielten stoppte er mit der Radarkamera vier Autos hinter mir. Mir fiel auf, dass die Kamera gar nicht im Betrieb war, für den Polizisten war es wichtig, dass die Fahrer seine Radarkamera sahen als er sie zum Anhalten aufforderte. Zwischendurch unterhielt er sich mit mir bis das nächste Auto heran nahte. Jetzt forderte er mich auf zu warten und ging zum Autofahrer hinter mir. Ich stieg aus dem Auto und lief hinter dem Polizisten her. Er zeigte dem anderen Fahrer die Kamera, die genau die Geschwindigkeit von 68 aufzeigte, also wie bei mir. Ich bat den Polizisten auch die Geschwindigkeit des anderen Fahrers mit zu bekommen. Da entgegnete er mir ganz freundlich: „Ich dürfe weiter fahren". Bestimmt funktionierte die Batterie nicht mehr und die Radarkamera zeigte stets die Stundengeschwindigkeit von 68 an. So werden eben auch die Autofahrer von der Polizei veräppelt. Letztlich geht es nicht um die Sicherheit auf den Strassen, sondern um die Busseinnahmen. Auch mag ich mich erinnern, als ich wieder einmal angehalten wurde. Ich war mit dem Pick-up unterwegs und hatte die Sachen auf der Ladefläche mit einer blauen Blache abgedeckt. Scheinbar fiel ich in eine versteckte Radarkamera, die ein Polizist hinter einem Gebüsch tätigte. Nach etwa zehn Kilometer stoppte mich ein Polizist und zeigte mir auf seinem Natel ein Bild mit meinem Auto. Das Bild wurde ihm von seinem Kollegen, der sich hinter einem Gebüsch versteckte zugesandt. Allerdings war mein Auto auf dem Bild keine Nahaufnahme. Obschon ich wusste, dass dieses Auto mein Pick-up war entgegnete ich dem Polizisten: Dass hier viele Autos vorbeifahren und alle Blachen zum Zudecken die Farbe Blau haben. Ich werde sofort eine Busse bezahlen, wenn das Nummer-Schild dieses Autos auf dem Foto erkennbar ist. Jetzt versuchte er krampfhaft mit Zoomen die Nummer sichtbar zu machen. Weit gefehlt, dass Schild zeigte keine Nummer an nur ein weisses verschwommenes Schild. Sofort entgegnete ich ihm, dass mein Auto eine Nummer besitzt und das Auto auf dem Bild keine Nummer aufweist. Folglich kann es nicht mein Auto sein. Zuletzt gab

er sich dann doch geschlagen und liess mich weiterfahren, ohne dass er mir eine Busse auferlegte. Als Beweisstück bei Gericht hätte er überhaupt keine Chance gehabt. Weil die Korruption auf dem Strassenverkehr zugenommen hat, betätigt der Polizist ein Handgerät, dippt die 30.000 Schilling mit der Autonummer ein und man erhält eine Rechnung, die das Gerät auswirft. Innert sieben Tagen muss die Rechnung bei einer Bank eingezahlt werden, ansonsten wird der Führerausweis entzogen. Das heisst, die Polizisten und Polizistinnen dürfen kein Bussgeld mehr annehmen. Fahrräder und Motorfahrräder erhalten nie Busse. Wie ich mitbekommen habe, erhalten die „Strassenhüter" seit dem Jahr 2022 für jede Busse die von ihnen registriert wird, von der Regierung einen Bonus-Zuschlag auf ihren Monatslohn. Diese neue Einführung bekämpft jedoch die Strassenverkehrskorruption nicht. Im Gegenteil, mit den privaten Busseinnahmen der Autolenker erhalten sie weit mehr als der Bonus-Zuschlag der Regierung. Ausserdem erhalten sie Bargeld in die Hand das sie jetzt brauchen ohne auf den Monatslohn zu warten. Mit dem grossen Backofen, den ich in Mikumi Tan-Swiss vom Josef erhalten habe, erreichte ich unversehrt Uwemba. Dort stellte ich ihn in das Lager für den zweistöckigen Neubau den wir demnächst in Angriff nehmen werden. Als ich nach Njombe in die Backstube zurück kam freuten sich meine Lehrlinge sehr, dass ich mit ihnen wieder zusammenarbeitete. Sie wussten aber auch, dass die Zeit kommen wird, wo sie auf sich selber gestellt sind und die Bäckerei ohne mich weiter führen müssen. Aber eben wie es in Afrika ist, sie nehmen alles gelassen wie es kommt und machen sich keine Pläne für die Zukunft.

Anfangs Juli 2016 erhielt ich von der Generaloberin Schwester Caritas (rechts im Bild) die Bitte, auch in Ihrem Kloster in Ndanda eine Bäckerei zu bauen und einige Schwestern in diesem Handwerk auszubilden. Sie war für einige Tage in Mbinga im Bischofshaus und wurde dort auf die Bäckerei aufmerksam, die sie auch besuchte. Auch bei einem Besuch bei den Vinzentiner-Schwestern in Mbinga wurde ihr die Backstube gezeigt, was sie dann animierte, sich mit mir in Verbindung zu setzen. Diese Schwesterngemeinschaft in Ndanda nennt sich Ndolo-Schwestern und ist eine afrikanische benediktinische Gemeinschaft. Weil meine Lehrlinge inzwischen bereits selbständig arbeiten können, entschied ich mich, bevor ich in die Schweiz zurückkehre nach Ndanda zu reisen und mich mit der Generaloberin Schwester Caritas zu treffen. Wir vereinbarten, dass ich Mitte Juli in Ihrem Kloster eintreffen werde. Pater Peter Wella von Njombe, machte mir das Angebot, mich mit seinem Auto nach Ndanda zu fahren. Er kennt dort einige Schwestern persönlich, die er schon lange nicht mehr gesehen hat und auch schon viele Jahre nicht mehr in dieser Gegend war. Ich nahm das Angebot natürlich gerne an.

Die Reise mit Father Peter Wella nach Ndanda
Am Nachmittag des 12. Juli 2016 fuhr Father Wella mit mir von Njombe, 268 Kilometer, nach Songea. Dort verbrachten wir fünf Tage. So hatte ich die Gelegenheit, den Anbau der Hausbuchbinderei mit drei Arbeitern zu beenden. Den Bauplan hatte ich schon seit längerem erstellt. Bei meiner Ankunft in Songea war der Rohbau mit dem Verputz bereits abgeschlossen. Sogar die Fenster und Türen waren eingesetzt. So musste ich nur noch kleine Korrekturen vornehmen. Bei den Afrikanern läuft halt nicht immer alles ganz genau. Ich war mit dem Bau, der ohne meinen Aufenthalt ausgeführt wurde, sehr zufrieden. Jetzt mussten nur noch die Wände und Fensterrahmen gestrichen und der Zementboden mit roter Farbe vermischt aufgetragen werden. Sr. Oliva leitet seit ein paar Jahren die Buchbinderei in Songea, weil Sr. Bonifazia, die früher die Buchbinderei leitete, inzwischen verstorben ist. Die ersten elf Jahre von 1994 bis 2005 war die Buchbinderei in Chipole, als ich damals einigen Schwestern das Buchbinden beibrachte. Der Absatz war spärlich, weil das Kloster Chipole 35 Kilometer von der Stadt in Songea entfernt liegt. So überlegte man sich, die Buchbinderei nach Songea zu verlegen. Dort konnten die Schwestern ein grosses Haus von einer reichen afrikanischen Dame günstig erwerben. Ein Raum von 20 Quadratmeter wurde für die Buchbinderei eingerichtet. Andere Räume wurden zu Schlafzimmern für sechs Schwestern umgebaut. Ein Essraum und eine Kapelle mit Tabernakel sind auch vorhanden. Das Gebäude ist so angelegt, dass ein Innenhof besteht. Ausserdem ein grosser Umschwung um das Haus mit Garten und einem Hühnerstall. Das Haus wurde vom Bischof Norbert Mtega von Songea auf den heiligen Andreas eingesegnet. Elf Jahre seit dem Jahr 2005 wurde die Buchbinderei in Songea betrieben. Als ich anfangs Jahr 2016 in der Buchbinderei einen Besuch machte, musste ich einen Gehweg in der Buchbinderei suchen, weil überall am Boden Bücher und Hefte gestapelt waren. Mir fiel sofort auf, dass die Buchbinderei immer noch zu klein war, obschon dieser Raum jetzt 42 Quadratmeter umfasste. Allerdings wurde die Buchbinderei mit Computergeräten erweitert, was eben zu dem Platzmangel führte. Inzwischen sind noch zwei Hilfsarbeiterinnen in der Buchbinderei beschäftigt, um den Aufträgen gerecht zu werden. Sofort sah ich, dass die Buchbinderei vergrössert werden musste. Als vor drei Jahren das riesengrosse Don Bosco Haus zur Universität erhoben wurde, erwies sich der Buchbindereiraum zu klein, sodass ein Anbau notwendig wurde. Das Universitätsgebäude und die Buchbinderei stehen an der gleichen Strasse etwa 30 Meter voneinander entfernt. Zuvor wurde dieses Don Bosco Haus für Jugendgruppen verwendet. An der Universität studieren inzwischen bis zu 1800 Studenten. Deshalb auch der enorme Andrang in der Buchbinderei mit den vielen Bestellun-

gen. Die Studenten bringen Hefte und Papierblätter, die sie gerne zu einem Buch binden, heften und kleben lassen. Ein junger Mönch aus dem Benediktinerkloster in Mvimwa erhielt ich Mitte Oktober, der in Songea drei Monate mitwirkte und zugleich auch einiges in der Buchbinderei St. Andreas lernen konnte. So habe ich dann bereits einen Lehrling für die Buchbinderei in Sumbawanga, der sich bereits ein wenig in diesem Fach auskennt, wenn ich in Sumbawanga mit der Ausbildung in der Buchbinderei im Februar 2017 anfange.

Am 18. Juli ging dann die Reise weiter etwa 700 Kilometer nach Ndanda, wo die nächste Bäckerei bei den Ndolo Schwestern gebaut werden soll. Der Maurer Maiko von Mbinga, der mir bereits bei vier Bäckereien mithalf, traf in Songea ein. Er hat eine Familie mit drei Kindern, das jüngste Kind ist sieben Jahre alt und auf den Namen Andreas getauft. Während dem fünfmonatigen Bau in Njombe verbrachte er nur 14 Tage bei seiner Familie und kehrt dann wieder an den Bäckereibau zurück. Er ist mir eine grosse Stütze, weil er meine Pläne gut lesen kann und ausserdem sehr gewissenhaft ist. Alle Werkzeuge bringt er jeden Tag nach der Arbeit in das Lager und scheut Überstunden nicht. Pfarrer Peter Wella von der Diözese Njombe und ich nahmen Maiko mit auf die Reise nach Ndanda. So kann er sich ein Bild machen, wo die nächste Bäckerei in Ndanda für die Ndoloschwestern gebaut wird. Unser Reiseziel führte als erstes nach Tunduru, 268 Kilometer von Songea entfernt. Zu der Zeit wurde die neue Teerstrasse von Songea bis nach Masasi von den Chinesen mit afrikanischen Arbeitern gebaut. Nur bei wenigen Strassenabschnitten mussten wir, einige Kilometer, auf Naturstrassen ausweichen, weil mit grossen Strassenmaschinen die Strasse gewalzt oder geteert wurde. Ende Jahr wurde dann die ganze Strecke von Songea bis nach Masasi für den Strassenverkehr frei gegeben. Von der Stadt Namtumbo bis Tunduru gibt es viele scharfe Kurven und die ganze Gegend ist ein riesiges Steppengebiet und beinhaltet den Naturnationalpark Mwambesi. Links und rechts nur Steppen soweit das Auge reicht. Wildtieren begegneten wir nicht, ausser kleinen Affen die auf der Strasse herumsprangen und eine Art Fangspiel präsentierten. Ab und zu begegnet man Massaimänner oder Kinder, die ihre Zebuherden vorantreiben um grüne Weidenflächen aufzusuchen. Sofort fällt auf, dass in dieser Gegend sehr arme Menschen leben. Immer wieder, wenn wir durch kleine Dörfer fuhren, sieht man noch sehr viele Hütten mit Elefantengras bedeckt. Allerdings gibt es hie und da Hütten, die mit Wellblech bedeckt sind. Die Menschen leben sehr arm und bescheiden, das Familienleben wird sehr gepflegt und die Leute sitzen unter einer runden offenen Laube und haben sich wohl immer viel zu erzählen. In dieser Gegend leben viele Muslime, die mit allen Religionen zurechtkommen. In Tansania

ist mir schon lange aufgefallen, dass die Einheimischen mit vielen verschiedenen Religionen ohne Schwierigkeiten zusammenleben, einander akzeptieren und auch sehr hilfsbereit sind. Selbst das Morgengebet der Muslime, die weit über Lautsprechern von dem Minarett um 05.00 morgens zu hören sind, stört niemanden. Wir vom Westen wären schnell genervt, weil der ganze Tag stressig ablief und wir kaum zur Ruhe kommen. Hier nimmt man alles gelassen und bedächtig, „komme ich nicht heute, dann halt erst morgen". Es gibt ein Sprichwort: „Tutaishi tu" (wir leben, wie es kommt). Einen Terminkalender besitzen viele Afrikaner nicht, ausser die Bischöfe, Priester, Lehrer, Polizisten, hohe Geschäft- und Ordensleute und Menschen in der Politik. Will man mit einem gewöhnlichen Afrikaner einen Termin ausmachen, ist man gut beraten dies einen Tag vorher, oder am selben Tag zu erledigen. Andernfalls erscheint er erst drei Tage später oder auch gar nicht. Bei der Konfrontation gibt er stets an: „Nilipata shida na tumbo" (ich hatte Probleme mit dem Bauch). Inzwischen habe ich mich in die Kultur der Einheimischen eingelebt und bin auch so zufrieden ohne mich zu ärgern. Europäisches Denken darf man den Afrikanern nicht aufzwingen. Sie werden ihren Weg gehen, finden und später sich weiterentwickeln, wie es ihrer Kultur entspricht. Auch in der Bäckerei erscheinen nicht immer alle pünktlich. Sie sind aber bereit erst den Arbeitsplatz zu verlassen, wenn alle Backgeräte gewaschen und weggeräumt sind. Immer nur den Polizist zu spielen mag ich nicht und bringt auch nichts. Lieber mit Freude, Interesse und Wohlwollen zusammenarbeiten, das schafft Vertrauen und Motivation in der Backstube. Allerdings ist das in der Bäckerei kein Problem. In anderen Bereichen wie in Spitälern, Hotels, Politik und so weiter könnte ich mir vorstellen, dass strengere Vorschriften von Arbeitgebern verlangt werden. Aber auch da lässt sich der Afrikaner nicht aus der Ruhe bringen.

Nur noch wenige Kilometer stehen uns bevor, bis wir in Tunduru eintreffen. Dort wurden wir vom Bischof Filiberti Mhasi und seinem Prokurator Father Deo Mole zum Mittagessen eingeladen. So hatte ich die Gelegenheit diesen Bischof und sein Mitarbeiter kennenzulernen. Sein Vorgänger der Bischof Castor Msemwa bat mich damals bei ihm in der Diözese Tunduru eine Bäckerei zu bauen. Ohne, dass wir einen konkreten Termin ausmachten. Leider ist er kurze Zeit später mit 62 Jahren im Jahr 2017 an Krebs gestorben. Er war deshalb öfters in einem Spital in Daressalam behandelt worden, wo die Ärzte keinen Erfolg erzielen konnten. Sie empfohlen dem Bischof Castor Msemwa sich bei Krebsspezialisten in einem Hospital in Indien behandeln zu lassen. Kurze Zeit später erhielt er einen Termin aus Indien, sich dort einzufinden. Nach drei Flugstunden fühlte er sich unwohl und verstarb noch während dem Flug nach Indien. Mein Wort wollte ich halten und deshalb kommt der neue Bischof Filiberti in den Genuss einer Bäckerei. Er wurde Ende Jahr 2017 mit 47 Jahren vom Papst Franziskus zum Nachfolger vom Bischof Castor ernannt.

Wir dankten herzlich für die Gastfreundschaft und machten uns nach dem Mittagsmahl wieder auf den Weg, 240 Kilometer, Richtung Ndanda. Scharfe Kurven gab es keine mehr, dafür unendlich weite Steppengebiete, die von weit her sichtbar waren. Nach 200 Kilometer ein grosser Teil nur Steppe und Busch erreichten wir die grosse Stadt Masasi, 40 Kilometer von der Abtei in Ndanda entfernt. Masasi ist ein Distrikt in der tansanischen Region mit dem Verwaltungssitz in der Stadt Masasi. Der Distrikt grenzt im Norden an die Region Lindi, im Osten an den Distrikt Newala, im Süden an Mosambik und im Westen an den Distrikt Namyumbu. Die Landwirtschaft ist der wichtigste Wirtschaftszweig. 85 Prozent der über Zehnjährigen auf dem Land und 76 Prozent in der Stadt leben von der Landwirtschaft. Die am häufigsten angebauten Pflanzen sind Cachewnüsse, Sesam, Maniok und Hülsenfrüchte. Fast die Hälfte der Familien besitzt Nutztiere, vor allem Geflügel. Fischerei wird im Fluss Ruvuma in Teichen betrieben. Der Enzkreis hat eine Partnerschaft im Distrikt Masasi mit dem Ziel, das Gesundheitswesen und die Ausbildungsqualität in Masasi zu verbessern und den Einsatz von erneuerbaren Energien zu verstärken. Oft fällt in Masasi der elektrische Strom von der Tanesko, manchmal sogar einen ganzen Tag aus, obschon es eine grosse Stadt ist. Die Bevölkerung nimmt es ganz gelassen hin, denn zuvor hatten sie ja überhaupt keinen Strom und lebten nur von Holzfeuerungen. So erreichten wir am späten Nachmittag die Benediktinerabtei in Ndanda, wo wir von Abt Placidus Mtungguja und den Mönchen herzlich empfangen wurden. Father Peter Wella und ich erhielten, für eine Nacht, eine Unterkunft im Kloster und der Maiko wurde im Gästehaus untergebracht. Dreihundert Meter entfernt liegt das Benediktinerinnenkloster der Ndoloschwestern, wo die Bäckerei erstellt werden soll. Am andern Morgen trafen wir die Generaloberin Schwester Caritas, die uns rings um das grosses Kloster führte und wir eine geeignete Stelle für den Bäckereibau suchten. Im Männerkloster waren die Mönche nicht so begeistert, dass ich in Ndanda bei den Ndoloschwestern eine Backstube baue. Sie fürchten die Konkurrenz, weil sie selber eine Backstube betreiben. So stand ich in einer Zwickmühle und wusste im Moment nicht wie ich vorgehen sollte. Einerseits wollte ich nicht die Mönche vergrämen und anderseits nicht die Bäckerei für die Ndoloschwestern aufgeben. Die Generaloberin Schwester Caritas wünschte sich die Bäckerei in Mtwara am indischen Ozean, weil die Einnahmen von Backwaren in dieser grossen Stadt beträchtlich grösser sind als in Ndanda. Da etwa 40 Schwestern in Mtwara für den Bischof Titus Mdoe in seiner Diözese arbeiten, beabsichtigte ich mit den Bischof zu sprechen. Sofort fuhren wir mit dem Auto die 140 Kilometer nach Mtwara und konnten ihn im Bischofshaus treffen. Ich wusste, dass er einige kleine Niederlassungen in Mtwara besitzt, wo Ndoloschwestern in kleinen Gruppen, fünf bis sieben Schwestern, zusammenleben. Sie arbeiten in Kindergärten, in Schulen, in einem Waisenhaus, im Bischofshaus und kirchlichen Institutionen und sind dem Bischof von Mtwara unterstellt. Weil die Schwestern in Mtwara keinen eigenen Landbesitz haben, wollte ich den Bischof fragen, ob ich bei einer seiner Niederlassung eines Schwesternhauses eine Bäckerei bauen könnte. Er war nicht abgeneigt und sagte, dass er zuerst mit dem Pfarreirat sprechen wolle. Allerding schlug er mir sofort vor, einige Niederlassungen zu besuchen, die dafür in Frage kommen könnten. Bei dem dritten Schwesternhaus, in der Nähe am indischen Ozean war ich begeistert, dort eine Bäckerei für die Ndoloschwestern zu erstellen. Das Haus liess der Bischof Titus im Jahr 2014 neu erbauen, wo sechs Schwestern in einer Gemeinschaft zusammen leben. Er konnte dieses Haus mit Grundstück sehr günstig erwerben, weil der Besitzer sein Grundstück, mit dem Landstück der Diözese an der Hauptstrasse, vor seinem Anwesen, tauschen wollte. Er möchte dort gegenüber dem Meer ein mehrstöckiges Hotels bauen und kam deshalb mit dem Bischof Titus in Verbindung. Er bekam eine positive Antwort und die Parzellen wurden ausgetauscht. Inzwischen baute dieser Afrikaner auf dem erworbenen Land der Diözese ein riesiges mehrstöckiges Hotel. Die Bäckerei steht nun hinter dem Hotel, wo die Gäste bestimmt Kunden der Bäckerei werden könnten. Das alte Haus auf dem Grundstück, das jetzt der Diözese gehört, wurde abgerissen und neu aufgebaut. Seither leben dort Ndoloschwestern in einer kleinen Gemeinschaft zusammen, geben Schulunterricht, leiten Kindergärten und stehen dem Bischof in der Diözese zur Seite. Die Lage ist ausgezeichnet, hat neben den vielen Schulen und Kindergärten, in der Umgebung, auch sehr reiche Leute die sich dort niedersetzten. Nach drei Monaten erhielt ich eine positive Antwort, dass wir dort eine Bäckerei ohne Mietvertrag bauen dürfen und die Einnahmen für die verkauften Backwaren der Schwesterngemeinschaft in Ndanda zugeführt werden. Einen Monat später machte ich mir doch nochmals einige Gedanken und brachte dem Bischof Titus, am Telefon, meine Bedenken dar. Ich wollte wissen was mit der Bäckerei geschieht, falls er in den Ruhestand tritt, versetzt wird oder die irdische Welt verlässt? Der neu eingesetzte Bischof könnte die Ndoloschwestern mit einer anderen Schwesterkongregation zum Beispiel: Franziskanerinnen, Ursulinerinnen oder Vinzentinerinnen auswechseln und so würde die Bäckerei an die Diözese übergehen. Die Ndoloschwestern hätten das Nachsehen und müssten womöglich in ihr Kloster nach Ndanda zurückkehren. Da gab mir der Bischof Titus

Recht und sagte: Dass diese Möglichkeit eintreffen könnte weil das Grundstück der Diözese gehört. Es blieb mir nichts anderes übrig, als dieses Grundstück für die Ndoloschwestern zu erwerben. Spontan fragte ich ihn: Ob dieses Grundstück für die Ndoloschwestern gekauft werden könnte? Er überlegte kurz und wollte dieses neue Angebot nochmals mit dem Pfarreirat besprechen. Ein halbes Jahr wartete ich auf seine Antwort und glaubte schon, dass dieser Bäckereibau kaum realisierbar werden würde. Dann die befreiende Zusage des Pfarreirates, dass wir dieses Grundstück als Erbe der Ndoloschwestern erwerben dürfen. Wir machten einen neuen Termin auf den 13. Juni 2017 aus, bei dem auch drei Schwestern des Oberen-Rates der Sitzung beigezogen werden sollten. Es wird die Generaloberin Schwester Caritas, ihre Stellvertreterin Schwester Inozensia und die Buchhalterin Schwester Auxilia sein. Bei diesem Termin geht es dann um den Geldbetrag, der für dieses Anwesen zu entrichten ist. Mein Maurer Maiko und ich gingen schnell an die Arbeit, um das Fundament der Bäckerei auszumessen, damit ich später die Pläne für den Bäckereibau, nach meiner Rückkehr in die Schweiz, herstellen und exakt aufzeichnen kann, falls ich dieses Grundstück für die Ndoloschwestern in Ndanda erwerben kann. Ich selber war bereits überzeugt, dass wir dieses Grundstück für die Ndoloschwestern erwerben dürfen, weshalb ich sofort (im Fall der Fälle) mit der Ausmessung begann.

Einschätzung der Liegenschaft in Mtwara von Br. Anderas (Architekt)
Nachdem wir frohgelaunt nach Ndanda zurückkehrten suchte ich sofort den Br. Andreas Kurzendorfer (Maurermeister) auf und bat ihn, dieses Grundstück in Mtwara in Begleitung der Generaloberin Schwester Caritas einzuschätzen. Ich hatte überhaupt keine Ahnung, wie ein Grundstück eingeschätzt wird und wäre nur auf einer Seite, zum Kauf dieser Liegenschaft, von dem Bischof abhängig gewesen. Br. Andreas ist Mönch in Ndanda (Architekt) und hat schon viele Bauten in Mtwara begleitet. Er kennt sich offenbar gut mit Immobilien - Häuser - Wohnungen aus. Innert 14 Tagen erhielt ich einen Brief von ihm, in dem er alles detailliert niederschrieb. Mir wurde fast schlecht, als ich die Offerte las, denn in Mtwara ist alles viel teurer weil es am Meer liegt und eine gute Infrastruktur aufweist. Ausserdem wurde das Haus vor drei Jahren neu gebaut und ein Rund-Haus, für eine Person, steht mit einem Bett, einem Tisch und Stuhl, sowie Dusche und Toilette, etwa 20 Meter hinten dem Schwesternhaus. Jedoch die Sitzung ist erst in einem knappen Jahr und bis dahin geht noch manche Maus in ein anderes Loch. Der Bischof hatte einen ziemlich ausgefüllten Terminkalender und so wurde ich wieder einmal an das Sprichwort erinnert: Die Afrikaner haben Zeit und die Europäer die Uhren. Inzwischen kehrten wir wieder wohlbehalten nach Njombe zurück. Der Maiko nahm in Songea den Bus und fuhr zu seiner Familie nach Mbinga.
Der Container, mit all den Bäckereimaschinen und alle Waren die ich sonst noch einlud, stand seit Ende Januar 2017 hinter der Bäckerei in Songea. Weil der Bäckereibau in Ndanda für die Noloschwestern noch nicht geklärt war, liess ich ihn

dort deponieren. Falls die Bäckerei in Mtwara nicht zustande gekommen wäre, hätte ich den Container nach Tunduru bringen lassen und dort schon früher mit dem Bäckereibau angefangen. Mitte März 2017 war es endlich soweit, dass ich in Sumbawanga bei der Niederlassung der Abtei Mvimwa, drei Mönche, vier Monate, in die Kunst des Buchbindens einführen konnte. Zwei Mönche vom Kloster Mvimwa holten mich mit dem Auto in Njombe ab und brachten mich nach Sumbawanga. Ein junger Mönch hatte ja bereits in der Buchbinderei in Songea Erfahrungen im Binden gesammelt und deshalb konnte ich die Ausbildungszeit meiner Lehrlinge etwas verkürzen. In Sumbawanga führt das Kloster von Mvimwa eine kleine Niederlassung (St. Benedikt-Haus) mit etwa 12 Mönchen, die in verschiedenen Arbeitsbereichen eingeteilt sind. Neben dem kleinen Kloster steht ein Raum für die Buchbinderei, wo wir nur noch die Buchbindereigeräte richtig platzierten, die dort eingestellt waren. Im Kloster selber konnte ich kein Zimmer beziehen und erhielt im Pfarrhaus ein Schlafzimmer etwa fünf Gehminuten von der Buchbinderei entfernt. Die Mahlzeiten nahm ich immer mit der Gemeinschaft im Speisesaal ein. Am folgenden Tag erhielt ich Br. Switbert mit ewiger Profess, Postulant Fredi und Eliudi, um ihnen das Buchbinden beizubringen. Die zwei Postulanten wurden am 21. Juni in das Noviziat aufgenommen und kamen dann nur noch drei Stunden am Tag in die Buchbinderei, weil die Noviziatsausbildung (Einführung in das klösterliche Leben) selbstverständlich den Vorrang hatte. Während ihrer Abwesenheit erhielt ich zwei Kandidaten, die in der Buchbinderei mitwirkten. Die Novizen kehrten nach der zeitlichen Profess wieder in die Buchbinderei zurück. Arbeit gibt es genug, weil die Mönche von Mvimwa auf der gegenüberliegenden Strasse ein riesiges Internat führen. Dieses Internat beherbergt viele Schüler aus allen Gegenden von Tansania. Einige Mönche unterrichten mit Hilfspersonal in der Primarschule und Sekundarschule, bis hin zum Abitur. Der ganze Schulkomplex mit vielen Schülern wird von der Regierung anerkannt. Sie haben eine grosse Bibliothek, von denen viele Bücher zum Reparieren oder neu zum Binden in die Buchbinderei gebracht wurden. Hinzu kamen noch die privaten Schularbeiten, die die

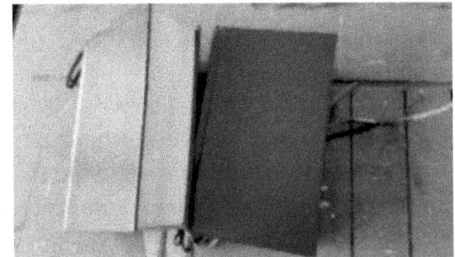

Studierenden zu Hefte binden liessen. Die Lehrlinge zeigten Fleiss, und haben grosses Interesse in der Buchbinderei zu arbeiten. Inzwischen sind sie so weit, dass sie selbständig arbeiten können. Jetzt braucht es nur noch Übung.

Mitte Juli holte mich Father Peter Wella in Sumbawanga ab und brachte mich wieder in die Bäckerei nach Njombe zurück. Ein Jahr ging schnell vorüber und der Termin mit dem Bischof Titus und den Oberen des Schwesternkonvents am 13. Juli 2017 konnte eingehalten werden. In einem Zimmer sassen wir zusammen und der Bischof erzählte mir vorerst, was seine Aufgaben in der Diözese sind und ich erzählte ihm über meine Tätigkeit in Tansania. Weil ich bereits vom Br. Andreas aus der Abtei Ndanda wusste, wie teuer der Kaufpreis dieses Grundstücks ist, sagte ich zum Bischof: Ich denke, dass die Schwestern auch einen Beitrag der Kosten leisten könnten. Sofort legte er mir seine Hand auf meine Schulter und sagte: Dieser Schwesternkonvent ist so arm wie eine Kirchenmaus. Ich will für dieses Grundstück keinen Profit rausschlagen, denn die Schwestern arbeiten ja in meiner Diözese. Zudem ist eine Bäckerei in Mtwara sehr willkommen, weil das Brot von Daressalam nach Mtwara gefahren wird. Eine kleine Bäckerei „Upendo" ist vorhanden, jedoch die Regale wo das Brot angepriesen wird sind meistens leer. Dort werden die Brotteige noch von Hand hergestellt und Süssigkeiten gibt es kaum. Er nannte mir den Betrag den er für dieses Grundstück haben muss. Ich war paff und musste ein zweites Mal nachfragen, dass ich es auch richtig verstanden habe. Er verlangte einen Geldbetrag der nur ein Drittel ausmachte, von dem, was mir Br. Andreas Kurzendorfer schriftlich überreichte. Weiter fragte er mich: Ob ich damit einverstanden sei. Ich rundete den Betrag noch auf und das Geschäft war erst Mal mündlich abgeschlossen. Die Schwestern freuten sich riesig, dass sie jetzt in Mtwara ein eigenes Haus mit viel Umschwung besitzen, das als ihr Eigentum der Ndoloschwestern in Ndanda bezeichnet werden kann. In Ndanda lebt ein grosser afrikanischer Schwesternkonvent, dem 345 benediktinische Schwestern angehören. Das erworbene Grundstück in Mtwara mit Haus und Umschwung ist 1,2 Hektar gross. Es liefen Verhandlungen über den Bischof mit dem Schwesternrat und der Regierung, um das ganze Anwesen rechtlich abzusichern, bevor wir mit dem Bäckereibau beginnen konnten.

Der zweistöckige Neubau für das Kloster Uwemba
Während dieser Zeit war ich wieder in der Schweiz um die Vorkehrungen für den Küchenbau in Uwemba zu tätigen. Bis anhin wurde die kleine Mönchsgemeinschaft von der Klosterküche der Tutzingerschwestern versorgt und auch das Waschen der Kleider und Wäsche der Mönche, oblag den Schwestern in ihrer Waschküche. Die Speisen, die gewaschene und gebügelte Wäsche wurde Jahrzehnte lang vom Schwesternhaus, über die Strasse, etwa 80 Meter, in das Kloster der Mönche gebracht. Pater Prior Lauenti vom Kloster Uwemba wollte unbedingt in dieser Hinsicht eine Trennung bewirken und eine eigene Klosterküche mit Waschküche bau-

en. Die Kongregation von St. Ottilien hat sich bereit erklärt, dieses Projekt zu unterstützen. So kam man auf mich zu, ob ich einen vorerst provisorischen Plan erstellen könnte, wenn ich in der Schweiz bin. Jetzt hatte ich auf einmal zwei Projekte am Hals, den Bäckereibau in Mtwara und den zweistöckigen Bau mit der Klosterküche in Uwemba. Die Gemeinschaft von Uwemba hat sich für einen zweistöckigen Bau entschieden noch bevor ich in die Schweiz zurückkehrte.

Der Neubau soll seitlich des Klosters, Richtung dem grossen Eingangstor, angebaut werden. So machte ich mich sofort an die Arbeit das Grundstück auszumessen bevor ich am 18. Juni 2017 in die Schweiz zurückkehrte. Der Bau wird eine Länge von 15,30 Meter, eine Breite von 6,40 Meter und die Höhe wird dem Klosterbau angeglichen. Im untersten Stockwerk rechts ist ein Arbeitsraum für die Metzgerei vorgesehen, in dem diverse Würste, Fleischkäse und getrocknetes Fleisch zubereitet und hergestellt werden. Das Schlachten von Tieren findet in der Landwirtschaft statt. Es wäre unangenehm, den ganzen Tag den Schlachtgeruch in diesem Haus wahrzunehmen. In der Mitte gibt es zwei Toiletten und eine Dusche sowie einen Raum für Gartengeräte und links die Waschküche. Für die Küche ist der ganze mittlere Stock vorgesehen, der durch eine Tür (Bodenhöhe) in den Speisesaal führt. So können die Speisen mit einem Rollwagen in den Essraum gefahren und serviert werden. Ich selber werde den Küchenrohbau und die Einrichtung der Küche übernehmen. Im obersten Stockwerk links werden gewaschene Kleider und Wäsche zum Trocknen aufgehängt. Daneben ein Zimmer für die Bügel- und Flickarbeiten. Eigens dafür wird hinter dem zweistöckigen Bau auch eine Vorrichtung mit Wäscheseilen installiert. Bei schönen Wetter können die gewaschenen Sachen draussen aufgehängt werden und bei Regen in dem Trocknungsraum. Auf der rechten Seite ist eine Hausbuchbinderei geplant. Dass ich einen solchen zweistöckigen Bau nicht alleine begleiten kann, versteht sich von selbst. Bei den Zwischenböden muss die Statik stimmen, sonst könnten Risse auftreten oder gar die Decken einbrechen. Diese Verantwortung nahm ich nicht auf mich. Father Augustin von Njombe, der in Daressalam Architektur studierte, war bereit die Zwischenböden beim Bau zu übernehmen. Er wird nach meiner Rückkehr, meine Pläne in seinem Computer, mit einem Simulationsprogramm eingeben, wo man diesen zweistöckigen Bau bewegend in dreidimensionierter Sicht betrachten und ausführen kann. Inzwischen bemühte ich mich in der Schweiz auch Küchenmaschinen für Uwemba zu besorgen. Da kamen allerdings nur neue Küchenmaschinen in Frage, die auf Tischen platziert werden. Eine Knetmaschine erhalten wir aus der Schwesternküche in Uwemba. Die Küchentische bestellte ich in der Schreinerei in Peramiho, die dort nach meinen Ausmessungen hergestellt wurden. Die Kühlelemente für den Kühlraum liess ich aus Bern kommen und drei grosse Tiefkühltruhen erhalten wir auch aus der Schwesternküche in Uwemba. Den noch guten Küchenofen konnte ich damals in Mikumi beim Josef Gwerder (Tansania) abholen, den er für die neue Klosterküche in Uwemba geschenkt hat. Ich hatte gerade das Glück, dass bei der

Lisa in Schindellegi wieder ein Container für die Schwesterngemeinschaft in Chipole vorbereitet wurde. So durfte ich alle Sachen für die Klosterküche in Uwemba in diesem Container mitgeben. Auch die Pläne für die Bäckerei in Mtwara und für den zweistöckigen Bau in Uwemba habe ich inzwischen abgeschlossen und sie in meinem Handgepäck mitgenommen. Zuvor schickte ich den Bauplan für Uwemba, über E-Mail, an Father Augustin, damit er bis zu meiner Ankunft meine Pläne im Computer eingeben und bearbeiten kann. So hoffte ich bei meiner Rückkehr nach Uwemba im Oktober 2018 den fertigen Rohbau anzutreffen. Zwischendurch band und leimte ich wieder Zeitschriften zu Jahresbüchern, die in der Klosterbibliothek auf mich warteten. In der Zwischenzeit konnte ich wieder in einigen Pfarreien, Schwesternklöstern und privaten Gruppen meinen Videofilm vorführen. Einmal sogar im Altersheim in Ernetschwil. Die betagten Leute haben einmal in der Woche an einem Nachmittag ein Programm das durchgezogen wird, um diesen Menschen eine Abwechslung wie Turnübungen mit Musik, gemeinsames Singen, Ballspiele und so weiter anzubieten. Von Pfarrer Bernhard Brunner in Ernetschwil erhielt ich damals eine Einladung, meinen Film um 15.30 Uhr den Insassen im Altersheim vorzuführen. Allerdings sagte er mir: Diesen 50 Minuten-Film nur eine halbe Stunde zu zeigen, weil die alten Leute schläfrig werden und anschliessend um 16.00 Uhr das Vesperbrot erfolgt. Für mich war es überhaupt kein Problem, diesem Wunsch nachzukommen. So führte ich meinen Film, mit Erzählungen eine halbe Stunde vor und wollte dann das Programm beenden. Oh, weit gefehlt; Die ganze Gruppe wollte den Film bis zum Ende verfolgen, was den Pfarrer Bernhard Brunner selbst überraschte. Er meinte: Das hätte er jetzt noch nie erlebt. In der Regel sind immer nur 30 Minuten bei den Unterhaltungen angesagt. Er selber war auch beim Filmvortrag anwesend und war der Überzeugung, dass meine lustigen Bemerkungen und lebendige Art, während des Filmvortrags, bei den Insassen des Altersheims, guten Anklang fanden. Beim Kaffee und Kuchen bestätigten mir die Besucher des Films, dass sie während der Vorführung das Gefühl hatten, in Afrika zu sein. Es hat sie scheinbar doch sehr beeindruckt, wie arm und bescheiden die Afrikaner leben.

Zurück in Tansania um den zweistöckigen Bau in Angriff zu nehmen

Am 22. Februar 2018 morgens um 07.30 Uhr war ich bereits wieder am Flughafen, wo mich der Abt Emmanuel Rutz mit meinen zwei schweren Koffern und einen Rucksack hinbrachte. Beim Aufgeben meiner zwei Koffer wurde ich darauf hingewiesen, dass meine Gepäck sechs Kilogramm Übergewicht hat. Ich hatte die Wahl: Das Übergewicht zu bezahlen oder eben aus den Koffern zu entfernen. Beides wollte ich nicht und

versuchte mit dem jungen Mann am Gepäckschalter ins Gespräch zu kommen. Ich erklärte ihm, dass ich Benediktiner-Missionar sei und in Tansania Bäckerei- und Buchbindereiprojekte verwirkliche und afrikanische Menschen in diese Handwerke einführe. Dabei stellte sich heraus, dass er Theologie studiert, Priester werden möchte und mit Gelegenheitsarbeiten sein Theologiestudium finanziert, wie jetzt am Flughafenschalter. Er ist Mitglied der anglikanischen Kirche. So erhielten wir uns noch eine kleine Weile auf und er liess meine zwei übergewichtigen Koffern durchziehen. Ich bedankte mich bei ihm und er wünschte mir einen angenehmen Flug. Mit einer halben Stunde Verspätung hob das Flugzeug morgens um 10.00 Uhr von der Flugpiste ab in Richtung Süden nach Tansania, dort wo ich beabsichtige meine Bäckereiprojekte weiterzuführen. Diesmal ging es um die Bäckerei in Mtwara und den neuen Küchenbau in Uwemba. Nachts um 21.30 Uhr (Ortszeit) erreichte das Flugzeug pünktlich nach zehn Stunden Flugzeit, mit einer Zwischenlandung in Nairobi den Flughafen in Daressalam. Die Sitzplätze waren alle belegt und ein Grossteil der Fluggäste stieg in Nairobi aus. Seit zwei Jahren flog die Swiss, ohne Zwischenlandung in Nairobi, von Daressalam direkt nach Kloten-Zürich. Beim Hinflug wurden Fluggäste in Nairobi aufgenommen, die ein Flugticket nach Zürich besassen. Sie mussten sich im Flugzeug gedulden bis alle Passagiere von Daressalam zugestiegen waren. Dann brauchte der „eiserne Vogel" für den Rückflug nur noch acht Flugstunden bis nach Kloten-Zürich. Nach der Pandemie im Jahr 2021 war es mit der Fluglinie Swiss vorbei. Die gibt es jetzt nicht mehr, obschon sie vor der Pandemie jeden Tag Zürich-Daressalam anflog. Ich flog immer mit der Swiss, im Falle eines Absturzes wäre ich als „Patriot" gestorben. Diesmal dauerte die Passkontrolle mit der Gepäckausgabe am Flughafen in Daressalam etwa eine Stunde. Wir mussten vorher ein Dokument ausfüllen, was alles auf meinem Pass stand. Zusätzliche Fragen waren: Aufenthaltsort, Beruf, der Grund meines Aufenthaltes in Tansania, Geschäft oder Urlaub und wie lange der Aufenthalt dauert. Seit der neue grosse Flughafen Nyerere in Tansanias eröffnet wurde, sind die Vorschriften strenger geworden. Diese Fragen konnte ich einfach mit Benediktiner-Missionar beantworten. Die wussten dann schnell, dass ich mich nicht aus geschäftlichen Gründen in Tansania aufhalte, sondern mich für das Wohl der Einheimischen einsetze „Hilfe zur Selbsthilfe". Das ist ja eigentlich mein Ziel und so wird es auch bleiben, solange ich es gesundheitlich machen kann. Father Kevin Nkondola von Songea (Prokurator) holte mich mit seinem Auto und dem Fahrer Brain am Flughafen ab. Während der Fahrt regnete es in Strömen und die Temperatur sank auf 28 Grad. Nachts wird es immer kühler und etwas windig. Jedoch am Tag kann die Temperatur bis auf 40 Grad ansteigen, sobald die Sonne unbarmherzig ihre Stärke zeigt. Nach etwa einer halben Stunde erreichten wir das Bethanienhaus, ein Gästehaus der Diözesen. Dort gehen Priester ein und aus, wenn sie in der Stadt Daressalam Besorgungen erledigen oder krankheitshalber ein Spital aufsuchen müssen. Dieses Haus bietet auch Gästen eine günstige Unterkunft die später in das Landesinnere reisen. Für den Unterhalt dieses Gästehauses, das leibliche Wohl der Bewohner und Umschwung rings um das Haus, sind mehrere Schwestern von Chipole zuständig. Die einfachen Speisen sind immer die gleichen. Auf dem Speisetisch stehen in Plastikschüsseln Reis, Kartoffeln, Gemüse und Früchte. Ab und zu auch mal Fleisch in Form von Gulasch, Fisch oder Hühnchen, bei denen mehr Knochen als Fleisch zu sehen sind. Jedoch zum Überleben reicht es. Anderntags um 04.00 Uhr in der Früh machten wir uns auf die Reise nach Songea, mit einem Zwischenhalt in Mikumi. Dort nahmen wir im Hotel Tann-Swiss das Frühstück ein, mit einer grossen Auswahl am langen Selbstbedienungstisch. Selbstverständlich gab es viel zu berichten mit dem Inhaber dieses Tan-Swiss Josef Gwerder. Nach etwa gut einer Stunde verabschiedeten wir uns bei Ihm und fuhren die siebenstündige Reise nach Uwemba. Abends kurz vor dem einbrechen der Dunkelheit erreichten wir das Ziel und übernachteten im Kloster bei den Mönchen. Nach dem gemeinsamen Frühstück ging die Reise weiter 268 Kilometer nach Songea. Ich war erstaunt, dass der neue Buchbindereianbau, der Schwestern von Chipole, Sankt Andreas noch nicht beendet war. Die Behörden der Stadt Songea stellten sich quer. Sie forderten, dass dieser Bau vierstöckig gebaut werden muss. Ein halbes Jahr dauerten die Verhandlungen bis der neue Buchbinderraum (sieben Meter lang, sechs Meter breit und 2,80 Meter hoch) schlussendlich doch bewilligt wurde. Father Kevin, der Prokurator des Bischofs Damian Dallu setzte sich sehr ein, um den Forderungen der Behörden entgegen zu wirken. Da gab es anscheinend ein Missverständnis von Seiten der Regierung. Die beschlossen nämlich im Jahr 2015 in einem Dekret, dass in Städten und Grossstädten keine Einfamilienhäuser mehr gebaut werden dürfen. Will jemand ein solches Haus in einer Stadt erstellen, muss es mindestens vierstöckig gebaut werden. In Grossstädten wie zum Beispiel Daressalam werden sogar mindestens acht Stockwerke gefordert. Deshalb stehen jetzt viele Bauten jahrelang unbeendet in den Städten, weil das Geld fehlt, um den Abschluss eines Baus zu vollenden. Der Unterschied bei dem Bau der Buchbinderei ist, dass diese Bestimmung nicht für Werkstätten und Verkaufsläden, sondern für Häuser mit Mietwohnungen gilt. Deshalb hat sich der Bau der Buchbinderei um einige Monate verzögert. Die Bürokratie in Tansania ist nach wie vor sehr aufwendig und kompliziert. Da muss man in verschiedenen Gebäuden erscheinen, bis ein Antrag bewilligt oder erledigt wird, geschweige von den Wartezeiten. Als Entgegenkommen der Behörden erhielten wir noch vor dem Abschliessen des Baus, die Lizenz-Bewilligung, um in dieser Werkstatt arbeiten zu dürfen. Eine Woche später kehrte ich nach Uwemba zurück um den zweistöckigen Bau in Angriff zu nehmen. Mein Maurer der Maiko traf drei Tag später, mit dem öffentlichen Bus, in Uwemba ein und die anderen zwei Hilfsarbei-

ter Ajubu und Godi waren schnell zur Stelle. Sie leben mit ihren Familien in Uwemba und trafen stets zu den jeweiligen Arbeitszeiten beim Bau ein. Der Maiko hingegen war im Gästehaus des Klosters untergebracht und erhielt die Speisen aus der Schwesternküche. Bei meiner Ankunft in Njombe besuchte ich sofort den Father Augustin. In seinem Computer zeichnete er meinen Bauplan auf und konnte so mit seinem Simulationsprogramm meinen Plan abrufen. Dieser Plan zeigte auf, wo und wie die Säulen und der Boden mit Eisenarmierung gebaut werden müssen, damit die Statik Hundertprozent stimmt. Selbst das Treppenhaus ist perfekt angepasst. Leider musste ich dann feststellen, dass nur der Aushub gemacht wurde. Die Mönche warteten auf meine Rückkehr, bevor mit dem Fundament des Baus begonnen wurde, obschon die Pläne vorhanden waren. Noch vor Ostern konnten wir mit dem Fundament beginnen. Father Augustin besorgte zwölf Arbeiter, die in Uwemba eintrafen und mithalfen den Rohbau mit den Zwischenböden und Zementpfeilern herzustellen. Für mich war es wirklich Neuland bei diesem Bau mitwirken zu dürfen. Father Augustin kam ab und zu mal vorbei, um zu schauen, dass alles richtig abläuft und sich kein Fehler einnistet. Sobald der Rohbau abgeschlossen wurde, waren nur noch meine Arbeiter und die Angestellten unserer Werkstätten in Uwemba zuständig. Die Warm- und Kaltwasserleitungen, die vom Kloster in den Neubau geleitet wurden und das Anbringen der Abwasserrohre, führte Br. Stanislaus, der für die Spenglerei zuständig ist, mit seinen Arbeitern erfolgreich durch. Selbst die Eisentüren auf jedem Stockwerk, die vom Treppenhaus in das Innere der Werkstätten führen, passten ausgezeichnet. Mit diesen Eisentüren wird es Dieben kaum gelingen in die Arbeitsbereiche einzudringen. Moritz, der Elektriker, der bei Br. Edmund sein Fachwissen erwarb, legte die Kabelrohre, bis zu den Steckdosen, den Lichtschaltern und Lampen wo später die elektrischen Kabel durchgezogen werden, auf den Holzboden der Stockwerke. Hernach wurden Eisenstäbe in Form von Geflecht auf der ganzen Bodenfläche angebracht, bevor der Boden mit flüssigem Beton (Zement, Sand und Wasser vermengt) aufgetragen und mit einer Maschine durchvibriert wurde. Die Betonpfeiler standen bereits in Holz eingekleidet, mit Eisenstäben versehen und mit Zement gefüllt an ihren richtigen Plätzen um die Stabilität des Baus zu garantieren. Allerdings musste die ganze Bodenfläche des Stockwerkes ohne Unterbruch beendet werden und beim durchvibrieren darauf geachtet werden, dass die Kabelrohre nicht verschoben wurden. Ich mag mich noch erinnern, als wir später die elektrischen Kabel an einem langen Spezialdraht festgebunden haben und vom Sicherungskasten an der Wand zu der Steckdose ziehen wollten, kamen wir bei zwei Rohren nicht durch. Moritz gab nach einer Stunde auf und meinte, wir müssen den Rohren entlang den Zement wegspitzen um das Problem zu finden, wo das Kabel stecken blieb. Eine andere Lösung wäre gewesen, die Kabel an den Wänden anzulegen und mit einer Hülle einzukleiden, die dann immer sichtbar gewesen wären. Das ging aber nicht in meinen Kopf. Ich schlug vor bis morgen abzuwarten und dann sehen wir weiter. Nach dem Abendessen ging ich nochmals zum Bau und versuchte etwa drei Stunden diese zwei 15 Meter langen Kabel durchzuziehen. Br. Antoni kam hinzu und half mir dabei. Schlussendlich kam ich auf die Idee, vorne am langen Spezialdraht, Fett darauf zu schmieren und siehe da, in einer halben Stunde konnten wir die beiden langen Kabel (elf Meter) durchziehen. Das Sprichwort sagt: Geduld bringt Rosen. Am anderen Tag zeigte ich mit Stolz dem Elektriker Moris, dass wir es geschafft haben, das Kabel durchzuziehen. Diese Nacht hatte ich dann wirklich sehr gut geschlafen. Nach dem Rohbau waren die Schreiner zur Stelle, und erledigten den massiven Dachstuhl und das Anbringen der Dachabdeckung mit Blechen, die ein Muster von Ziegeln andeuten. Das Blech ist so hergestellt, dass es von weitem den Anschein erweckt, als wären Ziegeln auf dem Dach. In der Küche stellten wir für die Arbeitstische, den Ofen, die Regale und für drei Tiefkühltruhen Betonsockel her. Jetzt konnten wir mit dem Verputz starten, die Fliesen an den Wänden 1,60 Meter hoch anlegen die Bodenplatten setzen und die oberen Teile der Wände erhielten einen weissen Anstrich. Als letztes kamen nochmals die Schreiner und erledigten mit Holzplatten die Decke in der Küche. Alle Gegenstände in der Küche stehen auf Sockeln, was sehr optimal für die Bodenreinigung ist. Das Reinigungswasser kann nicht unter die Geräteschaften fliessen und auch kein Schmutz sammelt sich an. Die Küchenwände nahmen 900 weisse Fliesen in Anspruch (20 mal 30 Zentimeter), Bodenplatten waren es 800 Stück (30 mal 30 Zentimeter). Die Küche setzt sich in vier Teile zusammen: Zuhinterst das Lager, das durch eine Tür erreicht wird. Anschliessend das Back- und Kochabteil, wo die Speisen gekocht, gebacken oder gedämpft werden. (Ofen, Kipper, Kochherd und Chromstahltisch). Im mittleren Abschnitt, der durch eine Mauer 1,90 Meter hoch abgegrenzt ist, befinden sich das 2,25 Meter lange Abwaschbecken, ein Chromstahltisch der Mauer entlang und in der Mitte des Raumes zwei grosse Chromstahlwagen. Auf diesen Wagen werden gereinigte Küchengeräte abgestellt, die dann in Schränken, Regalen und Schubladen versorgt werden. Auch können sie als Arbeitstische zum Herrichten von Gemüse und so weiterverwendet wer-

den. Schliesslich das letzte Abteil mit einer Türe rechts, die zum Speisesaal der Mönche führt. Links steht ein Tisch mit drei Stühlen, ein Schrank und an der Wand entlang Regale. In der Klosterschreinerei wurden alle Holzarbeiten nach Mass angefertigt.

Garten hinter der Klosterküche
Während dem Bau legte ich zwischendurch, hinter dem Neubau, einen grossen Gemüse- und Früchtegarten an. Schliesslich sollte jede Gemeinschaftsküche einen eigenen Garten besitzen. Bei der Gartenarbeit stand mir der Hilfsarbeiter Robert zur Seite, um Beete herzurichten, Unkraut zu entfernen und für das Begiessen der Pflanzen und Setzlinge. Ich half ihm immer, wenn es mir die Zeit erlaubte. Noch vor der Eröffnung der Küche konnte ich viele Gläser, Erdbeer-, Himbeer-, Orangen-, Rhabarber-, Mango-, Zitronen-, und Bananenmarmelade herstellen. Vorbereitete Gartenfrüchte und Gemüse aus dem eigenen Garten liegen bereits in der Tiefkühltruhe bereit, für die Herstellung von Kompott, Speisegerichte, Kuchen und Süssspeisen. Erdbeeren gibt es das ganze Jahr hindurch, wenn sie bewässert werden. Der Klostergarten besitzt drei grosse Erdbeerbeete, drei Himbeerbeete, zwei Zwiebel- und ein Knoblauchbeet, drei Beete Fenchel, Stangenbohnen und Buschbohnen, zwei Beete Mangold, zwei Beete Lauchstengeln, vier Beete Randen, sieben Beete Chinakraut, ein Salatbeet, fünf Rübenbeete, zwei Zucchetti- und ein Gurkenbeet, zwei Beete Weisskohl, einige Beete Kartoffel, zwei Beete Radieschen, vier Beete Popcorn (Mais), sieben Stöcke Rhabarber, ein halbes Beet Ingwer, Rosmarin, Bohnenkraut, Pfeffermint, Kamille, Petersilie, Schnittlauch, und drei Pflanzen Speisekürbis von denen wir 43 Kürbisse ernten konnten. Mit denen stellte ich Suppen her und gekocht in Scheiben geschnitten sind diese Kürbisse sehr schmackhaft. Alles gedeiht prächtig im Klostergarten, wenn er in der Trockenzeit bewässert wird. Sr. Miriam von der Klosterküche kam öfters in den Garten und holte sich Gemüse, vor allem die riesen grossen Zucchetti, in unserem Klostergarten. Sie war überrascht, dass in unserem Garten die Pflanzen und Früchte so gut gedeihen. Nicht zuletzt wegen dem Kuhmist aus unserer Landwirtschaft, den wir mit der Erde vermischten. Auch die Pferdeäpfel sammelte ich frisch ein, legte sie in das Wasser und mit Wasserverdünnt durfte ich auch einen Erfolg bei den Pflanzen feststellen. Eigentlich kann man vieles aus der Landwirtschaft gebrauchen, was die Tiere uns geben und das Wachstum ausgezeichnet begünstigt. Allerdings muss man halt bereit sein, auch mal schmutzige Hände in Kauf zu nehmen. Leider gibt es auch Schädlinge, die auf das Blattwerk der Pflanzen scharf sind. Besonders bei den Rhabarberstöcken und dem Chinakraut. Sie fressen unaufhörlich an den Blätter, die nach kurzer Zeit aussehen wie ein Moskito- oder Spinnennetz. Schwester Zenobia, von Imiliwaha, die für die Landwirtschaft in Uwemba zuständig ist, stellt mit einheimischen Pflanzen ein natürliches Sprühmittel gegen Ungeziefer her. Das Rezept wollte sie mir nicht verraten, jedoch sind auch Brennnesseln in diesem Mittel erhalten. Ab und zu goss ich diese Pflanzen auch mit Brennnesselwasser, besonders

wenn schwarze Läuse sich an den Stielen ansammelten. Selbst eine Brühe mit Kaffeesatz kann helfen. Sie sollte allerdings recht stark sein, damit sie gegen Läuse wirkt. So blieben diese Schädlinge, wenigstens für ein paar Tage dem Garten fern. Es fällt sofort auf, wenn Ameisen in der Nähe sind. Die Ameisen schützen die Blattläuse vor Fressfeinden, im Gegenzug darf die Ameise den süssen, sogenannten „Honigtau" der Pflanzenparasitten „melken".
Sie fressen die Zuckerhaltigen Ausscheidungen, die auf den Blättern kleben, oder saugen den Honigtau direkt vom Hinterleib der Blattläuse. Ameisen schätzen deren süssliche Ausscheidungen, daher schützen sie diese gegen Fressfeinde wie Marienkäfer, Schlupfwespen und Fliegen. Dabei fressen Ameisen Blattläuse eher selten, schliesslich wollen sie ihre Nahrungsquelle nicht versiegen lassen. Deshalb melken sie die Läuse stattdessen und erhalten sie so. Die Blattläuse stechen Gefässe der Pflanzen an, in denen der zuckerhaltige Stoff von den Blättern zu den Wurzeln transportiert wird. Deshalb treten Ameisen und Läuse häufig gemeinsam auf. Interessant war, dass ich noch keine einzige Schnecke im Garten festgestellt habe. In Uwemba ist der Klimawandel auch spürbar und nicht mehr so kalt wie in früheren Zeiten. Deshalb wagte ich vier Bananenstauden im Gartenbereich zu pflanzen. Sie gedeihen prächtig, wenn man sie bewässert. Ob sie im Dezember Früchte tragen ist abzuwarten.

Der Bäckereirohbau in Mtwara
Maiko mein Maurerarbeiter ist inzwischen zu seiner Familie nach Mbinga zurückgekehrt und wird nach einer vierzehntägigen Baupause mit dem Fundament des Bäckereibaus in Mtwara, anfangs August 2018, beginnen. Die ersten 14 Tage werde ich dabei sein, damit die Ausmessungen genau nach meinen Plänen entsprechen. Das Inventar einer Bäckerei messe ich immer vorher aus und die ganzen Baupläne sind nach den Bäckereimaschinen und Arbeitstischen ausgerichtet. Ich selber blieb ein Jahr in Uwemba und brachte einem angelernten Koch und einer jungen Frau in der Küche verschiedene Speisen bei und wie die Küche kostengünstig geführt werden kann. Der zweistöckige Bau ist inzwischen fertig geworden. Die Fassade hat einen gelblichen Anstrich erhalten und mit den Aluminiumfenstern sieht der zweistöckige Arbeitsbau recht freundlich aus. Dass nicht alles perfekt ist,

gehört bis anhin zu der afrikanischen Tradition. Einige Tage später traf der Container von Schindellegi (Schweiz) in Uwemba ein, den ich mit Küchenmaschinen und Küchenutensilien und viele diverse Sachen für das Kloster Chipole eingepackt hatte. Sieben Wochen war dieser Container unterwegs, bis er im Hafen von Daressalam eintraf und drei Monate dauerte die Abfertigung am Hafen, bis er ins Landesinnere frei kam. Manchmal hat man schon den Eindruck, dass die Abfertigungen der Container im Hafen von Daressalam absichtlich zurückgehalten werden. Jeder Tag nachdem der Container im Hafen eingetroffen ist, oder bei der Zollabfertigung steht, wird eine Standgebühr verlangt, die bezahlt werden muss, um den Container frei zu bekommen. So kommt man schnell an Geld, ohne wirklich viel gearbeitet zu haben. Ich war jedenfalls froh, dass er unversehrt in Uwemba ankam. Während den Jahren, die ich in Tansania lebe, wurde nie ein Container geöffnet. Diesmal war es anders. Sie öffneten den Container und er wurde durchleuchtet. Allerdings konnten die Zollbeamten nicht rein, weil ich die Waren so kompakt einlud, dass kaum noch ein grösseres Loch übrig blieb. Das einzige was sie wissen wollten, war, wie viele Messer sich im Container befinden. Bei der Durchleuchtung des Containers, wird es wohl einige Male an verschiedenen Stellen dasselbe Muster angezeigt haben, die auf Messer hindeuteten, obschon ich diese in Folien einpackte. Ich wies die Beamten darauf hin, dass alles in den Dokumenten steht. Die Anzahl der gebrauchten und neuen Messer hatte ich ja deklariert, aber nicht alle in einer Schachtel zusammengelegt. Falls diese Schachtel gestohlen würde, hätte ich gar keine Messer mehr gehabt, war dann meine Antwort. Von da an hörte ich nichts mehr und der Container wurde frei gegeben. Das ist auch der Grund, weshalb ich sie in mehreren Schachteln untergebracht habe. Das mache ich auch bei den Bäckereimaschinen und entferne die losen Zusatzteile. Diese packe ich dann auch mit anderen Gegenständen zusammen. Wenn was entwendet werden sollte, könnten sie mit solchen Sachen nichts anfangen und auch nicht verkaufen. Aber Hand aufs Herz; Seit ich in Tansania bin wurde ich noch nie bestohlen, oder ich habe es nicht bemerkt. Eine Woche brauchte ich Zeit, bis ich die Klosterküche komplett eingerichtet hatte und die Küchenutensilien ihren Platz in Tischschubladen und dem Schrank ihren Platz fanden. Allerdings entschied ich mich mit dem Start der Klosterküche noch etwas abzuwarten, weil vorgesehen war, alle Küchenutensilien von der Schwesternküche in die Klosterküche der Mönche zu überführen. Da waren natürlich die afrikanischen Schwestern nicht so begeistert. Allerdings wurde zwei Jahre zuvor alles abgeklärt, was der Klostergemeinschaft der Mönche gehört. Die Schwestern durften alle Küchengeräte benutzen, die eigentlich von den Mönchen der Abtei Peramiho damals angeschafft wurden. Auch das ganze Inventar der Metzgerei wurde jetzt im Neubau in dem Metzgereiraum untergebracht. So konnten die Schwestern sich darauf vorbereiten, dass die Trennung, was die Arbeitstätigkeit anbelangt, bald folgen wird. Die Arbeiter und Arbeiterinnen der Schwestern wurden jeden Monat aus der Kasse von der Mönchgemeinschaft bezahlt, sowie die eingekauften Nahrungsmitteln in Njombe für beide Konvente. Im

Gegenzug verpflichteten die Schwestern für die Mönche zu kochen und um deren Wohl besorgt zu sein. Auch die Waschküche leiteten die Schwestern und holten jeden Montagmorgen die schmutzigen Kleider und Wäsche bei den Mönchen ab. Am Donnerstagnachmittag kam dann alles gewaschen und gebügelt in den jeweiligen Körben der Mönche zurück. Jetzt wird alles von den Mönchen, mit dem übernommenen Arbeitspersonal der Schwestern, selber erledigt.

Anfangs August war ich mit meinen Maurer Maiko 14 Tagen in Mtwara, um das Grundstück, wo die Bäckerei zum Stehen kommt frei zu legen. Dort besitzen inzwischen die Ndoloschwestern ein eigens Grundstück, das nur drei Gehminuten vom Indischen Ozean entfernt liegt. Das Mutterhaus befindet sich in Ndanda und zählt etwa 335 einheimische Schwestern. Vom Bischof Titus Mdoe der Diözese Mtwara konnten die Schwestern dieses Grundstück erwerben, das jetzt als Eigentum der Ndoloschwestern von Ndanda überschrieben ist. Der ganze Kaufprozess wurde von der Regierung anerkannt und somit die Erlaubnis für den Bäckereibau erteilt. Als erstes fällten wir zwei Kokospalmen, einen Mangobaum und zwei Orangenbäume, die für das Fundament der neuen Bäckerei im Wege standen. Wir brauchten drei Tage, bis alle Bäume aus dem Grundstück entfernt waren, wo die Backstube zu stehen kommt. Inzwischen haben die Arbeiter Bausteine, Sand und Zement für das Fundament hergebracht. Die Zementblöcke und der Zement sind in Mtwara um einiges billiger als in Songea und in Njombe, weil in Mtwara eine Zementherstellungsfabrik geführt wird. So begannen wir am 8. August mit den genauen Ausmessungen für die Bäckerei, die 12,60 Meter lang, und sieben Meter breit ist. Diese Backstube grenzt an eine Seitenstrasse und bietet den Kunden sechs Parkplätze an. Nach gut einer Woche hatten wir das Fundament bereits gelegt und die Arbeiter konnten mit dem Aufbau der Wände beginnen. Beim Aushub 50 Zentimeter breit und 35 bis 40 Zentimeter tief, zusammengefasst etwa 65 Meter, kamen wir voll ins Schwitzen. Die Sonne schien unbarmherzig auf uns hernieder und der Thermometer zeigte 32 Grad an. Die Schwestern brachten uns immer wieder abgekochtes kaltes Wasser und ab und zu gab es auch ein Koka Kola, das unser Herz erfreute und uns weiter motivierte, fleissig an der Arbeit zu bleiben. Bei Flut am Abend nach der Arbeit, gingen wir jeden Tag in das Meer zum Baden. Damit das Fundament auch erdbebensicher ist, setzten wir grosse Felsbrocken und viele kleinzerschlagene Steine in den Aushub rein, überschütteten alles mit Wasser und gossen hernach flüssigen Zement in den Aushub. Am anderen Tag konnten wir den ganzen Umriss der Backstube erkennen und nochmals nachmessen. Alles schien in Ordnung zu sein. So liess ich meinen Maurer Maiko mit seinen drei Arbeitern alleine zurück, damit ich mit der vollständigen Einrichtung der Klosterküche in Uwemba beginnen konnte. Maiko hat mit mir bereits drei Bäckereien gebaut und versteht meine einfachen Baupläne bestens. Deshalb konnte ich ihn für den Rohbau in Mtwara selbständig arbeiten lassen. Werde ihn dann nächstes Jahr für den Innenausbau der Bäckerei wieder in Anspruch nehmen, wenn ich mit der Ausbildung junger Leute, in der Klosterküche in Uwemba, abgeschlossen habe. In der Regel sind die Ausbildungszeiten immer auf ein Jahr angesetzt. Es bringt nichts, wenn ich Bäckereien baue und dann keine Einheimischen in diesem Fach ausbilde. Wie etwa, wenn jemand ein Eigenheim baut und nicht darin wohnt, jemand ein Lied singt und kein Musikgehör besitzt oder wie es in der Bibel steht, Wer sein Haus auf Sand baut, also ohne Fundament, wird es bei Sturm verlieren (Mt 7.26). Zudem bilde ich immer vier bis sechs junge Menschen aus. Sollte jemand ausfallen, kündigen oder auch Krankheitshalber wegbleiben, läuft die Bäckerei weiter. Nur einen oder zwei Lehrlinge auszubilden wäre fatal und die Bäckerei könnte in kurzer Zeit still stehen.

Einführung in der Diözesanbäckerei in Mbinga
Vor drei Jahren bat mich der Prokurator Father Cölestin von Mbinga, der inzwischen für die Diözesanbäckerei zuständig ist, ob ich drei Monate in der Backstube mithelfen kann, um weitere neue Backprodukte herzustellen. Ich stellte dann fest, dass niemand mehr in dieser Backstube arbeitete, die ich vor 20 Jahren in dieser Backstube ausbildete. Sie sind alle verheiratet und zum Teil weggezogen. Neu eingestellt waren Schwester Klara (Vinzentinerin) und vier junge Frauen in der Bäckerei, die noch zum Teil mit meinen damaligen Lehrlingen zusammenarbeiteten. Die Backstube läuft gut, jedoch mit etwas mehr Backwaren im Sortiment, dürften mehr Einnahmen erzielt werden. Sie haben viel Arbeit. Jeden Tag stellen sie etwa 250 Formenbrote her. Süssgebäcke wurden nur noch zwei oder drei Sorten hergestellt. Die Schwester Notgera führte ich im Jahr 1998 ein ganzes Jahr in der Bäckerei in Peramiho in das Handwerk des Backens ein. Inzwischen wurde neben der Bäckerei ein kleiner Speiseraum für Kunden erstellt, für den Schwester Notgera zuständig ist und von Kunden gut besucht wird. Deshalb hatte sie kaum noch Zeit, in der Backstube mitzuhelfen. Das Problem in der Backstube war die Zeiteinteilung zwischen den hergestellten Backwaren, die die Arbeiterinnen nicht beherrschten. Oft standen sie da und warteten bis der Teig aufgegangen ist, um sie dann in den Ofen zu geben. Zwei Monate arbeitete ich in dieser Bäckerei und brachte den jungen Frauen Rezepte mit, die aufzeigen wie man haltbare Kekse

und Trockengebäck herstellen kann. Sie waren sehr begeistert von den verschiedenen Trockenkekse, die lange haltbar sind und zwischendurch hergestellt werden können. Diese wurden dann in durchsichtige Tüten nach Gramm eingepackt und verkauft. Auch Lebkuchengebäcke kamen hinzu. So hatten sie keine Zeit mehr herumzustehen und zu warten, bis die Backwaren aus dem Ofen kamen. Der Absatz ist erstaunlich, wie mir Father Cölestin mitteilte. Der Umsatz ist inzwischen um ein Drittel gestiegen. Ende September war der Rohbau mit dem Dach der Backstube in Mtwara abgeschlossen. Die Arbeiter waren sehr fleissig und zeigten grosses Interesse diesen Rohbau möglichst schnell zu beenden, weil sie im Oktober ihre Felder Zuhause bereitstellen wollen, bevor die Regenzeit beginnt. Nächstes Jahr sobald meine einheimischen Lehrlinge die einfache Kochkunst und das Bedienen mit den neuen Küchenmaschinen beherrschen, setze ich mich nach Mtwara ab um dort den Innenausbau der Bäckerei zu beenden.

Start der Klosterküche in Uwemba
Ende August 2018 konnten wir mit dem Kochen in der neuen Klosterküche in Uwemba beginnen. Ich erhielt eine Lehrtochter aus der Hauswirtschaftsschule in Uwembe, der Schwester Laurenzia vorsteht. Von der Küche der Schwestern übernahm ich den jungen Lehrling Gaflied, der bereits ein Vorwissen im Küchenwesen besass. Nach etwa drei Monaten kamen noch zwei Schwestern aus dem Schwesternkonvent von Chipole hinzu, die im Bischofshaus in Songea tätig sind. So hatte ich eine Zeitlang vier Lehrlinge in der Küche. Es war ein Anliegen vom Bischof Damian Dallu in Songea, dass ich die zwei Schwestern, für zwei Monate, in die Kochkunst einführe. Hernach werden sie in der Bischofsküche in Songea eingesetzt. Während ihrer Ausbildungszeit in der Küche wohnten die zwei Schwestern bei den Imiliwaha Schwestern in Uwemba. Sie besitzen dort eine kleine Niederlassung und leben in einer kleinen Schwesterngemeinschaft zusammen. Diese sechs Schwestern arbeiten in der Pfarrei, im Sekretariat, in den Schulen und im Kindergarten. Die Schwester Zenobia leitet die Landwirtschaft der Mönche hervorragend. Nebst dem beten und arbeiten betreiben diese Schwestern ein kleines Hotel mit wenigen aber sehr einfachen Gästezimmern, um ihr Überleben zu sichern. Das Kloster Uwemba zählt sieben Mitbrüder, davon zwei afrikanische Priester Prior Lautenti Mkinga und Pfarrer Stefan Komba, die zu der Abtei Peramiho gehören und fest in Uwemba stationiert sind. Hinzu kommen immer wieder Gäste aus anderen Klöstern oder Priestern, die in den umliegenden Pfarreien arbeiten, um

sich einige Tage im Kloster zu erholen oder auf Besuch kommen. Auch sind immer wieder Gäste aus Europa und Tansania im Gästehaus untergebracht. Jetzt ist natürlich die neue Klosterküche für die Gäste zuständig und wird für das leibliche Wohl der Gäste besorgt sein. Vorher lief alles über die Küche der Tutzinger-Schwestern, von wo die Speisen in das Gästehaus der Mönche gebracht wurden. Dieses Schwesternpriorat in Uwemba, ist auch eine Niederlassung von dem Mutterhaus in Peramiho, dass nur wenige Meter von der Abtei Peramiho liegt. Etwa zehn Schwestern leben in Uwemba, von denen die meisten im Hospital tätig sind. Schwester Laurenzia führt eine Nähschule mit etwa 25 jungen Mädchen, um sie in die Selbständigkeit zu führen, damit diese Mädchen später im Berufsleben gut zurechtkommen. Im Jahr 2000 vollzogen die Tutzinger-Schwestern als erstes die Trennung der Küche in Peramiho. Seither sind die Mönche selber für ihr leibliches Wohl besorgt. In der Klostergemeinschaft in Uwemba hat es seit dem 1. September einige Veränderungen gegeben. Pater Prior Laurenti ist nach fünfjähriger Amtszeit zurückgetreten. Er war der Hausobere und später zugleich der Aushilfspfarrer von Uwemba, nachdem Pater Stefen (Pfarrer von Uwemba) sich nach Peramiho zurückzog. Pater Laurenti will noch mit seinen 53 Jahren Phsychiatrie in Amerika studieren. Bischof Alfred Maluma von der Diözese Njombe lehnte es ab, dass der Pfarrer von Uwemba auch zugleich der Hausobere des Priorates ist. Beides zu vereinen sei sehr schwierig, da der Hausobere dann mehr auswärts als im Kloster ist. An Stelle vom ausscheidenden Prior Laurenti trat Pater Andreas Hug, der bereits 87 Jahre zählt, als Übergangsprior an, bis ein Nachfolger gefunden wird, wie es damals hiess. Er war 20 Jahre als Pfarrer in Uwemba tätig und bei den Leuten sehr beliebt. Jetzt geniesst er den Ruhestand mit 93 Jahren in der Gemeinschaft in Uwemba. Als Pfarrer von Uwemba wurde Pater Emmanuel Mlwilo eingesetzt, der in Mbingamarule als Pfarrer amtete. Jedes Jahr treffen im August einer oder zwei Seminaristen im Kloster ein. Sie bleiben zwei Monate und helfen in der Diözese mit, wo sie gebraucht werden. Pater Andreas Hug hilft Pater Emmanuel bei den Aushilfen an Sonntagen, solange es seine Kräfte zulassen. Die Gemeinde Mbingamarule übernahm der afrikanische Pfarrer Josef, der viele Jahre als Pfarrer in Peramiho wirkte und mit der Klostergemeinschaft zusammenlebte. Pater Prior Melchior Kayombo von Peramiho übernahm dann zusätzlich die Pfarrei von Peramiho. Br. Stanislaus, der für die Spenglerei zuständig war, kehrte nach Peramiho zurück und übernahm dort die Spenglerei. Br. Damas von Beruf Metzger und Br. Plazido (Elektriker) sind von Peramiho nach Uwemba versetzt worden. Beide arbeiten in der Bäckerei. Später soll Br. Damas auch die Klosterküche übernehmen. Schon in der ersten Woche, nachdem er in Uwemba eintraf, schlachtete er ein Schwein aus der Landwirtschaft für die Klosterküche in Uwemba. Bei der Aufarbeitung des Fleisches half ich mit, und konnte so meine Wünsche vorbringen. Für die Klostergemeinschaft reicht ein grosses geschlachtetes Schwein bis zu drei Monaten. Bis anhin wurden alle Fleischstücke zu Gulasch und Wurst verarbeitet und im Tiefkühler gelagert. Für die kleine Gemeinschaft liegt es drin, dass man auch Plätzchen, Steaks, Nieren, Koteletts, Braten,

Schinken und Wurstwaren auf den Tisch bringt. Herz, Leber und die Kutteln legten wir beiseite. Übrigens sind Herz, Leber und Kutteln bei den Einheimischen sehr beliebt. Selbst die Kutteln schmecken gut, wenn sie in einer Tomatensauce fein gewürzt zubereitet sind. Das Brät für den Fleischkäse backen wir im Küchenofen. Vorher kneten wir die Petersilie oder den Schnittlauch in das Brät ein. Mit dem Rest des Bräts gibt es Würste, die zwei Stunden in 70 Grad heissem Wasser eingelegt werden. Wenn sie abgekühlt sind, kommen die Würste in die Rauchkammer. So erhalten sie eine schöne braune Farbe. Das Restfleisch wurde wie oben erwähnt bearbeitet. Br. Damas und sein Mitarbeiter lösten geschickt mit einem scharfen Messer das Fleisch von den Knochen, ausser den Koteletts. Bei den guten Stücken schnitt ich Plätzchen einen Zentimeter dick und kleine Fleischstücke wurden für Gulasch verwendet. Sobald das Schweinefleisch verarbeitet ist, kommt es in Portionen, Luftdicht in Plastiksäcken verpackt, in die Tiefkühltruhe. Fünf grosse Fleischstücke kamen nach dem würzen in die Rauchkammer. Dieses Rauchfleisch (getrocknetes Fleisch vom Schwein), wird jeden Sonntag, beim Frühstückstisch, den Mitbrüdern angeboten. Für die Mechaniker-Werkstatt bleibt Br. Antoni weiterhin zuständig und betreut das Wasserkraftwerk, wo ihn Br. Plazido zur Seite steht, wenn er gebraucht wird. Ich selber führte acht Monate eine Lehrtochter und einen Lehrling in die einfache Kochkunst ein und betreute zugleich die Besucher im Gästehaus. So wusste ich dann immer für wie viele Leute gekocht werden musste. Inzwischen sind meine Lehrlinge in der Lage, selbständig die Küche zu führen und viele verschiedene europäische und afrikanische Gerichte herzustellen. Selbst die verschiedenen Küchenmaschinen, die ich aus der Schweiz mitbrachte, können sie nun bedienen. Eine neue Fettbachmaschine für die Klosterküche erhielt ich von dem Schwesternkonvent im Berg Sion in Uetliburg, die sie nie gebraucht haben. Die war von der Grösse her, ausgezeichnet für den kleinen Convent in Uwemba. Eigentlich wollte ich nach Ostern 2019 mit dem Innenausbau der Backstube in Mtwara beginnen. Doch der Administrator von Peramiho (Father Sylvanus Kessy), Mönch der Abtei Ndanda) bat mich, mit dem Ausbau der Bäckerei in Mtwara noch zu zuwarten und in Uwemba in der Küche weiter zu arbeiten. Wie ich schon erwähnte, legte ich während dem zweistöckigen Bau einen Küchengarten an. Dieser Klostergarten misst eine Länge von 35 Meter und ist 25 Meter breit. Auf dieser Fläche konnte ich etwa 48 Pflanzbeete von sieben Meter Länge und 80 Zentimeter breite herstellen. So ernährt sich die Gemeinschaft zum grossen Teil aus dem Klostergarten. Die neue Küche wird unabhängig von der Bäckerei geführt. In der Regenzeit erhielten wir knapp 1000 Millimeter Niederschlag. Normalerweise sind es 1100-1300 Millimeter im Jahr. So mussten wir ab und zu die Pflanzen giessen. Wir dürfen nicht klagen, denn in Daressalam bis nach Mikumi und im Norden Tansanias fiel der Regen sehr spärlich. Ein grosser Teil der Maisfelder vertrocknete, bevor sie zum Ausreifen gelangten. Nebst dem Gemüse aus dem Garten gibt es immer zwei Hauptgerichte wie Reis, Teigwaren, Kartoffeln, Fleisch, Pizza Ugali und verschiedene Aufläufe im Ofen gebacken. Einheimische Kost genannt „Ugali" (dicker Maisstock) wird mit Maismehl und Wasser (ohne Salz) zu einem festen Brei gekocht und mit Bohnen oder Chinesenkraut serviert. Dieses Gericht steht jeden zweiten Tag auf dem Tisch. Zudem gibt es bei jedem Mittag- und Abendessen eine Suppe voraus. So können wir die Speisen die übrigbleiben, schnell wieder in Suppenform verwenden. Inzwischen schmecken den Mönchen auch die europäischen Speisen wie Spätzle-, Teigwaren-, Reis-, Eier-, Gemüse- und Brotauflauf. Kaiserschmarren, Hawaiischnitten, Früchte und Gemüsewähen, Pizza und diverse Speisen aus Kartoffeln, wie zum Beispiel, Kartoffelküchlein, Kroketten, Pommes Frites und so weiter haben bei den Mönchen auch Anklang gefunden. Diverse Salate wie Rübchen, Randen, Kopfsalat, Tomaten und Gurken schätzen die Mönche besonders, weil sie aus dem eigenen Klostergarten kommen. Seit wir mit der neuen Klosterküche anfingen, reduzierten wir den Fleisch und Hühnerverzehr auf drei Tage pro Woche. Nur noch an Sonntagen, Dienstagen Donnerstage und Festtagen gibt es Fleischgerichte. Fischgerichte aus dem Nyassasee, die man in Njombe auf dem Markt erhält gibt es ab und zu immer wieder. Hingegen zum Frühstück steht jeden Tag Aufschnitt mit Eiern auf dem Speisetisch. Süssspeisen mit Kompott gibt es meistens beim Abendessen. Auch wenn jetzt nicht mehr so viele verschiedene Speisen miteinander auf den Esstisch kommen, wie damals aus der Schwesternküche, und das Essen in dieser Hinsicht eher einfacher geworden ist, haben die Mönche trotzdem an Gewicht zugenommen. Ich persönlich finde es übertrieben, wenn Reis, Kartoffeln und Teigwaren mit verschiedenen Gemüsen zu jeder Mahlzeit serviert werden. Die Schwestern meinten es wohl gut mit den Mönchen und jeder schöpfte, was er gerne hatte. So blieben letztlich viele Resten übrig, die dann weggeworfen oder den Schweinen verfüttert wurden. Den Küchenstil und das Kochen sowie das zubereiten der Speisen, brachte ich meinen Lehrlingen und Lehrtöchtern bei, wie ich es damals in Uznach in der Klosterküche vom Br. Wendelin gelernt und ein Jahr lang die Klosterküche geleitet habe.

Die Bäckerei in Mtwara und Segnung durch Bischof Tito Ndoe
Am 30. Juli 2019 brach ich meine Zelte in Uwemba ab um den Innenausbau der Backstube in Mtwara zu beenden. Die Schwestern waren wirklich geduldig und warteten fast ein Jahr auf meine Ankunft in Mtwara, weil ich in der Klosterküche tätig war. Br. Antoni brachte mich mit dem Pick-up nach Mtwara, mit einem Halt und Übernachtung in Songea, wo wir den Maurer Maiko trafen, der mithalf, den Container mit Schraubwinden auf den Lastwagen zu heben. Vier Stunden dauerte der ganze Prozess, bis der Container auf dem Lastwagen war. Dieser Container stand

über ein Jahr hinter der Bäckerei in Songea. In dem Container, der noch 10 Tonnen wog, befanden sich die Bäckereimaschinen und Backutensilien für die Backstube in Mtwara und viele diverse Sachen für den Konvent der Ndoloschwestern in Ndanda. Es waren auch Sachen für die Diözese Songea und das Kloster Chipole dabei, die wir damals bei der Ankunft in Songea aus dem Container holten und an die Bestimmungsorte brachten. Der Bäckereiofen, das Herzstück einer Backstube liess ich aus Deutschland kommen. So kam ich mit einem Herrn Gerhard Häsler in Verbindung, der mir den Ofen in die Schweiz nach Uznach brachte. Am anderen Morgen um 04.00 Uhr machten wir uns mit dem Pick-up auf die Reise nach Mtwara. Von Songea bis nach Mtwara sind es 700 Kilometer. Die Nacht zuvor verbrachten wir in der Abtei Ndanda und nach dem Gottesdienst und Frühstück erreichten wir nach 140 Kilometer die Stadt Mtwara am indischen Ozean. Der Maurer Maiko kannte sich bestens aus, weil er zwei Monate in Mtwara lebte und den Rohbau der Bäckerei erstellte. Noch zehn Kilometer waren zu fahren, bis wir bei den Schwestern eintrafen, wo der Rohbau der Bäckerei bereits auf uns wartete. Am 31. Juli in der Nacht machte sich der Lastwagenfahrer mit dem Container auf den Weg und traf am späten Nachmittag den 3. August auf dem Grundstück der Ndoloschwestern in Mtwara ein. So hatten wir noch Gelegenheit, einige Vorbereitungen zu treffen, bevor der Fahrer mit dem Container eintraf. Später, wenn der Bäckereibau vollendet ist und die Bäckereimaschinen und die anderen Gegenstände in der Backstube ihren Platz gefunden haben, wird der leere Container als Lager verwendet. So konnten wir anfangs August mit dem Innenausbau der Backstube beginnen. Wie der ganze Innenausbau der Backstube beendet wurde, muss ich jetzt nicht mehr eigens erwähnen, der Ablauf läuft stets in derselben Reihenfolge. Jedenfalls wurden die Arbeiten der Elektriker, Spengler, Maler und Schreiner, sowie meiner Arbeiter mit Eifer und Fleiss erledigt. Zwei Monate später Ende Oktober im Jahr 2019 war der ganze Bäckereibau abgeschlossen. Bischof Titus Ndoe der Diözese Mtwara weihte das ganze Grundstück mit Weihwasser, Weihrauch und Gebeten, das eine halbe Stunde in Anspruch nahm, während viele Schwestern von Mtwara und dem Mutterhaus in Ndanda dieser Zeremonie beiwohnten. Erst jetzt realisierte ich, dass das ganze Grundstück auf den heiligen Andreas geweiht wurde. Es sollte eine Überraschung sein, die dem Bischof Titus und den Schwestern gelungen ist. Anschliessend gab es ein Apero mit Salzgebäcken, die wir in der Bäckerei herstellten und später ein gemeinsames Mittagessen, das einige Schwestern herstellten. Das ganze Anwesen wird seither Haus St. Andreas genannt. Zwischendurch war ich in Uznach zum 100 jährigen Bestehen der Klostergemeinschaft in Uznach. Von Pater Adalrich Staub erhielt ich eine Einladung an diesem Fest teilzunehmen. Die Feierlichkeiten dieses Jubiläums dauerten vom 27. bis 29. September 2019. Es war sehr eindrücklich gestaltet und ich konnte viele Bekannte begrüssen, die auch an diesem Fest anwesend waren. Am 2. Oktober kehrte ich wieder nach Tansania zurück um mit der Ausbildung der vier Ndoloschwestern und dem jungen Johannes fortzufahren.

Pandemieausbruch auf der ganzen Welt
Nach fünf Monaten im Monat Februar 2020 brach auf der ganzen Welt die Korona-Pandemie aus. Ich war mit dem Abt Emmanuel in Verbindung, der mir vorschlug, nach Hause zu kommen. Obschon in Tansania keine Anzeichen der Pandemie sichtbar waren sagte ich zu ihm: Dass ich gerne noch zuwarten würde und die Entwicklung dieser Krise beobachten werde. In den Spitälern, Klöstern und der Regierung wurden die Masken getragen und auch von den Besuchern verlangt. Sonst trugen die Menschen keine Gesichtsmasken und das Leben in Tansania nahm seinen Lauf wie zuvor. Allerdings liess der Präsident Magufuli die Schulen im ganzen Land schliessen, nahm aber das Geld von der WHO (Weltgesundheitsorganisation der vereinigten Nationen) nicht an, um einem Lockdown zu entgehen. Genau zu diesem Zeitpunkt wurde ihm von der WHO eine grosse Geldsumme in Aussicht gestellt, wenn er ein Lockdown in Tansania bewirke. Dieses Angebot von der WHO überraschte den Präsident Magufuli sehr und er liess sich nicht von dieser Organisation überreden, sondern lehnte dieses „Geschenk" dankend ab. Er wollte sich durch dieses Angebot nicht verpflichten oder erpressen lassen. Ich denke, dass er sich bewusst war, dass ein Lockdown in diesem armen Land Tansania kaum durchsetzbar gewesen wäre und das Land in eine unermessliche Hungersnot geraten wäre. Später war es in den umliegenden Ländern von Tansania der Fall, weil sie das Geld von der WHO angenommen haben und sich dazu verpflichteten einen Lockdown zu starten. Eine grosse Hungersnot brach herein. Etwa eine halbe Stunde nach dem Gespräch mit dem Abt Emmanuel vom Kloster Uznach, rief mich ein guter Freund an, der auch in Tansania lebt und fragte mich: Ob ich in die Schweiz zurückkehre. Er hätte bereits das Flugticket gebucht, um mit seiner Familie in die Schweiz zurückzukehren. Weiter meinte er: Wird die Pandemie in Tansania ankommen, werden Millionen Menschen an dieser Pandemie sterben. Nach diesem Telefon überlief mich eine panische Angst und ich glaubte selber schon, dass ich den Corona Virus in mir trage. Immer wieder kamen Schwestern mit Besuchern in die Bäckerei, um sie zu bewundern. Zur dieser Zeit hatte die Oberin Schwester Felizitas eine starke Erkältung. So rief ich den Abt Emmanuel nochmals an und sagte ihm: Dass ich bereit wäre in die Schweiz zurückzukehren. Das Gespräch war am Donnerstagmorgen und am Samstagabend sass ich bereits im Flugzeug Richtung Schweiz. So sieht man ganz klar, was im Menschen, eine Angst bewirken oder auslösen kann. Abt Emmanuel holte mich am Bahnhof in Siebnen ab, wie wir es am Telefon ausgemacht haben. Am Flughafen hatte ich ein Problem. Ich wollte mit

dem Zug nach Siebnen fahren und musste feststellen, dass am Schalter das Zugticket 25.50 Franken ausmachte. In meiner Geldtasche hatte ich aber nur 23.10 Franken. Bei der Frau am Schalter erklärte ich die Situation, fand aber kein Gehör. So entschied ich mich einfach in den Zug zu steigen und hernach mit dem Zugbegleiter zu sprechen. Als ich in den Zug stieg war ich erstaunt, dass niemand ausser zwei junge Burschen in dem Zug waren. Ich setzte mich gegenüber dem anderen Zugabteil. Sofort rief ich den Abt an und erzählte ihm meine Situation mit der Bemerkung: Dass vermutlich eine Busse auf uns zukommt, weil ich ohne Ticket in den Zug eingestiegen bin. Einer dieser beiden Jungen streckte mir sofort eine 50er Note entgegen, und sagte: Kauf dir schnell ein Zugticket. Sie haben meine Unterhaltung mit dem Abt mitbekommen. Weil ich fürchtete den Zug zu verpassen und ich meine Ankunft in Siebnen dem Abt bereits mitteilte, lehnte ich diese hervorragende Geste dieses Jungen dankend ab. Auch wollte ich die Koffer nicht mehr, die Treppe hinunter, an den Ticketschalter zurückschleppen und endschied mich im Abteil sitzen zu bleiben. Während der Fahrt kamen wir miteinander ins Gespräch und ich konnte dann feststellen, dass diese Woche keine Schaffner die Züge begleiten wird. Ein Junge meinte: Wenn ein Zugbegleiter kommt, soll ich einfach laut und fest Husten, der wäre so schnell wieder verschwunden, wie er gekommen wäre, alle fürchten sich vor dem Koronavirus. Wir mussten herzlich lachen und mein Unwohlgefühl hat sich gelegt. Es kam dann auch tatsächlich kein Schaffner vorbei und ich bin seit meinem Leben das erste Mal „schwarz" Zug gefahren. Noch lange dachte ich an diesen Jungen im Zugabteil, dem ich grossen Respekt zolle. Dass die jungen Menschen nicht so schlecht sind, wie man es oft hört, beweist ganz offensichtlich diese Begebenheit. Während der ganzen Fahrt von Siebnen bis nach Uznach waren auf der Strasse kein Auto und kein Mensch zu sehen. Es sah aus, als stehe der Weltuntergang bevor. Vierzehn Tage war ich in der Quarantäne. Die Speisen wurden mir auf einem Rollwägelchen vom Abt Emmanuel vor meine Zimmertür gestellt. Während dieser Zeit sah ich keinen einzigen Mitbruder, durfte aber über das Telefon mit ihnen in Kontakt treten. Nach vierzehn Tagen konnte ich wieder in die Gemeinschaft zurück, ohne dass ich krank wurde. In den Zeitungen in der Schweiz war zu lesen, dass der Präsident sehr katholisch sei, und die Leute aufrief, in die Kirche zu gehen und zu beten, dass das Land Tansania von Korona befreit bleibt. Man könnte es auch anders deuten, überall war bekannt, dass die Kirchen in andern Länder geschlossen wurden. Er wollte das aber nicht und sagte zu dem Volk, dass sie weiterhin die Kirchen besuchen sollen. Zudem wusste er, dass die Menschen in den Kirchen, wie Kaninchen, dicht gedrängt nebeneinander sitzen, was den Vorteil hätte, dass sich alle vom Korona-Virus anstecken und so immun werden. Wir können ihn nicht mehr fragen, denn kurze Zeit starb er unerwartet bei einem Treffen in Morogoro. In den Zeitungen las ich noch mehr Unwahrheiten, oder die Sachen wurden einfach von den Medien verdreht. Schade, dass die Medien immer nur das Negative, Lügen und Verdrehungen in die Schlagzeilen bringen und das Gute zurückgehalten, und verschwiegen wird. Der Präsident Magufuli hatte mit seiner Endscheidung grossen Erfolg. In Tansania blieb alles ruhig, was auch der Grund sein mag, wir wissen es nicht. Die Länder Kenia, Uganda, Mosambik und Malawi haben das Angebot (grosse Geldbeträge) von der WHO angenommen und mussten einen Lockdown starten. Sie gerieten deshalb in eine grosse Hungersnot und sehr viele Menschen verloren ihre Arbeit oder mussten ihre Läden für immer schliessen. Bis heute haben sie sich von dem Lockdown nicht erholt und leiden massiv in ihrer Existenz. Selbst die Kriminalität in diesen Ländern ist inzwischen stark angestiegen. Kein Wunder, sie müssen ja überleben. Der Präsident Magufuli half den Nachbarländern mit Mais und Nahrungsmitteln aus. Während meinem Aufenthalt in der Schweiz blieb ich mit den Einheimischen in Tansania stets in Verbindung und immer wurde mir bestätigt, dass die Menschen wie eh und je in Tansania leben. In der Schweiz war es für mich oft mühsam, die Pandemie war nur noch ein Thema. Im Fernsehen, Radio und Zeitungen wurde nur noch Angst suggeriert und die Menschen wurden dadurch verunsichert. Deshalb entschied ich mich, nach vier Monaten wieder nach Tansania zurückzukehren. Als ich am 31. Juli im gleichen Jahr wieder mit der Fluggesellschaft Emirate über Dubai nach Tansania zurückkehrte war ich sehr erstaunt. Wir waren nur 27 Fluggäste von Zürich nach Dubai, wo sonst 185 Personen hätten transportiert werden können. Von Dubai nach Tansania am 1. August war das Flugzeug voll besetzt, mit einem Zwischenhalt in Sansibar. Masken mussten wir tragen ausser bei den Mahlzeiten. Für mich auch ein Rätsel. Während dem Essen wird man wohl nicht angesteckt? Bei der Ankunft in Tansania gab es keinen Abstand. Hände schütteln und Umarmungen sind an der Tagesordnung und Masken werden kaum getragen. Ich musste feststellen, dass die Menschen genauso in Tansania leben, wie vier Monate zuvor, als ich in die Schweiz zurückkehrte. Während meiner Abwesenheit arbeiteten die Schwestern weiter in der Backstube, einfach das, was ich ihnen vor meinem Weggang beibrachte. Auch die 500 Brote für die Schulen an Samstagen führten sie weiter. Sie freuten sich sehr, dass ich wieder zurückgekehrt bin und sie weiterhin in die Backkunst einführte. In Mtwara hatte ich kurze Zeit später eine Erkältung mit Husten und Schnupfen, jedoch ohne Fieber. Nach 5 Tagen war die Grippe wieder verschwunden und ich arbeitete trotzdem weiter. Ende August 2020 war ich zu einer Hochzeit in Mbinga eingeladen. Es waren mindestens 600 Feiernde anwesend. Die Kirche war voll, sodass noch auf dem Kirchenplatz Stühle aufgestellt werden mussten. Nach dem Gottesdienst wurde auf dem Kirchenareal gefeiert und verschiedene Tänze dargeboten. Stehend standen die Zuschauer, auch ich, wie Kaninchen dicht nebeneinander um einen Blick der Tanzenden zu ergattern. Es ist unglaublich, wie ich die Angst vieler Menschen bei meinem Aufenthalt in der Schweiz erlebte und jetzt das pure Gegenteil in Tansania.

Die ganze Welt spielt verrückt
Zu der Zeit spielt die ganze Welt verrückt. Die Sorge ist nicht unbegründet. Unschuldigen Menschen wird unsägliches Leid widerfahren. In verschiedenen Län-

dern nehmen die Kriege kein Ende und Friedensabkommen werden nicht eingehalten oder man bemüht sich gar nicht darum. Menschen verlieren ihr Hab und Gut, Existenz und Heimat, und werden zu Flüchtlingen, wie in Afghanistan, im Jahr 2021, wo den Frauen und Mädchen alle Rechte genommen wurden. Menschenrechtsverletzungen höchsten Grades. Schon vor der Machtübernahme der Taliban in Afghanistan hatten es Frauen und Mädchen in dem Land schwer. In den vergangenen 20 Jahren haben sie Rechte erkämpft. Sie wurden Richterinnen, Gouverneurinnen und IT – (Informationstechnologie) Expertinnen. Millionen Mädchen und Frauen gingen zur Schule und studierten. Die Angst ist nun gross, dass die Taliban alle Fortschritte zunichtemachen. Nach der Machtübernahme der Taliban würden alle Afghanen, die sich nicht bedingungslos unterordnen, ihr Leben oder zumindest ihre Freiheit verlieren. Frauen und Mädchen werden aus der Öffentlichkeit verjagt, aus den Schulen Universitäten, Büros, von der Strasse und sogar ausgepeitscht, wenn sie nicht Folge leisten. Hinzu kommt noch die langanhaltende Pandemie und die ganze Welt ist nicht mehr zu erkennen. Man weiss buchstäblich nicht mehr, was man den Medien glauben soll, die nur noch bewusst Angst und Panik unter der Weltbevölkerung verbreiten. Die grossen Institutionen wie die Weltzentralbanken und die Riesen Welt-Pharmakonzerne werden immer reicher und verdienen Milliarden an Geldern und arme Leute darben dahin, die wegen dem Locktown ihre Existenz verloren haben. Viele Kinder in afrikanischen Ländern mussten ihr Leben lassen, weil die Länder das Angebot der WHO, Geld zu erhalten, annahmen und im Gegenzug sich verpflichteten einen Locktown zu starten. Nicht wegen dem Koronavirus, starben viele Kinder und ältere Leute, sondern weil sie wegen dem Lockdown nicht mit genügend Nahrung versorgt werden konnten. Viele Menschen wurden dadurch arbeitslos oder bangten um ihren Arbeitsplatz. Gerade wegen der Pandemie wurde gezielt ein Zweiklassensystem geschaffen. Freundschaften gingen auseinander, in Familien gab es Spannungen und Menschen fürchteten ihren Arbeitsplatz zu verlieren, weil die Leute in der Weltpolitik dem Korona-Impfstoff eine gigantische Bedeutung setzten. Geimpften wurde durch ein Zertifikat wieder die Freiheit gegeben und die sich nicht impfen liessen wurden benachteiligt. Später stellte man fest, dass die Geimpften und Nichtgeimpften, den Virus immer übertragen können, was damals bei den Geimpften nicht der Fall war, wie es damals fälschlicher Weise in allen Zeitungen stand. Die Geimpften konnten niemanden mehr anstecken, so wurde es jedenfalls publiziert und überall in den Medien konnte man es lesen. Zwangsläufig wurden die nicht Geimpften als Sündenböcke hingestellt. Hinzu kamen Naturkatastrophen wie Überschwemmungen und Orkane, die im Jahr 2021 Europa heimsuchten und vielen Menschen ihre Daseinsform raubten. Wirtschaftskrisen lassen Arme noch ärmer werden und Menschen flüchten in den Drogenkonsum oder fallen in Depressionen, weil sie im Leben keinen Halt-Sinn mehr finden. Seit dem Monat August 2021 konnten sich alle Einheimischen in Tansania, die es wünschen, mit dem Korona-Impfstoff Johnson & Johnson impfen lassen. Genau dieser Impfstoff wurde in vielen Ländern auf der Welt gestoppt, weil er Nebenwirkungen wie Blutgerinnsel, starke Kopfschmerzen Thrombose und so weiter auslöste. Bei einer Thrombose bildet sich ein Blutgerinnsel in einem Blutgefäss oder im Herzen. Dieser Blutstropf behindert den Blutstrom im Körper. Eine rasche Diagnose und Behandlung sind wichtig, denn vor allem bei einer tiefen Beinvenenthrombose besteht das Risiko einer Lungenembolie. Dies ist auch der Grund, dass ich bei einem Flug stets einen Korridorplatz einnehme. So kann ich ab und zu mal stehen oder ein paar Schritte gehen. Diesen Impfstoff -Johnson & Jonson- wurde den afrikanischen Ländern, auch Tansania, gratis aufgetischt. Meines Erachtens schon etwas eigenartig. Es entsteht der Eindruck, dass andere Leute mit anderer Hautfarbe, als Menschen der zweiten Klasse betrachtet werden. Aus-

serdem wurde vom Vatikanstaat eine Impf-Münze für 20 Euro herausgegeben. Wie viel sie daran verdient haben entgeht meinen Sinnen. Abstand und Maskentragen in Tansania war nie eine Pflicht und wäre auch praktisch nicht durchführbar gewesen, weil die Afrikaner sehr Familiengeprägt sind und grosse Verwandtschaften haben. Zudem glaubten die meisten Menschen im Land nicht an eine Pandemie, sondern weiterhin an eine Grippe, die es in Europa nicht mehr gab.
In der Bäckerei in Mtwara stellten wir nur Backwaren her, die das heisse Klima vertragen. Cremeprodukte kamen gar nicht in Frage ausser Torten für Festtage wie Hochzeit, Geburtstage, Erstkommunion- und Firmungstagen, die am gleichen Tag gegessen werden. Sechs Tage in der Woche ausser Sonntage und Samstagnachmittage öffneten wir das Verkaufsfenster morgens um 07.00 Uhr und abends um 19.30 wurde die Bäckerei geschlossen. Samstage um 14.00 Uhr. Auch in dieser Bäckerei stellten wir verschiedene Brote und Süssigkeiten her. Ich legte grossen Wert darauf, dass auch Süssgebäck für 100 Schillinge (12 Rappen) verkauft werden, damit auch die Kinder sich es leisten können Süssigkeiten zu kaufen. Heutzutage kaufen viele Kunden dunkles Salz- und Körnerbrot. Viele Afrikaner haben mit Diabetes zu kämpfen, wie mir einige Kunden mitteilten. Zum ersten Mal machte ich am Nikolaustag (6. Dezember) Grittibänze (Teigmannen) die bei den Kunden gut ankamen, obschon den einheimischen dieser Festtag fremd ist. Diesen Brauch kennt man hier in Tansania nicht. Bei einigen Käufern musste ich, mit diesen Backmannen, Überzeugungskunst anwenden, das sie hervorragend und etwas süsslich schmecken, bis sie dann doch einen mit nach Hause nahmen. In vielen Ländern, hauptsächlich katholischen Gebieten, hat der Grittibänz besonders einen hohen Stellenwert. Ich erinnere mich noch in meiner Lehrzeit als Bäcker-Konditor, dass wir drei Tage vor dem 6. Dezember Tag und Nacht Grittibänze herstellten und nur kurze Pausen machen durften, um der Kundschaft lückenlos Bänze in allen Grössen zu präsentieren. Der grösste Teil wurde für Schulen, fröhliches Beisammensein von Gemeinschaften und von Geschäftsinhabern für eine Feier mit ihren Arbeitern, für den Nikolaustag bestellt. Süsses wie Lebkuchen, Glühwein oder Grittibänze stehen dabei hoch im Kurs. Lebkuchen, Glühwein und Grittibänze gehören zum Advent. Ihren Ursprung haben die Weihnachtsleckereien in der Fastenzeit, als welcher der Advent ursprünglich galt. Die Adventszeit sollte die Gläubigen durch Busse und Fasten auf die Feierlichkeiten zur Geburt Jesu vorbereiten. Im vierten Jahrhundert war diese Zeit durch Gottesdienstbesuche, Fasten und gute Werke gekennzeichnet – und durch den Verzicht auf Fleisch und Alkohol. Das war vom Tag des heiligen Martin, dem 11. November, bis zum Epiphanie-Tag am 6. Januar angesagt. Abzüglich der fastenfreien Sonn- und Feiertage. Damit dauerte die vorweihnachtliche Fastenzeit 40 Tage. So lange hatte auch Jesus in der Wüste gefastet. Erst im Mittelalter wurde der Advent mit vier Sonntagen gebräuchlich. Anders als Fleisch und Alkohol

war Süsses in der Fastenzeit erlaubt. So trösteten sich die Menschen damals mit Süssigkeiten und heissem Alkohol (heute Punsch genannt). Kleine gewürzte Honigkuchen entstanden um 350 vor Christus, doch bereits die alten Ägypter haben Kuchen mit Honig bestrichen und dann gebacken. Die Lebkuchen, wie wir sie heute kennen, haben ihren Ursprung im Mittelalter. Ihren typischen Geschmack verdanken sie Gewürzen wie Zimt, Ingwer, Anis und Nelken. Diese stammten damals zumeist aus dem Orient und waren entsprechend exklusiv. Sie wurden damals vor allem zum Würzen von Fleisch verwendet. Da Fleisch aber in der Fastenzeit tabu war, fügte man die Aromen dem damaligen Fleischersatz bei, dem Kuchen. Heute sind Lebkuchen vielerorts bereits schon im Herbst erhältlich. Der würzige Glühwein wurde schon im antiken Rom geschätzt. In Schweden wurde ab dem 16. Jahrhundert das erhitzen des Weins als Möglichkeit gesehen, um das Alkoholverbot in der vorweihnachtlichen Fastenzeit zu umgehen. In ihrem Verständnis handelte es sich beim Glühwein nicht um richtigen Wein, sondern um etwas, das nicht gegen die religiösen Gebote verstiess. Auch der gebackene Grittibänz (Teigmann) erfreut schon seit Jahrhunderten die Kinder. Die Figur bildete ursprünglich den heiligen Nikolaus von Myra ab, der am 6. Dezember gefeiert wird. Grittibänze ermöglichten es den Kindern, immerhin den Leib eines Heiligen zu kosten. Denn die Hostie, nach dem Glauben der römisch-katholischen Kirche, darf der Leib Christi erst nach der Erstkommunion eingenommen werden. Im 19. Jahrhundert wurden die Männlein in Bern aus Lebkuchenteig gebacken. In der übrigen Deutschschweiz wurde ein süsslicher Brotteig benutzt. Vor dem 20. Jahrhundert gab es in verschiedenen Schweizer Regionen auch eine weibliche Version des Grittibänz. In St. Gallen wurde eine Biberfrau mit Mandelfüllung verkauft und am Frauenfelder Klausmarkt wurde neben dem Elggermann auch eine Elggerfrau verkauft. Zum Abbild des Nikolaus gehörte ein Bischofsstab (Machtzeichen), doch statt diesem hatte der Grittibänz viele Jahre eine Tonpfeife im Mund. Als Grund dafür wird die Reformationszeit genannt, in der viele katholische Symbole verweltlicht wurden. Damals nahm die Pfeife den Platz des Bischofstab ein, wohl deshalb, weil „sie einen umgedrehten Bischofsstab sehr ähnlich sieht" Heute wird auch darauf verzichtet, sie zieren die Brust der Bänze mit Hagelzucker, Mandeln und Rosinen. Deutlich jünger als die kulinarischen Angebote der Vorweihnachtszeit ist übrigens der Brauch des Adventskranzes. Er wurde erst im 19, Jahrhundert erfunden und sah zunächst noch ganz anders aus. Im 15. Jahrhundert wurden die ersten Christbäume aufgestellt und ist das bekannteste Symbol des Weihnachtsfestes. Martin Luther und andere Reformatoren erklärten ihn damals zum Weihnachtssymbol der Protestanden, dagegen gehörte die Krippe lange Zeit nur zur katholischen Weihnacht. Zur Zeit der Sonnenwende holte man sich sogenannte Wintermaien ins Haus. Diese grünen Zweige waren ein Zeichen des Lebens, sollten Wintergeister vertreiben und versprachen Schutz und Fruchtbarkeit. Man sieht deutlich, dass sich vieles aus den Jahrhunderten und den Gegebenheiten entwickelt hat.

Das hesse Klima in Mtwara am indischen Ozean

Mtwara liegt am indischen Ozean nur drei Gehminuten von der Backstube entfernt. Im Monat Oktober wird es sehr heiss, Tag und Nacht 35 Grad Celsius. Mein Zimmer ist so gelegen, dass die Sonne südlich, westlich und östlich, vom Morgen bis abends, die Zimmerwände erwärmen. Abends, bevor ich mich ins Bett legte, waren die Wände immer noch sehr warm und in meinem Zimmer zeigte der Thermometer 37 Grad an. Gerade wegen dieser Hitze, war es mühsam und beschwerlich in der Backstube zu arbeiten. Alle hatten mit Körperschweiss zu kämpfen, am meisten natürlich ich, weil ich es nicht gewohnt war. Die Generaloberin Schwester Caritas war bereit in der Backstube und auch in meinem Zimmer eine Klimaanlage zu installieren. Abends nach der Arbeit ging ich oft im Ozean baden-schwimmen. In der Strandnähe ist das Meerwasser bis zum Abend über 30 Grad und an eine Erfrischung ist gar nicht zu denken. Am Morgen ist das Wasser angenehm kühl und bis zum Abend wird es von der Sonne aufgeheizt. Selbst der Salzwassergeruch spürt man den ganzen Tag in der Nase und die Luftfeuchtigkeit ist sehr hoch. Bei Ebbe des indischen Ozeans sind viele einheimische Frauen früh morgens mit Eimern unterwegs, um die grossen Krebse einzusammeln. Abends werden sie im Kochtopf landen und als vitaminreiche Nahrung von den Leuten gegessen und was übrig bleibt wird natürlich verkauft. Während der Regenzeit vom Dezember bis Ende April kleben die Kleider am ganzen Körper. Man schwitzt ohne körperliche Anstrengung. Dass es in Mtwara so heiss wird hätte ich nie gedacht. Da ist man froh, wenn bei der Flutzeit des Meeres ein starker Wind aufkommt der etwas Kühlung bringt. Hinter dem Schwesternhaus gibt es einen Garten, der uns mit Gemüse und Melonen versorgt. Ich habe schon versucht Erdbeeren zu pflanzen, die leider nach einer Woche eingingen. Das Klima dafür ist zu warm. Bananen, Mango, Avocados, Papayen, und Kokosnüsse gibt es in Fülle. Diese Bäume sind auf dem ganzen Grundstück verteilt. Selbst eine Hühnerzucht (100 kleine Küken) betreiben die Schwestern hinter dem Haus, und manches Huhn landet später auf dem Speisetisch. Der grösste Teil wird dann als Huhn verkauft. Ein Hund und eine Katze gehören auch zu diesem Anwesen. In der Früh stand ich um 5.30 Uhr auf, ging in die Backstube und holte die gefrorenen Backwaren raus, die dann um 07.30 Uhr im Regal zum Verkauf angeboten werden. Hernach machte ich mich auf den

Weg in die Kirche zu den Kombosischwestern (Redemptoristinnen). So unternahm ich jeden Morgen einen zehnminütigen Spaziergang, dem indischen Ozean entlang, zu dem Frauenkloster, um an der Messfeier und vorausgehender Laudes teil zu nehmen. Das Gebet der Laudes beginnt um 06.15 Uhr und anschliessend die heilige Eucharistiefeier, der ein Priester von der Pfarrei vorsteht. In diesem Konvent gibt es keinen Spiritual. Wenn am Sonntag bei den Schwestern kein Gottesdienst stattfand, besuchten wir um 07.00 Uhr die Sonntagmesse in der Pfarreikirche Stankt Peter und Paul, die etwa 15 Minuten Fussweg von der Bäckerei entfernt liegt. Diese Pfarreikirche kann bis zu 700 Gläubige aufnehmen. Auffallend ist, dass sehr viele junge Menschen am Gottesdienst teilnehmen. Ein Kirchenchor von 25 Sänger und Sängerinnen trägt dazu bei, dass der Gottesdienst sehr feierlich und lebendig gestaltet wird. Dieser Schwesternkonvent wurde von Deutschland aus gegründet. Seit dem Jahr 2019 läuft dieses Kloster nur noch in afrikanischen Händen. Die letzte deutsche Oberin Schwester Hermina wurde nach Deutschland zurück gerufen. Seither leitet die afrikanische Oberin Schwester Thoma die Gemeinschaft in diesem Kloster. Wir wurden bereits einige Male nach der heiligen Eucharistiefeier zum Frühstück eingeladen. Dieser Konvent zählt 47 Schwestern mit ewiger Profess, sieben mit zeitlichen Gelübden, acht Novizinnen, sechs Postulantinnen im ersten Jahr und sieben Postulantinnen im zweiten Jahr, die im Jahr 2020 in das Noviziat aufgenommen wurden. Hinzu kommen noch einige Kandidatinnen. Im Konvent leben 17 Schwestern, die in Schulen als Lehrerinnen, in Spitälern als Krankenschwestern und in der Diözese als Katechetinnen eingesetzt sind. Zudem betreiben die Schwestern in ihrem grossen Areal eine zweijährige Hauswirtschaftsschule mit 60 Lehrtöchtern und einigen Schwestern aus verschiedenen Konventen. Jedes Jahr gewinnen die Schwestern, nach dem Lehrabschluss, einige Mädchen aus ihrer Haushaltschule, die sich für den Orden interessieren und als Kandidatinnen eintreten. Ausserdem besitzen die Schwestern eine Niederlassung im Norden Tansanias und haben sich kürzlich auch in Mbinga niedergesetzt. Das Leben in Mtwara ist sehr teuer und viele Leute haben nur wenig Geld. Einige Hotels waren noch vor kurzem im Bau und stehen jetzt still, weil auch die Besitzer nicht mehr in der Lage sind, die Baugebäude der Hotels und Wohnhäuser zu beenden. Das Jahr der Ausbildung meiner Lehrlinge in Mtwara ging schnell zu Ende und ich musste wieder an meine Rückkehr nach Uwemba denken, um den zweistöckigen Bau dort zu beenden. Die Schwestern und der Arbeiter sind jetzt in der Lage, die Backstube selbständig zu führen.

Br. Antoni von der Mechanikerwerkstatt in Uwemba traf am 7. April 2021 in Mtwara ein. Am anderen Tag um 03.00 Uhr morgens machten wir uns mit dem Pick-up, den ich voll beladen hatte, auf den Weg nach Uwemba zurück. Wir hatten Glück, denn trotz der Regenzeit konnten wir am Vortag beim Beladen des Pick-ups und am Reisetag, regenfrei unser Ziel in Uwemba erreichen. Ich hatte auf der Ladefläche des Pick-ups einen 1000 Liter Wassertank und Gepäckstücke geladen, die für Uwemba und das Kloster Imiliwaha bestimmt waren. In Tunduru, wo ich die nächste Bäckerei bauen werde, wurden wir vom Bischof Filiberti Mhasi (Jahrgang 1970) zum Frühstück eingeladen. Das Mittagessen konnten wir in Songea beim Bischof Damian Dallu (Jahrgang 1955) einnehmen. Anschliessend machten wir einen kurzen Aufenthalt in der Abtei Peramiho, um den Prior Melchior und die Mitbrüder zu besuchen, bevor wir um 18.00 Uhr wohlbehalten in der Missionsstation in Uwemba eintrafen. Uwemba liegt 2200 Meter über Meer und es war merklich kühler als die Stadt Mtwara, wo ich das ganze Jahr hindurch Tag und Nacht, 30 bis 36 Grad Wärme aushalten musste. Vor dem Regen gab es immer ein angenehmer starker Wind, der etwas Kühlung brachte.

Bischof Alfred Malauma starb nach einem Autounfall
Bischof Alfred Maluma (Jahrgang 1955) von der Diözese Njombe hatte eine Woche vor Ostern einen Autounfall und wurde dabei an seiner Halswirbelsäule beim Aufprall mit einem entgegenkommenden Auto schwer verletzt. Ein Mann von der Regierung, der durch sein riskantes Überholmanöver den Unfall verursachte, erklärte sich sofort für schuldig. Das nützte dem Bischof Alfred allerdings nicht mehr viel, denn nach dem Unfall konnte er seine Beine nicht mehr bewegen und seine Hände waren kalt und gefühllos. Man brachte ihn in das Hospital nach Daressalam und entschied, ihn sofort an der Halswirbelsäule zu operieren. Die Operation dauerte sechs Stunden und wurde aus Italien über Satellitenfunk, in das Spital wo er eingeliefert wurde, in den Operationssaal übertragen. Von Italien aus dirigierten italienische Rückenspezialisten den Hergang der Operation und afrikanische Spezialisten führten die Operation durch. Nach dem Eingriff sah es aus, als ob die Operation geglückt sei, jedoch die Beine konnte er noch nicht bewegen. Er wachte aus der Narkose auf und es gelang ihm etwas unverständlich zu sprechen und zu lächeln, sodass die grosse Hoffnung bestand, dass er auf dem Weg der Besserung sei. Später wäre eine Therapie in Italien vorgesehen und auch möglich gewesen. Doch plötzlich nach vier Tagen verlor er das Bewusstsein und starb zwei Tage später unerwartet am Osterdienstag den 6. April 2021 in der Intensivstation, ohne dass er wieder aufwachte. Der Gottesdienst fand am 13. April in der Kathedrale in Njombe statt, wo er beigesetzt wurde. Offensichtlich war er sehr beliebt beim Volk, denn 350 Priester, 20 Bischöfe, drei Äbte und unzählige Leute nahmen an der Beerdigung teil. Selbst viele muslimische Gläubige waren nicht zu übersehen. Einen Tag zuvor wurde der verstorbene Bischof Alfred Maluma mit einem Kleinflugzeug von Daressalam an den Flughafen nach Njombe gebracht, wo viele Leute

auf seine Ankunft warteten. Inzwischen hat der Papst Franziskus I den Bischof John Ndimbo von Mbinga, zusätzlich zum Administrator der Diözese Njombe ernannt, bis ein neuer Bischof in Njombe eingesetzt wird. Ich selber nahm auch an seiner Beerdigung teil, um dem Bischof Alfred die letzte Ehre zu erweisen. Im Jahr 2015 baute ich in seiner Diözese eine Bäckerei in der Umgebung Nazareth und bildete Lehrlinge und Lehrtöchter in dieser Backstube aus. Ausserdem war er wirklich ein Bischof, der offen, eine anziehende Ausstrahlung aufwies, in die Zukunft ausgerichtet war und mit alten und jungen Leuten umgehen konnte. Ich habe ihn als einen zugänglichen, bescheidenen und freundlichen Bischof erlebt. Zweieinhalb Jahre blieb die Diözese Njombe ohne amtierenden Bischof und anfangs Dezember 2023 wurde bekannt gegeben, dass Father Eusebius Kiando zum Bischof von der Diözese ernannt wurde. Am 14. Januar empfing er die Bischofsweihe in der Kathedrale in Njombe, bei der alle Bischöfe im Land, etwa 400 Priester, viele Ordensleute und unzählige Menschen daran teilnahmen.

Beenden des zweistöckigen Baus in Uwemba
Nach Ostern im Jahr 2021 nahmen wir das obere und untere Stockwerk des zweistöckigen Baus in Angriff. Das mittlere Stockwerk, die Klosterküche, ist bereits seit drei Jahren in Betrieb und führt direkt in den Speisesaal der Mönche. Sechs Wochen später waren der Verputz, die Wasserleitungen und die elektrischen Anschlüsse in diesen Stockwerken abgeschlossen. Währenddessen zementierte ich weisse Fliesen an den Wänden der zwei Toiletten und dem Duschraum im Erdgeschoss. Hernach erhielten alle Wände ob den Fliesen einen weissen Anstrich. Der Boden im Toilettenraum erhielt Bodenfliesen. Die zwei Eiseneingangstüren für das Erdgeschoss und das oberste Stockwerk, sowie das Geländer im Treppenhaus, vom Erdgeschoss bis zum obersten Stockwerk, wurden in der Klosterspenglerei hergestellt. Die vier Handwaschbecken für jede Werkstatt und die Holzplatten für die Abdeckung der Decke im obersten Geschoss konnten wir in der Stadt Njombe einkaufen. Es ging zügig voran, sodass wir nach zwei weiteren Monaten, in jeder

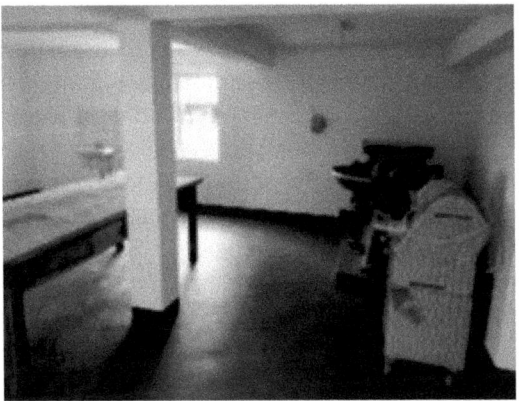

Werkstatt, die Böden in Angriff nehmen konnten. Wir entschieden uns, in diesen Räumen und den Waschraum keine Fliesen zu legen, sondern einen rötlichen Zementboden anzulegen. So gaben wir rotes Pulver in das Zementgemisch, das wir in Njombe erhielten. Alle Böden des oberen Stockwerkes, des Erdgeschosses und das Treppenhaus erhielten einen rötlichen Boden. Nach einer Woche konnten wir die Böden mit einer Wachssalbe bestreichen, die drei Tage zum Trocknen brauchte, bevor man den Wachsboden mit einem Lappen durchrieb, und damit auf Glanz brachte. Diese Salbe stellte Schwester Jolanda mit Kerzenwachs, rotem Pulver und Lampenöl her. Alles zusammen wird aufgekocht, gut gerührt und dann über Nacht stehen gelassen. Wenn es abgestanden ist und angezogen hat, wird es zu einer Salbe, die für den Boden verwendet werden kann. Diese rote Salbe wird meist für Kirchenböden, Gänge in den Klöstern, Schulhäuser und so weiter verwendet und ist pflegeleicht zu halten. Ende September war es dann soweit, dass das Erdgeschoss und das oberste Stockwerk abgeschlossen werden konnten. Für den Aussenbereich dieses Baus brauchten wir 14 Tage. Rings um den Neubau bauten wir mit Zement breite Wasserabläufe, die bei starkem Regen schnell und ohne Verstopfung oder Wasseransammlungen über die Kanalisation abfliessen. Zwei Mal strichen wir die Aussenseiten des ganzen zweistöckigen Baus mit gelblicher, wasserfester Farbe an und zuunterst an den Mauern, rings um den Bau, bestrichen wir einen 25 Zentimeter breiten Streifen mit schwarzer Ölfarbe. Dieser schwarze Streifen hilft bei starkem Regen, wenn Staub und Dreck vom Boden an die Wand gespritzt werden, um ihn nach der Regenzeit zu reinigen. Am Schluss kamen dann die Aluminiumfenster eingesetzt, die man rechts oder links auf die Seite schieben kann. Dabei ist eine Schiene speziell für das Moskitonetz mit dem Fensterrahmen verbunden, das auch hin und her geschoben werden kann, wenn das Fenster geöffnet wird. Es hält natürlich auch andere Flugtiere ab, die abends dem Licht zufliegen. Mitte Oktober 2021 war der zweistöckige Bau abgeschlossen. Nun wurden zwei Waschmaschinen, Bügelbrett, Tische und Nähmaschinen und alles was dazu gehört in den Neubau gebracht. Auch die ganze Ausrüstung der Metzgereimaschinen fanden im vorgesehen Raum Platz, die von dem Schwesternkloster in den zweistöckigen Neubau überführt wurden. Zwei Wochen später kehrte ich wieder in die Schweiz zurück, um die nächsten Bäckereimaschinen und Bäckereiutensilien für die Diözese Tunduru zu besorgen und einzupacken. Ich durfte einen Monat Urlaub machen und besuchte einige Freunde Bekannte und Wohltäter. Nach dem Urlaub in der ersten Adventswoche konnte ich an den Exerzitien der Klostergemeinschaft teilnehmen. Neun Monate Mitte Januar 2022 bis zur ersten Septemberwoche war ich immer wieder beim Einpacken von kleinen Gegenständen in Kartonschachteln, Holzkisten und den grossen Bäckereimaschinen beschäftigt. Gut, dass ich die Möglichkeit hatte, alle meine eingepackten Schachteln und Gegenstände in Erdgeschoss, links dem Gang entlang aufzubewahren, bis der Container in Lachen eintraf. Die Bäckereimaschinen, den Ofen und die grossen Gegenstände durfte ich in dem grossen Raum in der Klosterprokura einstellen. Den Ofen erhielt ich wieder aus Deutschland. Robert Häsler, der inzwischen pensioniert ist, stellte eigens den Ofen her, den ich mir wünschte. Ein Ofen mit zwei Etagen zu Backen und unter dem Ofen einen Wärmeschrank, (alles mit Schaltern nicht digitalisiert), um Joghurt herzustellen. Jeden Gegenstand habe ich nummeriert, sodass eine stattliche Zahl von 293 Gegenständen in den Container verstaut werden konnten. Davon waren auch 11 guterhaltene Fahrräder dabei, die ich von Freunden erhielt, weil sie auf E-Bikes umstiegen. Von dem Fussballverein Küsnacht erhielt ich über 235 Kilogramm Trikothosen, Leibchen und Socken, die noch sehr gut erhalten sind. Da werden sich die afrikanischen Kinder und Jugendliche riesig freuen, die grosse Fussballfans sind. Für mich persönlich schreib ich immer alles auf, was sich in den nummerierten Schachteln befindet. Sollte etwa verloren gehen weiss ich schnell, welche Nummer es ist und was sich darin befand. Der Container mit all dem Inhalt wog 15 Tonnen. Das Herzstück der Backstube (Backofen) alleine wog 800 Kilogramm und die Kombination (Rührwerk, Mahlwerk und eine Knetvorrichtung) brachte es auf 690 Kilogramm. Von Schindellegi kam noch ein zwei tonnenschwerer Baggerarm und das dazu bewegliche Hydraulikstück (400 Kilogramm) hinzu, um die Staumauer des Wasserkraftwerkes in Chipole zu reparieren. Anhaltender Regen im Jahr 2021 verursachte einen Dammbruch, der in den Abwasserfluss stürzte und über die Hälfte der Staumauer und der Brücke mit sich riss. Das Wasserkraftwerk Lupilo liegt etwa 15 Kilometer von Chipole entfernt und dieser Ort wird Kiogowale genannt. Jetzt versucht man die Staumauer wieder neu herzustellen. Eine Liste musste ich führen, in der jeder Gegenstand und die Waren in den Schachteln einzeln aufgeführt und das Gewicht angegeben werden müssen. Das verlangt die Zollabfertigung am Hafen in Daressalam-Tansania. Seit drei Jahren wird zusätzlich verlangt, dass für jedes elektrische Gerät, mag es auch noch so klein sein, ein Zertifikat vorliegt. Den administrativen Aufwand, was den Container anbelangt, erledigte ich meist bis weit in die Nacht hinein. In Schindellegi wurde meine hergestellte Liste auf dem Computer festgehalten und ausgedruckt, die ich dann beim Zoll am Hafen in Daressalam vorwies. Zwischendurch band und leimte ich wieder Zeitschriften zu Büchern, die wie immer in der Klosterbibliothek während meiner Abwesenheit geduldig in den Regalen warteten, bis sie zu Bücher geleimt oder gebunden wurden. Dieses Mal band und leimte ich zwei oder drei Bücher pro Zeitschrift (2019 bis und mit 2021) zusammen. Trotzdem es schwieriger wurde, revidierte Bäckereimaschinen zu besorgen, hatte ich Glück. Alles ist inzwischen im Container verstaut und dieser wurde anfangs September mit dem Lastauto in Lachen abgeholt. Der Marco Schubiger half mir die Maschinen, Schachteln und grossen Geräte mit dem VW-Buss und Anhänger nach Lachen zu fahren. Dort war diesmal der 12 Meter lange, 2,50 Meter breite und 2,35 Meter hohe Container seit dem 4. Juli stationiert gewesen. Zwei Monate dürfte es dauern, bis der Container den Bestimmungsort erreicht. Der Transport und die dazugehörenden Dokumente organisierte Marcel Bösch über Frau Lisa Stockmeier in Schindellegi. Er bestellte auch den Container, was in der Pandemiezeit recht schwierig war. Weil die Lisa immer wieder von dieser Firma Container bestellte, hat man sie berücksichtigt und sie erhielt diesen grossen Container. Dafür allen einen herzlichen Dank. Mitte September war es dann soweit, dass der Container in Lachen abgeholt wurde und die Reise nach Tansania antrat. Ich selber flog anfangs September 2022 wieder nach Tansania zurück. Eigentlich hätte der Container Ende November in Tansania eintreffen sollen. Ich erhielt eine Benachrichtigung, dass der Container erst am zehnten Dezember im Hafen von Tansania eintrifft. Die Abfertigung am Zoll dauerte eine gute Woche, sodass der Container noch vor Weihnachten in Tunduru eintraf. Mit einem hohen Regierungsbeamten (Mkurugenzi) den ich bereits seit einigen Jahren kenne, konnte ich den Container am Hafen in Daressalam auslösen. Er betrug etwa 15 Tonnen, kann aber insgesamt 35 Tonnen aufnehmen. Allerdings befanden sich in diesem Container auch Gegenstände für Daressalam, Chipole, Ndanda und Uwemba. Dieser Regierungsbeamte besitzt seit vier Jahren eine kleine Wursterei bei sich zuhause, nebst einer Schweinehaltung, die sein Sohn etwas ausserhalb der Stadt Daressalam führt. Vor zwei Jahren bat er mich, Pläne für eine kleine Wursterei und Bäckerei herzustellen. Ein Haus mit zwei Räumen und separaten Eingängen. In einem Raum möchte er Fleisch und Wurst und im anderen Raum Brot, Kekse und Sandwiche mit Wurst herstellen und verkaufen. Im Container habe ich einige kleine Bäckereimaschinen und Bäckereiutensilien eingepackt. So werde ich dann wohl oder übel auch einige Zeit in Daressalam verbringen müssen, bis das Fundament gelegt ist. Für etwa 12.000 Franken konnte ich ihm diesen Wunsch erfüllen. Das sind umgerechnet etwa 27 Millionen tansanische Schillinge, die er auf das Bäckereikonto der Diözese Tunduru, das wir bereits eröffnet haben, überwies. Mit diesem Betrag haben wir die Diözesanbackstube gebaut.

Drei afrikanische Gäste von Tansania im Kloster Uznach
Vom 9. bis 29. Juni 2022 hatte ich drei afrikanische Gäste in Uznach. Die Generaloberin Schwester Auxilia von Ndanda, den Prokurator Father Kevin von Songea und den Finanzmann und Automechaniker Br. Antoni von Uwemba. Die Flugkosten übernahm ich von dem Geld, das ich von der Regierung in Bern im Jahr 2018 erhalten habe. Damals in Jahr 2017 durften sich alle Personen anmelden, die sich als Waisen- oder Verdingkind ausweisen konnten. Von diesem Angebot machte ich Gebrauch und meldete mich an. Nach eineinhalb Jahren erhielt ich einen Betrag von 25.000 Franken von der Regierung in Bern. Es sollte eine Wiedergutmachung sein, für das, was damals mit Kindern geschah. Für die Ndolo-Schwesterngemein-

schaft baute ich in Mtwara eine Backstube und führte vier Schwestern und einen Lehrling in das Handwerk des Backens ein. Schwester Caritas, die zu dieser Zeit Generaloberin war, legte ihr Amt nieder und Schwester Auxilia wurde zur Generaloberin gewählt. Vorher hatte sie das Amt als Finanzschwester inne. Ich war überrascht, dass die Schwester Inozensia, die in der Backstube in Mtwara eine meiner Lehrschwester war, zur Oberin der Schwesterngemeinschaft, mit 360 Schwestern, in Ndanda gewählt wurde. Sie gehörte allerdings dem Schwesternrat an, als noch die Schwester Caritas Generaloberin war. Pater Kevin war Jahrzehnte Prokurator der Diözese Songea auch unter dem früheren Bischof Norbert Mtega und zuvor beim Pater Gotthard. Nach Ostern 2023 hat er noch mit 66 Jahren die Pfarrei Mtyangimbole übernommen, steht aber dem Bischof Damian Dallu in politischen und gerichtlichen Fragen noch zur Verfügung. Deshalb hat er auch diese Pfarrei erhalten, die nur 30 Kilometer vom Bischofsaus entfernt liegt. Für mich erledigt er immer die Verlängerung des Visums für zwei Jahre, die Verlängerung meines Führausweises und alles was sonst noch anfällt. Offiziell bin ich schon seit vielen Jahren in der Diözese Songea angemeldet. Eine Aussendung mit einem Missionskreuz habe ich nie erhalten, weil mir von Anfang an, seit dem Jahr 1993, immer nur eine Verlängerung von ein oder zwei Jahren bewilligt wurde. So habe ich auch keine Stimmrechte in der Abtei Peramiho und im Kloster Uznach bin ich ja selten dabei. Schlussendlich hat es sich so ergeben, weil Handbuchbinderein und Bäckereien in Afrika gefragt sind. Die Anfragen von Gemeinschaften oder Diözesen bei den Oberen in Uznach, auch eine Bäckerei oder Buchbinderei zu erhalten, ist keine Seltenheit. Jedenfalls erklärte ich mich stets bereit in Gemeinschaften oder Diözesen eine Bäckerei aufzustellen und junge Lehrlinge und Lehrtöchter ein Jahr lang das Backen beizubringen. Bei Buchbindereien erhielt ich meistens einen Raum, wo die Buchbindergeräte eingerichtet wurden. So brauchte ich höchstens nur sechs bis acht Monate für die Ausbildung. Br. Antoni ist ein Mönch, der unserer Kongregation von St. Ottilien angehört und ein Mitglied der Abtei Peramiho ist. Er ist als Leiter in der Mechaniker-Werkstatt in Uwemba tätig und hat auch die Finanzen in Uwemba inne. Ich kenne ihn schon seit Jahren und lebte mit ihm auch in Uwemba zusammen. Er ist vertrauenswürdig, bescheiden und sehr hilfsbereit. Vor drei Jahren hat er angefangen 1500 Avocado-Bäume in Uwemba zu Pflanzen, mit dem Hintergedanken, den Unterhalt der Mönche in Uwemba selber zu verdienen und nicht mehr von Europa abhängig zu sein. Es waren für mich drei strenge Wochen, diesen Gästen einiges anzubieten. Drei Tage verbrachten wir in unserem Mutterkloster in St. Ottilien Oberbayern (Deutschland) und besichtigten alle Werkstätten, die Ökonomie und Umgebung. Im Schwesternkloster Tutzing am Ammersee besuchten wir einige Schwestern, die viele Jahre in Tansania verbrachten und krankheits- oder altershalber nach Europa zurückkehrten. Es war eine herzliche Begegnung und es gab viel zu erzählen. Auch verbrachten wir zwei Tage im Martinskloster in Münstair, in dem noch neun Schwestern in Arbeit und Gebet zusammenleben. Dieses Kloster von Bergen umgeben besteht seit 1200 Jahren und meine Gäste konnten

zum ersten Mal eine Bergwelt erleben. Ich selber war auch noch nie dort, war aber auch sehr fasziniert von dem Dorf Münstair. Einen Rundgang machte mit uns Sr. Birgitta, soweit es erlaubt war Gäste hinzuführen. Auch der Garten sah gepflegt aus und auf dem Friedhof sind die Gräber der Schwestern an einer Wand entlang angelegt. Abends ging ich dann mit Br. Antoni spazieren. Er war sehr erschrocken und fühlte sich auf einmal etwas unwohl, weil er immer wieder Schüsse hörte. Ich erklärte ihm, dass es vermutlich ein Schiessstand ist, wo das Schiessen geübt wird. So entschlossen wir uns diesen Schüssen nachzugehen. Wir liefen sicher noch eine halbe Stunde, bis wir tatsächlich zu einem Schiessstand kamen. Ein Mann kam gerade mit seinem Schiessgewehr zur Tür hinaus und ich sprach ihn an: Ob es möglich wäre diesem Afrikaner, aus Tansania, einen Blick in den Schiessstand zu geben. Sofort begleitete er uns in den Schiessstand und wir konnten sehen, wie die Schützen auf Matten lagen und in der Ferne auf Zielscheiben schossen. Br. Antoni war sehr beeindruckt und auf dem ganzen Rückweg stellte er mir Fragen, wie es bei uns mit dem Militär gehandhabt wird. Er war sehr interessiert und wollte für vieles was er sah eine Antwort erhalten. Auf der Höhe vom Flüelapass, wo noch einige Schneemassen in höheren Hangmulden vorhanden waren, machten wir Picknick. Father Kevin, Br. Antoni und ich kletterten den Hang hoch und sie freuten sich, zum ersten Mal Schnee in ihren Händen zu haben. Ein Erlebnis, dass sie sicher nicht mehr so schnell vergessen. Einen Schneebrocken nahm Br. Antoni mit und gab ihn der Schwester Auxilia in die Hände, die nicht wagte, diesen Hang aufzusteigen. Die Begegnung mit dem Kloster in Einsiedeln, die Br. Ramon organisierte und die professionelle Führung durch einen Mönch von Einsiedeln, brachte sie kaum aus dem Staunen. Anschliessend erhielten sie Kaffee und Kuchen in dem Klostergästehaus. Ab und zu wurden wir zu einem Mittag- oder Abendessen bei meinen Verwandten und Freunden eingeladen. Einmal sogar an einer Grillparty in Schwyz bei der Monika und dem Josef. Einige Stunden zuvor wurden wir von ihnen eingeladen mit der Schwebebahn auf den Mythen zu gelangen. Die Angst meiner afrikanischen Gäste, in die Gondel zu steigen, war nicht zu übersehen. Jedoch in der Schwebegondel konnten sie wieder herzlich lachen und die Beklemmung überwinden. Es war ein herrlicher Ausblick vom Mythen und wir bewunderten die Schönheit der Berge und Täler. Hernach gab es noch ein feines Ice-Cream auf der grossen Terrasse mit Tischen und Stühlen. Maria Bildstein in Benken, Kanton St. Gallen, erlebten sie als einen schönen ruhigen Wallfahrtsort mitten im Wald, der wirklich zum Beten einlud. Leider konnten wir die Kirche nicht bewundern, weil sie geschlossen war und die Schwestern nicht zuhause waren. So gingen wir einfach dem Kreuzweg entlang und betrachteten die speziellen Stationen, die Jesus gehen musste, bevor er am Karfreitag am Kreuz starb. Der Besuch der Kathedrale in St. Gallen war für sie schon einmalig. Die Kathedrale St. Gallen ist auch Pfarrkirche der Dompfarrei und Bistumskirche des im Jahre 1874 gegründeten Bistums St. Gallen. Sie steht dort, wo im Jahr 612 der irische Wandermönch Gallus eine Einsiedelei errichtete. Leider hatten wir keine Zeit mehr, die Stiftsbibliothek zu besuchen. Dafür besichtigten wir das Leben der Menschen am Marktplatz und gönnten uns ein Eis, weil es doch recht warm war. Keine Wolke am Himmel war zu sehen. Mit meinem Bruder Jürg besichtigten wir die Altstadt in Chur, wobei er uns durch die engen Gassen führte, uns immer wieder besondere Altbauten zeigte und uns in die historischen Gegebenheiten einführte. Bei ihm zuhause in Haldenstein erhielten wir einen Imbiss mit Getränk. Zwischendurch besuchte ich einmal mit den afrikanischen Gästen meine 99jährige Mutter im Altersheim in Hinwil. Sie freute sich sehr an unserem Besuch. Bei Hildegard und Pfarrer Josef wurden wir zu einem Kaffee und Tee eingeladen und einen feinen selbstgemachten Kuchen wurde uns dazu offeriert. Wir durften ihren Swimming-Pool zum Schwimmen benutzen. Allerdings wagten nur Br. Antoni und ich, sich in das kühle Nass zu begeben. Zum Schluss erhielten wir noch ein Ice-Cream. Einen Besuch gab es auch bei Josef Gwerder im Muotathal, der sich zu der Zeit mit seiner Familie dort aufhielt. Seine Mutter freute sich sehr auf unseren Besuch und richtete uns ein Vesperbrot her. Drei Tage vor der Rückkehr meiner Gäste nach Tansania besuchten wir nochmals meine Mutter. Es war sogar der Wunsch meiner drei afrikanischen Gäste, sich bei meiner Mutter zu verabschieden. Ich hatte ja noch Zeit, sie einige Male zu besuchen, weil ich erst später nach Tansania zurückkehrte. Als wir ankamen, spazierte sie mit dem Rollator den Gang im Altersheim entlang und die Freude in ihrem Gesicht war nicht zu übersehen, als sie die drei afrikanischen Gäste nochmals sah. Die drei Wochen gingen schnell vorüber und viele Eindrücke und Erfahrungen mussten sie in Tansania verarbeiten. Ich denke schon, dass sie mit diesen Erlebnissen etwas überfordert waren. Sie schätzten es sehr, einmal eine andere Welt zu sehen, die eigentlich das Gegenteil von armen Ländern bezeugt. Wohlstand und Reichtum gegenüber Armut und Ausbeutung. Jedenfalls kehrten sie beglückt in ihre Heimat nach Tansania zurück.

Der Tod meiner Mutter im 100sten Lebensjahr
Drei Monate später im Dezember erhielt ich die Nachricht, dass meine leibliche Mutter von uns gegangen ist, die im Altersheim in Hinwil wohnte. Die Abdankung wurde auf den 17. Januar festgelegt. Am 15. Januar 2023 flog ich zum ersten Mal mit der Fluggesellschaft Katar in die Schweiz, um an der Beerdigung meiner Mutter auf dem Friedhof in Hinwil teilzunehmen. Sie starb im 100sten Lebensjahr am 16. De-

zember 2022 friedlich ein. Noch am selben Tag, bevor ich am 5. September nach Tansania zurückkehrte, habe ich meine Mutter besucht. Sie war guter Dinge und sass auf dem Sofa in ihrem Zimmer. Die Abteilungsschwester brachte zwei Tassen Kaffee und stellte ihn auf den Tisch. Die Mutter erinnerte mich, wie ich damals, als sie in Wald in eine Zweizimmerwohnung zurückkehrte, diesen Tisch vom Hauseingang auf meinem Buckel in ihre Wohnung brachte. Sie musste herzlich lachen. Allerdings machte ihr die Altersvergesslichkeit (heute sagt man Dement, die in 10 Stufen eingeordnet wird) zu schaffen. Sie sagte mir selber: Dass sie sich an vieles nicht mehr erinnern kann. Jedenfalls kannte sie mich noch und wir konnten uns ein wenig unterhalten. Sie wurde aber schnell müde und so verabschiedete ich mich bei ihr nach etwa 15 Minuten und versprach ihr, sie nächstes Jahr wieder zu besuchen, wenn ich in die Schweiz zurückkomme. Sicher hat sie ein hohes Alter erreicht und war dem Alter entsprechend noch geistig gut dran. Ohne Zweifel hatte sie in ihrem Leben viel Freud und Leid erfahren, wie ich es in meiner Biographie erwähnte, die ich in Tansania schrieb. Meine Biografie ist als Buch im Verlag: BoD – Books on Demand „Vom Waisenkind zum Ordensmann", mein steiniger Weg – bis ich „Hilfe zur Selbsthilfe" in Ostafrika leisten konnte, am 11.11.2022 veröffentlicht worden. Nach der Beerdigung meiner Mutter hängte ich noch einen Monat Urlaub an. Von der Familie Hans Baldegger in Bichwil wurde mir ein Auto während dieser Zeit zur Verfügung gestellt. So hatte ich die Gelegenheit noch einiges für die Bäckerei zu besorgen und Besuche zu machen. Mit dem Wetter hatte ich Glück. Nur einmal wurde ich von der Frau Holle überrascht, die es nicht lassen konnte, ihre Frühlingsreinigung zu verschieben. Vor dem Stoss bis zu der Autobahneinfahrt Pfäffikon Richtung Chur, schneite es ununterbrochen. Ich war gezwungen nicht über 20 Stundenkilometer zu fahren. Teilweise sah ich keine zwei Meter zum Autofenster hinaus, so hat es in grossen, dicken Flocken geschneit. Die Strasse war innerhalb kurzer Zeit mit Schnee bedeckt. Am 19. Februar flog ich wieder nach Tansania zurück. Am Flughafen holte mich Br. Antoni ab und nach zwei Übernachtungen in Kurasini kehrten wir nach Uwemba zurück.

Im Oktober in Jahr 2023 wird es 30 Jahre sein, seit ich in Tansania als Buchbinder und Bäcker tätig bin. Inzwischen konnte ich viele Lehrlinge und Lehrtöchter, Schwestern und Mönche ausbilden und die elf Bäckereien und acht Buchbindereien laufen bis heute in afrikanischen Händen. Eigentlich wollte ich das Buch meiner Mutter zum 100sten Wiegenfest schenken. Leider ist es nicht mehr dazugekommen. Auch wusste sie nicht, dass ich eine Biografie über mich geschrieben habe, es sollte ja eine Überraschung sein. Erstens geht es im Buch um meine Kindheit bis zum Klostereintritt, zweitens, dass wir Klerikalen nicht besser sind als andere Menschen. Drittens geht es um mein persönliches Gottesbild, das nicht unbedingt in allem der katholischen Lehre entspricht und viertens, um einen Teil meiner Tätigkeit in Ostafrika „Hilfe zur Selbsthilfe". Das Buch hat 240 Seiten mit vielen Bildern in schwarz-weiss. Es ist auch als E-Book bestellbar und kann auf dem Laptop mit 446 Seiten gelesen werden. Mühe macht mir das Wort „Heilig". Heilig ist nur die Dreifaltigkeit: Gottvater, Sohn und Heiliger Geist. Weil die Muttergottes als unversehrte Jungfräulichkeit (mit der Geburt Gottes konnte sie nur in ihrer Reinheit Jesus empfangen) den Gottessohn gebar, schliesse ich sie auch in die Heiligkeit ein. Meines Erachtens, wäre es ehrlicher von der katholischen Kirche mit dem Wort „Heilig" vorsichtiger umzugehen. Heiliger Stuhl, nur weil dieser der Papst benutzt, heiliger Vater in Rom, der auch nur Mensch ist, heilige katholische Kirche, die eine Glaubensgemeinschaft ist und so weiter macht mir schon Mühe. Man sollte es nur dort konkret erwähnen, wenn es auf die Dreifaltigkeit gerichtet ist. Nur Gott allein ist Heilig (Offenbarung 4.8). Wir Menschen auf Erden können wohl die „Heiligkeit" anstreben, Aber „Heilig" werden wir auf Erden nie und Institutionen schon gar nicht, bei denen es mehr um Macht und Geld geht. Wir würden lieber auf die Barmherzigkeit und Liebe Gottes vertrauen und mehr Menschlichkeit vorantreiben, als Macht über Menschen auszuüben. Jesus gebar in einem Stall und nicht in einer pompösen Kirche, die von Reichtum strotzt. Damals wurde ich als Säugling von der katholischen Kirche meiner Mutter entrissen und angeblich adoptiert. Mit 34 Jahren, ich war bereits Ordensmann, lernte ich meine Mutter kennen. Nun ruht sie in Frieden und ihr Wunsch, in das allgemeine Grab beigesetzt zu werden, wurde erfüllt. Ich bin sehr dankbar, dass ich mit 18 Jahren meinen leiblichen Vater und mit 34 Jahren meine Mutter kennen lernen durfte. Keine Sekunde möchte ich missen und mit all meinen Geschwistern bin ich in guter Verbindung. Allerdings starb mein Halbbruder mütterlicherseits an einer akuten Grippe mit 63 Jahren im Jahr 2017. Wer Interesse hat, meine Biografie zu lesen ist herzlich eingeladen, um zu verstehen wie früher mit Kindern, unverheirateten Frauen, Menschen die im Konkubinat lebten oder wenn zwei Menschen heirateten und nicht beide dieselbe Religion hatten und so weiter umgegangen wurde.

Die elfte Bäckerei in Tunduru
Am 4. Juli 2023 brachte mich Br. Antoni nach Tunduru, nachdem wir den zweistöckigen Bau in Uwemba abgeschlossen haben. Die Metzgerei, Wäscherei und Flickerei sind seither im Betrieb. Das Schlachten findet ausserhalb des Gebäudes statt. Im Innern steht ein grosser Raum, mit Metzgereimaschinen, wo das geschlachtete Tier zu Würste, Fleischkäse, Gulasch und Trockenfleisch verarbeitet wird. Die Tutzingerschwestern in Uwemba, die Jahrzehnte lang für die Mahlzeiten und Wäsche der Benediktinermönche besorgt waren, sind nun unabhängig geworden. Jede Ordensgemeinschaft ist jetzt auf sich selber gestellt. Allerdings ist es nur eine Arbeitstrennung. Das Miteinander und Füreinander in Gebet und Freundschaft bleibt weiterhin bestehen. So möchte ich es nicht unerwähnt bleiben lassen und der Schwesterngemeinschaft in Uwemba herzlich danken für die aufopfernde und unermüdliche Arbeit, die sie für das Wohl der Mönchgemeinschaft jahrzehntelang in Uwemba leisteten. Morgens in aller Frühe um 03.30 Uhr machten wir uns mit dem Pick-up auf den Weg nach Tunduru. Am Vortag lud ich alle Holzkisten und

Kartonschachteln auf, die noch im Lager in Uwemba standen. Darin befinden sich Bäckereiutensilien für Bäckereien, die doppelt oder dreifach vorhanden sind und für neue Bäckereien eingesetzt werden können. Die Fahrt war angenehm und in allerfrüh mussten wir keine Angst haben, dass Verkehrspolizisten unterwegs sind und Kontrollen machen. So konnten wir etwas schneller durch die Dörfer fahren, weil um diese Zeit noch keine oder nur wenige Menschen anzutreffen waren. Wir erreichten noch rechtzeitig Mtyangimbole und konnten um 07.00 Uhr an der heiligen Eucharistie teilnehmen, der Father Kevin Ngondola (Gemeindepfarrer) vorstand. Nach einem ausgiebigen Frühstück mit Reis, Spiegeleier, Brot, Marmelade und Sambusa (Fleischkrapfen), Tee und Kaffee machten wir uns auf den Weg nach Tunduru zum Bischofshaus. In Songea bei der Bischofsschreinerei gab es einen kurzen Halt, um das Verkaufsregal (1.80 Meter breit, 1.70 Meter hoch und 40 Zentimeter tief) für die Bäckerei in Tunduru aufzuladen. Dieses Regal mit vielen Glasschiebern erhielt ich vom Bischof Damian Dallu in Songea geschenkt. Später wenn die Bäckerei gebaut ist und wir mit dem Backen anfangen, werden auf diesem Regal die verschiedenen Backwaren angeboten und verkauft. Durch das offene Verkaufsfenster sehen die Kunden das ganze Regal mit den dargebotenen Backwaren und können sich aussuchen, was sie kaufen möchten. Von Songea sind es 268 Kilometer Teerstrasse bis nach Tunduru. Die Stadt liegt ganz im Süden Tansanias und grenzt an das Land Mosambik. Sie ist die Hauptstadt des Distrikts Tunduru, der ein Teil der Region Ruvuma ist. Im Norden wird er durch die Region Lindi begrenzt, im Osten durch die Region Mtwara, im Süden durch Mosambik und schliesslich im Westen durch den Namtumbo Distrikt. Das Verwaltungszentrum ist in der Stadt Tunduru. Um 15.00 Uhr erreichten wir wohlbehalten die grosse Stadt Tunduru, nachdem wir von Namtumbo viele scharfe Strassenkurven hinter uns liessen. Von Namtumbo bis Tunduru fährt man durch riesengrosses Buschland und ein Teil des Selousnationalparks gehört zu dieser Gegend. Weite Strecken waren keine Menschen zu sehen nur ab und zu kam uns ein Lastwagen oder Auto in dieser stiller grünen Natur entgegen. Allerdings begegneten wir vielen Affen, die sitzend auf der Teerstrasse sich von der Sonne aufwärmen liessen. Tunduru ist eine Stadt, die sich in die Länge zieht. Einen eigentlichen Stadtkern gibt es nicht. Alle Geschäfte werden an der Strasse entlang getätigt. Mir macht es Spass von dem Bäckereibau bis zum Bischofshaus zu Fuss zu gehen. Viel erlebt man während dieser halben Stunde und kommt immer wieder mit Menschen aus verschiedenen Schichten in Kontakt. Die Grossstadt Tunduru zählt etwa 280.000 Einwohner wovon 70 Prozent Muslime, 20 Prozent Christen und 10 Prozent andere Religionen sesshaft sind. Es beweist auch tatsächlich, dass verschiedene Religionen in Frieden miteinander und nebeneinander leben können. Alle Feiertage werden in Tansania von christlichen und muslimischen Religionen in Anspruch genommen. Muslimische Feiertage gelten bei Christen als arbeitsfreie Tage und bei christlichen Feiertagen haben auch Muslime arbeitsfrei. Letztlich kommt es nicht auf die Zugehörigkeit der Religionen an, sondern auf die Herzensbildung und Ausstrahlung eines jeden Menschen. Mit allen Religionen komme ich gut zurecht und es käme mir nicht in den Sinn, andere Religionen als Sekte abzutun. Unser Erlöser ist für alle und nicht nur für viele Menschen gestorben. Letztlich ist das Entscheidende, wie man gelebt hat.

Wir fuhren direkt an den Ort, wo die Backstube gebaut werden soll. Dort war der Container mit den Bäckereimaschinen, den Bäckereiutensilien, und sonst noch vielen diversen Sachen wie Fahrräder, gestrickte Wolldecken, viele elektrische Kabel mit Unterputzdosen, Steckdosen und Stecker, Lichtschalter, drei Rollator, eine Krankentrage, zwei Rollstühle, Chromstahlgegenstände wie Pfannen, Krüge, Schalen und so weiter, Seifen, Bleistifte und Farbstifte, Seidenfaden, Baumwollfaden, Rucksäcke, Wolldecken, Leintücher, viele Säcke Plüschtiere für Kinder und guterhaltene Kleider in Plastiksäcken als Stopfmaterial, bereits seit sieben Monate stationiert. Immer wieder wurde ich gefragt, ob ich dieses oder jenes auch brauchen könnte. Grundsätzlich nehme ich guterhaltene Sachen gerne entgegen, die beim Zoll der tansanischen Grenze zum Einführen erlaubt sind. Oft nehme ich solche Sachen mit, damit ich den Container füllen und die Bäckereimaschinen damit stabilisieren kann, ohne sie an dem Container festbinden zu müssen. Die Waren, die ich auf den Pick-up von Uwemba mitnahm, stellten wir in den Container. Platz war inzwischen vorhanden, weil wir in Daressalam, einige kleinere Bäckereimaschinen und den Ofen für den Mann-Mkurugenzi, der mit der Regierung zusammenarbeitet, bei ihm Zuhause ausluden. Von der Bäckerei bis zum Bischofshaus sind es zwei Kilometer, wo wir zum Mittagessen eingeladen wurden, bevor sich Br. Antoni wieder auf den Rückweg machte. Er fuhr bis nach Peramiho, übernachtete dort und kehrte am anderen Tag nach Uwemba zurück. Fünf Tage hatte ich Zeit, Vorbereitungen für den Bäckereibau zu treffen. Zugleich konnte ich auch mein Zimmer im Bischofshaus beziehen. Sehr überrascht war ich, als ich noch ein zweites Zimmer beim Bäckereibau in Empfang nehmen durfte. So habe ich die Möglichkeit, die Wochenenden oder auch mal Werktage im Bischofshaus zu verbringen. Dort steht eine sehr alte, Bischofskirche für etwa 300 Kirchenbesucher, die an Sonntagen stets gut besetzt ist. Oft stehen Gottesdienstbesucher während der heiligen

Eucharistiefeier ausserhalb der Kirche, weil sie viel zu klein ist um alle Gläubigen aufzunehmen. Dies veranlasste den Bischof Filiberti Mhasi, vor fünf Jahren, etwas weiter vorne, eine grosse Kirche für 600 Christen zu erstellen. Es braucht noch etwa Geduld, bis sie Einzugsbereit ist. Die Kathedrale ist in der Nähe der Bäckerei, nur zehn Minuten Fussweg entfernt, wo jeden Tag um 6.30 Uhr eine heilige Messe stattfindet. Am 9. Juli trafen meine drei Arbeiter mit dem Bus in Tunduru ein. Maiko mein Maurerarbeiter traf rechtzeitig bei der Bushaltestelle ein, wo ich ihn in Empfang nahm. Godi und Ajubu aus Uwemba erreichten die Busstation in Tunduru mit vierstündiger Verspätung. Der Bus hatte unterwegs zweimal eine Rad-Panne und auch einmal ein Problem mit dem Motor. Inzwischen sind wir mit dem Bäckereibau recht gut vorwärtsgekommen. Bei dieser Bäckerei mussten wir kein Fundament erstellen. Ein langer Korridor mit vielen alten Zimmern links und rechts (ohne Waschbecken) bot die Gelegenheit, dort eine Backstube zu erstellen. Diese kleinen Räume wurden bereits drei Jahre nicht mehr benutzt. Bei acht Zimmern, vier links und vier rechts des Korridors durchbrachen wir die Mauern. Die Bausteine benutzen wir wieder, nachdem wir den alten Verputz entfernten. Es war wirklich eine harte Arbeit, aber es hat sich gelohnt. Die alten Bausteine konnten wir wieder zum Aufbau der neuen Bäckerei benutzen.

Der erste Missionseinsatz der Mönche und Schwestern in Lukuledi

Am 10. November 2023 durfte ich in Lukuledi an dem 40. Priesterjubiläum von Pfarrer Jakob Mchopa teilnehmen. Der dreistündige Gottesdienst wurde sehr feierlich gestaltet. Es waren viele Bekannte, Freunde und Familienangehörige von ihm anwesend, die diesen Gottesdienst mit verfolgten. Eigentlich werden 40 Jubiläums Jahre nicht in diesem Stiel gefeiert. Üblich sind die 25 und 50 Jubiläumsjahre, die eigentlich hervorgehoben werden. Es war sein Wunsch, dieses Fest 10 Jahre vorher zu begehen. Vielleicht befürchtete er das 50 jährige Jubiläum nicht mehr zu erreichen. Inzwischen ist er 69 Jahre alt und kennt halt auch schon einige Altersbeschwerden, die sich

in diesen Jahren bemerkbar machen. Lukuledi ist der Anfang einer Missionsstation, die die Benediktiner-Missionare von St. Ottilien. (Deutschland) im Jahr 1895 in Tansania starteten. Lukuledi ist eine Stadt des Distriktes Masasi in der Region Mtwara in Tansania. Der etwa 160 Kilometer lange Fluss entspringt im Grenzland zwischen den Regionen Lindi und Mtwara, fliesst nach Ostnordost in die Region Lindi hinein und mündet nahe der Stadt Lindi in den indischen Ozean. Der Lukuledi trennt das Muera-Plateau vom Makonde Plateau. Er führt zur Trockenzeit recht wenig Wasser, trocknet jedoch auf den letzten 40 Kilometer für gewöhnlich nicht aus. Damals in der Kolonialzeit machte ein Engländer seinen Kameraden aufmerksam, als er sah, dass Frauen im Fluss badeten. Er sagte zu ihm: „Look lady's" (schau die Frauen). Deshalb soll dieses Stadt angeblich den Namen Lukuledi erhalten haben. Die Stadt Lukuledi hat etwa 29.000 Einwohner. Das Klima in dieser Gegend ist ein lokales Steppenklima. Die durchschnittliche Jahrestemperatur liegt bei 25 Grad Celsius und die geringen Niederschläge fallen in den Monaten Dezember bis April. Am 2. Februar 1895 wurde in Lukuledi eine Missionsstation eröffnet. Bereits im Jahr 1898 musste die Mission wegen Wassermangel wieder aufgegeben und nach Nyangao verlegt werden. Die Mission wurde in ihrer Geschichte mehrmals zerstört (etwa beim Maji-Maji Aufstand) und wiedererbaut, existiert sie bis heute noch. Im Oktober 1917 kam es im Zuge des Ersten Weltkrieges in Lukuledi zu einer Schlacht zwischen der deutschen Schutztruppe und einer britischen Einheit von der Goldküste, die mit seinem Anzug der Briten endete. Der spätere Abt-Bischof Gallus Steiger (Schweizer) war der erste benediktinische Priester in Lukuledi. Ich hatte noch Zeit das alte Bischofshaus zu besichtigen, wo er die ersten zwei Jahre als Seelsorger wirkte. Im Haus wird noch gelegentlich die alte Küche mit Holzfeuerung benutzt. Ich ging die Holztreppe hoch und konnte den langen Korridorgang sehen, bei dem die Einzelzimmer links nebeneinander angelegt sind. Die Zimmer hatten ein Waschbecken mit fliessendem Wasser. An den Holzbalken an der Decke im langen Gang, hängen viele Fledermäuse Kopfüber mit ihren Füssen fest und verbringen den Tag im Korridorgang. Vor 128 Jahren lebten in diesem Haus die ersten Missionare. Später wurde ein grosses langes Pfarrhaus gebaut und die Missionare liessen sich in diesem Haus nieder. Das alte Haus wurde den Schwestern zum Wohnen übergeben, die für die Mönche kochten, die Wäsche reinigten und für die Sauberkeit im neuen Pfarrhaus zuständig waren. Im Jahr 1952 wurde dann die grosse Pfarrkirche in Lukuledi gebaut, die gegenüber dem Schwesternhaus und seitlich des Pfarrhauses steht. Jedes Jahr in der dritten Novemberwoche feiert der Bischof von Tunduru eine Gedächtnismesse für die verstorbenen Bischöfe und Priestern dieser Diözese. Bei diesem Gottesdienst waren viele Schwestern, Priestern

und das Volk anwesend. Nach dem Gottesdienst ging es in einer Prozession zum Friedhof, wo der Bischof Filiberti Mhasi die Gräber der verstorbenen Priester und Mönche segnete und mit Weihrauch einräucherte. Alle Priester werden auf dem Friedhof in Lukuledi beigesetzt, die zu der Diözese Tunduru gehören. In der Diözese Songea ist es der Friedhof für Priester in Kigonsera. Auf dem Friedhof in Lukuledi konnte ich acht Gräber von Mönchen aus St. Ottilien feststellen, die damals ausgesandt wurden. Alle starben sehr jung, innert drei Missionsjahren, an Tropenkrankheiten. Gallus Steiger förderte das Schul- und Gesundheitswesen, sowie die Presse und setzte sich für Kiswahili als Landessprache ein. Heute gibt es drei grosse staatliche Primarschulen mit je 500 Schüler und zwei Sekundarschulen mit je 400 Lernende. Seit dem Jahr 2023 gibt es eine Sekundarschule für 40 Mädchen in Lukuledi, die der Diözese Tunduru gehört. Die Diözese besitzt eine Sekundarschule mit 250 Schülern in Muhuwesi etwa 25 Kilometer von Tunduru entfernt und eine Mädchensekundarschule in Lukuledi. Bischof Gallus Steiger soll mehrere 10.000 Kilometer zu Fuss zurückgelegt haben, um als Bischof in einem riesigen Gebiet die Firmung spenden zu können. Gallus Steiger wurde im Jahr 1905 in St. Ottilien zum Priester geweiht. Ein Jahr später als Missionar in das damalige Deutsch-Ostafrika gesandt, wo er auf verschiedenen Missionsstationen tätig war. Als Schweizer entging er der Ausweisung der Deutschen nach dem ersten Weltkrieg und wurde im Jahr 1922 zum apostolischen Präfekten und sechs Jahre später zum Abtordinarius der Gefreiten Benediktinerabtei Lindi ernannt (heute Bistum Lindi). Als diese im Jahr 1931 in die Abteien Peramiho und Ndanda geteilt wurde, blieb Gallus Steiger in Peramiho und wurde im Jahr 1934 zum Bischof geweiht. Als solcher leitete er die Abtei und das Missionsgebiet bis zu seinem Rücktritt im Jahr 1952. Er gründete mehrere Missionsstationen und weihte zirka 50 Kirchen in seinem Missionsgebiet. Zwischen den Jahren 1943 und 1948 liess er die Abteikirche von Peramiho erbauen. Dazu wurden drei Millionen Ziegel in Eigenarbeit erstellt. Bischof Gallus Steiger starb im 87. Altersjahr und wurde im Jahr 1966 auf dem Friedhof in Peramiho beigesetzt.

Kurz vor Weihnachten war dann der Innenausbau der Bäckerei praktisch fertig und nach Neujahr 2024 werden wir noch die nötigen Vorkehrungen treffen. Maiko und die anderen zwei Arbeiter kehrten über die Festtage zu ihren Familien zurück. Ende Monat Februar werde ich mit der Ausbildung von Lehrlingen und Lehrtöchtern, sowie einer Schwester von Chipole, die in der Diözese tätig ist in der Backstube beginnen.

Selbst im schönen und warmen Tansania gibt es auch Schattenseiten. Am 2. Dezember 2023 gab es nach massiven Erdrutschen über 100 Tote. Nach starken Regenfällen kam es im ostafrikanischen Tansania zu einem Erdrutsch, bei dem mindestens 90 Menschen ums Leben gekommen sind. Es gab heftige Regenfälle, die Schlamm- und Erdmassenlawinen auslösten. Die Zahl der gemeldeten Verletzten lag zwei Tage später bei über 127 in der Unglücksregion Manyara-Sendiga. Ein Team von 350 Rettungsexperten der Armee war im Einsatz, um weitere Opfer zu bergen. Die tansanische Präsidentin Samia Suluhu Hassan hatte angekündigt, dass die Regierung für die Beerdigungskosten der Opfer aufkommen werde. Die heftigen Regenfälle hatten am Samstagabend eingesetzt und am Sonntagmorgen Schlammlawinen am Mount Hanang ausgelöst. Auto, Busse und andere Fahrgegenstände wurden von den riesigen Schlammassen mitgerissen, ganze Behausungen der Einheimischen weggefegt, Bäume entwurzelt und hinterliessen ein unglaubliches Trümmergebiet. Die sonst schon armen Leute verloren ihr Hab und Gut und die bestellten Felder wurden von den riesigen Wassermassen zerstört. Diese Gegend liegt etwa 1200 Kilometer Richtung Norden von Tunduru entfernt, wo wir die Diözesanbäckerei bauten. Besonders betroffen war die am Fusse des Bergs liegende Stadt Katesh. Zahlreiche Länder in Ostafrika leiden seit Wochen unter Fluten und Überschwemmungen im Zusammenhang mit dem Wetterphänomen El Nino. Allein in Kenia und Somalia kamen nach Angaben der Regierungen und den UN-Nothilfeorganisation OCHA insgesamt mehr als 200 Menschen ums Leben. Millionen von Menschen mussten aus ihren Dörfer und Städten fliehen. Die starken Regenfälle folgten auf eine der schwersten Dürren im Horn von Afrika. Das durch eine Erwärmung des tropischen Pazifiks entstehende El-Nino-Phänomen verursacht unter anderem eine „Umkehrung" des Wetters mit schwerem Regen in Dürregebieten und Trockenheit in sonst niederschlagsreichen Gebieten. Das Phänomen ist in der Regel alle zwei bis sieben Jahre zu beobachten. Die voranschreitende Klimaerwärmung verstärkt besonders heftige El-Nino Ereignisse.

Mein Gottesbild, mit dem ich zu Recht komme
Wenn ich mich mit Menschen unterhalte, was den Glauben anbelangt, gibt es viele verschiedene Meinungen. Es gibt in allen Glaubensbereichen hauptsächlich in den Weltreligionen, Christentum, Judentum, Buddhismus, Hinduismus und Islam konservative, erzkonservative und progressive und solche die nicht an Gott glauben (Atheisten), die aber trotzdem versuchen ein gutes Leben zu führen. Das Wort Atheismus kommt aus dem Altgriechischen und bedeutet „ohne Gott". Atheisten glauben, dass es keinen Gott und auch keine Götter gibt. Ausserdem lehnen sie

grundsätzlich den Gedanken ab, dass es eine übernatürliche Macht gibt. Von der Kirche halten viele Atheisten nicht viel, respektieren aber andere Religionen. Ich habe einige hier in Tansania kennengelernt und mit ihnen sehr gute Erfahrungen gemacht, besonders was die Menschlichkeit anbelangt. Die Erzkonservativen glauben fest an die Strafe und das Gericht Gottes und das der Allmächtige mit Naturkatastrophen, Krankheiten und Pandemien die Menschen zur Vernunft bringen will. Ich persönlich sehe es ganz anderes. Seit ich in Afrika mit armen und selbstlosen Menschen lebe, hat sich mein Gottesbild grundsätzlich verändert. In Tansania spürt man offensichtlich das die Menschen sehr mit Gott verbunden sind und deshalb ihre Armut mit Gelassenheit, Freude und Zuversicht annehmen und das Beste daraus machen. Sie sind zufrieden, immer freundlich dem andern Menschen gegenüber und vor allem hilfsbereit. Jedes Mal wenn ich in Europa in ein Flugzeug steige, lasse ich den europäischen Gott zurück und nehme den Gott in Tansania an. Selbstverständlich ist es der eine und derselbe Gott, wird aber von der Kultur her anders gelebt und interpretiert. Es gibt ein eindrucksvolles Sprichwort: „Mungu ni mwema kila wakati". (Gott ist zu jeder Zeit immer Barmherzig). Gott ist wirklich die Liebe und Barmherzigkeit seit Ewigkeit und einen strafenden, züchtigenden oder zu fürchtender Gott, wie es früher mit Druck gepredigt wurde, gibt es in meinem Gottesbild nicht mehr. Das will jetzt nicht heissen, dass wir auf dieser Welt einfach schalten und walten können wie es uns gefällt, ob gut oder schlecht. Gott wird uns in seiner Liebe und Barmherzigkeit alles vergeben. Nein, ich bin der Überzeugung, dass jeder Mensch sich selber richtet, sei es auf Erden oder wenn er die Welt verlässt. Auf Erden werden wir vom Gericht her verurteilt, wenn wir das Gesetz übertreten und nach dem Ableben wird jeder Mensch sich selber richten. Ich stelle mir das bildlich so vor: Wenn der Mensch die irdische Welt verlässt, kommt er oder sie in einen Zustand, wo nur noch Wahrheit und Klarheit herrschen. Man kann also nicht mehr um die Ecke denken und vielleicht jemanden beschuldigen, was bei ihm oder ihr schlecht gelaufen ist und deshalb sie oder er in diese böse Situation geraten ist. In dieser Wahrheit und Klarheit kann der Mensch selbst erkennen, wie er oder sie gelebt hat und ob er oder sie bereit ist, in das Gottesreich einzutreten oder nicht. Es ist wie eine Waage, die ihm oder ihr hilft, die Entscheidung in seiner Wahrheit und Klarheit zu treffen. Zeigt die Waage nach oben darf er oder sie annehmen und den Schritt in das Himmelreich wagen. Letztlich wird Gott bei jedem Menschen ein Auge zudrücken müssen. Zeigt die Waage aber nach unten wird auch er oder sie in dieser Wahrheit und Klarheit die richtige Entscheidung treffen, nämlich, dass er oder sie die Hand Gottes nicht entgegennimmt. Er oder sie lehnt den Zugang in das Himmelreich ab. Gott wird allen Menschen, die aus der irdischen Welt scheiden, seine Hand entgegenstrecken, ob sie gut oder schlecht gelebt haben. Das macht die unendliche Liebe und Barmherzigkeit Gottes aus. Meiner Meinung nach ist Freiheit, wie Gott sie uns Menschen gibt, voll gerechtfertigt bis in das Himmelreich hinein. Mit diesem Gottesbild komme ich persönlich gut zurecht, ohne darunter psychisch zu leiden, mich mit einem herrschenden, zürnenden und straffenden Gott auseinander setzen zu müssen, wie es hauptsächlich im Alten Testament zu lesen ist. Einen solchen Gott gibt es nicht und hat es auch nie gegeben. Ich richte und strafe mich selbst und entscheide alleine, ob ich würdig bin in das Reich Gottes einzutreten oder nicht. Damals als Jesus mit zwei Verbrechern an das Kreuz gebracht wurde, kam seine unendliche Liebe und Barmherzigkeit voll zum Ausdruck. Dem einen Verbrecher versicherte er: „Noch heute wirst du mit mir im Paradiese sein" (Lk 23,42-43), als er ihn bat: „Jesus gedenke an mich, wenn du in dein Reich gehst". Kein Zweifel, dass der Verbrecher seine Schuld einsah und mitbekam, wie Jesus unschuldig zum Tod verurteilt wurde. Gute Taten konnte dieser Verbrecher schwerlich vorweisen, dafür das Vertrauen und die Beziehung zu Jesus. Der Schächer auf der linken Seite verspottete Jesus und sagte zu ihm: „ Bist du den nicht der Christus der König der Juden? Dann rette dich selbst und auch uns" (Lk 23, 40-41). Jesus aber verurteilte ihn nicht. Dieser Verbrecher hat sein Urteil in seiner Freiheit wohl selbst gefällt. Einen Teufel wird es kaum geben. Wir selber sind die Teufel oder Unmenschen, wenn wir bewusst Mitmenschen schaden. Ich lehrte als Kind, dass der Teufel das Kreuz und Weihwasser fürchtet. Umso mehr erstaunt es mich, dass er sich mit Jesus auf dem Berg Quarantania oder Berg der Versuchung (Mk 1. 12-13) und (Lk 4. 1-13) unterhielt und ihm Angebote machte. Jesus in Person müsste er eigentlich mehr fürchten als das Kreuz und das Weihwasser. Ich denke, der Mensch soll so leben wie er es für gut findet, natürlich im positiven Sinn und ohne abhängig von anderen Menschen zu sein. Es setzt ein Zusammenspiel voraus, um vor allem wohlwollend, offen, ohne Druck und Angst einander zu begegnen. Es muss für ihn oder sie stimmen, egal was die anderen Menschen über ihn oder sie denken. Man soll die Menschen so annehmen wie sie sind und sie nicht zu dem formen, wie wir sie gerne haben möchten. So wird die Freiheit eines Menschen massiv eingeschränkt. Emotionen stauen sich, was früher oder später bei Kleinigkeiten zu einem grossen Wutausbruch ausarten kann. Der innere Druck in einem Menschen kann nicht lange ausgehalten werden, oder er geht psychisch (seelisch) zugrunde. Gerade bei der Corona Pandemie waren viele junge Menschen in Gefahr, weil ihnen durch politisches Versagen (Lockdown) die Freiheit genommen wurde und sie sich in die Einsamkeit zurückzogen. Sie mussten auf Freunde verzichten, nichts mehr durfte unternommen werden und sie fielen in Depressionen. Viele schieden deshalb aus ihrem Leben. Die Mitmenschen mit denen ich mich über den Glauben unterhalte, sollen weiterhin ihre Einstellungen behalten, wenn es für sie stimmt. Jeder Mensch sollte seine eigene Meinung vertreten dürfen, ohne dass er oder sie abgestempelt werden. Ich habe diese Mitmenschen trotz den verschiedenen Meinungen liebgewonnen. Ich denke, dass die Freiheit eines Menschen auch darin besteht, sich selbst sein zu dürfen mit allen menschlichen Fehlern und Schwächen.

Christus wäre nicht am Kreuz gestorben, hätte er um des Friedenwillens geschwiegen. Er war zu seiner Zeit ein Revolutionär und wollte die Menschen zur Wahrheit führen. Das steht nicht im Widerspruch, in einer Gemeinschaft mit Regeln zusammenzuleben. Man kann in Freiheit leben, solange die Regel Wohlwollen, Ehrlichkeit, Wahrheit, Gerechtigkeit und vor allem Menschlichkeit in sich birgt. Früher war das Bild vom strafenden und richtenden Gott mit Züchtigung, Unterwerfung, Schlägen, Macht und Demütigung und mit der Angst vor der Hölle ein Mittel, den Menschen das Fürchten beizubringen. Es wurde versagt, den liebenden, gnädigen, einfühlsamen und barmherzigen Gott in all seiner Grösse, Liebe und Barmherzigkeit, den Menschen nahezubringen. Im Alten Testament, wo es Aug um Aug, Zahn um Zahn ging, wurde Gott als der mächtige, strafende und der zürnende Gott beschrieben. Im Alten Testament nimmt Gott nur Partei für die „guten" Menschen, und die bösen wurden vernichtet wie zum Beispiel: Moses und das Meerwunder, Die Wasser des roten Meeres teilten sich, die Israeliten gelangten trockenen Fusses an das andere Ufer. Das ägyptische Heer ertrinkt in den Fluten. Die Ägypter hatten keine Möglichkeit, sich zum Guten zu wenden, sie wurden von Gott vernichtet, wie es zu lesen ist. Solche Beispiele gibt es viele im Alten Testament, mit denen ich Mühe habe. Solche Gegebenheiten entsprechen nicht meinem Gottesbild. Im Gegenteil Gott wird zum Sündenbock dargestellt. Heute gibt es in der Politik viele Diktatoren, die schalten und walten wie es ihnen recht ist und es passiert nichts. Ich tue mich damit schwer. Mein Gottesbild zeigt nur Liebe und Barmherzigkeit seit Ewigkeit. Dieser Gott wurde in das Neue Testament übernommen, indem Jesus auf die Welt kam und als Erlösung für unsere Sünden unschuldig am Kreuz starb. Ich mag mich noch gut erinnern, wie die Vorstellung herrschte, wenn ein Kind auf der Strasse tödlich verunglückte und seine Eltern an Sonntagen dem Kirchenbesuch fern blieben, war es eine Strafe Gottes. Stellen wir mit solchen Aussagen unseren Erlöser nicht als üblen Täter dar, der nur Liebe und Barmherzigkeit verkörpert und für das Wohl der Menschen eingestellt ist? Inzwischen ist man klüger geworden und begleitet das Kind immer auf der Innenseite des Gehweges. Sollte es wegspringen, hat man noch die andere Hand zur Verfügung, um das Kind rechtzeitig zu fassen, bevor es auf die Fahrbahn springt. Seit man auf der Autobahn nur noch mit 120 Höchstgeschwindigkeit fahren darf, gibt es weniger Unfälle und Tote. Nicht weil Gott jetzt die Hand im Spiel hätte, nein, weil wir unseren Verstand richtig gebrauchen. Wir haben einen Verstand erhalten, was gerade den Menschen ausmacht und diese Vernunft muss eben zum Wohl der Menschen auf der ganzen Welt, in Wahrheit und Gerechtigkeit, richtig genutzt werden. Wie oft liest man in den Zeitungen, dass wieder Autounfälle passierten und bei einem Unfall eine Mutter von Kindern ihr Leben verlor. Oder eine Person am Steuer einnickte und es dadurch zu einem Unfall kam. Nicht weil es Gottes Vorsehung war, sondern weil der Unfallverursacher Alkohol getrunken hat, zu wenig ausgeruht war, zu schnell mit dem Auto fuhr, mit dem Natel hantierte oder ein Sekundenschlaf ihn überraschte und so weiter. Bei solchen Geschehnissen handelt der Mensch verantwortungslos und der Verstand wird nicht oder zu wenig gebraucht. Da gibt es unzählige Beispiele, die in unserem Leben passieren und Gott lässt es zu. Dass Gott durch Unfälle, Krankheiten, Naturkatastrophen, und andere Gegebenheiten, Menschen bestraft oder zur Vernunft bringen will, ist für mich persönlich eine ungeheure Zumutung Gott gegenüber. Gott ist da, um uns Menschen an sich zu ziehen und nicht zu entfernen oder sogar ihr Leben zu zerstören, wie es im Alten Testament oft beschrieben wird. Für mich unverständlich, denn Gott ist von Anfang an immer der liebende und barmherzige Gott. Religionen bestimmten das Gottesbild, ob bewusst, um den Menschen gefügig zu machen, oder unbewusst, weil Gott falsch verstanden wurde. Ich weiss es nicht. Selbst wenn Menschen wegen Krankheiten, Unfällen oder Naturereignissen unsägliches Leiden auf sich nehmen müssen, würde ich persönlich nicht Gott dafür verantwortlich machen. Man kann sich vertrauensvoll an ihn wenden, um so das Leiden und den Schmerz besser zu ertragen und anzunehmen. Ich habe auch schon an Gott gezweifelt, mich selbst gefragt, ob es ihn überhaupt gibt, besonders jetzt in dieser Weltlage, im Jahr 2023, weil durch Kriege unsinnige Zerstörungen in Wohngebieten Frauen, Kinder und Männer umgebracht und zu Flüchtlingen gemacht werden. Da kommen mir schon ab und zu Emotionen hoch und man fragt sich, wo ist Gott? Letztlich sind es Menschen, die den anderen Menschen das Leben schwer oder unerträglich machen. Dass Gott nicht einschreitet, liegt in der Freiheit, die wir von ihm bei der Geburt erhalten haben. Diese Freiheit kann missbraucht werden, weil wir unseren Verstand, die Vernunft und die Menschlichkeit nicht wahrnehmen oder richtig einsetzen. Deshalb kann ich das Sterben vieler unschuldiger Menschen, durch Unfälle, Krankheit, Hungersnot, Naturkatastrophen und so weiter besser in mein Gottesbild einordnen, ohne dass ich Gott dafür verantwortlich machen muss. Selbst Ausbeutung armer Länder, hungernde Kinder, sexueller Kindsmissbrauch, Gewalt, Macht korrupte Regierungen, Waldrodungen und das Ausbeuten der Natur ist nicht Gott gewollt, sondern alleine von Menschen verursacht. Das gilt auch für die Mikroben-, Tier- und Pflanzenwelt. Sie brauchen uns Menschen nicht, aber wir brauchen sie und ohne die Vielfältigkeit der Natur könnten wir nicht überleben. Naturkatastrophen hingegen gibt es seit die Welt besteht. Auch der Klimawandel ist nichts neues, der gab es schon seit Urzeiten und wird es immer geben. Die Welt verändert sich immer wieder und wir müssen damit leben. Das man zu der Natur Sorge trägt ist für mich selbstverständlich. Gott lässt alles zu, weil er uns den freien Willen gab. Wir müssen nur bemüht sein, im Einklang mit der Natur zu leben und sie nicht zu zerstören. Allerdings ist die Natur viel stärker als wir Menschen und sie weiss sich in ihrer Art zu wehren. Ich denke, wir Menschen zerstören uns gegenseitig, wenn wir nur noch in Ich-Bezogenheit, Ignoranz und Unverstand leben und die Menschen nicht mehr ernst nehmen.

Zusammenfassung
Seit 1994 bis zum Jahr 2023 habe ich acht Buchbindereien, elf Bäckereien und eine Küche gebaut und eingerichtet, dazu Einheimische in diesen Handwerken ausgebildet; Hilfe zur Selbsthilfe. Für einen Bäckereibau brauchte ich in der Regel mit drei afrikanischen Mitarbeitern drei bis fünf Monate. Für die Ausbildung afrikanischer Lehrlinge und Lehrtöchter nahm ich immer ein Jahr in Anspruch. Sobald sie in der Lage sind, selbständig die Backstube zu führen, kehrte ich in die Schweiz zurück um wieder nach Bäckereimaschinen Ausschau zu halten, beziehungsweise zu suchen. Ein Kollege in der Schweiz (Peter Nietlisbach), der Handel mit alten Bäckereimaschinen treibt, hält stets einige für mich bereit. Er kennt inzwischen welche Bäckereimaschinen ich brauche. Er kauft die Maschinen bei Bäckereien auf, wo der Betrieb geschlossen wurde und verkauft sie häufig in den Osten weiter. Zudem wird er immer wieder aufgesucht, wenn es in Backstuben mit den Maschinen Schwierigkeiten gibt. Meine Bäckerei- und Konditoreimaschinen werden von ihm überholt und revidiert. Die Backöfen erhalte ich meistens aus Deutschland, weil meine gewünschte Grösse in der Schweiz schwierig zu finden ist. Entweder sind die mechanischen Öfen zu klein oder zu gross und digitalisierte Öfen kommen für mich nicht in Frage. Mit dem feinen Staub in der Trockenheit gäbe es immer wieder Probleme, die hier nicht behoben werden können. Mit manueller Bedienung der Bäckereimaschinen bin ich bis jetzt immer gut gefahren. Die können von Mechanikern wieder in Stand gesetzt werden, sollte mal eine Maschine ausfallen. Eine Schwester in Chipole konnte vor etwa 20 Jahren einen Motor der Auswallmaschine neu mit Kupfer wickeln, weil der Motor durch einen Blitzschlag über den Sicherungskasten zerstört wurde und die läuft bis heute noch. Allerdings hat sie bei der Maschine noch einen Sicherungsschalter angebracht, der den Schutz des Motors gewährleistet. Die Öfen von Deutschland werden direkt nach Schindellegi gebracht oder in den Container verstaut der in Lachen auf einem Grundstück, von der Lisa Stockmaier steht. Andernfalls wird er in der Klosterprokura eingesellt bis der Container füllbereit ist. Die Container werden zu Land und auf Meereswegen in den Hafen Daressalam gebracht und von dort mit einem Lastwagen an den Zielort gefahren. Mehl, Salz, getrocknete Hefe, Backpulver, Zucker, getrocknete Früchte und vieles mehr, sind im Land in Grossstädten erhältlich. Alle meine Bäckereiprojekte laufen jetzt in einheimischen Händen und keine dieser Bäckereien und Buchbindereien haben den Geist aufgegeben. Im Gegenteil viele dieser Projekte konnten zusätzliche Arbeiter oder Arbeiterinnen einstellen, um dem Andrang der Kunden gerecht zu werden. Ich besuche ab und zu die Backstuben und Buchbindereien, wenn ich gerade in der Nähe bin und schau nach, ob die Abrechnungsbücher noch so geführt werden wie ich es meinen Lehrlingen damals beibrachte. Es freut mich immer wieder, wenn ich sehe wie fleissig sauber und mit Interesse gearbeitet wird.

Es sind die Hausbuchbindereien in der Abtei Peramiho (Missionsbenediktiner), im Schwesternkloster in Chipole (Benediktinerinnen) wo die Buchbinderei später nach Songea in das St. Andreashaus verlegt wurde, im Schwesternkloster in Mbinga (Vinzentinerinnen), in Hanga (Benediktinerkloster), im Schwesternkloster in Imiliwaha (Benediktinerinnen), im Schwesternkloster in Morogoro (Des reinen Herzens Mariens), in Sumbawanga die Niederlassung vom Kloster Mvimwa (Missionsbenediktiner) und in Kenia das Benediktinerkloster in Tigoni.

Bäckereien gibt es in der Abtei Peramiho, der Diözese Songea, und in Songea die (Bischofsbäckerei), in der Diözese Mbinga (Bischofsbäckerei) und bei den Vinzentiner-Schwestern (Klosterbackstube), im Schwesternkloster Chipole der Diözese Songea (Klosterbäckerei), in der Diözese Njombe (Bischofsbäckerei) und die Backstube in Uwemba (Klosterbäckerei), eine kleine Backstube in Morogoro (Frauenkloster), in Uganda der Stadt Arua Frauenkloster Holy Trinity, das sich inzwischen der Konföderation der Benediktinerorden angeschlossen hat (Klosterbackstube), in Mtwara am indischen Ozean Benediktinerinnen-Ndoloschwestern (Klosterbäckerei) und in der Diözese Tunduru (Bischofsbäckerei), sowie einen zweistöckiger Bau mit der neuen Küche in Uwemba. (Klosterküche). Ab dem Jahr 1998 konnte ich praktisch alle zwei Jahre eine Bäckerei erstellen oder schon bestehende Räume in Backstuben umbauen. Bei solchen mussten nur noch Mauern entfernt und an anderen Stellen aufgebaut werden. Ganz neue Bauten mit einem Fundament waren die Bäckerei in Songea (Diözesanbäckerei), die Bäckerei in Mbinga (Schwesternkonvent) und die Bäckerei in Mtwara (Schwesternkonvent). Bei der Bäckerei in Uwemba setzten wir drei Meter vorne an, weil das Lager nur eine Tiefe von vier Meter aufwies. Die Bäckereien sind alle etwa 13 bis 15 Meter lang, sieben Meter breit und haben eine Höhe von 2,60 bis 3,00 Meter. Hingegen erhielt ich für Buchbindereien immer einen bestehenden Raum, in denen ich die Buchbindereigeräte am richtigen Ort platzieren konnte. Nur in Morogoro vergrösserte ich den Buchbindereiraum etwa drei Quadratmeter. Der Maurer Maiko, war bei den letzten fünf Bäckereibauten immer dabei, der meine einfachen Baupläne bestens versteht und mir eine rechte Stütze ist. Ich konnte ihn bei einigen Bäckereien mit einer Besichtigung vor Ort, zwei Monate mit meinen Plänen, den Rohbau der Bäckereien selbständig bauen lassen. Die zwei Backstuben mit Fundamenten war ich dabei, damit beim Ausmessen nichts schief ging. Vier Augen sehen mehr als nur zwei Augen und das Fundament kann nicht mehr geändert werden, wenn der Rohbau erstellt ist. Stets war ich dabei, den Bäckerei-Innenausbau zu beenden. Bei der nächsten Bäckerei in Imiliwaha ein Schwesternkloster 35 Kilometer von Uwemba entfernt, wird er wohl wieder dabei sein. Schon vor einigen Jahren bat mich die Generaloberin Schwester Glothilde auch für ihren Konvent eine Bäckerei zu bauen und ich musste sie immer wieder vertrösten, weil sie im Kloster noch keinen elektrischen Anschluss von der Tanesko erhalten haben. Sie besitzen allerdings ein kleines Wasserkraftwerk, aber der elektrische Strom für eine Bäckerei würde nicht reichen. Seit einem Jahr hat die Tanesko angefangen Leitungen zu installieren und wie ich mitbekommen habe dürften diese Arbeiten im nächsten Jahr abgeschlossen sein. Inzwischen darf ich mich an drei Bäckereien erfreuen, die bereits über 20 Jahren in Betrieb sind. Die Bäckerei der Abtei Peramiho im Jahr 1998 (Abt Lambert Dürr), die Bischofsbäckerei in Songea im Jahr 2000 (Erzbischof Norbert Mtega) und die Bischofsbäckerei in Mbinga 2022 (Bischof Emmanuel Mapunda). Alle nachfolgenden Bäckereien werden immer nach zwei Jahren, auch die 20 Jahren übersteigen. Abt Lambert von Peramiho und der Bischof Emmanuel Mapunda sind inzwischen verstorben. Die Bäckereien sind selbsttragend und erwirtschaften einen guten Reinerlös. Jede Backstube und Buchbinderei hat ein eigenes Konto, auf das zugegriffen werden kann, um Reparaturen und Unkosten zu decken. Dank meinen Wohltätern, Freunden und Verwandten war es mir möglich, in 30 Jahren, acht Buchbindereiprojekte und elf Bäckereiprojekte, sowie eine Klosterküche in Uwemba in Angriff zu nehmen und zu vollenden. Ohne diese Hilfe wäre es mir nicht möglich gewesen, diese Projekte zu verwirklichen. Viele afrikanische Lehrlinge, Lehrtöchter, Schwestern und Mönche konnte ich in diesen Handwerken ausbilden und zur Selbständigkeit führen. Seit 30 Jahren, die ich bereits in Afrika verbringe, wurde ich bisher von der Tropenkrankheit Malaria verschont. Präsident John Magufuli Pombe, hat in Tansania die Infrastruktur zum Wohle der Einheimischen sehr gefördert. Vom Süden bis Norden, vom Westen bis Osten sind die Grossstädten auf Teerstrassen erreichbar. Auch das Flugnetz mit den zusätzlich drei neuen Flugzeugen für 80 Personen ist zuverlässig. Elektrizität ist fast überall vorhanden, jedoch Stromausfälle gibt es immer wieder, weil die alten Strommasten durch neue ersetzt oder in Dörfern die Anschlüsse installiert werden. Allerdings gibt es noch viele arme Menschen, bei denen die Stromleitungen zwar in den Dörfern vorhanden sind, aber schlicht das Geld nicht ausreicht, um den elektrischen Strom zu bezahlen. Seit meiner ersten Ankunft im Jahr 1993 hat das Land infrastrukturell grosse Fortschritte gemacht, allerdings auch auf Kosten der armen Einheimischen. Im Moment ist nicht viel Geld im Umlauf und viele Geschäftsleute mussten in Grossstädten ihre Läden schliessen, weil der Mietzins um das Doppelte gestiegen ist. Auch die Nahrungsmittel werden jetzt sehr teuer verkauft, wegen den Kriegen zwischen Russland und der Ukraine und zwischen Israel und den Hamas im Gasastreifen. Wir erfuhren über Fernseher und Radio, dass der Präsident John Magufuli von Tansania am 17. März mit 61 Jahren an einem Herzinfarkt gestorben ist. Seit elf Jahren trug er einen Herzschrittmacher. Im Oktober 2020 wurde er wieder für eine zweite Amtszeit für fünf Jahren gewählt. Möge er ruhen in Frieden. Seine Stellvertreterin Samia Suruhu (Islamistin von Sansibar) folgte automatisch als Präsidentin von Tansania nach und wird das Land bis 2025 regieren. Hernach wird es wieder eine Volkswahl geben.

Schlusswort
Liebe Leserinnen und liebe Leser. Ich habe versucht ihnen die vergangen 30 Jahre, die ich als Ordensmann in Tansania erleben durfte und erleben darf, in diesem Buch mitzuteilen. Mit Afrikanern zu leben, zu fühlen, zu arbeiten und Gedanken auszutauschen ist und bleibt für mich eine grosse Bereicherung. Immer wieder darf ich viele Eindrücke und Erfahrungen neu erleben und mich in die Situation eines Afrikaners begeben. Die Einheimischen sind nicht dumm und faul, sie sind einfach anders als wir in der westlichen Welt. Vor allem sind sie zufrieden, fröhlich und sehr hilfsbereit. Wir könnten von armen, bescheidenen Menschen in jeder Hinsicht etwas lernen, selbst wenn sie jeden Tag selbstverständlich annehmen wie er ist. Das leben wird auch bei den Einheimischen ein Überlegungskampf sein, gerade in dieser Zeit, weil wegen dem Krieg zwischen Russland und der Ukraine alles teurer geworden ist. Über 65 Millionen Einwohner zählt heute Tansania und ein Grossteil des Landes ist Busch und Steppe. Viele Familien leben noch in Hütten mit Elefantengras bedeckt, wobei in Grossstädten das Leben mit lauter Musik und Unterhaltungen geprägt ist. Die Kluft zwischen Arm und Reich ist deutlich spürbar. Bei mir war es bestimmt ein grosser Vorteil, dass ich ein fröhlicher und zufriedener Mensch bin und gerade deshalb mit Einheimischen gut zusammenarbeiten und leben kann. Meine Fähigkeiten den Afrikanern weiterzugeben ist beglückend und ich darf immer wieder erfahren, dass es geschätzt wird. Zudem bin ich ein Mensch, der versucht mit all meinen Fehlern und menschlichen Schwächen, trotzdem die Wahrheit zu suchen, auch wenn es nicht immer leicht ist. Mag sein, dass ich ab und zu in einem Gespräch emotional werden kann, im Grunde genommen es aber immer gut meine. Es gibt ein Sprichwort, das lautet: Er hat es gut gemeint, ist aber falsch aufgenommen, rausgekommen oder falsch verstanden worden. Was mich in der Bibel am meisten fasziniert, ist die Frage, die Pilatus an Jesus stellte: „Was ist Wahrheit"? (Joh 18,38). Offensichtlich hat der Pilatus nur die Wahrheit gekannt, die man sich zu Recht biegen kann. Bei Jesus aber war es die innere Wahrheit, die Wahrheit des Herzens. Ich habe auch schon erfahren, dass man mit der Wahrheit und Gerechtigkeit anecken kann. Die schiebt man lieber unter den Tisch, als sich mit ihr auseinanderzusetzen, oder man schweigt lieber dem Frieden zuliebe. Die Probleme schiebt man weit von sich oder bürdet sie anderen Menschen auf, sie zu lösen. Christus wäre nie am Kreuz gestorben, wenn er sich nicht für die Gerechtigkeit und Wahrheit eingesetzt hätte. Er hatte die grosse Gabe, viele Menschen mit Gleichnissen zu überzeugen, andere aber durch seine Wahrheit und Gerechtigkeit zu erzürnen. Junge Menschen, die heute in ein Kloster eintreten, oder Kloster auf Zeit machen, sind einfühlsam und sehen schnell, wie es in Gemeinschaften, in der Politik und im Arbeitsbereich aussieht. Die Jungen müssen ernst genommen werden. Vielleicht wäre es hilfreich, sich einmal zu fragen, was machen wir falsch, dass es „fortlaufenden" Nachwuchs gibt. Das heisst: Er oder sie tritt in das Kloster ein und verlässt es wieder. Man darf das Problem nicht nur bei den jungen Menschen suchen, die in der heutigen Welt aufgewachsen sind, sondern versuchen einen

mittleren Weg zu finden, was auf beiden Seiten Veränderung abverlangt. Junge Menschen sind in dieser Zeit aufgeschlossen und teilen gerne mit wie sie fühlen und denken. Das sehe ich auch bei afrikanischen Mönchen, die keine Ahnung haben wie früher in den Klöstern gelebt wurde. Sie leben heute und sind mit der heutigen Situation konfrontiert. Ich bin überzeugt, dass Gott auch mit der heutigen Zeit lebt, den er lebt in jedem Herzen (Seele) eines Menschen, weil wir Ebenbilder Gottes sind. Wo zwei oder drei in meinem Namen versammelt sind, da bin ich mitten unter ihnen. (Mt 18.20). Eigentlich eine ganz klare Aussage. Schade, dass Geld die Welt regiert, Macht über Menschen ausgenutzt wird und dadurch die menschlichen Werte verloren gehen. Im Allgemeinen bin ich mit meinem Leben zufrieden und hoffe, dass es auch so bleiben wird. Es kommt nicht darauf an, dem Leben mehr Jahre zu geben, sondern den Jahren mehr erfülltes Leben zu schenken, auch wenn man manchmal eine schwere Last zu tragen hat. Zufriedenheit in Leben besteht nicht nur darin keine Schwierigkeiten zu haben, sondern sie in Geduld zu ertragen und versuchen sie siegreich zu überwinden und zu lösen. Gott, der alles vermag, wird mir weiterhin Kraft, Mut und Zuversicht geben und mich in all meinen Schwächen, Unzulänglichkeiten und Stärken begleiten. Heute versuche ich gut und gerecht zu leben, nicht um den Himmelswillen. Nein, ich würde genau so leben, auch wenn es keinen Himmel gäbe. Letztlich sollten wir versuchen und uns bemühen, den armen und bedürftigen Menschen den Himmel auf Erden zu geben. Die Hoffnung stirbt immer zuletzt, auch wenn ich daran manchmal zweifle. So bin ich bis heute dankbar, dass ich mit afrikanischen Menschen leben und arbeiten kann, ihre Kultur zu schätzen und zu akzeptieren weiss und meine positiven Seiten mit ihnen teilen darf.

Inhaltsverzeichnis

Einleitung	4
Mein erster Aufenthalt in Tansania	6
Reise nach Peramiho und die Sprache Kiswahili lernen	9
Das Leben in der Abtei Peramiho	13
Ausflug nach Imiliwaha und dem Malawisee	15
Führerausweis, Monatslöhne und die Geburt im Land Rover	16
Aufenthalt im Schwesternkonvent Chipole und der Abtei Hanga	18
Start der Hausbuchbinderei in Peramiho, Profess in Chipole	22
Begegnung mit einer Schlange und kranke Menschen im Aussatzdorf	24
Das Schwesterkloster in Imiliwaha	26
Die ersten Mönche und Schwestern von St. Ottilien, Reise nach Tansania	27
Arme Menschen in Tansania	28
Das bescheidene Leben der Afrikaner in Tansania	30
Ausbildung in der Abtei-Buchbinderei Peramiho und der Aberglaube	32
Klosternachwuchs und die Fahrt zum Kloster in Ndanda	34
Rückkehr in die Schweiz	39
Einsatz im Kloster Tigoni. Ausbildung in der Klosterbuchbinderei (Kenia)	41
Klostergründung in Nairobi und Tigoni (Kenia)	43
Tödlicher Autounfall eines Mitbruders (Kenia)	46
Reise mit einem Mitbruder in das Keriotal (Kenia)	47
Verkehrschaos und Trockenheit (Kenia)	56
Das Elendsviertel in Mathare Valley (Kenia)	58
Rückkehr nach Peramiho mit zwei Autopannen	60
Das Leben der Massai in Ostafrika	63
Meine Missionsarbeit bis Ende Jahr 2000 verlängert	66
Rückkehr in die Schweiz um Bäckereimaschinen zu besorgen	67
Rückkehr nach Peramiho und der Bäckereibau	70
Start der ersten Bäckerei in der Abtei Peramiho	73
Regenzeit vom Monat Dezember bis April	75
Die Reise mit dem Motorfahrrad bis nach Mbinga	78
Buchbinderei bei den Vinzentiner-Schwestern in Mbinga	83
Die Fahrt mit dem Motorfahrrad nach Litembo	85
100jähriges Bestehen der Abtei Peramiho	88
Einführung in der Buchbinderei bei den Schwestern in Morogoro	90
Das afrikanische Leben in Morogoro	95
Rückreise zu der Bäckerei der Abtei Peramiho	97
Back-Kurs in der Haushaltschule in Uwemba	99
Ausflug mit dem Fahrrad in den Busch	100
Rückkehr in die Schweiz, um Bäckereimaschinen zu besorgen	101
Zurück in die Bäckerei in Peramiho und das Jahr 2000	102
Der Abschied meiner Missionstätigkeit in Afrika	106

Mein dreijähriges Orgelstudium in St. Ottilien	110
Die Gelegenheit einen Altmissionar nach Tansania zu begleiten	113
Die Vorgesehene Backstube im Kloster Tigoni (Kenia)	117
Bäckerei in Arua und das Leben der Klosterfrauen (Uganda)	119
Die Guerillas in Arua und eine junge Klosterfrau ermordet (Uganda)	124
Nächster Missionseinsatz im Schwesternkloster in Chipole	126
Meine ersten Fahrübungen mit dem Motorfahrrad	131
Die Aussendungen von zwei Mitbrüdern nach Kasachstan	133
Bäckerei in Chipole und Ausbildung einiger Schwestern	135
Besuch bei Bäckereien ohne Voranmeldung	139
Jubiläumsreise nach Mosambik	142
Eine Bäckerei bei den Vinzentiner-Schwestern in Mbinga	144
Die ersten Aussendungen der Schwestern von Untermarchtal	147
Fledermäuse und die Begegnung mit einer Kobraschlange	150
Das neue Restaurant bei der Bäckerei in Songea	152
Start der Bäckerei bei den Vinzentinerinnen in Mbinga	155
Jagd auf Albino-Menschen im Norden Tansania	159
Auf Bäckereimaschinensuche in der Schweiz für das Kloster Uwemba	163
Restaurierung der Bäckerei in Songea	170
Start der Bäckerei in Uwemba	171
Bäckerei in der Diözese Njombe	173
Der Präsident John Magufuli und sein Ableben	179
Die Reise mit Father Peter Wella zur Klosterneugründung in Urulia	180
Back-Kurs im Tan-Swiss Mikumi beim Josef Gwerder	184
Strassenverkehrspolizisten mit denen ich gut zu Recht komme	185
Die Reise mit Father Peter Wella nach Ndanda	188
Einschätzung der Liegenschaft in Mtwara durch Br. Andreas (Architekt)	193
Der zweistöckige Neubau für das Kloster Uwemba	195
Zurück nach Tansania, um den Neubau in Uwemba in Angriff zu nehmen	197
Garten hinter der Klosterküche	202
Der Bäckereirohbau in Mtwara	203
Einführung in der Diözesanbäckerei in Mbinga	206
Start der Klosterküche in Uwemba	207
Die Bäckerei in Mtwara und die Segnung durch Bischof Tito Ndoe	210
Pandemieausbruch auf der ganzen Welt	212
Die ganze Welt spielt verrückt	214
Das heisse Klima in Mtwara am indischen Ozean	219
Bischof Alfred Maluma starb nach einem Autounfall	222
Beenden des zweistöckigen Baus in Uwemba	223
Drei afrikanische Gäste von Tansania im Kloster Uznach	226
Der Tod meiner Mutter im 100sten Lebensjahr	229
Die elfte Bäckerei in Tunduru	231

Der erste Missionseinsatz der Mönche und Schwestern in Lukuledi	234
Mein Gottesbild mit dem ich zu Recht komme	237
Zusammenfassung	242
Schlusswort	245